D1573486

Schriften zur Gleichstellung der Frau

herausgegeben von

Prof. Dr. Jutta Limbach
Prof. Dr. Heide Pfarr
Marion Eckertz-Höfer

Band 26

Inke Jensen

Frauen im Asyl- und Flüchtlingsrecht

Nomos Verlagsgesellschaft
Baden-Baden

Bibliografische Information Der Deutschen Bibliothek

Die Deutsche Bibliothek verzeichnet diese Publikation in
der Deutschen Nationalbibliografie; detaillierte bibliografische
Daten sind im Internet über http://dnb.ddb.de abrufbar.

Zugl.: Kiel, Univ., Diss., 2002

ISBN 3-7890-8351-8

1. Auflage 2003
© Nomos Verlagsgesellschaft, Baden-Baden 2003. Printed in Germany. Alle Rechte, auch die des Nachdrucks von Auszügen, der photomechanischen Wiedergabe und der Übersetzung, vorbehalten. Gedruckt auf alterungsbeständigem Papier.

Meinen Eltern

Dank

Mein besonderer Dank gilt meiner Familie, die mich in so vielfältiger und keineswegs selbstverständlicher Weise unterstützt hat. Mein Vater, Rechtsanwalt Uwe Jensen, hat mir durch seine Durchsicht der Arbeit auf gedankliche Fehler und Formulierungsunebenheiten wertvolle Hilfe geleistet. Meine Mutter, Elisabeth Jensen-Rath, hat mich durch ihr Interesse an meinem Dissertationsthema stets neu motiviert. Ganz besonderer Dank gilt auch meinem Bruder, Ove Jensen M.A., der sich sofort bereit erklärt hat, die notwendigen Lektoratsarbeiten zu übernehmen. Meinem Freund, Rechtsreferendar Karsten Loos, danke ich für das Korrekturlesen und für vieles mehr.

Zu danken habe ich meinem Doktorvater, Prof. Dr. Dr. Rainer Hofmann, für die profunde Betreuung. Ihm und meinem Zweitberichterstatter, Prof. Dr. Andreas Zimmermann, gilt mein besonderer Dank für die zügige Erstellung der Gutachten. Der Friedrich-Ebert-Stiftung gebührt mein Dank für die finanzielle Unterstützung.

Inke Jensen
Toronto, im September 2002

Inhaltsübersicht

Inhaltsverzeichnis 9

Abkürzungsverzeichnis 17

Einleitung 21

Erstes Kapitel: Die Vorgaben des internationalen Rechts 26
A. Bedeutung 26
B. Flüchtlingsrecht 27
C. Weitere relevante Regelungen des internationalen Rechts 32
D. UNHCR und Flüchtlingsfrauen 39
E. Die UN-Generalversammlung und Flüchtlingsfrauen 49
F. Weltfrauenkonferenzen 50
G. Zwischenergebnis 53

Zweites Kapitel: Europa 54
A. Die Europäische Menschenrechtskonvention 54
B. Europäische Union 55

Drittes Kapitel: Einzelstaatliche Regelungen im Überblick 64
A. Deutschland 64
B. Frankreich 78
C. USA 83
D. Kanada 87
E. Zwischenergebnis 92

Viertes Kapitel: Frauenspezifische Verfolgung und das Recht auf Asyl 94
A. Der Verfolgungsbegriff 94
B. Das Geschlecht als Verfolgungsgrund 128
C. Die übrigen Verfolgungsgründe der Genfer Flüchtlingskonvention 141
D. Frauenspezifische Fluchtursachen und ihre Asylrelevanz 143

Fünftes Kapitel: Ergebnisse und Ausblick 218
A. Ergebnisse 218
B. Ausblick: Das Zuwanderungsgesetz 219

Literaturverzeichnis 222

Inhaltsverzeichnis

Abkürzungsverzeichnis	17
Einleitung	21
Erstes Kapitel: Die Vorgaben des internationalen Rechts	26

A. Bedeutung 26
B. Flüchtlingsrecht 27
    I.   Die Genfer Flüchtlingskonvention 27
        1.) Bedeutung 27
        2.) Flüchtlingsdefinition 28
        3.) Prinzip des Non-Refoulement 29
        4.) Verbot unterschiedlicher Behandlung 30
    II. Allgemeine Erklärung der Menschenrechte 31
    III. Übereinkommen gegen Folter und andere grausame, unmenschliche oder erniedrigende Behandlung oder Strafe 31
C. Weitere relevante Regelungen des internationalen Rechts 32
    I.   Internationaler Pakt über bürgerliche und politische Rechte 32
    II. Internationaler Pakt über wirtschaftliche, soziale und kulturelle Rechte 34
    III. Übereinkommen zur Beseitigung jeder Form von Diskriminierung der Frau (Frauenkonvention) 34
    IV. UN-Charta 36
    V. Übereinkommen über die politischen Rechte der Frau 37
    VI. Allgemeine Erklärung der Menschenrechte 37
    VII. Erklärung über die Beseitigung der Gewalt gegen Frauen 38
D. UNHCR und Flüchtlingsfrauen 39
    I.   Dokumente des UNHCR 39
        1.) UNHCR-Handbuch über Verfahren und Kriterien zur Feststellung der Flüchtlingseigenschaft 40
        2.) UNHCR Policy on Refugee Women (UNHCR-Grundsatzpapier betreffend Flüchtlingsfrauen) 41
        3.) UNHCR Guidelines on the Protection of Refugee Women (Richtlinie zum Schutz von Flüchtlingsfrauen) 41
           a) Überblick 41
           b) Rechtlicher Schutz 42
        4.) UNHCR's 1995 Sexual Violence Against Refugees: Guidelines on Prevention and Response (Sexuelle Gewalt gegen Flüchtlinge: Richtlinie zur Vorbeugung und Reaktion) 43
    II. Beschlüsse des UNHCR-Exekutivorgans 44
        1.) Beschluss Nr. 39 (XXXVI) – 1985 – Refugee Women and International Protection 46

	2.) No. 73 (XLIV) – 1993 Refugee Protection and Sexual Violence	47
	3.) Weitere Beschlüsse des UNHCR-Exekutivkomitees	48
III.	UNHCR Symposium on Gender-Based Persecution	49
E. Die UN-Generalversammlung und Flüchtlingsfrauen		49
I.	Resolution über Flüchtlingsfrauen und vertriebene Frauen	49
II.	Weitere Resolutionen	50
F. Weltfrauenkonferenzen		50
I.	Dritte Weltfrauenkonferenz, Nairobi 1985	50
II.	Vierte Weltfrauenkonferenz, Peking 1995	51
G. Zwischenergebnis		53

Zweites Kapitel: Europa   54

A. Die Europäische Menschenrechtskonvention		54
I.	Abschiebungshindernis	54
II.	Diskriminierungsverbot	55
B. Europäische Union		55
I.	Beginn der Asylrechtsharmonisierung in Europa	55
II.	EU-/EG-Vertrag	56
III.	Entschließungen des EP	56
IV.	Entschließungen des Rates der EU	59
	1.) Gemeinsamer Standpunkt des Rates der EU vom 4. 3.1996 zur harmonisierten Anwendung der Definition des Begriffs „Flüchtling" in Art. 1 GFK	59
	2.) Vorschlag für eine Richtlinie des Rates (Vorlage der Kommission)	61

Drittes Kapitel: Einzelstaatliche Regelungen im Überblick   64

A. Deutschland		64
I.	Asylrecht nach Art. 16a Abs.1 GG	64
	1.) Entstehungsgeschichte des Art. 16 Abs. 2, S. 2 GG a.F.	64
	2.) Bonner Asylkompromiss vom 1.Juli 1993	65
	3.) Schutzbereich	66
	a) Verfolgung	66
	b) politisch	67
	4.) Schutzumfang	68
II.	Abschiebungsschutz nach den §§ 51 ff. AuslG	68
	1.) Abschiebungsverbot nach § 51 Abs. 1 AuslG	69
	a) Verhältnis zur Genfer Flüchtlingskonvention	69
	b) Verhältnis zu Art. 16a Abs. 1 GG	69

		c)	Voraussetzungen des Abschiebungsverbots nach § 51 Abs. 1 AuslG	69
		d)	Schutzumfang	70
	2.)	Abschiebungshindernisse nach § 53 AuslG		71
		a)	§ 53 Abs. 1 AuslG	71
		b)	§ 53 Abs. 4 AuslG	72
		c)	§ 53 Abs. 6 AuslG	72
		d)	Schutzumfang	73
	III.	Speziell für Frauen geltende Regelungen		73
	1.)	Die politische Diskussion		73
	2.)	Die Verwaltungsvorschriften zum Ausländergesetz		75
		a)	Bedeutung	75
		b)	Frauenspezifische Aspekte in den Erläuterungen zu den §§ 51 ff. AuslG	76
	3.)	Sonstiges		77
B.	Frankreich			78
	I.	Verfassungsrecht		78
	1.)	Abs. 4 der Präambel der Verfassung von 1946		78
	2.)	Verfassungsänderung von 1993		79
	II.	Umsetzung der Genfer Flüchtlingskonvention		80
	III.	Das „territoriale Asyl"		81
	IV.	Sonstiges einfaches Recht		82
	V.	Speziell Frauen betreffende Regelungen		82
C.	USA			83
	I.	Asylrecht		83
	II.	Abschiebeschutz		85
	III.	Speziell Frauen betreffende Regelungen		86
	1.)	Verfolgung wegen Widerstand gegen zwingende Geburtenkontroll-Methoden		86
	2.)	Considerations for Asylum Officers Adjudicating Asylum Claims from Women		86

D.	Kanada			87
	I.	Immigration Act		88
		1.) Flüchtlingsdefinition		88
		2.) „Selection abroad" und „inland claims"		89
	II.	Speziell Frauen betreffende Regelungen		90
E.	Zwischenergebnis			92

Viertes Kapitel: Frauenspezifische Verfolgung und das Recht auf Asyl 94

A. Der Verfolgungsbegriff 94
   I. Die Staatlichkeit der Verfolgung 94
      1.) Problematik 94
         a) „Das Private ist politisch." 95
         b) „Frauenrechte sind Menschenrechte." 97
         c) Frauenspezifische Verfolgung ist politische Verfolgung 98
      2.) Staatlichkeit frauenspezifischer Verfolgung in der Rechtsprechung der zu untersuchenden Länder 98
         a) Deutschland 98
            i.) Mittelbar staatliche Verfolgung 98
            ii.) Staatlichkeit und frauenspezifische Verfolgung 100
               (1.) Entscheidungen, in denen frauenspezifische Verfolgung dem Staat zugerechnet wurde 101
               (2.) Entscheidungen, in denen eine Zurechenbarkeit verneint wurde 103
               (3.) Hinweis auf private Verfolgung 104
         b) Frankreich 104
         c) USA 105
         d) Kanada 107
         e) Wertender Rechtsvergleich 108
            (1.) Zurechnungslehre kontra Schutzlehre: Ist die Staatlichkeit der Verfolgung notwendig? 108
            (2.) Frauenspezifische Verfolgung als mittelbar staatliche Verfolgung 111
            (3.) Ergebnis 123
   II. Eingriffsintensität 123
      1.) Deutschland 123
      2.) Frankreich 126
      3.) USA 126
      4.) Kanada 127
      5.) Wertender Rechtsvergleich 127
B. Das Geschlecht als Verfolgungsgrund 128
   I. Das Geschlecht als asylrelevantes Merkmal im Sinne von Art.16a Abs. 1GG 128
   II. Das Geschlecht als bestimmte soziale Gruppe im Sinne von Art. 1 A Nr. 2 GFK 130

		1.) Deutschland	131
		2.) Frankreich	132
		3.) USA	133
		4.) Kanada	136
		5.) Wertender Rechtsvergleich	137

C. Die übrigen Verfolgungsgründe der Genfer Flüchtlingskonvention 141
    I. Rasse 141
    II. Religion 142
    III. Nationalität 142
    IV. Verfolgung aufgrund politischer Überzeugung 142

D. Frauenspezifische Fluchtursachen und ihre Asylrelevanz 143
    I. Genitalverstümmelung 143
        1.) Die Praxis der Genitalverstümmelung 143
        2.) Genitalverstümmelung und das kulturrelativistische Argument 145
        3.) Genitalverstümmelung in der Rechtspraxis der zu untersuchenden Länder 146
            a) Deutschland 146
                i.) Art. 16a Abs. 1 GG 146
                    (1.) Asylerhebliche Intensität 147
                    (2.) Zielgerichtetheit der Maßnahme 147
                    (3.) Asylrelevantes Merkmal 148
                    (4.) Staatlichkeit 150
                ii.) § 51 AuslG 150
                iii.) § 53 Abs. 4 AuslG 150
                iv.) § 53 Abs. 6 AuslG 151
                    (1.) § 53 Abs. 6 S.1 AuslG 151
                    (2.) § 53 Abs. 6 S.2 AuslG 151
                    (3.) Rechtsfolge des § 53 Abs. 6 S.1 AuslG: Ermessen 152
            b) Frankreich 153
            c) USA 154
                i.) Well-founded fear of Future Persecution 154
                ii.) Merkmal der Genfer Flüchtlingskonvention 155
                iii.) Der „on account of" – Nexus 155
                iv.) Staatlichkeit 156
            d) Kanada 156
            e) Wertender Rechtsvergleich 156
        4.) Flucht, weil Tochter Genitalverstümmelung droht 157
            a) Deutschland 158
            b) Frankreich 158
            c) USA 158
            d) Kanada 159

		e) Wertender Rechtsvergleich	159
II.		Restriktive geschlechtsspezifische Gesetze und Sittenregeln	160
	1.)	Frauen und Islam	160
	2.)	Unverhältnismäßige Strafen	162
	3.)	Der Schleier als politisches Symbol	163
	4.)	Das Kopftuch als religiöses Symbol in der deutschen nicht-asylrechtlichen Rechtsprechung	164
	5.)	Geschlechtsspezifische Bekleidungs- und Verhaltensvorschriften als Grund für Asyl	165
		a) Deutschland	165
		i.) Art. 16a I GG	165
		ii.) § 51 Abs. 1 AuslG	176
		iii.) Abschiebungshindernisse nach § 53 AuslG	176
		(1.) § 53 Abs. 4 AuslG	176
		(2.) § 53 Abs. 6 S. 1 AuslG	177
		b) Frankreich	178
		c) USA	179
		i.) Verfolgung	179
		ii.) Konventionsmerkmal	179
		d) Kanada	180
		i.) Verfolgung	180
		ii.) Konventionsmerkmal	181
		e) Wertender Rechtsvergleich	181
III.		Vergewaltigung	185
	1.)	Vergewaltigung und ihre Folgen	185
	2.)	Die Bedeutung von Vergewaltigung im Geschlechterverhältnis	185
	3.)	Vergewaltigung in kriegerischen Auseinandersetzungen	186
	4.)	Sexuelle Folter	187
	5.)	Rechtliche Bewertung	187
		a) Deutschland	187
		i.) Art. 16a Abs. 1 GG	187
		(1.) Asylerhebliche Intensität	187
		(2.) Zielgerichtetheit der Maßnahme im Hinblick auf ein asylrelevantes Merkmal	187
		(3.) Staatlichkeit	189
		b) Frankreich	191
		c) USA	192

		i.) Politische Überzeugung	193
		ii.) Zugehörigkeit zu einer bestimmten sozialen Gruppe	194
	d)	Kanada	195
	e)	Wertender Rechtsvergleich	195
IV.	Zwangssterilisation, Zwangsabtreibung		197
	1.) Die chinesische Ein-Kind-Politik		197
	2.) Das Recht auf Fortpflanzung		197
	3.) Zwangssterilisationen und Zwangsabtreibungen im Asylrecht der zu untersuchenden Länder		198
	a)	Deutschland	198
		i.) Art. 16a Abs. 1 GG	199
		(1) Asylerhebliche Intensität	199
		(2) Zielgerichtetheit der Maßnahme im Hinblick auf ein asylrelevantes Merkmal	199
		(3) Staatlichkeit	199
		ii.) § 51 Abs. 1 AuslG	199
		iii.) § 53 Abs. 4 AuslG	200
	b)	Frankreich	200
	c)	USA	200
		(1.) Die Situation vor dem IIRIRA von 1996	200
		(2.) Die Regelung in IIRIRA Sect. 601	201
	d)	Kanada	202
		i.) Verfolgung	202
		ii.) Zugehörigkeit zu einer bestimmten sozialen Gruppe	203
	e)	Wertender Rechtsvergleich	203
V.	Zwangsverheiratungen		205
	1.) Problematik		205
	2.) Schutzgewährung		205
	a)	Deutschland	205
		i.) Entführung und Zwangsverheiratung junger christlicher Frauen durch Muslime	205

		ii.) Zwangsverheiratung durch Familie	207
	b)	USA	207
	c)	Kanada	207
	d)	Wertender Rechtsvergleich	208

VI. Gewalt im häuslichen Bereich (domestic violence) 208
    1.) Deutschland 208
    2.) USA 209
    3.) Kanada 210
        a) Verfolgungsgrund 210
        b) Intensität 211
        c) Staatlichkeit 211
    4.) Wertender Rechtsvergleich 212
        a) Intensität 212
        b) Verfolgungsgrund 213
            i.) Politische Überzeugung 213
            ii.) Bestimmte soziale Gruppe: Alle Frauen des Herkunftslandes 213
            iii.) Bestimmte soziale Gruppe: Frauen, die unter häuslicher Gewalt leiden 214
        c) Staatlichkeit 214
VII. Verletzung der Familienehre 215
VIII. Mitgiftmord und Witwenverbrennung 216
IX. Versuch, verschwundene Verwandte aufzuspüren 217

Fünftes Kapitel: Ergebnisse und Ausblick 218

A. Ergebnisse 218
B. Ausblick: Das Zuwanderungsgesetz 219

Literaturverzeichnis 222

Abkürzungsverzeichnis

Abl	Amtsblatt
AEMR	Allgemeine Erklärung der Menschenrechte
AJDA	Actualité juridique – Droit Administratif
AJIL	American Journal of International Law
AK	Alternativ Kommentar
AsylVfG	Asylverfahrensgesetz
AuAS	Ausländer- und Asylrecht - Schnelldienst
AufenthG	Aufenthaltsgesetz
AuslG	Ausländergesetz
AuslG-VwV	Verwaltungsvorschriften zum Ausländergesetz
AVR	Archiv des Völkerrechts
AYIL	Australian Yearbook of International Law
BAnz	Bundesanzeiger
BGBl.	Bundesgesetzblatt
BIA	Bord of Immigration Appeals [Kanada]
BK	Bonner Kommentar zum Grundgesetz
BR-Drs.	Bundesratsdrucksache
BT-Drs.	Bundestagsdrucksache
BUILJ	Boston University International Law Journal
BVerfGE	Entscheidungen des Bundesverfassungsgerichts
BVerwGE	Entscheidungen des Bundesverwaltungsgerichts
CC	Conseil Constitutionelle [Frankreich]
CCPR	International Convenant on Civil and Political Rights
CEDAW	Convention on the Elimination of Discrimination against Women
CHRLJ	Columbia Human Rights Law Journal
CILJ	Cornell International Law Journal
CJTL	Columbia Journal of Transnational Law
CRR	Commission des recours des réfugiés [Frankreich]
DÖV	Die Öffentliche Verwaltung
DuR	Demokratie und Recht
DVBl.	Deutsches Verwaltungsblatt
ECRE	European Council on Refugees and Exiles
EGMR	Europäischer Gerichtshof für Menschenrechte
EGV	Vertrag zur Gründung der Europäischen Gemeinschaft
EILJ	Emory International Law Journal
EJIL	European Journal of International Law
EMRK	Europäische Menschenrechtskonvention
ERPL/REDP	European Revue of Public Law / Revue Européenne de Droit Public
EP	Europäisches Parlament
EU	Europäische Union
EuGHZ	Europäische Grundrechte-Zeitschrift
EUV	Vertrag über die Europäische Union
F.C.A.	Federal Court of Appeals [Kanada]
FGM	Female Genital Mutilation
Fn.	Fußnote
FoR	Forum Recht

FR	Frankfurter Rundschau
FuR	Familie und Recht
GA	General Assembly
GFK	Genfer Flüchtlingskonvention
GG	Grundgesetz
GILJ	Georgetown Immigration Law Journal
GK-AsylVfG	Gemeinschaftskommentar zum Asylverfahrensgesetz
GK-AuslR	Gemeinschaftskommentar zum Ausländerrecht
HILJ	Harvard International Law Journal
HRQ	Human Rights Quarterly
HStR	Handbuch des Staatsrechts (Isensee)
HWLJ	Harvard Women's Law Journal
ICLQu	International and Comparative Law Quarterly
IGH	Internationaler Gerichtshof
IIRIRA	Illegal Immigration Reform and Immigrant Responsibility Act [USA]
IJRL	International Journal of Refugee Law
ILM	International Legal Materials
INA	Immigration and Naturalization Act [USA]
InfAuslR	Informationsbrief Ausländerrecht
INS	Immigration and Naturalization Service [USA]
IPbürgR	Internationaler Pakt über bürgerliche und politische Rechte
IPwirtR	Internationaler Pakt über wirtschaftliche, soziale und kulturelle Rechte
IRB	Immigration and Refugee Board [Kanada]
JDI	Journal de Droit International
JöR	Jahrbuch des öffentlichen Rechts
JuS	Juristische Schulung
JZ	Juristenzeitung
KJ	Kritische Justiz
KritV	Kritische Vierteljahresschrift für Gesetzgebung und Rechtswissenschaft
MD	Maunz/Dürig
MGLR	McGill Law Journal
MJIL	Michigan Journal of International Law
MJILT	Maryland Journal of International Law and Trade
NJW	Neue Juristische Wochenschrift
NVwZ	Neue Zeitschrift für Verwaltungsrecht
NVwZ-RR	NVwZ-Rechtsprechungsreport
NYIL	Netherlands Yearbook of International Law
OFPRA	Office Française pour la Protection des Réfugiés et Apatrides
OVG	Oberverwaltungsgericht
Rn.	Randnummer
SC	Security Council
S.C.C.	Supreme Court of Canada
SJILC	Syracruse Journal of International Law and Commerce
Slg	Sammlung
StMLJ	St. Mary's Law Journal
StRspr	ständige Rechtsprechung
SZ	Süddeutsche Zeitung
TAZ	Tageszeitung
TFLR	Toronto Faculty of Law Review
TJWL	Texas Journal of Women and the Law

UNHCR	United Nations High Commissioner for Refugees
UNTS	United Nations Treaty Service
U.S.C.	United States Code
VG	Verwaltungsgericht
VGH	Verwaltungsgerichtshof
VJTL	Vanderbilt Journal of Transnational Law
WAPHA	Women's Alliance for Peace and Human Rights in Afghanistan
WüV	Wiener Übereinkommen über das Recht der Verträge
YJIL	Yale Journal of International Law
YLR	The Yale Law Journal
ZAR	Zeitschrift für Ausländerrecht

Einleitung

Frauenspezifische Asylgründe sind erstmals ins Bewusstsein gelangt durch die Beschlüsse des Europäischen Parlaments aus dem Jahre 1984 und des UNHCR-Exekutivkomitees Nr. 39 aus dem Jahre 1985 sowie die weltweite Kampagne von amnesty international gegen Menschenrechtsverletzungen an Frauen im Jahre 1991. Während die Diskussion in den angelsächsischen Überseestaaten (Kanada, USA, Australien, Neuseeland) seitdem weit fortgeschritten ist, wird ihr in Deutschland erst im Zusammenhang mit dem Schicksal vieler Flüchtlingsfrauen aus dem ehemaligen Jugoslawien zunehmende Aufmerksamkeit geschenkt.[1]

Im August 2001 legte Innenminister Otto Schily schließlich seinen Gesetzentwurf zum geplanten Zuwanderungsgesetz vor.[2] In der überarbeiteten Fassung des Entwurfes vom November 2001 wurde darin klargestellt, dass auch nichtstaatliche und geschlechtsspezifische Verfolgung einen Abschiebeschutz begründen können. In der Fassung vom März 2002 schließlich, die auch vom Deutschen Bundestag beschlossen wurde,[3] wurde diese Regelung wieder insoweit eingeschränkt, als dass nichtstaatliche Verfolgung nur dann einen Abschiebeschutz begründen kann, wenn es sich um Verfolgung im Sinne der Genfer Flüchtlingskonvention handelt. Der Gesetzentwurf wurde von heftigen politischen Diskussionen begleitet.[4] Während die Neuregelung von einigen begrüßt wurde, behaupteten andere, sie würde das deutsche Asylrecht unverhältnismäßig ausweiten. Wieder andere meinten, Fälle geschlechtsspezifischer Verfolgung wären schon durch das geltende Asyl- und Ausländerrecht ausreichend erfasst. Ziel dieser Arbeit ist es, die geltende Rechtslage im Hinblick auf geschlechtsspezifische Verfolgung zu untersuchen.

---

1   Büllesbach, Streit 1998, 156.
2   Entwurf eines Gesetzes zur Steuerung und Begrenzung der Zuwanderung und zur Regelung des Aufenthalts und der Integration von Unionsbürgern und Ausländern (Zuwanderungsgesetz – vorgelegt am 3. August 2001; in der Fassung vom 1. März 2002 vom Bundestag beschlossen). Das Gesetz soll überwiegend am 1. Januar 2003 in Kraft treten (Art. 15 des Zuwanderungsgesetzes).
3   Am 22. März 2002 hat der Bundesrat über das Zuwanderungsgesetz abgestimmt. Der Präsident des Bundesrates Wowereit stellte dabei dessen Zustimmung fest. Allerdings wertete er die Stimmen Brandenburgs als Zustimmung, obwohl Brandenburg seine Stimmen entgegen Art. 51 Abs. 3 S. 2 GG uneinheitlich abgegeben hatte. Die Zulässigkeit dieses Verhaltens ist auf großen Protest gestoßen. Gleichwohl unterzeichnete Bundespräsident Rau am 20. Juni 2002 das Gesetz (BGBl S. 1946). Gleichzeitig bezeichnete er jedoch eine Klärung des Rechtsstreits über das Gesetz durch das Bundesverfassungsgericht als „wünschenswert". Die unionsgeführten Bundesländer haben schließlich eine abstrakte Normenkontrolle des Gesetzes beim Bundesverfassungsgericht beantragt. Wie das Bundesverfassungsgericht entscheiden wird, ist zum Zeitpunkt der Fertigstellung dieser Arbeit allerdings noch ungewiss. Eine weitere Unsicherheit in Bezug auf das Gesetz ist die Bundestagswahl am 22. September 2002. Siehe zu den Auswirkungen des Zuwanderungsgesetzes auch unten, S. 211
4   Vgl. aus der umfangreichen Berichterstattung in den Medien nur: Rüssmann, FR, 30. August 2001, S. 4; Extraseiten zur Zuwanderung in der FR, v. 4. August 2001, S. 5 und v. 4. Juli 2001, S. 5; von Bebenburg, FR, v. 6. November 2001.

Die rechtswissenschaftliche Literatur begann Ende der 80er Jahre, sich mit diesem Thema zu beschäftigen.[5] In den großen deutschen Grundgesetzkommentaren sind Stellungnahmen zur frauenspezifischer Verfolgung eher rar.[6] Es gibt mittlerweile allerdings auch in Deutschland mehrere Aufsätze, die sich ausführlicher mit dem Thema beschäftigen.[7] Außerdem liegen mehrere politikwissenschaftliche Arbeiten vor, die sich diesem Thema widmen.[8] Ende des Jahres 2001 ist schließlich die erste umfangreichere rechtswissenschaftliche Arbeit zur frauenspezifischen Verfolgung in deutscher Sprache von Andrea Binder erschienen. Binder untersucht frauenspezifische Verfolgung vor dem Hintergrund einer menschenrechtlichen Auslegung des Flüchtlingsbegriffes der Genfer Flüchtlingskonvention und berücksichtigt dabei vor allem die schweizerische, deutsche, kanadische und amerikanische Flüchtlings- und Asylpraxis. Da die vorliegende Arbeit im Wesentlichen in den Jahren 2000 und 2001 entstanden ist, wurde die Arbeit von Binder nicht im Einzelnen verarbeitet. In ihrem 6. Kapitel untersucht Binder die Elemente des Flüchtlingsbegriffes Intensität, Staatlichkeit und Verfolgungsmotivation im Hinblick auf frauenspezifische Verfolgung. Dabei thematisiert sie weitgehend die gleichen Tatbestände möglicher geschlechtsspezifischer Verfolgung, nämlich repressive religiöse Normen, Vergewaltigung und sexuelle Gewalt, traditionelle Praktiken, wie weibliche Genitalverstümmelung, Zwangsheirat und Ehrenmorde, Zwangssterilisation und Zwangsabtreibungen sowie eheliche Gewalt wie die vorliegende Arbeit und kommt im Wesentlichen zu den auch hier vertretenen Ergebnissen. Ausgehend von ihrem menschenrechtlichen Ansatz bevorzugt auch Binder die Schutztheorie, nach der eine drohende Verfolgung dem Heimatstaat nicht zugerechnet werden braucht.[9] Auch Binder kommt zu dem in der vorliegenden Arbeit vertretenen Ergebnis, dass das Geschlecht eine bestimmte soziale Gruppe im Sinne von Art. 1 A. Nr. 2 GFK konstituieren kann.[10]

Das Asyl- und Flüchtlingsrecht enthält viele geschlechtsspezifische Probleme. Frauen und Mädchen sind sowohl auf der Flucht als auch während ihres Exils Übergriffen ausgesetzt. In vielen Flüchtlingscamps ist die Situation für Frauen problematisch.[11] Das internationale Flüchtlingsrecht erfordert deshalb einen besonderen Schutz für flüchtende Frauen. Das Asylverfahren enthält Hürden für Frauen, die vor geschlechtsspezifischer Verfolgung geflohen sind.[12] So ist es für sexuell gefolterte Frauen meist schwer, diese

---

5   Siehe dazu die ersten grundlegenden Aufsätze von Greatbatch, 1 IJRL 518 (1989), Johnsson, 1 IJRL 221 (1989), in Deutschland: Gottstein, Streit 1987, 75; Buhr, Kornelia, DuR 1988, 192.
6   Siehe aber z.B.: Sachs-*Bonk* Art. 16a Rn. 22.
7   Von Galen, Streit 1992, 148; Bülesbach Streit 1998, 155; Hailbronner, ZAR 1998, 152; Mees-Asadollah, Streit 1998, 139; Brand, Streit 1998, 139.
8   Dieregsweiler, Renate: Krieg – Vergewaltigung – Asyl, Sinzheim 1997; Laubenthal, Barbara: Vergewaltigung von Frauen als Asylgrund, Frankfurt a. M. / New York 1999; Rosner, Judith: Asylsuchende Frauen, Frankfurt a. M. 1996.
9   Binder, S. 396 ff.
10 Binder, S. 449 ff.
11 Vgl. dazu z.B. UNHCR Guidelines on the Protection of Refugee Women, U.N. Doc. EC/SCP/67, 22. Juli 1991; UNHCR's 1995 Sexual Violence Against Refugees: Guidelines on Prevention and Response (Sexuelle Gewalt gegen Flüchtlinge: Richtlinie zur Vorbeugung und Reaktion, nichtamtliche Übersetzung, UNHCR Bonn 1997).
12 Zum Verfahren z.B.: für Deutschland: Graw-Sorge, Schlepper Nr. 10, S. 17 (2000); Hulverscheidt, FoR 98, 117 ff.; ausführlich: Dieregsweiler, S. 66 ff.; für die USA und Kanada: Macklin, 13 GILJ 35 ff. (1998).

Erfahrung während der Anhörung im Asylverfahren mitzuteilen. Sexuell gefolterte Frauen verarbeiten ihr Erlebnis häufig dadurch, dass sie eine innere Distanz zu dem Erlebten schaffen, weshalb sie das Erlebte bewusst neutral und zurückhaltend erzählen, wodurch ihre Glaubwürdigkeit leidet.[13] Wenn die betroffene Frau dann auch noch von männlichen Entscheidern angehört wird, wird die Situation für sie noch schwieriger. Auch die Anwesenheit von Familienangehörigen ist problematisch, da eine Frau, die vergewaltigt wurde, in vielen Gesellschaften als unehrenhaft angesehen und deshalb von der Familie verstoßen wird. Es gibt mittlerweile allerdings erste Ansätze, die Situation für Frauen im Asylverfahren zu verbessern. So wurde das Personal im Bundesamt für die Anerkennung ausländischer Flüchtlinge speziell geschult, um mit geschlechtsspezifischer Verfolgung sensibler umzugehen. Außerdem ist inzwischen gewährleistet, dass verfolgte Frauen von Dolmetscherinnen und Beamtinnen sowie getrennt von ihrer Familie angehört werden.[14] Schließlich haben Frauen, denen in ihrem Herkunftsstaat geschlechtsspezifische Verfolgung droht, Probleme bei der Anerkennung als Flüchtling. Das materielle Flüchtlingsrecht ist an der Situation des typischen männlichen Flüchtlings ausgerichtet. Geschlechtsspezifische Verfolgungsschicksale lassen sich nicht ohne weiteres unter die Flüchtlingsdefinition der Genfer Flüchtlingskonvention subsumieren.

Diese Arbeit widmet sich allein dem letztgenannten Aspekt: der materiellen Anerkennung frauenspezifischer Verfolgung als Asylgrund. Es soll untersucht werden, ob Frauen, die vor geschlechtsspezifischen Rechtsverletzungen fliehen, Asyl oder Abschiebeschutz gewährt werden muss. Die Ursachen, weshalb Frauen fliehen, sind vielfältig. In vielen Teilen der Erde werden die Rechte der Frauen mit Füßen getreten. Frauen werden vergewaltigt und verstümmelt. Sie werden gezwungen, bestimmte Bekleidungs- und Verhaltensvorschriften einzuhalten.[15] Angesichts dieser Tatsache begegnet man oft der Befürchtung, bei einer Anerkennung geschlechtsspezifischer Fluchtursachen als Asylgrund würden sich alle Frauen der Welt nach Europa oder Nordamerika aufmachen. Aber abgesehen davon, dass niemand ohne weiteres alles aufgibt, um seine Heimat für immer zu verlassen, ist die Flucht gerade für Frauen in der Regel sehr schwierig. Sie haben kaum eigenes Geld und sind während der Flucht besonderen Gefahren, wie sexuellen Übergriffen, ausgesetzt. Nur wenigen Frauen gelingt die Flucht. Ed Broadbent kommentiert Befürchtungen, die in Kanada geäußert wurden, als dort eine Richtlinie erlassen wurde, die sich speziell auf weibliche Asylantragstellerinnen bezieht:

„*The women we're talking about can't jump in the car and go to the airport to buy a ticket; they aren't permitted to drive. And they don't exactly have an American Express gold card that they could use to buy tickets to fly here.*"[16]

Die Frauen, um die es hier geht, haben alles aufgegeben, große Gefahren auf sich genommen, um der Verstümmelung ihrer Genitalien, der wiederholten Misshandlung und Vergewaltigung oder einem Zustand vollkommener Rechtlosigkeit zu entkommen.

---

13 Dieregsweiler, S. 68; vgl. zur Bewertung der Aussage einer durch seelische, sexuelle und körperliche Misshandlung traumatisierten Frau: VG Ansbach, Urt. v. 17. März 2000, Streit 2001, 168.
14 Vgl. TAZ, v. 06.03.2001.
15 Einen Überblick zu Gewalt gegen Frauen auf der Welt bietet amnesty international: Geschundene Körper – Zerrissene Seelen, Bonn 2001.
16 Zitiert in Macklin, 17 HRQ 213, 220 (1995).

Im Zusammenhang mit geschlechtsspezifischer Verfolgung ist zu beachten, dass Frauen häufig nicht durch den Staat selbst verfolgt werden, sondern Gewalt durch ihre Familie oder andere private Personen erleiden. Vor allem in der deutschen Rechtsprechung wird aber immer noch vorausgesetzt, dass die Verfolgung vom Staat ausgehen muss. Probleme ergeben sich für Frauen, die vor geschlechtsspezifischer Verfolgung geflohen sind, zudem dadurch, dass das Geschlecht kein Fluchtgrund der Genfer Flüchtlingskonvention ist. Nach der Flüchtlingsdefinition in Art. 1 A Nr. 2 GFK ist Flüchtling jede Person, die *„aus der begründeten Furcht vor Verfolgung wegen ihrer Rasse, Religion, Nationalität, Zugehörigkeit zu einer bestimmten sozialen Gruppe oder wegen ihrer politischen Überzeugung sich außerhalb des Landes befindet, dessen Staatsangehörigkeit sie besitzt, und den Schutz dieses Landes nicht in Anspruch nehmen kann oder wegen dieser Befürchtungen nicht in Anspruch nehmen will"*. Für frauenspezifische Verfolgung stellt sich deshalb die Frage, ob sie in eines dieser Konventionsmerkmale eingeordnet werden kann. In Deutschland enthält das grundrechtliche Asylrecht in Art. 16 a Abs. 1 GG diese Einschränkung zwar nicht, die Definition der Genfer Flüchtlingskonvention ist aber in dem praktisch bedeutsamen § 51 Abs. 1 AuslG enthalten.

Die genannten Probleme stellen sich nicht nur im deutschen Asylrecht. Alle Aufnahmeländer sehen sich seit einiger Zeit mit geschlechtsspezifischer Verfolgung konfrontiert. Es lohnt sich deshalb einen Blick darauf zu werfen, wie andere Länder mit geschlechtsspezifischer Verfolgung umgehen. Im Rahmen dieser Arbeit soll deshalb neben der deutschen Rechtslage auch die französische, die U.S.-amerikanische und die kanadische Rechtslage untersucht werden. Kanada war das erste Land, das geschlechtsspezifischer Verfolgung besondere Beachtung schenkte. Schon im Jahre 1993 wurde dort eine spezielle Richtlinie für die Entscheidungsträger im Asylverfahren erlassen, die über die Asylanträge weiblicher Flüchtlinge zu befinden haben. Die USA zogen im Jahre 1996 nach und erließen ebenfalls eine solche Richtlinie. Außerdem soll die Praxis in Frankreich betrachtet werden, die im Hinblick auf eine Harmonisierung des Asylrechts auf europäischer Ebene von besonderer Bedeutung für Deutschland ist.

Im ersten Kapitel sollen zunächst die Vorgaben des internationalen Rechts untersucht werden. Von Bedeutung sind dabei vor allem das internationale Flüchtlingsrecht und die Menschenrechte. Die Genfer Flüchtlingskonvention ist der internationale Vertrag, auf dessen Flüchtlingsdefinition die asylrechtlichen Regelungen der meisten Staaten basieren. Die Menschenrechte sind wichtig für die Frage, wie frauenspezifische Rechtsverletzungen zu bewerten sind.

Schließlich gibt es Dokumente des UNHCR, der Generalversammlung und der Weltfrauenkonferenzen, die sich speziell mit dem Problem flüchtender Frauen befassen. Im zweiten Kapitel soll sodann ein Blick auf die speziell für Europa geltenden Regelungen geworfen werden. Dabei ist zum einen die Europäische Menschenrechtskonvention von Interesse, die selbst ein Abschiebungshindernis enthält. Von zunehmender Bedeutung ist zum anderen die beginnende Asylrechtsharmonisierung in der Europäischen Union. In mehreren Entschließungen des Europäischen Parlaments wird die Anerkennung frauenspezifischer Verfolgung als Asylgrund durch die Mitgliedstaaten angemahnt. Am 12. September 2001 hat die Kommission zudem einen Richtlinienvorschlag zur Festlegung von Mindestnormen für die Anerkennung und den Status von Drittstaatsangehörigen und Staatenlosen als Flüchtlinge[17] vorgelegt, der ebenfalls Aussagen zur Behandlung geschlechtsspezifischer Verfolgung durch die Mitgliedstaaten enthält. Im dritten Kapitel werden die nationalen Regelungen der zu untersuchenden Länder Deutschland, Frankreich, USA und Kanada im Überblick vorgestellt. Das vierte Kapitel schließlich beschäftigt sich genauer mit frauenspezifischer Verfolgung. Dabei werden zunächst zwei Problemkreise näher untersucht, die bei den meisten Formen frauenspezifischer Verfolgung eine Rolle spielen. Es handelt sich dabei zum einen um den Verfolgungsbegriff und zum anderen um die Frage, ob das Geschlecht ein Verfolgungsgrund sein kann. Innerhalb des Verfolgungsbegriffes wird auf die Frage eingegangen, ob die Verfolgung vom Staat ausgehen muss und von welcher Intensität der verfolgende Eingriff sein muss. Bei der Frage nach dem Verfolgungsgrund wird näher untersucht, ob das Geschlecht ein asylrelevantes Merkmal im Sinne von Art. 16 a Abs. 1 GG sein kann und ob es eine „bestimmte soziale Gruppe" im Sinne des Art. 1 A Nr. 2 GFK begründen kann. Nachdem danach ein kurzer Blick auf die übrigen Verfolgungsgründe der Genfer Flüchtlingskonvention geworfen wird, wird die Asylrelevanz frauenspezifischer Fluchtursachen näher untersucht. Eingegangen wird dabei insbesondere auf die Asylrelevanz drohender Genitalverstümmelung, restriktiver geschlechtsspezifischer Gesetze und Sittenregeln, Vergewaltigung, Zwangssterilisation, Zwangsverheiratungen, Gewalt im häuslichen Bereich und Verletzung der Familienehre.

---

17 Vorschlag für eine Richtlinie des Rates zur Festlegung von Mindestnormen für die Anerkennung und den Status von Drittstaatsangehörigen und Staatenlosen als Flüchtlinge im Einklang mir dem Abkommen von 1951 über die Rechtsstellung der Flüchtlinge und dem Protokoll von 1967 oder als Personen, die anderweitig internationalen Schutz benötigen (Vorlage der Kommission), v. 12. 9. 2001, KOM(2001) 510 vorläufige Fassung, 2001/0207 (CNS).

Erstes Kapitel: Die Vorgaben des internationalen Rechts

A. Bedeutung

Das Völkervertragsrecht enthält weder ausdrückliche Bestimmungen zur Rechtsstellung der Asylsuchenden im Allgemeinen noch von asylsuchenden Frauen im Speziellen.[18] Lediglich die Rechtsstellung bereits anerkannter Asylbewerber ist im internationalen Recht festgeschrieben.[19] Das Fehlen von speziellen Regelungen über die Asylgewährung im Völkerrecht erklärt sich durch die alleinige Befugnis der Staaten zur Asylgewährung, welche aus dem Prinzip der territorialen Souveränität fließt.[20] Jeder Staat hat also das Recht, die Frage, ob er Flüchtlingen Asyl gewährt, selbstständig und weitgehend unabhängig vom internationalen Recht zu entscheiden. Das internationale Recht enthält aber Regelungen, die das Verbot der Abschiebung enthalten.[21]

In Bezug auf flüchtende Frauen existieren keine verbindlichen Verträge. Es gibt allerdings eine Reihe von Beschlüssen des UNHCR-Exekutivorgans zu diesem Thema sowie einige Resolutionen der UN-Generalversammlung. Außerdem hat das Europäische Parlament dazu einige Entschließungen gefasst. Das internationale Flüchtlingsrecht, sowie die Frauenrechte des internationalen Menschenrechtsinstrumentariums enthalten jedoch selbstverständlich Regelungen, die auf verfolgte Frauen zu ihrem Schutz Anwendung finden und so das Recht der einzelnen Staaten beziehungsweise dessen Auslegung beeinflussen. Dabei kann von einer frauenspezifischen Verletzung der Menschenrechte nicht ohne weiteres auf eine notwendige Asylanerkennung geschlossen werden. Dies verbietet sich schon durch das fehlende subjektive Recht auf Asyl im internationalen Recht.

Dennoch haben die Prinzipien des Flüchtlingsrechts ihre *raison d'être* in der Förderung der Menschenrechte.[22] Es besteht damit eine direkte Verbindung zwischen den Menschenrechten und dem Flüchtlingsrecht.[23] Progressive Entwicklungen der Prinzipien und Normen des Menschenrechts haben auch Einfluss auf die Interpretation des Flüchtlingsbegriffs.[24] Die Menschenrechte sind damit ein wichtiger Maßstab dafür, ob eine bestimmte Situation den Grad einer asylerheblichen Verfolgung erreicht. Ist eine bestimmte Situation menschenrechtswidrig, spricht eine Vermutung dafür, dass eine Verfolgung vorliegt.[25]

Der Einfluss der Menschenrechte zeigt sich auch in der weitgehend anerkannten Annahme, Art. 3 EMRK verbiete unter bestimmten Umständen die Rückschiebung in den Heimatstaat, da der Staat, der einen Ausländer fremden Staatsorganen aushändigt, die

---

18 Zu den materiellen Aspekten in den Verträgen von Dublin und Schengen, siehe allerdings: Maaßen S. 6.
19 Maaßen S. 7.
20 Maunz/Dürig-*Randelzhofer*, Art. 16 Abs. II S. 2 Rn. 12; Reichel, S. 33 u. 37.
21 Z.B. Art. 33 Abs. 1 GFK.
22 Kourula, S. 25.
23 Siehe ausführlich dazu: Conley, S. 639ff.; Hathaway (1993), S. 659ff.
24 Kourula, S. 38.
25 Stenberg, S. 67.

ihn in seinen Menschenrechten verletzen, an dieser Menschenrechtsverletzung mitverantwortlich wird; denn durch sein Verhalten setzt er ein wesentliches kausales Element, das zur Menschenrechtsverletzung führt.[26] Es lohnt sich deswegen, zunächst einen Blick auf die entsprechenden internationalen Abkommen und Dokumente zu werfen.

B. Flüchtlingsrecht

I. Die Genfer Flüchtlingskonvention[27]

1.) Bedeutung

Nach dem zweiten Weltkrieg wurde den neu errichteten Vereinten Nationen klar, dass das Flüchtlingsproblem dringend einer umfassenden Regelung bedurfte.[28] Aus dieser Einsicht entstand zunächst die International Refugee Organization, IRO, die sich speziell um die Flüchtlinge des zweiten Weltkrieges kümmern sollte. Als das Mandat der IRO auslief, wurde im Jahre 1950 das UN-Hochkommissariat für Flüchtlinge eingerichtet und im Jahre 1951 die Genfer Flüchtlingskonvention beschlossen. Diese wird oft als „Magna Charta des Flüchtlingsrechts" bezeichnet.[29] Für die Frage des materiellen Asylrechts ist vor allem die in ihr enthaltene Flüchtlingsdefinition bedeutend. Diese Definition ist für das Asylrecht vieler Staaten maßgebend.[30]

Die Konvention selbst gewährt den Flüchtlingen nach ganz herrschender Meinung jedoch kein subjektives Recht auf Asyl.[31] Sie gibt ihnen einen internationalen Rechtsstatus, der durch ein internationales Organ, nämlich den UN-Hochkommissar für Flüchtlinge, garantiert und überwacht wird.[32] Sie enthält also spezielle Schutzregelungen für Personen, die die Voraussetzungen der Flüchtlingsdefinition des Art. 1 A GFK erfüllen. Vereinfacht wird daher oft gesagt, die Konvention gewähre kein Recht auf Asyl, sondern ein Recht im Asyl.[33] Schließlich enthält Art. 33 Abs. 1 GFK ein Verbot der Ausweisung und Zurückweisung.

---

26 Siehe nur: Kälin, ZAR 1986, 172.
27 BGBl. 1953 II S. 560; UNTS Vol. 189 p. 150.
28 Kourula, S. 51.
29 z.B. Kimminich, Grundprobleme des Asylrechts, S. 71; Telöken, S. 202; Tremmel S. 92; Ulmer, S. 52.
30 Lambert, S. 3.
31 Reichel, S. 35 ff.; Ulmer, Rn. 10; Verdross/Simma § 1210; Wolter S. 25. Wolter (S. 112) weist allerdings darauf hin, dass die Staatenpraxis der EU-Mitgliedstaaten eindeutig dahingeht, ein individuelles Recht auf Asyl für GFK-Flüchtlinge zu gewähren. Dies sei allerdings mangels entsprechender Rechtsauffassung (opinio iuris, vgl. Art. 38 Abs. 1, lit. b) IGH-Statut) noch nicht als regionales Völkergewohnheitsrecht zu bezeichnen.
32 Kimminich, Völkerrecht, S. 201.
33 Hein, in: Barwig/Brinkmann/Huber/Lörcher/Schumacher, S. 72; zu eventuellen Vorwirkungen auf noch nicht anerkannte Asylbewerber: Maaßen S. 31.

2.) Flüchtlingsdefinition

Nach Art. 1 A. Nr. 2 GFK findet der Ausdruck „Flüchtling" auf jede Person Anwendung, die

„ ... infolge von Ereignissen, die vor dem 1. Januar 1951 eingetreten sind, und aus der begründeten Furcht vor Verfolgung wegen ihrer Rasse, Religion, Nationalität, Zugehörigkeit zu einer bestimmten sozialen Gruppe oder wegen ihrer politischen Verfolgung sich außerhalb des Landes befindet, dessen Staatsangehörigkeit sie besitzt, und den Schutz dieses Landes nicht in Anspruch nehmen kann oder wegen dieser Befürchtungen nicht in Anspruch nehmen will; oder die sich als staatenlose infolge solcher Ereignisse außerhalb des Landes befindet, in welchem sie ihren gewöhnlichen Aufenthalt hatte, und nicht dorthin zurückkehren kann oder wegen der erwähnten Befürchtungen nicht dorthin zurückkehren will."

Durch das Protokoll über die Rechtsstellung der Flüchtlinge vom 31. Januar 1967[34] wurde die in dieser Definition enthaltene temporäre Einschränkung aufgehoben.[35] Der Umstand, dass die GFK sich im Folgenden auf diese Person als „er" bezieht (z.B. in Art. 2 GFK), wurde natürlich nie dahingehend interpretiert, Frauen wären nicht erfasst[36] Trotzdem spiegelt die Wortwahl wider, dass die Verfasser einen männlichen Flüchtling vor Augen hatten: „To the extent that gender is revealed in these legal texts, it is nevertheless clear that the male refugee was in the mind of the drafters."[37] Die Definition der GFK ist auf den typisch männlichen Flüchtling zugeschnitten.[38] Das Merkmal „Geschlecht" ist in der GFK nicht genannt. Dies erstaunt nicht, da die Sensibilität gegenüber frauenspezifischer Verfolgung im Jahre 1951, als die GFK beschlossen wurde, noch weniger ausgeprägt war als heute.

Das Fehlen des Merkmals „Geschlecht" hat allerdings nicht zur Folge, dass frauenspezifische Verfolgung generell nicht den Status eines Konventionsflüchtlings begründen kann. Wie noch zu zeigen sein wird, lassen sich nämlich viele Arten der geschlechtsspezifischen Verfolgung unter eines der Konventionsmerkmale subsumieren. So kann etwa die Verfolgung einer Frau, die sich weigert ein Kopftuch zu tragen, durch Religion oder politische Anschauung begründet sein. Ob sich alle denkbaren Schicksale geschlechtsspezifisch verfolgter Frauen in die Definitionsmerkmale einordnen lassen oder ob einige Frauen möglicherweise nicht dem Flüchtlingsbegriff unterfallen, obwohl sie vor einer gleich starken Verfolgung fliehen wie Konventionsflüchtlinge, wird noch genauer zu untersuchen sein.

Die Väter der GFK – Frauen waren auf der internationalen Konferenz von 1951 nicht vertreten – wollten keine allgemeingültige und abschließende Definition des Flüchtlings

---

34 BGBl. 1969 II S. 1294.
35 Art. 1 Abs. 2 des Protokolls über die Rechtsstellung der Flüchtlinge.
36 Kourula, S. 131. Wright (S. 77) weist darauf hin, dass der sprachliche Ausschluss von Frauen aus dem Menschenrechtsinstrumentarium deshalb problematisch sei, weil er trotz gegenteiliger Lippenbekenntnisse dazu führe, dass die Menschenrechte anhand der Erfahrungen von Männern beschrieben und interpretiert würden.
37 Johnsson, 1 IJRL 221, 222 (1989).
38 Z.B. Crawley, S. 309; Hathaway (1993, S. 660) weist zudem darauf hin, dass die Flüchtlingskonvention aufgrund ihrer Entstehungsgeschichte sehr eurozentrisch ausgerichtet ist, so dass sie überhaupt auf Flüchtlinge aus den weniger entwickelten Ländern nicht richtig passt.

festlegen.³⁹ Vielmehr empfahlen sie den Staaten, Flüchtlingen, die nicht unter die Definition von Artikel 1 der Konvention fallen, nach Möglichkeit gleichwohl die Rechtsstellung von Konventionsflüchtlingen einzuräumen.⁴⁰ Diese Empfehlung kann aus heutiger Sicht gut auf geschlechtsspezifisch verfolgte Frauen angewendet werden. Sollte sich zeigen, dass bestimmte Formen geschlechtsspezifischer Verfolgung nicht dem Flüchtlingsbegriff des Genfer Abkommens unterfallen, so ginge die Empfehlung dahin, diesen Frauen trotzdem den Status eines Konventionsflüchtlings einzuräumen. Aber auch wenn sich zeigen sollte, dass sich alle Arten frauenspezifischer Verfolgung in die Merkmale der Flüchtlingskonvention einordnen lassen, so ist eine entsprechende Klarstellung trotzdem wünschenswert, denn in der Staatenpraxis ist die Anerkennung frauenspezifischer Verfolgungsgründe keine Selbstverständlichkeit.

Auch unter einem anderen Aspekt ist die Genfer Flüchtlingskonvention als eng anzusehen. Regionale Regelungen in Afrika⁴¹ und Amerika⁴² enthalten einen weitergehenden Flüchtlingsbegriff, der nicht nur Konventionsflüchtlinge im Sinne der Genfer Konvention erfasst, sondern auch De-facto-Flüchtlinge in einem erweiterten Sinn.⁴³ Die im Vergleich hierzu engere Definition der Genfer Flüchtlingskonvention hat erhebliche Auswirkungen auf Frauen und Kinder, da sie den Großteil der vertriebenen Personen ausmachen.⁴⁴

3.) Prinzip des Non-Refoulement

Die Genfer Flüchtlingskonvention gewährt in Art. 33 GFK ein Verbot des Refoulement, das heißt ein Verbot der Ausweisung in das Verfolgerland. Art. 33 GFK gilt als das wichtigste Refoulement-Verbot des Flüchtlingsvölkerrechts.⁴⁵ Es beinhaltet allerdings keinen subjektiven Asylanspruch.⁴⁶ Nach Art. 33 Nr. 1 GFK wird keiner der vertragschließenden Staaten *„einen Flüchtling auf irgendeine Weise über die Grenzen von Gebieten ausweisen oder zurückweisen, in denen sein Leben oder seine Freiheit wegen seiner Rasse, Religion, Staatsangehörigkeit, seiner Zugehörigkeit zu einer bestimmten sozialen Gruppe oder wegen seiner politischen Überzeugung bedroht sein würde"*.
Auch hier wird also auf die bereits aus Art. 1 GFK bekannten Definitionsmerkmale abgestellt. Auch für den Abschiebeschutz muss eine Flüchtlingsfrau also eines der genannten Merkmale erfüllen. Umstritten ist, ob Art. 33 eine staatliche Verfolgung voraussetzt. Diese Frage ist für Frauen von Bedeutung, die aufgrund privater Gewalt ihrer Ehemänner oder sonstiger Familienangehöriger fliehen. Da die Frage nach der Staatlichkeit der Verfolgung für viele Arten der geschlechtsspezifischen Verfolgung eine entscheidende Rolle spielt, wird diesem Problem unten ein eigener Abschnitt

---

39 Hein, in: Barwig/Brinkmann/Huber/Lörcher/Schumacher, S. 74.
40 Empfehlung E der Schlussakte der Bevollmächtigtenkonferenz, siehe UNHCR-Handbuch Ziffer 26.
41 Organization of African Unity, Convention governing the specific aspects of refugee problems in Africa, entered into force 20 June 1974, 1001 U.N.T.S. 46.
42 Organization of American States, Declaration de Cartagena, Doc. OEA/Ser.L./II.66, Conclusion 3.
43 Hailbronner, ZAR 1993, 5f.; Macklin, 17 HRQ 1995, 219.
44 Macklin, 17 HRQ 1995, 219.
45 Maaßen, S. 44 m. w. N.
46 Hailbronner, in: Graf Vitzthum, 3. Abschnitt, Rn. 269.

gewidmet.[47] Nach seinem Wortlaut verbietet Art. 33 Abs. 1 GFK nicht nur die Abschiebung in den Heimatstaat, sondern auch in jeden anderen Staat, wenn dem oder der Betroffenen dort ein hinreichendes Verfolgungsrisiko droht. Das Prinzip des Non-Refoulement verbietet allerdings nicht die Abschiebung in einen sicheren Drittstaat, wenn gewährleistet ist, dass der oder die Schutzsuchende nicht in den Verfolgerstaat weitergeschoben wird.[48]

Eine Ausnahme zum Refoulement-Verbot des Art. 33 Abs.1 GFK findet sich in Art. 33 Abs. 2 GFK. Danach kann sich kein Flüchtling auf die Vergünstigung des Abs. 1 berufen, *„der aus schwerwiegenden Gründen als eine Gefahr für die Sicherheit des Landes anzusehen ist, in dem er sich befindet, oder der eine Gefahr für die Allgemeinheit dieses Staates bedeutet, weil er wegen eines Verbrechens oder eines besonders schweren Vergehens rechtskräftig verurteilt wurde".*[49] Im Übrigen ist das Refoulement-Verbot auch Bestandteil des Völkergewohnheitsrechts.[50]

4.) Verbot unterschiedlicher Behandlung

Die Schwäche der Flüchtlingskonvention gegenüber Frauen zeigt sich nicht nur in der oben dargelegten Enge der Flüchtlingsdefinition. Auch ein allgemeines Verbot der Diskriminierung aufgrund des Geschlechts fehlt. Alle anderen wichtigen generellen und frauenspezifischen Menschenrechtsinstrumente enthalten dagegen einen speziellen Antidiskriminierungs- beziehungsweise Gleichheitssatz (z.B. Art. 2 AEMR, Art. 26 IPbürgR, Art. 3 IPwirtR, Art. 14 EMRK, Art. 2 Frauenkonvention). Zwar enthält Art. 3 GFK ein Verbot unterschiedlicher Behandlung, die vertragschließenden Staaten verpflichten sich darin aber nur, die Bestimmungen der Flüchtlingskonvention „auf Flüchtlinge ohne unterschiedliche Behandlung aus Gründen der Rasse, der Religion oder des Herkunftslandes" anzuwenden.[51] Das Merkmal Geschlecht ist auch hier nicht zu finden. Dabei hatte der jugoslawische Delegierte während der Debatte um die Konvention vorgeschlagen, das Merkmal „Geschlecht" in Art. 3 aufzunehmen. Dies wurde aber abgelehnt, nachdem der Delegierte aus Großbritannien erklärte, die Gleichstellung der Geschlechter sei eine Angelegenheit des nationalen Rechts.[52] Der Präsident der Konferenz, der damalige Hochkommissar für Flüchtlinge Van Heuven Goedhart, bezweifelte stark, dass es je einen Fall einer Verfolgung wegen des Geschlechts geben würde.[53] Da die oben genannten Diskriminierungssätze zum Teil für das ganze Völkerrecht gelten (insbesondere Art. 26 IPbürgR), haben sie aber auch Einfluss auf das Flüchtlingsrecht.

---

47 Siehe unten S. 94.
48 Hailbronner, in: Graf Vitzthum, 3. Abschnitt, Rn. 270; Randelzhofer, in: Maunz-Dürig, Art. 16a Abs. 2, Rn. 18.
49 Ausführlich zu Art. 33 Abs. 2 GFK: z.B.: Stenberg, S. 219ff.
50 Göbel-Zimmermann, Rn. 13; Hathaway (1991), S. 24 ff.; Kimminich, 1962, S. 172; Marx (1991), S. 1665 (Nr. 85/11).
51 Art. 3 GFK.
52 UN Doc A/Conf.2/SR.5, page 9, zit. bei Spijkerboer, S. 1.
53 Ebenda, S. 10.

II. Allgemeine Erklärung der Menschenrechte[54]

Am 10. Dezember 1948 verabschiedete die Generalversammlung die Allgemeine Erklärung der Menschenrechte. Sie ist als Resolution der Generalversammlung an sich nicht verbindlich. Da sich zahlreiche amtliche Erklärungen auf sie berufen haben und zahlreiche nationale Verfassungen, Gesetze und Gerichtsentscheidungen sowie sämtliche regionalen Menschenrechtskonventionen auf sie Bezug nehmen, kann man aber annehmen, dass die in der Deklaration formulierten elementaren Menschenrechte unabhängig von vertraglichen Verbürgungen völkerrechtlich verbindlich geworden sind.[55]
Art. 14 Nr. 1 der Allgemeinen Erklärung der Menschenrechte lautet:
„Jeder Mensch hat das Recht, in anderen Ländern vor Verfolgung Asyl zu suchen und zu genießen."
Nach der allgemeinen Auffassung in der Völkerrechtslehre ist damit allerdings kein Individualrecht des politisch Verfolgten auf Asylgewährung gemeint, sondern nur das Recht der souveränen Staaten, Asyl zu gewähren.[56] Dies legt auch der Wortlaut nahe. Das Recht, Asyl „zu suchen und zu genießen" bedeutet kein Recht, Asyl auch wirklich zu erhalten.[57] Diese Formulierung wurde bewusst gewählt.[58] Die Souveränität der Einzelstaaten in Bezug auf die Asylgewährung sollte nicht beschränkt werden.[59]

III. Übereinkommen gegen Folter und andere grausame, unmenschliche oder erniedrigende Behandlung oder Strafe[60]

Am 10. Dezember 1984 wurde von der Staatengemeinschaft das Übereinkommen gegen Folter und andere grausame, unmenschliche oder erniedrigende Behandlung oder Strafe (UN-Folterkonvention) geschlossen. Nach Art. 3 Abs. 1 des Übereinkommens darf ein Vertragsstaat eine Person nicht in einen anderen Staat ausweisen, abschieben oder an diesen ausliefern, wenn stichhaltige Gründe für die Annahme bestehen, dass sie dort Gefahr liefe, gefoltert zu werden. Art. 1 Abs. 1 des Übereinkommens enthält eine Folterdefinition. Darin heißt es unter anderem, dass die „Schmerzen oder Leiden von einem Angehörigen des öffentlichen Dienstes oder einer anderen in amtlicher Eigenschaft handelnden Person, auf deren Veranlassung oder mit deren ausdrücklichem oder stillschweigendem Einverständnis verursacht werden" muss. Frauen wird aber oft von Privatpersonen Gewalt angetan. Diese Schmerzen und Leiden fallen daher nicht ohne weiteres unter die Definition der Anti-Folter-Konvention. Vielmehr muss jedes Mal der Versuch unternommen werden, ein ausdrückliches oder stillschweigendes Einverständnis des Staates nachzuweisen.

---

54 GAOR, III, Resolutions (UN-Doc. A/810) p. 71.
55 Verdross/Simma, § 1234.
56 Göbel-Zimmermann, Rn. 19; Maaßen S. 19; Randelzhofer, in: Maunz/Dürig Art. 16 Abs. 2 S. 2 Nr. 15; Verdross/Simma § 1210.
57 zur englischen Version: Goodwin-Gill (1. Aufl.), S. 104.
58 Maaßen S. 20 m.w.N.
59 Gusy, S. 28.
60 BGBl. 1990 II 246.

Allerdings kann diese Formulierung heute wohl in einer flexibleren Weise als von den Verfassern ursprünglich vorgesehen interpretiert werden.[61] Da diese Norm enger ist als Art. 3 der Europäischen Konvention zum Schutze der Menschenrechte und Grundfreiheiten,[62] hat sie allerdings ohnehin kaum Bedeutung für Europa.[63]

C. Weitere relevante Regelungen des internationalen Rechts

Neben dem Flüchtlingsrecht sind weitere Regelungen des internationalen Rechts, insbesondere die Menschenrechte, von Bedeutung. Da es im internationalen Recht wie dargestellt kein subjektives Recht auf Asyl gibt, können Menschenrechtsverletzungen per se zwar keinen Asylanspruch begründen. Das internationale Menschenrechtsinstrumentarium liefert aber einen Maßstab, an dem geschlechtsspezifische Rechtsverletzungen im Heimatstaat gemessen werden können.

I. Internationaler Pakt über bürgerliche und politische Rechte[64]

Der internationale Pakt über bürgerliche und politische Rechte vom 19. Dezember 1966 enthält verschiedene Regelungen, die auf Rechtsverletzungen von Frauen Anwendung finden. Art. 6 regelt das Recht auf Leben. Verboten sind danach zum Beispiel lebensgefährdende kollektive Gewaltmaßnahmen gegen Frauen. Untersagt ist aber auch die zum Beispiel in Korea geübte Praxis, das Geschlecht von Embryonen zu bestimmen, um weibliche abzutreiben.[65] Diese Abtreibungen führen außerdem häufig zum Tod der Frauen. Diskutiert wird auch das Verbot der Abtreibung an sich, da eine hohe Sterblichkeitsrate durch illegale Abtreibungen die unvermeidbare Folge ist. Verboten ist nach Art. 6 schließlich die selten gewordene, aber in Teilen Indiens immer wieder praktizierte Witwenverbrennung.[66] Nach Art. 7 S. 1 darf niemand der Folter oder grausamer, unmenschlicher oder erniedrigender Behandlung oder Strafe unterworfen werden. Verboten sind damit die genitale Verstümmelung von Frauen und Mädchen sowie Zwangssterilisationen. Das Sklavereiverbot des Art. 8 verbietet den durch staatliche Stellen organisierten, geschützten oder geduldeten Frauen- und Mädchenhandel. Das Recht auf Freizügigkeit nach Art. 12 ist verletzt, wenn Frauen sich wie zum Beispiel in Libyen nur in Begleitung eines Mannes in die Öffentlichkeit begeben dürfen.[67]

Außerdem enthält der Internationale Pakt über bürgerliche und politische Rechte ein generelles Diskriminierungsverbot in Art. 2 Abs. 1, ein spezielles Gleichheitsgebot in Art. 3, spezifische Diskriminierungsverbote in den Art. 4 Abs. 1, 24 Abs. 1 und 25, ein spezifisches Gleichheitsgebot für Ehegatten in Art. 23 Abs. 4 sowie ein generelles

---

61 So Crawford, 10 EJIL 440 (1999).
62 Siehe dazu unten, S. 54.
63 Ulmer, S. 82.
64 BGBl. 1973 II S. 1534; UNTS Vol. 999 p. 171.
65 E. Klein, S. 48, U.N. Doc. CCPR/C/79/Add. 114 (1.November 1999), § 10.
66 Vgl. die *concluding observations* zum Staatenbericht von Indien, U.N. Doc. CCPR/C/79/Add. 81 (4. August 1997), § 16.
67 U.N. Doc. CCPR/C/79/Add. 101(23. November 1998), § 17.

Gleichheitsgebot und Diskriminierungsverbot in Art. 26. Diese Regelungen kennzeichnen den Beginn des Versuchs der Staatengemeinschaft, die Diskriminierung von Frauen in der Welt zu beseitigen. Das Diskriminierungsverbot wurde durch den Pakt völkerrechtlich verbindlich gemacht. Leider ist die erhoffte Wirkung aber nicht erreicht worden.[68] Die Gleichberechtigung von Mann und Frau ist noch lange nicht überall durchgesetzt.

Zwar ist das Recht auf Gleichberechtigung das zentrale Recht, wenn es um geschlechtsspezifische Rechtsverletzungen geht, als Nachteil wird allerdings bezeichnet, dass es auf ein androzentrisches Modell der Menschenrechte von Frauen abstelle, denn postuliert werde nur eine reine Gleichberechtigung von Frau und Mann. Dabei lasse es die spezifischen Menschenrechtsverletzungen, die Frauen als Frauen und damit in Unterscheidung von Männern erleiden können, außer Acht.[69]

Der durch das Übereinkommen zur Beseitigung jeder Form von Diskriminierung der Frau eingesetzte Ausschuss für die Beseitigung der Diskriminierung der Frau[70] hat demgegenüber konstatiert, dass das Verbot der Diskriminierung aufgrund des Geschlechts auch Gewalt gegen Frauen beinhalte, die Frauen aufgrund ihres Geschlechts zugefügt wird, beziehungsweise Frauen überproportional hart trifft.[71] Sicherlich können nicht alle Rechtsverletzungen an Frauen als Verstoß gegen das Gleichberechtigungsgebot verstanden werden. So passt es nicht für Rechtsverletzungen, die überhaupt nur Frauen zugefügt werden können, wie zum Beispiel Zwangsabtreibungen. Trotzdem ist und bleibt das Recht auf Gleichberechtigung von Männern und Frauen in vielen anderen Fällen von entscheidender Bedeutung.

Art. 3 des Paktes bezieht sich speziell auf die Gleichberechtigung von Frauen und Männern:

„Die Vertragsstaaten verpflichten sich, die Gleichberechtigung von Mann und Frau bei der Ausübung aller in diesem Pakt festgelegten bürgerlichen und politischen Rechte sicherzustellen."

Wie aus dem Wortlaut hervorgeht, hat Art. 3 lediglich akzessorischen Charakter, dass heißt, er bezieht sich nur auf die im Pakt normierten Rechte.[72] Allerdings setzt seine Anwendbarkeit nicht die Verletzung eines anderen Rechtes voraus, eine Auswirkung niedrigerer Intensität ist ausreichend.[73]

Der wichtigste der genannten Gleichheitssätze des Paktes ist Art. 26 IPbürgR. Er lautet:

„Alle Menschen sind vor dem Gesetz gleich und haben ohne Diskriminierung Anspruch auf gleichen Schutz durch das Gesetz. In dieser Hinsicht hat das Gesetz jede Diskriminierung zu verbieten und allen Menschen gegen jede Diskriminierung, wie insbesondere wegen der Rasse, der Hautfarbe, des Geschlechts, der Sprache, der Religion, der politischen oder sonstigen Anschauung, der nationalen oder sozialen

---

68 Armstrong, 21 MJILT 99 (1997).
69 Schöpp-Schilling, S. 14; ausführlich dazu auch: MacKinnon, 100 YLR 1281ff. (1991).
70 Art. 17 des Übereinkommens.
71 Committee on the Elimination of Discrimination against Women, General recommendation No. 19, 1992, Para. 6.
72 Nowak, Art. 3 Rn. 5.
73 Nowak, Art. 3 Rn. 7.

Herkunft, des Vermögens, der Geburt oder des sonstigen Status, gleichen und wirksamen Schutz zu gewährleisten."[74]

Art. 26 ist im Gegensatz zu Art. 2 Abs. 1 und Art. 3 ein autonomes Recht und weit auszulegen.[75] Er gilt nicht nur für die im Pakt normierten Rechte, sondern ist ein eigenständiges Diskriminierungsverbot. Er hat somit Bedeutung für das gesamte internationale Recht.

II. Internationaler Pakt über wirtschaftliche, soziale und kulturelle Rechte[76]

Der Internationale Pakt über wirtschaftliche, soziale und kulturelle Rechte ist das Gegenstück zum Internationalen Pakt über bürgerliche und politische Rechte. Neben dem Diskriminierungsverbot in Art. 2 Abs. 2 enthält der Pakt in Art. 3 ein speziell auf Mann und Frau zielendes Gleichberechtigungsgebot:

„Die Vertragsstaaten verpflichten sich, die Gleichberechtigung von Mann und Frau bei der Ausübung aller in diesem Pakt festgelegten wirtschaftlichen, sozialen und kulturellen Rechte sicherzustellen."

Für Frauen von besonderer Bedeutung ist daneben Art. 7 IPwirtR, der das Recht auf gleichen Lohn für gleiche Arbeit beinhaltet.[77] Außerdem normiert Art. 10 Nr. 1, S. 2 IPwirtR, dass eine Ehe nur im freien Einverständnis der künftigen Ehegatten geschlossen werden darf. Daneben erkennen die Vertragsstaaten das Recht eines jeden auf einen angemessenen Lebensstandard (Art. 11 Abs.1, S. 1 IPwirtR) und auf das für ihn erreichbare Höchstmaß an körperlicher und geistiger Gesundheit (Art. 12 Abs. 1 IPwirtR) an. Ob die Verletzung eines dieser Rechte eine Asyl begründende Verfolgung rechtfertigen kann, muss im Einzelfall geprüft werden.

III. Übereinkommen zur Beseitigung jeder Form von Diskriminierung der Frau (Frauenkonvention)[78]

Eine speziell für Frauen getroffene internationale Vereinbarung ist das Übereinkommen zur Beseitigung jeder Form von Diskriminierung der Frau vom 18. Dezember 1979. Es wird als die umfassendste und wichtigste auf Frauenrechte bezogene Konvention bezeichnet[79] und wurde bisher von 167 Staaten ratifiziert.[80] Die USA sind ihr bis jetzt allerdings nicht beigetreten (Stand Januar 2000).[81] Ein Recht auf Asyl ist in ihr nicht enthalten. Die Konvention bezieht sich vielmehr ausschließlich auf die Beseitigung der Diskriminierung der Frau. Art. 1 definiert den Begriff der Diskriminierung:

„In diesem Übereinkommen bezeichnet der Ausdruck „Diskriminierung der Frau" jede mit dem Geschlecht begründete Unterscheidung, Ausschließung oder Beschrän-

---

74 Hervorhebung von Verf.
75 Nowak, Art. 26 Rn. 12; E. Klein, S. 44.
76 BGBl. 1973 II S. 1570; UNTS Vol. 992 p. 3. vom 19.12.1966.
77 Halberstam/Defeis, S. 21.
78 BGBl. 1985 II 648; G.A. Res. 34/180, 34 U.N. GAOR Supp. (No. 46) UN Doc. A/34/36.
79 Halberstam/Defeis, S. 30; Langley, S. 153; Schöpp-Schilling, S. 14.
80 Schöpp-Schilling, in 20 Jahre CEDAW, S. 13.
81 Vgl. dazu: Zearfoss, 12 MJIL 903ff., 926ff. (1991).

kung, die zur Folge oder zum Ziel hat, dass die auf die Gleichberechtigung von Mann und Frau gegründete Anerkennung, Inspruchnahme oder Ausübung der Menschenrechte und Grundfreiheiten durch die Frau - ungeachtet ihres Familienstandes - im politischen, wirtschaftlichen, sozialen, kulturellen, staatsbürgerlichen oder jedem sonstigen Bereich beeinträchtigt oder vereitelt wird."
Damit ist sowohl die beabsichtigte (Ziel) als auch die unbeabsichtigte oder indirekte (Folge) Diskriminierung oder Vereitelung von Rechten erfasst. Die Erwähnung auch der indirekten Diskriminierung ist besonders wichtig, da diese Form der Diskriminierung in vielen Ländern nicht bekannt ist oder nicht verstanden wird.[82] Bemerkenswert ist außerdem der Einschluss von „jedem sonstigen Bereich", denn durch diese Formulierung wird die Reichweite der Konvention auf den privaten Bereich ausgedehnt. Aus diesen beiden Gründen gilt die Definition von Diskriminierung in der Konvention als sehr progressiv.[83]

In Art. 2 verurteilen die Vertragsstaaten jede Form von Diskriminierung der Frau und kommen überein, mit allen geeigneten Mitteln unverzüglich eine Politik zur Beseitigung der Diskriminierung der Frau zu verfolgen.

Ein Nachteil der Frauenkonvention ist allerdings, dass mit keinem Wort auf Gewalt gegen Frauen eingegangen wird.[84] Dies erklärt sich dadurch, dass in den 70er Jahren bis in die Mitte der 80er Jahre Gewalt gegen Frauen von den Vereinten Nationen nicht als Menschenrechtsfrage verstanden wurde. Vielmehr wurden Frauenrechte hauptsächlich im Zusammenhang mit Diskriminierung im politischen und wirtschaftlichen Bereich und mangelnder Teilhabe von Frauen am Entwicklungsprozess in den Staaten des Südens thematisiert.[85]

Nach Art. 5 lit. a) verpflichten sich die Vertragsstaaten allerdings, alle geeigneten Maßnahmen zu treffen, um einen Wandel in den sozialen und kulturellen Verhaltensmustern von Mann und Frau zu bewirken, um so zur Beseitigung von Vorurteilen sowie von herkömmlichen und allen sonstigen auf der Vorstellung von der Unterlegenheit oder Überlegenheit des einen oder anderen Geschlechts oder der stereotypen Rollenverteilung von Mann und Frau beruhenden Praktiken zu gelangen. Zu diesen Praktiken kann auch die genitale Verstümmelung gezählt werden.[86] Diese wird also durch die Frauenkonvention verboten. Art. 5 der Frauenkonvention macht darüber hinaus deutlich, dass sich das Ziel des Übereinkommens nicht in der Beseitigung rechtlicher Diskriminierungen erschöpft, sondern dass es um die Erreichung der faktischen Gleichberechtigung geht, die den Abbau tief verwurzelter traditioneller Verhaltensmuster zur Voraussetzung hat.[87]

Eine der größten Schwächen der Frauenkonvention ist das den Vertragsstaaten in Art. 28 der Konvention eingeräumte Recht, Vorbehalte gegenüber einzelnen Bestimmungen

---

82 Schöpp-Schilling, S. 15.
83 Zearfoss, 12 MJIL 907 (1991).
84 Bunch, 12 HRQ 495 (1990).
85 Gottstein, Menschenrechte-Frauenrechte, S. 84.
86 Schöpp-Schilling S. 16.
87 König, Streit 1996, 162.

der Konvention zu erklären.[88] Von diesem Recht wurde vor allem mit dem Hinweis auf religiöses Recht (Scharia) oder traditionelle Bräuche reichlich Gebrauch gemacht.[89] Eine beachtliche Anzahl der Vorbehalte betrifft Art. 2 und somit die grundlegenden Gegenstände und Absichten der Konvention.[90] Die Frauenkonvention ist eine der Konventionen mit den meisten Vorbehalten.[91]

Am 22. Dezember 2000 ist schließlich das Zusatzprotokoll zu der Frauenkonvention in Kraft getreten.[92] Dieses gibt Individuen und Gruppen von Individuen die Möglichkeit, vor dem Ausschuss für die Beseitigung der Diskriminierung der Frau zu klagen, wenn ein Mitgliedstaat der Frauenkonvention und des Zusatzprotokolls ihre Rechte aus dieser Konvention verletzt und der nationale Rechtsweg erschöpft ist. Das Zusatzprotokoll enthält außerdem ein Untersuchungsverfahren, durch das der Ausschuss für die Beseitigung der Diskriminierung der Frau in Zusammenarbeit mit dem Konventionsstaat seine eigenen Untersuchungen einleiten kann, um Informationen über schwere und systematische Verletzungen der Rechte aus der Konvention zu erlangen.

IV. UN-Charta

Die Charta der Vereinten Nationen betont an diversen Stellen die Gleichberechtigung von Mann und Frau. Schon im zweiten Absatz der Präambel bekräftigen die Vertragsstaaten „den Glauben [...] an die Gleichberechtigung von Mann und Frau". In Art. 1 Nr. 3 der Charta beschließen die Staaten, sich dafür einzusetzen,

„*eine internationale Zusammenarbeit herbeizuführen, um internationale Probleme wirtschaftlicher, sozialer, kultureller und humanitärer Art zu lösen und die Achtung vor den Menschenrechten und Grundfreiheiten für alle ohne Unterschied der Rasse, des Geschlechts, der Sprache oder der Religion zu fördern und zu festigen*".[93]

Auch in Art. 55 lit. c i.V.m. Art. 56 wird dieser Wille bestärkt. Und schließlich spiegelt er sich in Art. 8 der Charta wieder. Die zitierten Regelungen der Charta machen den hohen Stellenwert deutlich, der der Gleichberechtigung von Mann und Frau in den Vereinten Nationen, jedenfalls auf dem Papier, zugemessen wird. Diese Bedeutung sollte sich auch im internationalen Flüchtlingsrecht sowie im nationalen Asylrecht der Mitgliedstaaten widerspiegeln.

---

88 Larson, 10 EILJ 702 (1996). Zu weiteren Schwächen der Frauenkonvention, siehe Ebenda, S. 706ff; Zearfoss, 12 MJIL 912ff (1991).
89 Schöpp-Schilling, S. 19f.
90 Larson, 10 EILJ 704 (1996).
91 Da es sich bei der Frauenkonvention um ein Menschenrechtsdokument handelt, sie also Pflichten erga omnes begründet, berührt ein Vorbehalt nur die Pflichten des vorbehaltenden Staates, nicht die der anderen Unterzeichner (siehe dazu: Larson, 10 EILJ 703 (1996)).
92 GA Res. 54/4, U.N. CAOR, 54th Sess., Annex, U.N. Doc. A/RES/54/4 (Oct. 15., 1999), 39 ILM 281 (2000); http://www.un.org/womenwatch/daw/cedaw/protocol/op.pdf. Vgl. dazu: Gilchrist, 39 CJTL 763 ff. (2001).
93 Hervorhebung von Verf.

V. Übereinkommen über die politischen Rechte der Frau[94]

Ein weiterer speziell Frauen betreffender Vertrag ist das Übereinkommen über die politischen Rechte der Frau vom 31. März 1953. Es geht darin um das aktive und passive Wahlrecht von Frauen sowie den gleichen Zugang zu öffentlichen Ämtern.

VI. Allgemeine Erklärung der Menschenrechte[95]

Die Allgemeine Erklärung der Menschenrechte enthält in Art. 2 ein Diskriminierungsverbot. Danach hat

„jeder Mensch [...] Anspruch auf die in der Erklärung verkündeten Rechte und Freiheiten, ohne irgendeine Unterscheidung, wie etwa nach Rasse, Farbe, Geschlecht, Sprache, Religion, politischer und sonstiger Überzeugung, nationaler oder sozialer Herkunft, nach Eigentum, Geburt oder sonstigen Umständen".[96]

Daneben sind nach Art. 7 AEMR

„alle Menschen [...] vor dem Gesetz gleich und haben ohne Diskriminierung Anspruch auf gleichen Schutz durch das Gesetz. Alle haben Anspruch auf gleichen Schutz gegen jede Diskriminierung, welche die Erklärung verletzen würde, und gegen jede Aufreizung zu einer derartigen Diskriminierung".

Frauen haben also gleichen Anspruch auf die in der Charta verkündeten Rechte. Wird ihnen eines dieser Rechte vorenthalten, so ist dies nicht nur eine Verletzung des entsprechenden Menschenrechts, sondern auch eine Verletzung ihres Rechts auf Gleichberechtigung. Schwere Verletzungen des Gleichberechtigungsgebotes durch den Heimatstaat sind daher eine Menschenrechtsverletzung und bei der Frage, ob der Asylbewerberin ein Asylanspruch zu gewähren ist, zu berücksichtigen.

Nach Art. 16 Abs. 1 S. 2 AEMR haben Frauen und Männer auch bei der Eheschließung, während der Ehe und bei deren Auflösung gleiche Rechte.

Nach Art. 2 i.V.m. Art. 14 Nr. 1 AEMR haben Frauen gleichen Anspruch auf das Recht, Asyl zu suchen und zu genießen (Art. 14 Nr. 1 AEMR), wie Männer. Daran wird die weitere Dimension des Gleichberechtigungsgrundsatzes für die Anerkennung frauenspezifischer Verfolgung als Asylgrund deutlich. Nicht nur die Situation, in der sich die Frauen in ihrem Heimatland befinden, ist am Gleichberechtigungsgrundsatz zu messen, sondern auch das Asylrecht der potenziellen Aufnahmeländer. Denn wenn dieses männliche und weibliche Asylbewerber ungleich behandelt oder eine Ungleichbehandlung zur Folge hat, bedeutet dies ein Verstoß gegen das Gleichberechtigungsgebot. In materieller Hinsicht kann aus Art. 2 i.V.m. Art. 14 AEMR aber nichts für Flüchtlingsfrauen gewonnen werden, da Art. 14 AEMR kein subjektives Recht auf Asyl gewährt, sondern nur ein Recht, um Asyl zu bitten. Art. 2 i.V.m. Art. 14 AEMR gewährt Frauen daher nur das Recht ohne Diskriminierung um Asyl zu bitten, nicht, es auch zu erhalten. Denkbar wären deshalb nur Konsequenzen für das asylrechtliche Entscheidungsverfahren. Art. 2 i.V.m. Art. 14 AEMR könnte verletzt sein, wenn verfahrens-

---

94 BGBl. 1969 II 1929.
95 GAOR, III, Resolutions (UN-Doc. A/810) p. 71.
96 Hervorhebung von Verf.

rechtliche Regelungen, wie zum Beispiel das Vorenthalten weiblicher Dolmetscher oder Anhörer, es Frauen schwerer machen, ihr Asylgesuch durchzusetzen.[97] Dann könnte ihr Recht, ohne Diskriminierung um Asyl bitten zu dürfen, verletzt sein.

VII. Erklärung über die Beseitigung der Gewalt gegen Frauen[98]

Wie bereits gesagt, begann die Staatengemeinschaft erst relativ spät, sich mit Gewalt gegen Frauen zu beschäftigen. Am 20. Dezember 1993 verabschiedete die Generalversammlung die Erklärung über die Beseitigung der Gewalt gegen Frauen, das erste Menschenrechtsdokument, das sich ausschließlich mit dem Problem von Gewalt gegen Frauen befasst.[99] In Art. 1 wird zunächst der Ausdruck „Gewalt gegen Frauen" definiert. Gewalt gegen Frauen ist danach

„...jede gegen Frauen auf Grund ihrer Geschlechtszugehörigkeit gerichtete Gewalthandlung, durch die Frauen körperlicher, sexueller oder psychologischer Schaden oder Leid zugefügt wird oder zugefügt werden kann, einschließlich der Androhung derartiger Handlungen, der Nötigung und der willkürlichen Freiheitsberaubung, gleichviel ob im öffentlichen oder im privaten Bereich".

Bemerkenswert an dieser Definition ist der Einschluss auch der Gewalt im privaten Bereich. Schließlich ist es gerade die Gewalt im privaten Umfeld, unter der Frauen vielfach leiden und vor der sie nicht oder nur unzureichend geschützt werden.[100] Nach Art. 2 der Erklärung sind Beispiele für Gewalt gegen Frauen

„körperliche, sexuelle und psychologische Gewalt in der Familie, einschließlich körperlicher Mißhandlungen, des sexuellen Mißbrauchs von Mädchen im Haushalt, Gewalttätigkeit im Zusammenhang mit der Mitgift, Vergewaltigung in der Ehe, weibliche Beschneidung und andere für Frauen schädliche traditionelle Praktiken, Gewalt außerhalb der Ehe und Gewalttätigkeit im Zusammenhang mit Ausbeutung" (Abs. a)),

sowie

„körperliche, sexuelle und psychologische Gewalt im Umfeld der Gemeinschaft, einschließlich Vergewaltigung, sexueller Missbrauch, sexuelle Belästigung und Einschüchterung am Arbeitsplatz, in Bildungseinrichtungen und anderenorts, Frauenhandel und Zwangsprostitution" (Abs. b))

und

„staatliche oder staatlich geduldete körperliche, sexuelle und psychologische Gewalt, gleichviel wo sie vorkommt" (Abs. c)).

---

97 Für Frauen, die sexuelle Gewalt erfahren haben, kann es schwer sein, einem Mann davon zu berichten. Dies gilt besonders für Frauen, die es kulturell bedingt nicht gewohnt sind, überhaupt mit fremden, nicht der Familie angehörenden Männern zu reden. Behördengänge sind häufig Sache der Väter und Ehemänner. Außerdem weisen Flüchtlingsfrauen häufig ein relativ niedriges Bildungsniveau auf, was die Anhörung zusätzlich erschwert. Zur Problematik vgl.: Graw-Sorge, Der Schlepper 2000, S. 17 f.; Hulverscheidt, FoR 1998, 117 ff.; ausführlich: Dieregsweiler, S. 66 ff.; für die USA und Kanada: Macklin, 13 GILJ 35 ff. (1998).
98 GA Res. 48/104 vom 20. Dez. 1993 (Vereinte Nationen, 43, [1995] 1, S. 31f.).
99 Gottstein, Menschenrechte-Frauenrechte, S. 83.
100 Vgl. z.B.: Mlinar, S. 19ff.

In Art. 3 wird festgestellt, dass Frauen gleichberechtigten Anspruch auf den Genuss und den Schutz aller politischen, wirtschaftlichen, sozialen, kulturellen, bürgerlichen und sonstigen Menschenrechte und Grundfreiheiten haben. In der folgenden Aufzählung von Rechten ist ein Recht auf Asyl bei frauenspezifischer Gewalt allerdings nicht enthalten. Dies verwundert indessen nicht, da sich bis heute im internationalen Recht kein subjektiver Rechtsanspruch des Individuums auf Asyl durchsetzen konnte. Trotzdem wäre eine entsprechende Empfehlung der Generalversammlung natürlich möglich gewesen.

Die Generalversammlung appelliert in Art. 4 an die Staaten, Gewalt gegen Frauen zu verurteilen, und nennt eine Reihe von Maßnahmen, die die Staaten zu diesem Zweck ergreifen sollen. Nach Art. 5 sollen auch die Organe und Sonderorganisationen des Systems der Vereinten Nationen in ihrem jeweiligen Zuständigkeitsbereich zur Beseitigung der Gewalt gegen Frauen beitragen.

Auf die Asylrelevanz von Gewalt gegen Frauen wird an keiner Stelle der Resolution eingegangen. Die Generalversammlung zeigt sich in dieser Resolution nur besorgt darüber, dass einige Gruppen von Frauen, wie zum Beispiel Flüchtlinge, besonders leicht Opfer von Gewalt werden können.[101] Zur materiell-rechtlichen Situation von Flüchtlingsfrauen wird nichts gesagt.

Nicht zu vergessen ist natürlich, dass es sich bei der Erklärung zur Gewalt gegen Frauen nur um eine Resolution der Generalversammlung handelt. Als solche ist sie nicht verbindlich. Trotzdem kommt ihr politische und moralische Bedeutung zu. Am Weltfrauentag 1995 forderte der UN-Generalsekretär die Mitgliedstaaten auf, die in der Erklärung enthaltenen Bestimmungen in die Form eines rechtlich verbindlichen internationalen Übereinkommens zu gießen.[102]

D. UNHCR und Flüchtlingsfrauen

I. Dokumente des UNHCR

Der United Nations High Commissioner for Refugees (UNHCR) ist ein Hilfsorgan der Generalversammlung.[103] Der UNHCR verfolgt seine Aufgaben jedoch weitgehend selbstständig.[104] Er kann keine bindenden Vorgaben etwa bezogen auf die Auslegung der GFK machen, sondern nur Anstöße und Empfehlungen geben. Es liegt allein in der Zuständigkeit der Vertragsstaaten, jeweils für sich über die Auslegung der Begriffe der GFK zu entscheiden.[105] Der UNHCR hat ein Handbuch über Verfahren und Kriterien zur Feststellung der Flüchtlingseigenschaft herausgegeben, das allerdings trotz seiner Unverbindlichkeit von gewisser praktischer Relevanz ist. Außerdem hat der UNHCR verschiedene Richtlinien erarbeitet, die sich speziell mit Flüchtlingsfrauen befassen. Dabei steht zwar oftmals der Umgang mit Frauen in Flüchtlingscamps im Vordergrund, aber auch zur Bestimmung der Flüchtlingseigenschaft bei frauenspezifischer Verfolgung

---

101 Präambel von Res. 48/104.
102 König, Streit 1996, 166.
103 Generalversammlungsresolution 428 (V) vom 14. Dezember 1950.
104 Verdross/Simma § 1254.
105 Classen, AVR Bd. 33 (1995), 223 u. 229; Maaßen, S. 17.

wird einiges gesagt. Die rechtlichen Auswirkungen dieser Richtlinien sind derzeit allerdings eher begrenzt.[106]

1.) UNHCR-Handbuch über Verfahren und Kriterien zur Feststellung der Flüchtlingseigenschaft[107]

Das UNHCR-Handbuch über Verfahren und Kriterien zur Feststellung der Flüchtlingseigenschaft (im Folgenden: UNHCR-Handbuch) ist ein vom UNHCR im Jahre 1979 veröffentlichtes Dokument, das den Entscheidungsträgern im Asylverfahren helfen soll, den Flüchtlingsstatus im Sinne der Genfer Flüchtlingskonvention und dem Protokoll von 1967 zu bestimmen.[108] So enthält das UNHCR-Handbuch unter anderem Erläuterungen zu den Definitionsmerkmalen des Art. 1 A Nr. 2 GFK.[109] Das UNHCR-Handbuch basiert auf den Erfahrungen des Amtes des Hohen Flüchtlingskommissars, den vom Exekutivkomitee erstellten Richtlinien, auf der von den Staaten geübten Praxis sowie dem Meinungsaustausch zwischen den Staaten und dem Hohen Flüchtlingskommissar.[110] Es bindet die Staaten in der Auslegung von Art. 1 A Nr. 2 GFK selbstverständlich nicht, seine praktische Bedeutung wird jedoch anerkannt. So bezeichnet der Gemeinsame Standpunkt des Rates der EU vom 4. März 1996 das Handbuch als ein „nützliches Instrument für die Bestimmung der Flüchtlingseigenschaft".[111] Das Europäische Parlament hat in seiner Entschließung zu den Grundprinzipien einer europäischen Flüchtlingspolitik die Auffassung vertreten, dass als Interpretationsgrundlage jedes Flüchtlingsstatus das UNHCR-Handbuch zugrunde gelegt werden sollte, da es maßgebliche Leitlinien für die Auslegung der Bestimmungen der Konvention von 1951 enthalte.[112] In den USA wird das Handbuch seit *Cardoza-Fonseca* offiziell als Auslegungshilfe benutzt.[113] Die deutsche Asylrechtsprechung orientiert sich allerdings vergleichsweise selten am Handbuch.[114]

Das UNHCR-Handbuch geht mit keinem Wort auf geschlechtsspezifische Verfolgung ein. Zu erklären ist dies dadurch, dass diese Problematik erst durch den Beschluss Nr. 39 des Exekutivkomitees im Jahre 1985 auf die Themenordnung der internationalen Diskussion gebracht wurde. Das UNHCR-Handbuch erschien schon im Jahre 1979. Auch wenn frauenspezifische Verfolgung im Handbuch nicht erwähnt wird, kann es

---

106 Brandl, S. 215.
107 UNHCR's Handbook on Procedures and Criteria for Determining Refugee Status Under the 1951 Convention and the 1967 Protocol Relating to the Status of Refugees. Nichtamtliche Übersetzung: www.unhcr.de/pubs/handbuch/handbuin.htm.
108 Porter, CILJ 1992, 232.
109 UNHCR-Handbuch Nr. 34ff.
110 Franco, Vorwort zum UNHCR-Handbuch, Genf 1993.
111 Gemeinsamer Standpunkt vom 4. März 1996 betreffend die harmonisierte Anwendung der Definition des Begriffs „Flüchtling" in Art. 1 des Genfer Abkommens vom 28. Juli 1951 über die Rechtsstellung der Flüchtlinge, Abl.EG L 63/2.
112 Lit. M, Nr. 13 der Entschließung vom 19. Jan. 1994, Dok.: A3-0402/93: Grundprinzipien einer europäischen Flüchtlingspolitik, abgedruckt in: EuGHZ 1994, 141ff.
113 *INS v. Cardoza-Fonseca*, 480 U.S. 421, 439 n. 22 (1987).
114 Heberlein, InfAuslR 2001, 43, 44.

doch bei der Frage, ob frauenspezifische Verfolgung die Flüchtlingseigenschaft begründet, eine Auslegungshilfe sein.

Der Hohe Flüchtlingskommissar vertritt die Ansicht, dass es zu gegebener Zeit vorteilhaft sei, ein Addendum zum Handbuch zu veröffentlichen, welches den spezifischen Fragen zur Bestimmung der Flüchtlingseigenschaft Rechnung trägt, die sich in den Jahren nach Erscheinen der ersten Ausgabe aus der Praxis der Staaten und des Hohen Flüchtlingskommissars ergeben haben.[115] Eine dieser Fragen wird sicherlich die durch geschlechtsspezifische Verfolgung begründete Flüchtlingseigenschaft sein.

2.) UNHCR Policy on Refugee Women[116] (UNHCR-Grundsatzpapier betreffend Flüchtlingsfrauen)

Dieses Papier des UNHCR aus dem Jahre 1990 setzt den politischen Rahmen für die Ausarbeitung eines organisierten Arbeitsplans über die Integration von Flüchtlingsfrauen in die Programme und Projekte des UNHCR. Es geht davon aus, dass die Flucht für Männer und Frauen unterschiedliche Auswirkungen hat und dass dieser Unterschied in den Flüchtlingsprogrammen berücksichtigt werden muss. Zu diesem Zweck seien Flüchtlingsfrauen selbst an der Planung und Durchführung zu beteiligen. Hervorgehoben wird, dass frauenspezifische Belange bei der Planung von Projekten mehr umfassen als die soziale Rolle der Frau als Tochter, Ehefrau oder Mutter. Zu berücksichtigen seien vielmehr die wirtschaftliche Rolle der Frau als Verdienerin für sich und ihre Familie, als Versorgerin ihrer Familie mit Essen, Heizmaterial und Wasser sowie ihre religiösen, kulturellen und politischen Aktivitäten.[117] Zu frauenspezifischen Belangen des materiellen Flüchtlingsrechts enthält das Papier keine Aussagen.

3.) UNHCR Guidelines on the Protection of Refugee Women[118] (Richtlinie zum Schutz von Flüchtlingsfrauen)

a) Überblick

Aufbauend auf der „Policy on Refugee Women" veröffentlichte der UNHCR im Juli 1991 die so genannten „Gender-Guidelines". Die Ausarbeitung einer entsprechenden Richtlinie wurde dem Flüchtlingskommissar zuvor vom Exekutivkomitee nahegelegt.[119] Sie soll die UNHCR-Bediensteten darin unterstützen, die spezielle Schutzbedürftigkeit und die Probleme von Flüchtlingsfrauen zu erkennen und in ihren Hilfs- und Schutzaktivitäten zu bedenken.[120] Sie richtet sich aber auch an die Staaten, die Flüchtlinge aufnehmen und schließlich für deren Schutz verantwortlich sind.[121]

---

115 Franco, Vorwort zum UNHCR-Handbuch, Genf 1993.
116 A/AC.96/754, 20. August 1990, Auszug abgedruckt in: Musalo/Moore/Boswell S. 607ff.
117 Ausführlich zur Situation von flüchtenden und vertriebenen Frauen: Forbes Martin, S. 33ff.
118 U.N. Doc. EC/SCP/67, 22. Juli 1991; Auszug abgedruckt in: Musalo/Moore/Boswell S. 616f.
119 Conclusions on Refugee Women and International Protection, para (b), doc. A/AC.96/760.
120 UNHCR-Gender-Guidelines Abs. 16.
121 Information Note on UNHCR's Guidelines on the Protection of Refugee Women, Nr. 8, EC/SCP/67.

Nach einer kurzen Einleitung enthält die Richtlinie im zweiten Abschnitt zunächst eine knappe Einschätzung der Situation von Flüchtlingsfrauen und schlägt dann im dritten Abschnitt Schutzmöglichkeiten vor. Diese umfassen den Schutz der körperlichen Unversehrtheit sowie rechtliche Probleme flüchtender Frauen.

Im vierten Abschnitt schlägt die Richtlinie Verbesserungen vor, die die Prävention von Missbräuchen an den Grenzen, Flüchtlingscamps und Hilfsangebote zum Gegenstand haben. Sie regt die Bereitstellung von Ausbildungs- und Einkommensmöglichkeiten an, um den Schutz für Flüchtlingsfrauen zu verbessern. Außerdem wird beschrieben, was unternommen werden kann, um Frauen zu helfen, die bereits Opfer von „Schutzproblemen"[122] geworden sind. Schließlich stellt die Richtlinie im fünften Abschnitt spezielle Maßnahmen dar, um aufgetretene Rechtsverletzungen wenn möglich zu beseitigen und über sie zu berichten.

b) Rechtlicher Schutz

Die Aussagen der Richtlinie zum rechtlichen Schutz von Flüchtlingsfrauen umfassen frauenspezifische Probleme bei der Bestimmung der Flüchtlingseigenschaft im Asylverfahren sowie im Aufenthaltsrecht. Dabei ist für das hier interessierende Thema der Anerkennung geschlechtsspezifischer Verfolgung die erste Problematik von besonderem Interesse. Die Richtlinie stellt dazu zunächst fest, dass die Gründe zur Beurteilung der Flüchtlingseigenschaft das Merkmal Geschlecht nicht enthalten. Deshalb bereite es Schwierigkeiten, den Flüchtlingsstatus einer Frau zu begründen, die eine unmenschliche Behandlung erlebt hat, weil sie die gesellschaftlichen Gesetze oder Bräuche hinsichtlich ihrer Rolle als Frau überschritten hat.[123] Obwohl das UNHCR-Exekutivkomitee die Staaten ermutigt habe, eine solche frauenspezifische Verfolgung unter das Merkmal „bestimmte soziale Gruppe" zu subsumieren, stehe es doch in deren Ermessen, dieser Empfehlung zu folgen.[124]

Der UNHCR konstatiert weiter, dass das universelle Recht auf Nichtdiskriminierung aufgrund des Geschlechts anerkannt sei und dass Diskriminierung unter Umständen Verfolgung begründen könne. Die trennende Linie zwischen Diskriminierung und Verfolgung könne allerdings nicht eindeutig gezogen werden.[125] Es wird dazu aufgerufen, im Asylverfahren dem Umstand Rechnung zu tragen, dass Frauen, die Verfolgung oder schwere Diskriminierung aufgrund ihres Geschlechts fürchten, als Mitglieder einer bestimmten sozialen Gruppe anzusehen seien. Möglich sei es auch, eine Übertretung gesellschaftlicher Normen als religiöses oder politisches Statement zu betrachten.[126] Im Übrigen müsse der Staat die den Frauen wegen Überschreitung der sozialen Normen

---

122 Originalfassung: „to help refugee women who have been the victims of protection problems" (Gender-Guidelines Abs. 19). Gemeint sind wohl Frauen, die bereits Opfer von zum Teil schweren Rechtsverletzungen geworden sind. Der Begriff „protection problem" ist etwas euphemistisch gewählt.
123 UNHCR-Gender-Guidelines Abs. 54.
124 Das UNHCR bezieht sich hier auf Beschluss Nr. 39 des Exekutivkomitees aus dem Jahre 1985. Siehe dazu unten S. 46.
125 UNHCR-Gender-Guidelines Abs. 55.
126 UNHCR-Gender-Guidelines Abs. 71, Unterabs. 3.

zugefügte Gewalt nicht selbst veranlasst haben. Es sei vielmehr ausreichend, wenn er die Frau nicht ausreichend schützen kann oder will.[127]

Schließlich sei es für Frauen, denen Gewalt durch militärisches Personal zugefügt worden ist, schwierig darzulegen, dass sie Opfer von Verfolgung seien. Sexuelle Übergriffe dieser Art würden von den Personen, die über den Asylantrag zu entscheiden haben, häufig als normale Mittel der Kriegführung oder als herkömmliche Kriminalität eingestuft. Der UNHCR stellt fest, dass sexuelle Gewalt gegen Frauen Verfolgung sei, wenn sie mit der Zustimmung oder dem Stillschweigen von Trägern öffentlicher Gewalt benutzt wird, um die Frau einzuschüchtern oder zu bestrafen.[128]

Ähnliche Schwierigkeiten hätten Frauen, die wegen der politischen Tätigkeiten ihrer männlichen Verwandten verfolgt worden seien. Dabei seien Übergriffe auf weibliche Verwandte in vielen Konflikten geplanter Teil einer Terrorkampagne.[129]

Im Zusammenhang mit den Problemen von sexuell misshandelten Frauen im Asylverfahren beschreibt die Richtlinie ausführlich verschiedene Arten sexueller Folter. Dies ist nützlich nicht nur, damit die Entscheidungsträger sich in den Anhörungsmethoden auf sexuell gefolterte Frauen besser einstellen können, sondern auch, damit sie in ihrer Entscheidung darüber, ob eine Frau in ihrem Heimatland verfolgt wurde, wissen, was sexuelle Folter eigentlich bedeutet und welches Ausmaß sie annehmen kann.

Auf weitere Gründe frauenspezifischer Verfolgung wird leider nicht eingegangen. Wie ausgeführt, nennt die Richtlinie lediglich Verfolgung wegen der Überschreitung kultureller Normen, sexueller Diskriminierung sowie Übergriffe durch militärisches Personal und Sippenverfolgung. Auch wenn dies sicherlich wichtige Ursachen frauenspezifischer Verfolgung sind, wäre eine genauere Beleuchtung aller Arten von Menschenrechtsverletzungen an Frauen, die Verfolgung ausmachen können, sinnvoll gewesen. Insbesondere die Verstümmelung der weiblichen Genitalien hätte erwähnt werden sollen. Gleiches gilt aber auch für andere möglichen Verfolgungsgründe, wie Zwangsabtreibung, Zwangsverheiratung, Mitgiftmord oder Witwenverbrennung. Denn eine Aufklärung der Entscheidungsträger über alle vorkommenden Formen geschlechtsspezifischer Verfolgung hätte diese stärker sensibilisiert.

Die „Guidelines on the Protection of Refugee Women" sind für die Staaten natürlich nicht verbindlich. Trotzdem sind sie geeignet, über die besonderen Probleme, die Frauen als Asylsuchende haben, aufzuklären und so eine größere Sensibilität gegenüber frauenspezifischer Verfolgung zu erreichen.

4.) UNHCR's 1995 Sexual Violence Against Refugees: Guidelines on Prevention and Response (Sexuelle Gewalt gegen Flüchtlinge: Richtlinie zur Vorbeugung und Reaktion)[130]

Im Jahre 1995 veröffentlichte der UNHCR eine Richtlinie zur Vorbeugung und Reaktion betreffend sexuelle Gewalt gegen Flüchtlinge. Sie richtet sich an alle Personen, die Kontakt zu Flüchtlingen haben, welche sexuelle Gewalt erlitten haben. Sie enthalten eine Definition der sexuellen Gewalt und beschreiben verschiedene auf-

---

127 UNHCR-Gender-Guidelines Abs. 71, Unterabs. 5.
128 UNHCR-Gender-Guidelines Abs. 71, Unterabs. 4.
129 UNHCR-Gender-Guidelines Abs. 56.
130 Nichtamtliche Übersetzung, UNHCR, Bonn 1997.

tretende Formen, ihre Ursachen und Auswirkungen. Außerdem enthält sie eine Reihe möglicher vorbeugender Maßnahmen sowie praktische Leitlinien für die Reaktion auf Fälle sexueller Gewalt. Die Richtlinie enthält überdies ein Kapitel zu den rechtlichen Aspekten sexueller Gewalt, in dem auf die einschlägigen Normen des nationalen und internationalen Rechts hingewiesen wird.

Auch auf die Probleme bei der Feststellung der Flüchtlingseigenschaft wird in diesem Kapitel eingegangen. So wird festgestellt, dass, wenn eine Vergewaltigung oder andere Formen sexueller Gewalt aus Gründen der Rasse, Religion, Nationalität, Zugehörigkeit zu einer bestimmten sozialen Gruppe oder wegen der politischen Überzeugung des Opfers begangen werden, dies entsprechend der Definition des Begriffs „Flüchtling" gemäß der Genfer Flüchtlingskonvention (Art. 1 A Nr. 2) als Verfolgung gewertet werden kann, wenn diese Akte durch Behörden oder mit Wissen der Behörden geschehen sind oder wenn die Behörden sich weigern – oder sich als außerstande erweisen – den Betroffenen wirksamen Schutz zu gewähren.[131] Außerdem können erlittene Vergewaltigungen oder sexuelle Folter als „zwingende, auf früheren Verfolgungen beruhende Gründe" gewertet werden, die die Anwendung der Beendigungsklauseln in Art. 1 C Nr. 5 u. 6 GFK ausschließen.[132] Schließlich wird darauf hingewiesen, dass in bestimmten Gesellschaften ein Vergewaltigungsopfer getötet oder verbannt werde oder dass der Betroffenen keine andere Alternative gelassen werde, als den Vergewaltiger zu heiraten oder eine Prostituierte zu werden. In Fällen, in denen die Rückkehr in das Heimatland eine dieser Folgen hätte und keine andere Grundlage für die Anerkennung gefunden werden könne, könne die Betroffene als Flüchtling „sur place" (Flüchtling, der an Ort und Stelle Flüchtling wurde) anerkannt werden.[133]

In einem letzten Kapitel beschreibt die Richtlinie schließlich andere relevante Problempunkte wie den Umgang mit den Medien sowie die genitale Verstümmelung. Sie enthalten somit viele wichtige Informationen zum Umgang mit Flüchtlingsfrauen, die sexuelle Gewalt erfahren haben.

II. Beschlüsse des UNHCR-Exekutivorgans

Das Exekutivorgan des UNHCR hat eine Reihe von Beschlüssen gefasst, die die besondere Problematik von Frauen auf der Flucht betreffen. Die Beschlüsse Nr. 39 aus dem Jahre 1985 und Nr. 73 aus dem Jahre 1993 sind hinsichtlich der Problematik der frauenspezifischen Verfolgung als Asylgrund die wichtigsten. Auf sie wird daher gesondert eingegangen.

Es stellt sich allerdings zunächst die Frage nach der rechtlichen Bindungswirkung der Exekutivkomitee-Beschlüsse.[134] Innerhalb des Amtes des Hohen Flüchtlingskommissars sind die Empfehlungen jedenfalls verbindlich.[135] Es fragt sich aber, ob ihnen auch Außenwirkung zukommt. Dazu wird in der Literatur zum Teil vertreten, Beschlüsse des

---

131 S. 69f. der Richtlinie.
132 S. 70 der Richtlinie.
133 Ebenda.
134 Dazu ausführlich Sztucki, 1 IJRL 303ff. (1989).
135 Bierwirth, AVR 29 (1991), 295, 339.

Exekutivkomitees fielen unter das sogenannte „soft law".[136] Andere wiederum meinen, die Beschlüsse seien mehr als bloßes „soft law", ihnen komme vielmehr eine gewisse Bindungswirkung nach außen zu.[137]

Da die Trennlinie zwischen Recht und Nichtrecht auch im Völkerrecht definitorisch scharf verläuft,[138] ist allerdings nicht ganz ersichtlich, was gemeint ist, wenn behauptet wird, die Beschlüsse des Exekutivkomitees seien mehr als „soft law". Auch ist die Aussage, die Beschlüsse seien deshalb mehr als „soft law", da ihnen eine gewisse Bindungswirkung nach außen zukomme, nicht schlüssig, da auch „soft law" trotz seiner Unverbindlichkeit in der Praxis Autorität zukommen kann[139]. Zu bedenken ist in diesem Zusammenhang, dass aus der Qualifizierung eines Dokuments als „soft law" keine Rechtsfolge resultiert. Der Begriff „soft law" beschreibt vielmehr ein auf internationaler Ebene vorkommendes Phänomen. Die Bezeichnung der Beschlüsse als „soft law" sagt damit nichts über die Stärke ihrer eventuellen Bindungswirkung aus.

Dass den Beschlüssen des Exekutivkomitees eine gewisse Bindungswirkung zukommt, ergibt sich aus folgenden Überlegungen: Zunächst ist zu berücksichtigen, dass derjenige, der bei der Erzeugung von Regelungssätzen mitgewirkt hat und diese mitträgt, dadurch – zumindest konkludent – auch zum Ausdruck bringt, dass er sie für und gegen sich gelten lassen will. Hierdurch entsteht eine auf Treu und Glauben beruhende Bindungswirkung.[140] Nach Art. 35 GFK sind die Beitrittsstaaten außerdem zur Zusammenarbeit mit dem Amt des Hochkommissars der UNO für Flüchtlinge verpflichtet. Es bedeutete daher ebenfalls einen Verstoß gegen das Prinzip des guten Glaubens, wenn Regierungen, die zur Zusammenarbeit mit dem UNHCR verpflichtet sind und in dessen Exekutivkomitee einer Entschließung zustimmen, hinterher diese Entschließungen nicht berücksichtigen.[141] Danach sind zumindest für die im Exekutivkomitee vertretenen Staaten die Beschlüsse nicht völlig bedeutungslos.

So finden Beschlüsse des UNHCR-Exekutivkomitees in der Staatenpraxis auch regelmäßig Berücksichtigung.[142] Sie wirken innerstaatlich ermessensreduzierend und sind für die völkerrechtsfreundliche Gesetzesauslegung mit heranzuziehen.[143] Dementsprechend wurden die Beschlüsse Nr. 39 und Nr. 73 des Exekutivkomitees in der Rechtsprechung, wenn auch eher selten, berücksichtigt.[144] Auch nach Art. 31 Abs. 3 Buchst. a) WÜV sind die Beschlüsse des UNHCR-Exekutivkomitees bei der Auslegung der Genfer Flüchtlingskonvention zu berücksichtigen. Das Europäische Parlament hat die Mitglied-

---

136 Göbel-Zimmermann Rn. 130. Mit soft law werden Akte bezeichnet, die zwar als solche nicht rechtlich verbindlich sind, denen aber als Aussage über das geltende Recht, über Rechtsüberzeugungen oder über Tendenzen zur Weiterentwicklung des Völkerrechts zugestimmt worden ist (Vitzthum, in: Graf Vitzthum, 1.Abschnitt, Rn. 68). Zur Problematik des Begriffes „soft law" siehe Verdross/Simma § 654.
137 Bierwirth, AVR 29 (1991), 295, 339; Marx (1995), S. 189.
138 Kunig, in: Graf Vitzthum, 2. Abschnitt, Rn. 165.
139 Verdross/Simma § 656.
140 Ehricke, NJW 1989, 106, 107.
141 Hein, in: Barwig/Brinkmann/Huber/Lörcher/Schumacher, S. 76; vgl. auch: Christ, InfAuslR 1997, 328.
142 Brandl, S. 214 f.; Göbel-Zimmermann, Rn. 15.
143 Bierwirth, AVR 29 (1991), 295, 339f; Göbel-Zimmermann, Rn. 130.
144 VG Frankfurt a.M., Streit 1997, 130, 132.

staaten der EU in mehreren Entschließungen dazu aufgerufen, die vom Exekutivkomitee ausgearbeiteten Beschlüsse zu befolgen.[145]

1.) Beschluss Nr. 39 (XXXVI) – 1985 – Refugee Women and International Protection[146]

In seiner 36. Sitzung verabschiedete das Exekutivkomitee seinen ersten auf Flüchtlingsfrauen bezogenen Beschluss: Flüchtlingsfrauen und internationaler Schutz. Darin nahm das Exekutivkomitee unter anderem zur Kenntnis, dass „Frauen und Mädchen den größten Teil der Flüchtlingsbevölkerung der Welt darstellen".[147] Es mahnte weiter an, der besonders verletzlichen Situation von Flüchtlingsfrauen besondere Aufmerksamkeit zu widmen.[148] Den Staaten wurde empfohlen, die Programme des UNHCR zum Schutz der Flüchtlingsfrauen zu unterstützen und neue Programme zu entwickeln.[149] Dazu sollten detaillierte Kenntnisse und statistische sowie soziologische Daten gesammelt werden.[150]

Der wohl bedeutendste Abschnitt dieses Beschlusses ist Absatz (k). Das Exekutivkomitee erkannte darin an,

„dass es den Staaten in Ausübung ihrer Souveränität freisteht, sich die Interpretation zu Eigen zu machen, dass weibliche Asylsuchende, die harte oder unmenschliche Behandlung zu erwarten haben, weil sie gegen den sozialen Sittenkodex in der Gesellschaft, in der sie leben, verstoßen haben, eine ‚besondere soziale Gruppe' im Sinne von Art. 1 A (2) der UN-Flüchtlingskonvention von 1951 darstellen".

Da — wie bereits gezeigt — das Geschlecht kein Verfolgungsmerkmal der Genfer Flüchtlingskonvention ist, ist die Zugehörigkeit zu einer sozialen Gruppe oft die einzige Möglichkeit, frauenspezifische Fluchtursachen zu berücksichtigen und somit von besonderer Bedeutung für flüchtende Frauen.[151] Die Formulierung, dass es „den Staaten in Ausübung ihrer Souveränität freisteht", sich diese Interpretation zu Eigen zu machen, führt jedoch dazu, dass jegliche Verbindlichkeit, die, wie oben dargestellt, über das Prinzip des guten Glaubens entstehen könnte, von vornherein ausgeschlossen wird.

Im Übrigen scheint Beschluss Nr. 39 mehr Fragen zu stellen, als zu beantworten.[152] Wann ist eine Behandlung hart genug im Sinne von Buchstabe (k)? Wie krass muss das Vergehen sein, damit die Frau sich erfolgreich auf ihre Zugehörigkeit zu einer sozialen Gruppe berufen kann? Die Beantwortung dieser Fragen ist Sache der Mitgliedstaaten. Die vagen Formulierungen machen deutlich, dass es sich bei dem Beschluss um eine reine Absichtserklärung handelt.

---

145 Z.B.: Entschließung zur Achtung der Menschenrechte in der EU (1997), Dok. A4-0468/1998, vom 17.12.1998, Ziffer 98; Entschließung zur Achtung der Menschenrechte in der EU (1998-99), Dok. 11350/1999 – C5 – 0265/1999-1999/2001 (INI), Ziffer 31.
146 Deutsche Fassung abgedruckt in: Streit 1998, 165.
147 Exekutivkomitee-Beschluss Nr. 39 Buchstabe c).
148 Exekutivkomitee-Beschluss Nr. 39 Buchstaben d) und e).
149 Exekutivkomitee-Beschluss Nr. 39 Buchstaben g) und h).
150 Exekutivkomitee-Beschluss Nr. 39 Buchstabe i).
151 Siehe dazu unten S. 130 ff.
152 Musalo/Moore/Boswell, S. 620.

Trotz dieser Schwächen ist dem Exekutivkomitee zu Gute zu halten, dass es mit Beschluss Nr. 39 die problematische Situation von flüchtenden Frauen und Mädchen erstmals ins Bewußtsein der Staatengemeinschaft gerufen hat.

2.) No. 73 (XLIV) – 1993 – Refugee Protection and Sexual Violence[153]

Der Beschluss Nr. 73, den das Exekutivkomitee auf seiner 44. Sitzung im Jahre 1993 verabschiedete, ist neben dem schon genannten Beschluss Nr. 39 der wichtigste. In der Präambel dieses Beschlusses verurteilt das Exekutivkomitee das Vorkommen von sexueller Gewalt gegen Flüchtlingsfrauen.[154] Weiter hebt es die Bedeutung internationaler Übereinkommen für Flüchtlinge, der Menschenrechte und des humanitären Rechts zum Schutz der Asylsuchenden, Flüchtlinge und Rückkehrer vor sexueller Gewalt hervor. Namentlich nimmt es Bezug auf die zum Zeitpunkt des Beschlusses Nr. 73 noch im Entwurf befindliche „Erklärung über die Beseitigung von Gewalt gegen Frauen" sowie andere Maßnahmen, die von der Kommission für den Status der Frauen, dem Komitee für die Beseitigung der Diskriminierung gegen Frauen, der Menschenrechtskommission, dem Sicherheitsrat und anderer Gremien der Vereinten Nationen unternommen wurden, um sexuelle Gewalt zu verhindern, zu untersuchen und, wo es angemessen erscheint, ihren Mandaten gemäß zu bestrafen.[155] Schließlich bekräftigt es seine Beschlüsse Nr. 39 (XXXVI), Nr. 54 (XXXIX), Nr. 60 (XL) und Nr. 64 (XLI). Durch diesen Hinweis auf schon existierende, wenn auch zum Teil unverbindliche Regelungen, die den Schutz von Flüchtlingsfrauen betreffen, macht das Exekutivkomitee deutlich, dass bereits eine gewisse Überzeugung auf internationaler Ebene besteht, Flüchtlingsfrauen besonders zu schützen. Dies ist deshalb von besonderer Bedeutung, weil die Überzeugung (opinio iuris) der Staaten nach Art. 38 Abs. 1 lit. b) IGH-Statut ein wesentliches Merkmal für die Entstehung von Gewohnheitsrecht ist. Dadurch gewinnt auch der Beschluss Nr. 73, obwohl er als Exekutivkomitee-Beschluss eigentlich nicht verbindlich ist, neben der oben geschilderten Bindung durch Treu und Glauben an rechtlicher Bedeutung.

Die wichtigste Neuerung von Beschluss Nr. 73 ist in Absatz (e) zu finden. Das Exekutivkomitee empfiehlt den Staaten darin „die Entwicklung geeigneter Richtlinien für weibliche Asylsuchende, in Anerkennung der Tatsache, dass weibliche Flüchtlinge häufig einer anderen Art von Verfolgung ausgesetzt sind als männliche Flüchtlinge". Dieser Empfehlung sind die Staaten allerdings nur teilweise nachgekommen.[156] Kanada gab bereits 1993 entsprechende Richtlinien heraus.[157] Die USA zogen 1995 nach.[158] Australien hat im Juli 1996 unter Mitwirkung von NRO und UNHCR Richtlinien zu diesem Thema veröffentlicht.[159] In den Niederlanden wurde im Jahre 1997

---

153 Deutsche Fassung abgedruckt in: Streit 1998, 165f.
154 Exekutivkomitee-Beschluss Nr. 73, Präambel, Abs. 1-4.
155 Exekutivkomitee-Beschluss Nr. 73, Präambel, Abs. 6.
156 Die folgenden Richtlinien sind alle zu erhalten unter: http://sierra.uchastings.edu/cgrs/law/law.html.
157 Guidelines Issued by the Chairperson pursuant to Section 65(3) of the Immigration Act – Guideline 4: Women Refugee Claimants Fearing Gender-Related Persecution.
158 Considerations For Asylum Officers Adjudicating Asylum Claims From Women.
159 Dept. of Immigration and Multicultural Affairs, Refugee and Humanitarian Visa Applicants: Guidelines on Gender Issues for Decision Makers (1996).

eine kurze Arbeitsanweisung betreffend Frauen im Asylverfahren erlassen.[160] Südafrika erließ im Jahre 1999 eine entsprechende Richtlinie.[161] Im Dezember 2000 sind in Großbritannien „gender guidelines" erlassen worden.[162] In der Schweiz wurde das Asylverfahrensgesetz so erweitert, dass bei der Bewertung der begründeten Furcht vor Verfolgung frauenspezifischen Fluchtgründen Rechnung zu tragen ist.[163] In Norwegen ist Frauendiskriminierung und frauenspezifische Verfolgung als eigener Asylgrund mittlerweile per Gesetz anerkannt.[164] Deutschland und Frankreich sind der Empfehlung des UNHCR-Exekutivkomitees bisher nicht nachgekommen.

In Absatz (d) unterstützt das Exekutivkomitee, „dass Personen als Flüchtlinge anerkannt werden, deren Anspruch auf den Flüchtlingsstatus auf wohlbegründeter Furcht vor Verfolgung durch sexuelle Gewalt wegen ihrer Rasse, Religion, Nationalität, ihrer Zugehörigkeit zu einer bestimmten sozialen Gruppe oder wegen ihrer politischen Überzeugung basiert". Diese Formulierung führt zu Folgendem: Wenn feststeht, dass die *Art* der Verfolgung geschlechtsspezifisch ist, muss zusätzlich festgestellt werden, dass die Verfolgung auf einem oder mehreren der fünf aufgezählten *Gründe* basiert, ob sich diese Gründe auf ihr Geschlecht beziehen oder nicht.[165] Der Absatz (d) macht also nur genauere Aussagen zur Frage, wie schwer eine Rechtsverletzung aufgrund eines der Merkmale der Konvention sein muss, damit sie zur Verfolgung wird. Auf geschlechtsspezifische Verfolgungs*gründe* geht Beschluss Nr. 73 leider nicht ein.

3.) Weitere Beschlüsse des UNHCR-Exekutivkomitees

Das UNHCR-Exekutivkomitee hat weitere Flüchtlingsfrauen betreffende Beschlüsse gefasst.[166] In ihnen wird in Anerkennung der Tatsache, dass Frauen auf der Flucht besonderen Gefahren wie physischer und sexueller Gewalt ausgesetzt sind, auf die besondere Situation von flüchtenden Frauen eingegangen. Die Staaten, internationale Organisationen sowie nichtstaatliche Organisationen werden aufgefordert, frauenspezifische Belange in der Flüchtlingsarbeit zu berücksichtigen und spezielle Programme zu unterstützen. Das Exekutivkomitee stellt außerdem fest, dass zur Erreichung der Gleichberechtigung von flüchtenden Frauen und Männern sogar eine positive Diskriminierung zugunsten der Frauen gerechtfertigt sein könnte.[167]

Auf die materielle Anerkennung frauenspezifischer Verfolgung als Asylgrund wird in diesen Beschlüssen nicht eingegangen. In Beschluss Nr. 64 (1990) wird aber dazu aufgerufen, wo notwendig, besonders qualifizierte weibliche Anhörerinnen im Asylver-

---

160 Dutch Immigration and Naturalization Service (IND) Work Instruction No. 148: Women in the Asylum Procedure, Übersetzung ins Englische des UNHCR abgedruckt in: Spijkerboer, Annex 7, S. 222.
161 National Consortium on Refugee Affairs, Gender Guidelines for Asylum Determination (1999).
162 Immigration Appellate Authority, Asylum Gender Guidelines (November 2000).
163 Ellinger, S. 36.
164 vgl. FR v. 15.1.1998 = ai-asyl-info 2/98, S. 38.
165 vgl. dazu Musalo/Moore/Boswell, S. 623.
166 Beschlüsse Nr. 54 (XXXIX) – 1988 – Refugee Women; Nr. 60 (XL) – 1989 – Refugee Women; Nr. 64 (XLI) – 1990 – Refugee Women and International Protection.
167 UNHCR-Exekutivkomitee Beschluss Nr. 64, Präambel Abs. 5.

fahren bereitzustellen und den Zugang von weiblichen Asylbewerbern zu Anhörungsverfahren, auch wenn sie von Männern begleitet werden, sicherzustellen.

III. UNHCR Symposium on Gender-Based Persecution

Am 22. und 23. Februar 1996 fand in Genf das UNHCR-Symposium betreffend geschlechtsspezifische Verfolgung statt.[168] Es sollte die unterschiedliche Praxis der Länder, die einige Erfahrung im Umgang mit geschlechtsspezifischen Flüchtlingsbegehren haben, vor dem Hintergrund untersuchen, die Situation von Frauen, die vor geschlechtsspezifischer Verfolgung geflohen sind, zu verbessern.

E. Die UN-Generalversammlung und Flüchtlingsfrauen

I. Resolution über Flüchtlingsfrauen und vertriebene Frauen[169]

Bereits am 11. Dezember 1980 verabschiedete die UN-Generalversammlung eine Resolution, die sich speziell mit flüchtenden und vertriebenen Frauen beschäftigte. In der Präambel stellt sie darin mit großer Besorgnis fest, dass Frauen und Kinder in den meisten Gebieten der Welt die Mehrheit der Flüchtlinge und Vertriebenen ausmachten.[170] Auf die Ursache hierfür wird allerdings nicht eingegangen. Der Begriff der frauenspezifischen Verfolgung taucht nicht auf. Die Resolution bezieht sich vielmehr auf die Situation von flüchtenden Frauen. Die Mutterrolle der Frau wird immer wieder betont. So wird festgestellt, dass Flüchtlingsfrauen als Mütter und als alleinige Verantwortliche für ihre Familie eines besonderen Schutzes bedürften.

Die Generalversammlung weist außerdem darauf hin, dass Flüchtlingsfrauen durch Einschüchterung, Ausbeutung, physischen und sexuellen Missbrauch besonders verletzbar seien. Der Frau wird hier also die Rolle des „schwachen Geschlechts" zugewiesen, was auf emanzipierte „westliche" Frauen sicher nicht (mehr) zutrifft. Zu bedenken ist jedoch, dass die meisten flüchtenden Frauen aus Gesellschaften kommen, in denen eine extreme Rollenverteilung zwischen Mann und Frau vorherrscht, die den Frauen das Leben innerhalb der Familie zuweist. Die Frauen sind es vielmals nicht gewohnt, sich ohne Begleitung männlicher Verwandter in der Öffentlichkeit zu bewegen, geschweige denn sich auf die Flucht zu begeben. Diese Frauen sind daher besonders leicht einzuschüchtern und auszubeuten. Eine besondere Verletzbarkeit durch physische und sexuelle Gewalt steht ohnehin außer Frage.

Die Staaten werden im Weiteren aufgerufen, mit dem Hochkommissar für Flüchtlinge zu kooperieren, um einen umfassenden Schutz besonders für Frauen und Kinder im Einklang mit ihren Grundrechten aus dem internationalen Recht und der nationalen Gesetzgebung zu gewährleisten. Staaten und private Stiftungen werden aufgefordert, Flüchtlingsfrauen den Zugang zu medizinischen Einrichtungen zu ermöglichen und sie

---

168 Siehe dazu und zum Folgenden: Bissland/Lawand, IJRL Special Issue 1997, 13 ff.
169 GA Res. 35/135: Refugee and displaced women.
170 Res. 35/135: Präambel Abs. 4.

aktiv an den Entscheidungsprozessen zum Beispiel in Flüchtlingscamps, aber auch in Flüchtlingshilfeprogrammen zu beteiligen. Auch wird gefordert, die Wiedereingliederung von Flüchtlingen und Vertriebenen zu unterstützen und dabei die zentrale Rolle der Mutter in der Familie zu achten und deshalb, zu Gunsten des Wohlergehens der Familie, die Rechte der Frau auf körperliche Unversehrtheit zu gewährleisten und ihren Zugang zu Rechtsberatung und materieller Unterstützung zu erleichtern. Auffallend ist — wie schon in der Präambel — die besondere Betonung der Mutterrolle. Die Rechte der Frau seien zu schützen, um das Wohlergehen der Familie zu gewährleisten. Dass Frauen nicht selten vor gerade dieser Familie fliehen, wird nicht gesehen. Trotz dieser Schwächen ist zu würdigen, dass in dieser Resolution Flüchtlingsfrauen erstmalig ein eigenes Dokument gewidmet wurde. Das UNHCR-Exekutivkomitee fasste seine viel weiter gehenden Beschlüsse erst fünf Jahre später.

II. Weitere Resolutionen

Die Generalversammlung ist in einer Reihe von weiteren Resolutionen, die sich alle auf den Bericht des Hohen Flüchtlingskommissar beziehen, auf Flüchtlingsfrauen eingegangen. Darin sagt sie zu, bei Bearbeitung des Flüchtlingsproblems flüchtenden Frauen und Kindern besondere Aufmerksamkeit zu schenken. Außerdem würden die Bemühungen des UNHCR in Bezug auf flüchtende Frauen unterstützt.[171]

F. Weltfrauenkonferenzen

Bis heute hat es vier Weltfrauenkonferenzen gegeben. Die erste fand im Jahre 1975 in Mexiko-Stadt statt, die zweite 1980 in Kopenhagen, die dritte 1985 in Nairobi und die vierte schließlich in Peking im Jahre 1995. Auf den Konferenzen in Nairobi und Peking wurde auch auf Flüchtlingsfrauen eingegangen.

I. Dritte Weltfrauenkonferenz, Nairobi 1985

Die 3. Weltfrauenkonferenz fand im Sommer 1985 in Nairobi statt. Sie bildete den Abschluss der UN-Frauendekade. Die Konferenz verabschiedete die so genannten Zukunftsstrategien (Forward-looking Strategies).[172] Diese enthalten auch einen Abschnitt zu flüchtenden und vertriebenen Frauen und Kindern (Refugee and displaced women and Children).[173] Darin wird anerkannt, dass eine dauernde Bewältigung der Probleme von Flüchtlingsfrauen in der Beseitigung der Fluchtursachen gesucht werden sollte. Es sollten außerdem Lösungen gefunden werden, die den Frauen eine freiwillige Rückkehr in ihre Heimat in Sicherheit und Ehre und mit der vollen Integration in das wirtschaftliche, soziale und kulturelle Leben ermöglichen. Bis dahin sollte die internationale

---

171 GA Res. 35/41, Präambel Abs. 6; 36/125, Nr. 8; 40/118, Präambel Abs. 12 und Nr. 9; 42/109, Nr. 7; 44/137, Nr. 9; 47/105, Nr. 6; 48/116, Nr. 8; 49/169, Nr. 19.
172 Report of the World Conference to Review and Appraise the Achievements of the UN Decade for Women: Equality, Development and Peace, A/Conf.116/28/Rev. 1 (Chapter I.A.).
173 Forward-looking Strategies, Abschnitt IV.L. (§§ 298f.).

Gemeinschaft angesichts der internationalen Solidarität und Lastenverteilung ihre Unterstützung fortsetzen und spezielle Unterstützungsprogramme einführen, die die besonderen Bedürfnisse von flüchtenden Frauen in den Erstasylländern berücksichtigen. Daneben sollten Schritte dahingehend unternommen werden, den Beitritt der Staaten zu der Genfer Flüchtlingskonvention zu fördern und die Bestimmungen der Konvention und des Protokolls von 1967 auf alle Flüchtlinge nach Recht und Billigkeit anzuwenden.

II. Vierte Weltfrauenkonferenz, Peking 1995

Die Weltfrauenkonferenz in Peking im Jahre 1995 war eine der größten Konferenzen in der Geschichte der Vereinten Nationen.[174] Auf der Konferenz wurden zwei Dokumente erarbeitet, die Beijing Declaration und die Platform for Action.[175] Zwar wurden die Deklaration und die Platform for Action (im Folgenden: Platform) einstimmig beschlossen, dies war aber nur durch verschiedene Kompromisse möglich. Im Bereich der sexuellen Selbstbestimmung und der Gesundheitsvorsorge beriefen sich vor allem islamisch geprägte Länder auf Tradition sowie religiöse und kulturelle Anschauungen und stellten die Unteilbarkeit der Menschenrechte damit wieder in Frage.[176] Natürlich haben auch viele Staaten, vor allem katholisch und islamisch geprägte, Vorbehalte gegen die Platform erklärt.[177]

Die Abschlussdokumente von internationalen Konferenzen sind streng genommen rechtlich nicht verbindlich. Sie bekräftigen aber existierende Prinzipien und Normen und beinhalten neue Strategien und Auffassungen. Den Dokumenten kommt politische und moralische Stärke zu.[178] Sie dokumentieren außerdem den Grad an Übereinstimmung, die auf internationaler Ebene in einem bestimmten Punkt erreicht werden kann. Auch wenn die Platform also nicht verbindlich ist, kann sie doch als Richtlinie für die Entwicklung der Frauenrechte dienen.[179] Auch der Umstand, dass einige Passagen der Platform schon im Voraus ausführlich vorbereitet und diskutiert wurden, zeigt, dass die Staaten die Platform durchaus ernst nehmen.[180] Es wird sogar angenommen, einige Passagen der Platform wären auf dem Weg, Gewohnheitsrecht zu werden.[181] Die Platform ist sehr umfassend. Im Gegensatz zur Frauenkonvention mit ihren eher vagen Formulierungen behandelt sie Probleme, Ziele und Maßnahmen sehr detailliert und ausführlich.[182] Die Platform selbst beschreibt ihren Auftrag folgendermaßen:[183]

„The Platform for Action is an agenda for women's empowerment. It aims ... at removing all the obstacles to women's active participation in all spheres of public and

---

174 Larson, 10 EILJ 695 (1996).
175 Annex 1 und 2 des Report of the Fourth World Conference on Women, A/Conf.177/20, abgedruckt: 35 ILM 407 und 409 (1996).
176 Vgl. dazu: König, Streit 1996, 166.
177 Siehe dazu ausführlich: Dormady, 30 VJTL 102ff (1997).
178 Kourula, S. 69.
179 Dormady, 30 VJTL 99 (1997).
180 Dormady, 30 VJTL 115 (1997).
181 Dormady, 30 VJTL 110ff. (1997).
182 Larson, 10 EILJ 720 (1996).
183 Mission Statement der Platform (Chapter I, § 1).

private life through a full and equal share in economic, social, cultural and political decision-making."

Das vierte Kapitel (Chapter) beschäftigt sich mit den strategischen Zielen und Maßnahmen. Es beschreibt Ziele und zeigt Wege auf, diese Ziele zu erreichen. Dabei richtet es sich unter anderem an Regierungen, internationale Organisationen und Nichtregierungsorganisationen. Das Kapitel ist in insgesamt 12 Abschnitte unterteilt, die so verschiedene Bereiche wie Frauen und Armut, Frauen und bewaffnete Konflikte, Frauen in Macht und Entscheidungsprozessen sowie Frauen und die Medien betreffen.

Im Abschnitt D. des vierten Kapitels, der sich mit Gewalt gegen Frauen beschäftigt, wird auf frauenspezifische Verfolgung eingegangen. So lautet Paragraph 147 (h), der sich unter anderem an die Regierungen und internationalen Organisationen richtet:

„Apply international norms to ensure equal access and equal treatment of women and men in refugee determination procedures and the granting of asylum, including full respect and strict observation of the principle of non-refoulement through, inter alia, bringing national immigration regulations into conformity with relevant international instruments, and consider recognizing as refugees those women whose claim to refugee status is based upon the well-founded fear of persecution for reasons enummerated in the 1951 Convention ... and the 1967 Protocol ... relating to the Status of Refugees, including persecution through sexual violence or other gender-related persecution, and provide access to specially trained officers, including female officers, to interview women regarding sensitive or painful experiences, such as sexual assault."

Die Staaten sollen also darüber nachdenken, Frauen, die sich auf einen der Fluchtgründe der Genfer Flüchtlingskonvention, einschließlich Verfolgung durch sexuelle Gewalt und andere Formen frauenspezifischer Verfolgung, berufen, den Flüchtlingsstatus einzuräumen. Diese Formulierung („consider") macht einmal mehr die Zurückhaltung der Staatengemeinschaft deutlich, wenn es darum geht, die Flüchtlingsdefinition der Genfer Konvention zu konkretisieren. Obwohl die Staaten an die Platform ohnehin nicht gebunden sind, wird die Anerkennung frauenspezifischer Verfolgung von den Staaten nicht verlangt, nicht einmal empfohlen, sie sollen nur über sie nachdenken.

Die Staaten werden allerdings dazu aufgerufen, ihre nationalen Regelungen in Einklang mit dem relevanten internationalen Instrumentarium zu bringen. Was das allerdings konkret heißt, ob dies nicht vielleicht sogar die Anerkennung frauenspezifischer Verfolgung zwingend zur Folge hätte, wird nicht gesagt. Immerhin wurde die Problematik um flüchtende Frauen erkannt und erwähnt.

Auch die anderen in der Platform enthaltenen Verbote und Maßnahmen sind für die Anerkennung frauenspezifischer Verfolgung von Bedeutung. Indem bestimmte frauenspezifische Rechtsverletzungen international geächtet werden, bietet die Platform neben den schon genannten Menschenrechtsinstrumenten einen Maßstab für die Beurteilung der Frage, ob Verfolgung vorliegt oder es sich lediglich um eine hinzunehmende Form von Diskriminierung handelt.

G. Zwischenergebnis

Im internationalen Recht wurden frauenspezifische Belange zunächst nicht thematisiert. Nachdem seit den Diskriminierungsverboten und Gleichheitsgeboten im internationalen Pakt über bürgerliche und politische Rechte von 1966 Frauenrechten zunehmend Beachtung geschenkt wurde, dauerte es noch bis in die Mitte der 80er Jahre, bis die Situation geschlechtsspezifisch verfolgter Frauen in die Diskussion gelangte.

Heute ist der Schutz flüchtender Frauen aus der internationalen Diskussion nicht mehr wegzudenken. Immer wenn auf internationaler Ebene der Flüchtlingsschutz diskutiert wird, wird auch auf frauenspezifische Probleme eingegangen. Wenn über Probleme von Frauen diskutiert wird, wird auch der Schutz von Frauen auf der Flucht thematisiert. Jedoch wurde die Forderung, geschlechtsspezifische Verfolgung als Verfolgung im Sinne der Genfer Flüchtlingskonvention anzuerkennen, bisher leider nur in unverbindlichen Dokumenten wie in Beschlüssen des UNHCR-Exekutivkomitees und den Dokumenten der Weltfrauenkonferenz in Peking erhoben. Die Formulierungen sind zudem vage und weniger zwingend gewählt. Es handelt sich um reine Absichtserklärungen.

Ist die mangelhafte Durchsetzbarkeit ein allgemeines Problem der Frauenrechte – die Frauenkonvention ist die Konvention mit den meisten Vorbehalten — so finden frauenspezifische Aspekte im Flüchtlingsrecht wohl noch weniger Unterstützung. Während die Staaten, aus denen Frauen flüchten, Frauenrechten an sich skeptisch gegenüberstehen, sind die potenziellen Aufnahmeländer meist zurückhaltend, wenn es um die Gewährung von Asyl geht.

Zweites Kapitel: Europa

A. Die Europäische Menschenrechtskonvention

I. Abschiebungshindernis

Die Europäische Menschenrechtskonvention beinhaltet keine ausdrücklichen Bestimmungen bezüglich der Behandlung von Flüchtlingen. Sie enthält deshalb nach allgemeiner Auffassung kein garantiertes Asylrecht.[184] Man ist sich aber heute weitgehend einig, dass Art. 3 EMRK unter bestimmten Bedingungen die Auslieferung, Ausweisung oder Abschiebung eines Menschen verbietet.[185] Nach Art. 3 EMRK darf niemand „der Folter oder unmenschlicher oder erniedrigender Strafe oder Behandlung unterworfen werden".

Eine Verletzung von Art. 3 EMRK liegt auch dann vor, wenn der ausweisende oder ausliefernde Staat durch sein Verhalten eine unmenschliche Behandlung ermöglicht. Im Rahmen des Art. 3 EMRK kann auch drohende unmenschliche Behandlung durch nichtstaatliche Organisationen und Dritte berücksichtigt werden, da es keinen Unterschied macht, ob die Gefahr für den Flüchtling von seinem Heimatstaat oder einer anderen Organisation ausgeht.[186] Begründet wird dies damit, dass Art. 3 EMRK den zurückschiebenden Mitgliedstaat der EMRK und nicht den fremden Staat an das Verbot unmenschlicher Behandlung binde.[187] Die Berücksichtigung drohender unmenschlicher Behandlung durch Dritte ist für Frauen besonders relevant, da sie häufig vor Gewalt im häuslich-familiären Bereich fliehen.

In Bezug auf frauenspezifische Verfolgung ist weiterhin bedeutsam, dass ein Abschiebungshindernis aus Art. 3 EMRK allein von der Art und der Schwere der unmenschlichen Behandlung abhängig ist. Die Gründe der Verfolgung sind unbedeutend. Im Gegensatz zur Flüchtlingsdefinition des Art. 1 A Nr. 2 GFK beziehungsweise dem Refoulement-Verbot des Art. 33 Abs. 2 GFK muss die unmenschliche Behandlung also nicht durch Rasse, Religion, Nationalität, Zugehörigkeit zu einer sozialen Gruppe oder politische Anschauung begründet sein.[188] Eine Einordnung der frauenspezifischen Verfolgungsgründe in eines der genannten Merkmale entfällt hier also. Die Menschenrechtsverletzungen müssen allerdings nach Art und Ausmaß besonders schwer sein,

---

184 Frowein/Peukert-*Frowein* Art. 3, Rn. 18; Gusy, S. 37; Ulmer, S. 67; van Dijk/vanHoof, S. 328; Villiger, Rn. 301; Zimmermann, S. 82.
185 EGMR, EuGRZ 1989, 314, 321f (Soering-Fall); NVwZ 1997, 1093, 1094; NVwZ 1997, 1100, 1101; NVwZ 1998, 163f.; Frowein/Peukert-*Frowein* Art. 3 Rn. 18; Kälin, ZAR 1986, 172ff.; Randelzhofer, in: Maunz/Dürig, Art. 16a Abs. 2, Rn. 22; Ulmer, S. 67; a.A.: z.B. Reichel, 177ff. Vgl. ausführlich zum Abschiebeschutz aus Art. 3 EMRK: Härtl, S. 39 ff.
186 EGMR NVwZ 1998, 163, 164; Frowein/Zimmermann, S. 31; Kälin, in: Hailbronner /Klein, S. 54ff; ders.: ZAR 1986, 176; Randelzhofer, in: Maunz/Dürig, Art. 16a Abs. 2, Rn. 23; Ulmer, S. 71; Zimmermann, S. 87f; a.A. BVerwGE InfAuslR 1997, 341; Hailbronner, DÖV 1999, 617, 620ff.
187 Härtl, S. 118; Kälin, ZAR 1986, 176.
188 Van Dijk/van Hoof, S. 332.

damit sie ein Abschiebungshindernis rechtfertigen.[189] Der Schutz nach der EMRK geht insofern weniger weit als das Refoulement-Verbot des Art. 33 Abs. 1 GFK.[190]

II. Diskriminierungsverbot

In Art. 14 der Europäischen Menschenrechtskonvention findet sich außerdem ein Diskriminierungsverbot. Danach muss der

„*Genuss der in der [...] Konvention festgelegten Rechte und Freiheiten [...] ohne Unterschied des* Geschlechts, *der Rasse, Hautfarbe, Sprache, Religion, politischen oder sonstigen Anschauungen, nationaler oder sozialer Herkunft, Zugehörigkeit zu einer nationalen Minderheit, des Vermögens, der Geburt oder des sonstigen Status gewährleistet werden.*"[191]

Wie sich aus dem Wortlaut ergibt, ist Art. 14 EMRK nicht als allgemeines Gleichheitsgebot zu verstehen, sondern verbietet Diskriminierung nur hinsichtlich der in den übrigen normativen Vorschriften der Konvention und auch ihrer Zusatzprotokolle enthaltenden Rechte und Freiheiten.[192] Art. 14 EMRK setzt allerdings keine Verletzung jener Vorschriften voraus, insofern ist er autonom.[193]

Es fragt sich, ob Art. 14 EMRK Auswirkungen auf Art. 3 EMRK hat. In der Fallpraxis wurde die Möglichkeit des Vorliegens einer Diskriminierung in Bezug auf Art. 3 EMRK wiederholt in Betracht gezogen. So sei es möglich, dass eine diskriminierende Maßnahme eine erniedrigende Behandlung im Sinne von Art. 3 EMRK sei.[194] Für frauenspezifische Verfolgung ergibt sich daraus, dass geschlechtsspezifische Diskriminierungen im Heimatstaat, wenn sie eine gewisse Schwere erreichen, ein Abschiebungshindernis aus Art. 3 EMRK begründen können.

B. Europäische Union

I. Beginn der Asylrechtsharmonisierung in Europa

Das Dubliner Übereinkommen[195] vom 15.Juni 1990, das den für die Prüfung eines in einem Mitgliedstaat gestellten Asylantrags zuständigen Staat bestimmt und das Schengener Durchführungsübereinkommen[196] vom 19. Juni 1990, das am 26. März 1995 in Kraft getreten ist, stellen den eigentlichen Beginn der europäischen Asylrechtsharmonisierung dar.[197] Denn da die beiden völkerrechtlichen Verträge von einer Gleichwertigkeit der Asylentscheidungen in den Mitgliedstaaten und deren Anerkennung ausgehen,

---

189 Kälin, ZAR 1986, 174.
190 Kälin, ZAR 1986, 175; van Dijk/van Hoof, S. 332.
191 Hervorhebung von Verf.
192 Frowein/Peukert-*Peukert* Art. 14 Rn. 1.
193 Frowein/Peukert-*Peukert* Art. 14 Rn. 2; EGMR EuGRZ 1985, 567, 570.
194 EGMR 94, 42 Ziff. 90 = EuGRZ 1985, 570, 573, im konkreten Fall wurde die erniedrigende Behandlung allerdings verneint.
195 BGBl. 1994 II 792.
196 BGBl. 1993 II 1010; BGBl. 1996 II 242.
197 Schoenemann, NVwZ 1997, 1049.

erfordern sie eine Harmonisierung des Asylrechts und des Asylverfahrensrechts in den Mitgliedstaaten.[198]

Die Londoner Beschlüsse der Einwanderungsminister über (sichere) Aufnahmedrittländer und über offensichtlich unbegründete Asylanträge vom 30.November und 1. Dezember 1992 stellten erste Schritte in diese Richtung dar. Ergänzt wurden die Beschlüsse durch den Gemeinsamen Standpunkt des Rates der EU vom 4. März 1996 zur harmonisierten Anwendung der Definition des Begriffs „Flüchtling" in Art. 1 GFK[199], auf den unten gesondert eingegangen wird.

II. EU-/EG-Vertrag

Durch den Amsterdamer Vertrag[200] wurde der neue Titel IV über „Visa, Asyl und Einwanderung und andere Politiken betreffend den freien Personenverkehr" in den EGV eingefügt. Nach Art. 63 Nr. 1 b) – d) EGV soll der Rat innerhalb von fünf Jahren nach Inkrafttreten des Vertrags von Amsterdam[201] unter anderem Mindestnormen für die Aufnahme von Asylbewerbern in den Mitgliedstaaten, für die Anerkennung von Staatsangehörigen dritter Länder als Flüchtlinge sowie für die Verfahren in den Mitgliedstaaten zur Zuerkennung oder Aberkennung der Flüchtlingseigenschaft beschließen. Diese Mindestnormen müssen im Einklang mit der Genfer Flüchtlingskonvention und dem Protokoll von 1967 stehen.

Am 12. September 2001 hat die Kommission einen Vorschlag für eine Richtlinie des Rates zur Festlegung von Mindestnormen für die Anerkennung und den Status von Drittstaatsangehörigen und Staatenlosen als Flüchtlinge vorgelegt. Durch die Vergemeinschaftung des Asylrechts wird in der Zukunft eine einheitliche Auslegung durch den Europäischen Gerichtshof (EuGH) erreicht.[202]

III. Entschließungen des EP

Das Europäische Parlament hat sich in mehreren Entschließungen mit den besonderen Problemen von Flüchtlingsfrauen beschäftigt. Bereits in seiner Entschließung zur Anwendung des Genfer Abkommens über die Rechtsstellung von Flüchtlingen[203] aus dem Jahre 1984 stellte das Europäische Parlament „mit Besorgnis fest, dass Frauen in einigen Ländern eine grausame und unmenschliche Behandlung erfahren, weil man der Meinung ist, dass sie gegen die moralischen oder ethischen Gesetze der Gesellschaft, in der sie leben, verstoßen haben". Weiterhin ersuchte es die Staaten dringend, das UN-Abkommen von 1951 und das Protokoll von 1967 über die Rechtsstellung der Flücht-

---

198 Hailbronner, in: Graf Vitzthum, 3. Abschnitt, Rn. 275.
199 AblEG 1996 Nr. L 63/2.
200 Amsterdamer Vertrag vom 2.10.1997, BGBl. 1998 II S. 387, ber. BGBl. 1999 II S. 416.
201 Der Vertrag von Amsterdam trat am 1.5.1999 in Kraft. Die genannten Mindestnormen sind also bis zum 1. 5.2004 zu beschließen.
202 Wolter, S. 48. Nach Art. 68 Abs. 1 EGV wird das Vorabentscheidungsverfahren (Art. 234 EGV) aber insofern eingeschränkt, dass Auslegungsfragen dem EuGH nur von letztinstanzlichen Gerichten vorgelegt werden können.
203 AblEG 1984 Nr. C 127/137; siehe dazu kritisch: Quaritsch, S. 88 ff.

linge dahingehend auszulegen, dass Frauen in dieser Situation als einer „bestimmten sozialen Gruppe" zugehörig anzuerkennen seien. Diese Entschließung des Parlamentes ist damit das erste internationale Dokument, das die Anerkennung frauenspezifischer Verfolgung zur Begründung der Flüchtlingseigenschaft fordert.[204]

Seit 1995 empfiehlt das Parlament den Mitgliedstaaten stetig die Anerkennung frauenspezifischer Verfolgung als Asylgrund. Schon ein Jahr zuvor, in seiner Entschließung vom 19. Januar 1994 zu den Grundprinzipien einer europäischen Flüchtlingspolitik,[205] ist das Europäische Parlament der Auffassung, es müsse gewährleistet werden, dass den einzelnen Flüchtlingen der Weg des Asylverfahrens offen stehe und dass innerhalb der Europäischen Union Flüchtlinge Schutz genössen, die die Kriterien des Flüchtlingsstatus nicht erfüllten, für die jedoch internationaler Schutz unentbehrlich sei. Dazu gehörten auch Personen, die der Verfolgung aufgrund des Geschlechts ausgesetzt sind und ihr Heimatland verlassen haben, weil sie Grund zu der Befürchtung haben, dass ihr Leben aufgrund allgemeiner oder individueller Gewalt gegen sie in Gefahr ist oder dass ihnen dort eine außergewöhnlich hohe Strafe droht, beziehungsweise weil sie nicht zu einer Rückkehr in ihre Heimat gezwungen werden können, da sie befürchten müssen, dort gefoltert, unmenschlich oder entwürdigend behandelt, zum Tode verurteilt oder zum Opfer anderer schwerwiegender Menschenrechtsverletzungen zu werden.[206]

In seiner Entschließung zu der Entschließung des Rates vom 20. Juni 1995 über Mindestgarantien für Asylverfahren[207] nimmt das Europäische Parlament relativ umfassend Stellung nicht nur zu frauenspezifischen Problemen im Asylverfahren, sondern auch zu materiellen Fragen, die frauenspezifische Verfolgung betreffen.[208]

Unter anderem empfiehlt das Parlament der EU und ihren Mitgliedstaaten darin, sich dem Europarat, Kanada, den USA und dem UNHCR anzuschließen und das Asylrecht wegen Diskriminierungen aufgrund des Geschlechts anzuerkennen. Es fordert die Mitgliedstaaten auf, auf Flüchtlingsfrauen bezogene Leitlinien, wie vom UNHCR-Exekutivkomitee in Beschluss Nr. 73 gefordert, zu erlassen. Ferner sollten die Mitgliedstaaten sexuelle Folter als Form der Verfolgung anerkennen, insbesondere angesichts des Einsatzes der Vergewaltigung als Mittel der Kriegführung.

In seiner Entschließung zur Achtung der Menschenrechte (1994) vom 10.10.1996[209] stellt das EP fest, die Genfer Flüchtlingskonvention unterscheide nicht zwischen staatlicher und nichtstaatlicher Verfolgung, wenn der Staat nicht mehr schutzfähig oder schutzwillig ist.[210] Da Frauen oft vor häuslicher Gewalt flüchten, ist der Tatbestand der nichtstaatlichen Verfolgung für sie besonders relevant. Auch in seiner Entschließung zur Achtung der Menschenrechte in der Europäischen Union (1995) geht das EP auf diese Möglichkeit nichtstaatlicher Verfolgung ein.[211] Außerdem fordert es die Mitgliedstaaten

---

204 Das UNHCR-Exekutivkomitee fasste seinen entsprechenden Beschluss (Beschluss Nr. 39) erst im Jahre 1985.
205 Dok.: A3-0402/93; abgedruckt in: EuGRZ 1994, 141ff.
206 Ziffer 15 der Entschließung.
207 Entschließung vom 1.12.1996, ABlEG 1996 Nr. C 362/270.
208 Ziffern 25 – 34 der Entschließung.
209 BR-Drs. 775/96.
210 Ziffer 38 der Entschließung.
211 Ziffer 85 der Entschließung.

erneut auf, den Tatbestand der geschlechtsspezifischen Verfolgung anzuerkennen.[212] Es verweist schließlich auf die zahlreichen Hindernisse, die weiblichen Asylbewerbern bei der Beantragung des Flüchtlingsstatus in den Weg gelegt werden, und ersucht die Mitgliedstaaten, in diesem Zusammenhang sexuelle Gewalt als eine Form der Folter anzuerkennen.[213]

In seiner Entschließung zur Achtung der Menschenrechte in der Europäischen Union (1996) vom 5.3.1998[214] fordert das EP, dass Asylbewerberinnen und Einwanderinnen unabhängig von ihrem Status als Ehefrau ein eigenständiger Rechtsanspruch gewährt wird.[215] Außerdem fordert es die Mitgliedstaaten auf, sich streng an die von Exekutivkomitee des UNHCR ausgearbeiteten Grundsätze zu halten.[216] Das Europäische Parlament kritisiert die in den Mitgliedstaaten zu erkennende Tendenz, statt Zuerkennung eines wirklichen Flüchtlingsstatus nach der Genfer Flüchtlingskonvention nur einen unsicheren, zeitlich befristeten Schutz zu gewähren. Es bedauert, „dass die vom Rat festgelegte harmonisierte Anwendung der Definition des Begriffs „Flüchtling" jene Personen ausschließt, die zu Opfern sexueller Gewalt wurden, und solche Personen, die in ihrem Land verfolgt werden, selbst wenn die Verfolgung nicht von staatlichen Organen ausgeht"[217]. Außerdem forderte das Europäische Parlament die Mitgliedstaaten nachdrücklich auf, „die Verfolgung aufgrund der Geschlechtszugehörigkeit zu den Aufnahmekriterien der EU für Asylbewerber aus bestimmten Ländern zu zählen"[218].

In seiner Entschließung zur Achtung der Menschenrechte in der Europäischen Union (1997)[219] weist das Parlament darauf hin, dass es keinen Unterschied mache, ob Verfolgung von staatlichen Einrichtungen oder anderen Stellen ausgeht.[220] Asylbewerbern müsse unabhängig von ihrem Status als Ehefrau oder Ehemann ein eigenständiger Rechtsanspruch gewährt werden.[221]

Weiterhin fordert das Europäische Parlament in seiner Entschließung zur Achtung der Menschenrechte in der EU (1998-99)[222] die Mitgliedstaaten auf, den Tatbestand der geschlechtsbezogenen Verfolgung anzuerkennen. Es erinnert daran, dass das Genfer Abkommen über die Rechtsstellung der Flüchtlinge keinen Unterschied mache, gleich ob die Verfolgung von einem Staatsorgan oder von einer anderen Stelle ausgehe.[223]

In seiner Entschließung zu den Menschenrechten weltweit und zur Menschenrechtspolitik in der EU (1999)[224] fordert das Parlament, dass auch die genitale Verstümmelung von Frauen sowie andere Praktiken, die gegen den individuellen Willen

---

212 Ziffer 86 der Entschließung vom 8.4.1997, BR-Drs. 343/97.
213 Ziffer 131 der Entschließung.
214 BR-Drs. 222/98 v. 10.3.1998.
215 Ziffer 19 der Entschließung.
216 Ziffer 23 der Entschließung; zu den Beschlüssen des UNHCR-Exekutivkomitee betreffend frauenspezifische Verfolgung (insbesondere Beschlüsse Nr. 39 und 73), siehe oben S. 44 ff.
217 Ziffer 29 der Entschließung.
218 Ziffer 82 der Entschließung.
219 A4-0468/1989, Entschließung vom 17.12.1998.
220 Ziffer 99 der Entschließung.
221 Ziffer 103 der Entschließung.
222 11350/1999 – C5-0265/1999 – 1999/2001 (INI).
223 Ziffer 32 der Entschließung.
224 11350/1999 – C5-0265/1999 – 1999-2000 (INI).

der Frau ihre körperliche Unversehrtheit beeinträchtigen, in vollem Maße als Menschenrechtsverletzung anerkannt werden, und dass solchen Frauen entsprechender Schutz gewährt wird, wenn sie aufgrund der Gefahr, körperlicher Verstümmelung ausgesetzt zu sein, um Asyl nachfragen.[225] Außerdem fordert das Europäische Parlament, dass der Schutz missbrauchter Frauen, die um Asyl nachsuchen, Bestandteil der gemeinsamen Asylpolitik der EU-Mitgliedstaaten sein sollte, dass Frauen, die in ihren Heimatländern Opfer eines Systems der ständigen Unterdrückung auf der Grundlage des Geschlechts sind, in der EU Anspruch auf Asyl erhalten, und zwar vorbehaltlich der fairen Beurteilung jedes einzelnen Antrags und dass Bestimmungen zur Rehabilitation und Unterstützung weiblicher Asylanten eingeführt werden sollten, die Gewaltopfer sind.[226]

Die Entschließungen des Europäischen Parlamentes zeigen, dass es die Problematik der frauenspezifischen Verfolgung weit progressiver angeht als der Rat.[227] Solange die Entscheidungskompetenz beim Rat liegt, bleiben die Entschließungen des Europäischen Parlaments allerdings weitgehend wirkungslos.[228]

IV. Entschließungen des Rates der EU

Der Rat der EU fasste im Rahmen der Regierungszusammenarbeit in den Bereichen Justiz und Inneres aufgrund von Art. K 3 EUV a.f. zwei Beschlüsse, einen zum Asylverfahren und einen zur Auslegung des Begriffs „Flüchtling". Die beiden Beschlüsse binden nach ihrem Wortlaut weder Parlamente noch Gerichte, verpflichten aber die Regierungen, sich darum zu bemühen, ihre innerstaatlichen Rechtsvorschriften erforderlichenfalls mit ihnen in Einklang zu bringen.[229]

1.) Gemeinsamer Standpunkt des Rates der EU vom 4. 3.1996 zur harmonisierten Anwendung der Definition des Begriffs „Flüchtling" in Art. 1 GFK[230]

Der Gemeinsame Standpunkt enthält Richtlinien zur Bestimmung der Flüchtlingseigenschaft, um die Auslegung des Begriffs „Flüchtling" in den Mitgliedstaaten im Hinblick auf die Harmonisierung der Asylpolitiken anzugleichen. Die enthaltenen Leitlinien sollen allerdings keine Definition des Begriffs „Flüchtling" darstellen. Der Gemeinsame Standpunkt ist nach seinem Wortlaut weder Beweis für eine entsprechende Staatenpraxis noch für die Feststellung von Gewohnheitsrecht, sondern reine Absichtserklärung, die ausdrücklich die Gesetzgebung und Rechtsprechung nicht binden soll.[231]

---

225 Ziffer 46 der Entschließung.
226 Ziffer 51 der Entschließung.
227 Siehe dazu sogleich.
228 Darüber, ob das Parlament bei größerer Entscheidungsbefugnis die gleiche Progressivität an den Tag legen würde, soll hier nicht spekuliert werden.
229 Schoenemann, NVwZ 1997, 1050.
230 ABlEG 1996 Nr. L 63/2.
231 Gemeinsamer Standpunkt 3. Spiegelstrich vor 1.; Göbel-Zimmermann Rn. 519; Marx, InfAuslR 1997, 372, 377.

Es sind im Gemeinsamen Standpunkt leider keine Ausführungen darüber enthalten, ob eine Verfolgung wegen des Geschlechts neben den Verfolgungsgründen Rasse, Religion, Nationalität, politische Überzeugung und Zugehörigkeit zu einer sozialen Gruppe die Flüchtlingseigenschaft begründen kann. Auch bei der näheren Beleuchtung des Merkmals „soziale Gruppe" wird nicht auf die Möglichkeit der geschlechtsspezifischen Verfolgung eingegangen.[232] Dies ist umso bedauerlicher, da die Möglichkeit der Anerkennung geschlechtsspezifischer Verfolgung zuvor vom Europäischen Parlament und vom Exekutivkomitee des UNHCR gefordert wurde.[233] Da der Gemeinsame Standpunkt weder verbindlich noch abschließend ist, ist die Anerkennung frauenspezifischer Verfolgung durch die Mitgliedstaaten natürlich nicht ausgeschlossen. Eine Erwähnung des Verfolgungsgrundes Geschlecht wäre aber zur Klarstellung wünschenswert gewesen.[234]

Bei den Ausführungen zum Merkmal „Religion" wird erklärt, dass eine Verfolgung aus religiösen Gründen auch dann vorliegen kann, *„wenn derartige Eingriffe eine Person betreffen, die [...] sich weigert, sich den mit einer Religion verbundenen Riten und Gebräuchen ganz oder teilweise zu unterwerfen"*. Weigert sich eine Frau, sich entsprechend den geltenden religiös begründeten Bekleidungsvorschriften zu kleiden, so kann nach der Entschließung des Rates also eine Verfolgung aufgrund der Religion vorliegen. Auch diesbezüglich wäre allerdings eine Klarstellung sinnvoll gewesen. Dadurch, dass frauenspezifische Verfolgung im Gemeinsamen Standpunkt völlig ignoriert wird, wird eine solche Auslegung nämlich nicht unbedingt nahegelegt.

Auf Kritik ist schließlich gestoßen, dass der Rat die Flüchtlingseigenschaft in den Fällen der nichtstaatlichen Verfolgung nicht anerkennt.[235] Erforderlich sei vielmehr, dass die Verfolgung durch den Heimatstaat des Asylbewerbers entweder gefordert oder gebilligt wird, beziehungsweise dass er willentlich untätig bleibt.[236] Danach besteht kein Schutzanspruch, wenn der Heimatstaat unfähig ist, die Verfolgung zu verhindern.

Die nichtstaatliche Verfolgung betrifft häufig Frauen. Auch das Europäische Parlament bedauerte in einer Entschließung, „dass die vom Rat festgelegte harmonisierte Anwendung der Definition des Begriffs ‚Flüchtling' jene Personen ausschließt, die zu Opfern sexueller Gewalt wurden, und solche Personen, die in ihrem Land verfolgt werden, selbst wenn die Verfolgung nicht von staatlichen Organen ausgeht".[237]

---

232 Das Merkmal „Zugehörigkeit zu einer bestimmten sozialen Gruppe" ist oft die einzige Möglichkeit, frauenspezifische Verfolgung in die Definition der GFK einzuordnen. Siehe dazu unten S. 130 ff.
233 Entschl. d. EP zur Mitteilung der Kommission an den Rat und das Europäische Parlament betreffend die Zuwanderungs- und Asylpolitik (KOM(94)0023 – C3 0107/94) vom 16.10.1995, AblEG 1995 Nr. C 269/156, Ziffer 18, vgl. auch Ziffer 21 u. 22; UNHCR-Exekutivkomitee Beschluss Nr. 73.
234 So auch: Göbel-Zimmermann Rn. 769.
235 ECRE, Position on Asylum Seeking and Refugee Women, Substantive Issues Nr. 10.
236 Ziffer 5.2. des Gemeinsamen Standpunktes.
237 Entschl. d. EP zur Achtung der Menschenrechte, BR-Drs. 222/98, Ziffer 29; vgl. auch Entschl. d. EP zur Achtung der Menschenrechte in der EU 1994, ABlEG C 320/36, Ziffer 38.

2.) Vorschlag für eine Richtlinie des Rates (Vorlage der Kommission)

Am 12. September 2001 hat die Kommission einen Vorschlag für eine Richtlinie des Rates zur Festlegung von Mindestnormen für die Anerkennung und den Status von Drittstaatsangehörigen und Staatenlosen als Flüchtlinge vorgelegt.[238] Die vorgeschlagene Richtlinie findet ihre Rechtsgrundlage im Wesentlichen in Artikel 63 Absatz 1 Nr. 1 lit. c), Nr. 2 lit. a) und Nr. 3 lit. a) EGV.

Nach ihrem Inkrafttreten ist sie für die Mitgliedstaaten hinsichtlich des zu erreichenden Ziels verbindlich, auch wenn den innerstaatlichen Stellen die Wahl von Form und Mittel überlassen bleibt (vgl. Art. 249 Abs. 3 EGV). Im Gegensatz zum Gemeinsamen Standpunkt von 1996 wird in dem Richtlinienvorschlag mehrfach auf geschlechtsspezifische Verfolgung eingegangen. Schon in der Präambel verpflichtet sich die Richtlinie der Gleichstellung von Mann und Frau:

„*Gemäß Artikel 2 und Artikel 3 Absatz 2 EG-Vertrag zielt diese Richtlinie hinsichtlich ihrer Ziele und ihres Inhalts darauf ab, Ungleichheiten zu beseitigen und die Gleichstellung von Männern und Frauen zu fördern.*"[239]

Gleichfalls schon in der Präambel wird betont, dass ein gemeinsamer Ansatz für den Verfolgungsgrund „Zugehörigkeit zu einer bestimmten sozialen Gruppe" entwickelt werden muss, der unter anderem so auszulegen ist, dass er Gruppen erfasst, die anhand bestimmter wesentlicher Merkmale wie etwa das Geschlecht gebildet werden.[240]

In Art. 12, der die möglichen Verfolgungsgründe betrifft, heißt es zu dem Konventionsmerkmal Zugehörigkeit zu einer bestimmten sozialen Gruppe:

„*Der Begriff soziale Gruppe bezeichnet Gruppen von Personen, die anhand bestimmter wesentlicher Merkmale wie sexuelle Ausrichtung, Alter und Geschlecht definiert werden können, sowie Gruppen von Personen mit gemeinsamem Hintergrund oder gemeinsamen Merkmalen, die so bedeutsam für die Identität oder das Gewissen sind, dass von den Betreffenden nicht verlangt werden darf, auf die Gruppenzugehörigkeit zu verzichten, um der Verfolgung zu entgehen. Der Begriff umfasst auch Personen, die nach dem Gesetz als ‚minderwertig' gelten.*"[241]

Damit wird in erfreulich eindeutiger Weise klargestellt, dass Frauen eine bestimmte soziale Gruppe im Sinne der Flüchtlingskonvention ausmachen können. In der Begründung zu dieser Norm heißt es unter anderem:

„[Die Formulierung ist] *so auszulegen, dass sie auch Gruppen von Personen umfasst, die nach dem Gesetz als „minderwertig" oder Menschen „zweiter Klasse" gelten, wodurch die Verfolgung durch Privatpersonen oder sonstige nichtstaatliche Akteure stillschweigend geduldet wird, sowie Gruppen, gegenüber denen der Staat in diskri-*

---

238 Vorschlag für eine Richtlinie des Rates zur Festlegung von Mindestnormen für die Anerkennung und den Status von Drittstaatsangehörigen und Staatenlosen als Flüchtlinge im Einklang mit dem Abkommen von 1951 über die Rechtsstellung der Flüchtlinge und dem Protokoll von 1967 oder als Personen, die anderweitig internationalen Schutz benötigen (Vorlage der Kommission), v. 12. 9. 2001, KOM(2001)510 vorläufige Fassung, 2001/0207 (CNS); im Folgenden: Richtlinienvorschlag.
239 Nr. 22 Präambel des Richtlinienvorschlags; vgl. auch das Diskriminierungsverbot in Art. 35 des Richtlinienvorschlags.
240 Nr. 15 Präambel des Richtlinienvorschlags.
241 Art. 12 Nr. 4 des Richtlinienvorschlags.

minierender Weise vom Gesetz Gebrauch macht und bei denen er sich weigert, das Gesetz zu ihrem Schutz anzuwenden. Dies kann der Fall sein, wenn Frauen in Staaten, in denen sie aufgrund ihres Geschlechts oder sozialen Stellung als verheiratete Frau, Töchter, Witwen oder Schwestern keinen wirksamen Schutz vor Missbrauch erlangen können, zu Opfern häuslicher Gewalt, einschließlich sexueller Gewalt und Verstümmelungen, werden."[242]

Damit wird ausdrücklich ausgesprochen, dass Frauen, denen in ihrer Heimat Gewalt oder die Verstümmelung ihrer Genitalien droht, weil sie Frauen sind, Flüchtlinge im Sinne der Konvention sind.

Nach Art. 7 des Richtlinienvorschlags sollen die Mitgliedstaaten bei der Bewertung der Furcht des Antragstellers davor, Verfolgung oder einen ernsthaften nicht gerechtfertigten Schaden zu erleiden, unter anderem Folgendes beachten:

„die individuelle Situation und die persönlichen Umstände des Antragstellers einschließlich Faktoren wie familiärer und sozialer Hintergrund, Geschlecht, Alter, Gesundheit oder Behinderung, um die Schwere des Schadens bewerten zu können; handelt es sich um eine geschlechts- oder kinderspezifische Form der Verfolgung, sollte geklärt werden, warum es zu der verfolgungs- oder schadensrelevanten Handlung kam; zu berücksichtigen ist hierbei, dass eine Verfolgung im Sinne der Genfer Konvention durch Anwendung sexueller Gewalt oder sonstige geschlechtsspezifische Übergriffe erfolgen kann".[243]

In der Begründung zu dieser Vorschrift heißt es:

„Beantragt eine Frau internationalen Schutz, muss berücksichtigt werden, dass eine Verfolgung im Sinne der Genfer Konvention durch Anwendung sexueller Gewalt oder sonstige geschlechtsspezifische Übergriffe erfolgen kann. Auch wenn es sich um eine geschlechtsspezifische Form der Verfolgung handelt, sollte der Verfolgungshintergrund geklärt werden. Beispielsweise können weibliche Flüchtlinge Opfer sexueller Gewalt aus Gründen der Religion, politischen Überzeugung oder Nationalität werden. In solchen Fällen ist die sexuelle Gewalt ausschließlich eine Form von Verfolgung, sodass jeder der in Artikel 12 angeführten Verfolgungsgründe der Genfer Konvention zur Anwendung gelangen kann. Sexuelle Gewalt gegenüber weiblichen Flüchtlingen wie die Genitalverstümmelung von Frauen und Mädchen kann aber auch einzig und allein aus Gründen des Geschlechts ausgeübt werden. Hier könnte dann der Verfolgungsgrund ‚Zugehörigkeit zu einer bestimmten sozialen Gruppe' geltend gemacht werden."[244]

Positiv zu bewerten ist, dass die vorgeschlagene Richtlinie frauenspezifische Verfolgung ausdrücklich als das definiert, was sie ist: als Verfolgung im Sinne der Genfer Flüchtlingskonvention. Insbesondere werden Frauen nicht pauschal auf den ebenfalls in der Richtlinie behandelten subsidiären Schutz[245] verwiesen, wie dies vor allem in Deutschland gern getan wird. Auch zur Frage der Staatlichkeit der Verfolgung nimmt der Richtlinienvorschlag eine großzügigere Haltung ein als der Gemeinsame Stand-

---

242 Begründung zu Art. 12 (4) des Richtlinienvorschlags.
243 Art. 7 Nr. 4 des Richtlinienvorschlags.
244 Begründung zu Art. 7 Nr. 4 des Richtlinienvorschlages, Buchstabe d), Abs. 3.
245 Kapitel IV des Richtlinienvorschlags.

punkt. In Art. 11 des Richtlinienvorschlages sind Ausführungen zur „Art der Verfolgung" enthalten:
„Es ist unerheblich, ob die Verfolgung vom Staat ausgeht, von den den Staat beherrschenden Parteien oder Organisationen oder von nichtstaatlichen Akteuren, wenn der Staat nicht in der Lage ist oder nicht willens ist, wirksamen Schutz zu bieten."[246]
Im Gegensatz zum Gemeinsamen Standpunkt schließt danach der Umstand, dass der Heimatstaat nicht fähig ist, die betreffende Person zu beschützen, den Flüchtlingsstatus nicht aus. Schließlich stellt die vorgeschlagene Richtlinie klar, dass es unerheblich ist, „ob der Antragsteller aus einem Land kommt, in dem viele oder alle Menschen der Gefahr allgemeiner Unterdrückung oder Gewalt ausgesetzt sind".[247] Eine schutzsuchende Frau kann danach nicht mit der Begründung abgewiesen werden, weil alle Frauen in ihrem Heimatland unter der frauenfeindlichen Situation zu leiden hätten, hätte auch sie diese hinzunehmen.[248]

Alles in allem lässt sich damit sagen, dass die vorgeschlagene Richtlinie, sollte sie in dieser Form in Kraft treten, die Chancen von geschlechtsspezifisch verfolgten Frauen, in einem der EU-Mitgliedstaaten als Flüchtling anerkannt zu werden, verbessern wird.

---

246 Art. 11 Nr. 2 lit. a) des Richtlinienvorschlags.
247 Art. 11 Nr. 2 lit. c) des Richtlinienvorschlags.
248 So etwa OVG NRW, Urt. v. 21. Januar 1993 – 20 A 1208/92.A.

Drittes Kapitel: Einzelstaatliche Regelungen im Überblick

Die Entscheidung, ob einer Person Asyl gewährt wird, liegt bei den Nationalstaaten. Im Folgenden soll ein Überblick über das materielle Asylrecht der hier zu untersuchenden vier Staaten Deutschland, Frankreich, USA und Kanada gegeben werden. Einzelfragen werden dabei zunächst ausgeklammert und an späterer Stelle behandelt.

A. Deutschland

Grundlage des Asylrechts in Deutschland ist Art. 16a Abs. 1 GG. Daneben enthält das Ausländergesetz in § 51 ein Verbot der Abschiebung politisch Verfolgter und in § 53 verschiedene Abschiebungshindernisse. Mit der Einschränkung der Möglichkeit der Asylerlangung nach Art. 16a Abs.1 GG durch Gesetzgeber und Rechtsprechung in den letzten Jahren wuchs die Bedeutung dieses neben dem Asylrecht bestehenden ausländerrechtlichen Abschiebungsschutzes.[249]

I. Asylrecht nach Art. 16a Abs. 1 GG

Art. 16a Abs. 1 GG ist die materielle Grundlage des Asylrecht in Deutschland. Darin heißt es:
„Politisch Verfolgte genießen Asylrecht."
Art. 16a Abs. 1 GG gewährt den Asylberechtigten ein subjektiv-öffentliches Recht, einen Anspruch gegen die Bundesrepublik Deutschland auf Asylgewährung.[250] Die Gewährung eines subjektiv-individuellen Rechts auf Asyl ist keine Selbstverständlichkeit, da es keine entsprechende völkerrechtliche Verpflichtung gibt.

1.) Entstehungsgeschichte des Art. 16 Abs. 2, S. 2 GG a.F.

Das Recht auf Asyl fand 1949 unter dem Eindruck der jüngsten deutschen Geschichte des Dritten Reichs Eingang ins Grundgesetz. Art. 4 Abs. 2 des ursprünglichen Herrenchiemsee-Entwurfs lautete:
„Wer unter Nichtbeachtung der in dieser Verfassung niedergelegten Grundrechte von einer Stelle außerhalb des Bundes verfolgt wird, wird nicht ausgeliefert."[251]
Der Entwurf gewährte also noch kein subjektives Grundrecht auf Asyl. Welche Ausgestaltung diese Regelung in der Praxis erhalten hätte, ist natürlich nicht klar. Nach ihrem Wortlaut wären jedenfalls die Grundrechte des Grundgesetzes als Verfolgungsmaßstab verbindlich gewesen mit der Folge, dass Frauen, die in ihrem Heimatland unter Verstoß gegen den Maßstab des Art. 3 Abs. 2 GG verfolgt werden, in Deutschland

---

249 Weberndörfer, S. 25.
250 Kimminich Grundprobleme S. 97; Maunz/Dürig-*Randelzhofer* Art. 16 Abs. II S. 2, Rn. 17; v. Münch/Kunig-*Schnapp* Art. 16a Rn. 2 u. 3.
251 Deutscher Bundestag/Bundesarchiv-Der Parlamentarische Rat, Bd. 2, S. 580.

hätten Aufnahme finden müssen.[252] Die Mitglieder des Parlamentarischen Rates lehnten jedoch eine allgemeine Bezugnahme auf die Verfassung des Bundes ab.

Mit dem über das bisherige Völkerrecht hinausgehenden individuellen Rechtsanspruch auf Asyl sollte vor allem historische Schuld – insbesondere wegen der Verfolgung der Juden und politisch Andersdenkender durch das Dritte Reich – abgetragen werden.[253]

Die Debatte über den Wortlaut des Art. 4 des Entwurfs macht deutlich[254], dass die Abgeordneten vor allem den politisch aktiven männlichen Flüchtling vor Augen hatten.[255] Frauenspezifische Belange spielten noch keine Rolle. Der ganz wesentliche Bereich von Menschenrechtsverletzungen an Frauen, die häufig im „Bereich des Privaten" stattfinden, wurde (wohl unbewusst) ausgeklammert.[256] Die Entstehungsgeschichte des Art. 16 Abs. 2 S. 2 GG a.F. gibt deshalb keine Anhaltspunkte für die Behandlung frauenspezifischer Verfolgung.

2.) Bonner Asylkompromiss vom 1. Juli 1993

Durch den so genannten Asylkompromiss wurde das Asylrecht des Grundgesetzes unter Hinweis auf die steigende Anzahl von Asylbewerbern bei gleichbleibend niedriger Anerkennungsquote[257] drastisch verkürzt. Ziel der Neuregelung sollte es sein, „den wirklichen politisch Verfolgten weiterhin Schutz und Zuflucht zu gewähren, aber eine unberechtigte Berufung auf das Asylrecht zu verhindern".[258] Dazu wurden in die Abs. 2 ff. des neuen Art. 16a GG verschiedene Regelungen eingefügt, nach denen die Berufung auf das Asylgrundrecht zum Beispiel ausscheidet, wenn der Asylbewerber oder die Asylbewerberin aus einem sicheren Drittstaat oder einem sicheren Herkunftsstaat eingereist ist. Auch die Möglichkeit des vorläufigen Rechtsschutzes wurde eingeschränkt. Diese Änderungen waren politisch sehr umstritten. Ihre Verfassungsmäßigkeit wurde vom Bundesverfassungsgericht aber bestätigt.[259]

Neben der verfassungsrechtlichen Neuregelung wurde auch das im Asylverfahrensgesetz geregelte Asylverfahren beschleunigt. Dadurch wurden die Barrieren für Flüchtlingsfrauen zusätzlich erhöht,[260] denn Flüchtlingsfrauen weisen oft eine schlechte Schulbildung auf und sind es nicht gewohnt, ohne Ehemann vor einer Behörde aufzutreten.

---

252 Von Galen (1995), S. 20; dies., Streit 1992, 148, 149.
253 Sachs-*Bonk*, Art. 16a Rn. 3.
254 JöR Bd. 1 (1951), S. 165ff.
255 So heißt es beispielsweise im Jahrbuch des öffentlichen Rechts (Band 1, S. 165): „Zu Abs. 2 machte Abg. Zinn (SPD) Ausführungen über die Auslieferung von Fremden: nach den bestehenden internationalen Verträgen sei ein Ausländer auszuliefern, wenn er gegen allgemeine Strafgesetze verstoßen hat: Die Auslieferung solle aber niemals erfolgen, wenn der *Mann* (Hervorhebung nicht im Original) ein politisch Verfolgter sei."
256 Mees-Asadollah, www.seeseiten.de//linksrhein/archiv/c/c000120a.htm, S. 5.
257 Siehe dazu die Nachweise bei Sachs-*Bonk*, Art. 16a, Rn. 6.
258 Begründung des Gesetzentwurfes, BT-Drs. 12/4152, S. 3.
259 BVerfGE 94, 49; 94, 115; 94, 166; vergl. hierzu - zum Teil kritisch: Hailbronner, NVwZ 1996, 625ff.; Huber, NVwZ 1997, 1080ff.; Lübbe-Wolff, DVBl. 1996, 825ff.; Wolff, DÖV 1996, 819ff. Zu den geschlechtsspezifischen Auswirkungen der Reform: Gottstein, in Terre des Femmes, S. 17.
260 Dieregsweiler, S. 75.

Besonders Frauen, die vor sexueller Folter geflohen sind, geben diese Erfahrung häufig erst später preis.[261] Diese Informationen können dann unter Umständen nicht mehr ausreichend berücksichtigt werden.

3.) Schutzbereich

In Deutschland genießt Asyl, wer vor politischer Verfolgung flieht. Für die Asylgewährung ist der Begriff der politischen Verfolgung daher maßgebend. Weder das Grundgesetz noch das Ausländergesetz enthalten eine Definition der politischen Verfolgung. Im Vergleich zur Flüchtlingsdefinition der Genfer Konvention mit ihren Verfolgungsmerkmalen, erscheinen die Vorgaben des deutschen Grundgesetzes zu den Personen, denen Asyl zu gewähren ist, somit relativ weit. In Bezug auf frauenspezifische Verfolgung könnte dieser weite Begriff der politischen Verfolgung auf den ersten Blick sowohl Vor- als auch Nachteile haben. Auf der einen Seite könnte es gelingen, das Merkmal geschlechtsspezifische Verfolgung direkt unter den Begriff der politischen Verfolgung zu subsumieren. Eine Bindung an die Merkmale der Genfer Flüchtlingskonvention[262] entfällt hier. Auf der anderen Seite steht die Auslegung des Begriffs im Belieben der Rechtsprechung, was auch zu einer erheblichen Einschränkung führen kann. Tatsächlich wird eine zu restriktive Auslegung des Verfolgtenbegriffes durch die Rechtsprechung von Teilen des Schrifttums beklagt.[263]

a) Verfolgung

Nicht jede gezielte Verletzung von Rechten, die dem deutschen Grundgesetz widerspricht, soll nach der Rechtsprechung schon eine asylerhebliche politische Verfolgung darstellen. Die Beeinträchtigung muss vielmehr von einer Intensität sein, die sich nicht nur als Beeinträchtigung oder Benachteiligung darstellt, sondern als – ausgrenzende – Verfolgung wegen bestimmter asylrelevanter Merkmale.[264] Die Beeinträchtigungen müssen nach ihrer Intensität und Schwere die Menschenwürde verletzen und über das hinausgehen, was die Bewohner des Heimatstaates aufgrund des dort herrschenden Systems allgemein hinzunehmen haben.[265] Hinsichtlich frauenspezifischer Verfolgung stellt sich häufig die Frage, ob eine Ungleichbehandlung schon den Grad einer asylerheblichen Verfolgung erreicht oder ob es sich um eine bloße Diskriminierung handelt, die die betroffene Frau zu dulden hat.

---

261 UNHCR Sexuelle Gewalt gegen Flüchtlinge, Richtlinie zur Vorbeugung und Reaktion, nichtamtliche Übersetzung (Bonn 1997), S. 69.
262 Die Merkmale der Genfer Flüchtlingskonvention sollten ursprünglich nicht abschließend sein, siehe oben Fn. 39, trotzdem wird die Konvention meistens so verstanden.
263 Dohse, KJ 1977, 43ff; Kimminich, Entwicklung des Asylrechts, JZ 1972, 261; Marx (1978), S. 121ff.
264 BVerfGE 80, 315, 335.
265 BVerfGE 54, 341, 357; 76, 143, 157f.

b) politisch

Die Verfolgung muss außerdem politischer Natur sein.[266] Das Adjektiv „politisch" bedeutet nicht, dass nur Verhaltensweisen erfasst wären, die auf die politische Willensbildung im Staat gerichtet sind. Es soll vielmehr eine Eigenschaft bezeichnen, die alle Sachbereiche unter bestimmten Umständen jederzeit annehmen können.[267] Die höchstrichterliche Rechtsprechung orientiert sich bei der Auslegung dieses Begriffes an Art. 1 A Nr. 2 der GFK.[268] Damit wird auf die Verfolgung wegen Rasse, Religion, Nationalität, Zugehörigkeit zu einer sozialen Gruppe oder wegen politischer Überzeugung abgestellt. Das Merkmal Geschlecht fällt nach der Rechtsprechung folglich nicht ohne weiteres unter den Begriff der politischen Verfolgung. In der deutschen Rechtsprechung und Literatur wird allerdings darauf hingewiesen, dass die Begriffe des politisch Verfolgten und des Flüchtlings nicht gänzlich deckungsgleich sind und auch Personen, die nicht der Flüchtlingsdefinition unterfallen, politisch Verfolgte im Sinne von Art. 16a Abs. 1 GG sein können.[269] Dem kann jedoch entgegengehalten werden, Art. 1 A Nr. 2 GFK müsse so weit ausgelegt werden, dass alle Asylbewerber, die dem Art 16a Abs. 2 GG unterfallen, jedenfalls als zugehörig zu einer bestimmten sozialen Gruppe im Sinne des Art. 1 A Nr. 2 GFK anzusehen seien.[270]

Dass das Merkmal Geschlecht in der Genfer Flüchtlingskonvention nicht enthalten ist, bedeutet jedenfalls nicht, dass frauenspezifische Verfolgung nicht unter den Begriff „politische Verfolgung" subsumiert werden kann. Das Bundesverwaltungsgericht hat in der jüngeren Vergangenheit vorsichtig begonnen, das Geschlecht als Verfolgungsmerkmal anzunehmen.[271]

Aus dem Merkmal „politisch" folgt nach Ansicht von Rechtsprechung und Literatur außerdem, dass die Verfolgung grundsätzlich staatlich sein muss.[272] Dies ergebe sich aus der Entstehungsgeschichte und Zielsetzung des Grundrechts.[273] Da Frauen häufig unter häuslicher Gewalt oder Unterdrückung zum Beispiel durch ihre Ehemänner oder männliche Verwandte leiden, ist die Staatlichkeit der Verfolgung im Hinblick auf frauenspezifische Verfolgung oft problematisch. Diesem Problem wird unten ein eigener Abschnitt gewidmet.[274]

---

266 Ausführlich zum „politischen" der Verfolgung, z.B.: Gusy, S. 83 ff.
267 BVerfGE 76, 143, 157.
268 BVerfGE 54, 341, 358f.; 76, 143, 157f.
269 BVerfGE 9, 174, 181; Kimminich, Entwicklung des Asylrechts, JZ 1972, 258; v.Münch/ Kunig-*Schnapp* Art. 16a Rn. 8.
270 z.B. Weides/Zimmermann, DVBl. 1990, 411.
271 BVerwGE, v. 20. Februar 2001 – 9 C 21/00; BVerwG, v. 25. Juli 2000 – 9 C 28/99; auch: Sachs-*Bonk* Art. 16a Rn. 22. Ausführlich zur Asylerheblichkeit des Merkmals Geschlecht, unten S. 128.
272 BVerfGE 80, 315, 333f.; Beitz/Wollenschläger- *Pollern,* S. 202; Göbel-Zimmermann, Rn. 52; MD-*Randelzhofer,* Art. 16 Abs. II S. 2, Rn. 59; Renner (1999), 2. Teil Art. 16a GG, Rn. 34; Schaeffer, S. 77; Sachs-*Bonk,* Art. 16 a, Rn. 35; a.A.: Weberndörfer, S. 76 ff.; siehe auch BVerfG NVwZ 2000, 1165ff. = EuGRZ 2000, 388ff. = DVBl. 2000, 1518ff., das BVerfG hat darin die Möglichkeit einer politischen Verfolgung in Bürgerkriegssituationen grundsätzlich anerkannt.
273 BVerfGE 80, 315, 334.
274 Siehe unten S. 94 ff.

4.) Schutzumfang

Nach § 2 Abs. 1 AsylVfG genießen Asylberechtigte im Bundesgebiet die Rechtsstellung nach dem Abkommen über die Rechtsstellung der Flüchtlinge. Außerdem haben anerkannte Asylberechtigte nach § 68 Abs. 1 S. 1 AsylVfG einen Anspruch auf eine unbefristete Aufenthaltserlaubnis, der gemäß § 27 Abs. 3 S. 2 Nr. 3 AuslG nach fünf Jahren eine Aufenthaltsberechtigung nachfolgen kann. Sie genießen daneben nach § 48 Abs. 1 Nr. 5 AuslG einen besonderen Ausweisungsschutz. Unter bestimmten Umständen können Ehegatte und minderjährige Kinder des Asylberechtigten Familienasyl nach § 26 AsylVfG erlangen. Es besteht außerdem die Möglichkeit der Familienzusammenführung nach §§ 18 Abs. 1 Nr. 2 und § 17 Abs. 3 AuslG. Schließlich bestehen weitere Ansprüche zum Beispiel auf Sozialhilfe, Erziehungshilfe, Kindergeld und Ausbildungsförderung.[275]

II. Abschiebungsschutz nach den §§ 51 ff. AuslG

Die §§ 51-56 AuslG enthalten ein System, das Schutz vor Abschiebung gewähren soll.[276]

---

275 Göbel-Zimmermann, Rn. 471 ff.
276 Der Entwurf eines Gesetzes zur Steuerung und Begrenzung der Zuwanderung und zur Regelung des Aufenthalts und der Integration von Unionsbürgern und Ausländern (Zuwanderungsgesetz) (vorgelegt am 3. August 2001; in der Fassung vom 1. März 2002 vom Bundestag beschlossen) enthält die Regelungen über den Abschiebeschutz in dem vorgesehenen Gesetz über den Aufenthalt, die Erwerbstätigkeit und die Integration von Ausländern im Bundesgebiet (Aufenthaltsgesetz – AufenthG). Die Regelungen des Abschiebungsschutz sind in § 60 AufenthG geregelt (§§ 51 Abs. 1 entspricht 60 Abs. 1 Entw.-AufenthG; 53 Abs. 1 = 60 Abs. 2 Entw.-AufenthG; § 53 Abs. 4 = § 60 Abs. 5 Entw.-AufenthG; § 53 Abs. 6 entspr. § 60 Abs. 7 Entw.-AufenthG). Entscheidende Neuerung im Hinblick auf frauenspezifische Verfolgung ist zum einen die Aufnahme des Geschlechts als möglichen Verfolgungsgrund in § 60 Abs. 1 Entw.-AufenthG, sowie die Klarstellung in § 60 Abs. 1 S. 3 u. 4 Entw.-AufenthG, dass diese Vorschrift auch bei nichtstaatlicher Verfolgung vorliegen kann, wenn es sich bei dieser um Verfolgung im Sinne der Genfer Flüchtlingskonvention handelt. Diese beiden Regelungen waren in der ersten Fassung des Entwurfes vom 3. August 2001 noch nicht vorgesehen und wurden erst auf Betreiben von Bündnis 90/Die Grünen aufgenommen. Die Ursprungsfassung war vor allem von Menschenrechtsorganisationen kritisiert worden (vgl. Grenz, ai-Journal 9/01, 16, 17). Auch Pro Asyl kritisierte die erste Fassung des Entwurfs (Rüssmann, FR v. 30. August 2001, S. 4 und Interview mit Hubert Heinhold, FR v. 4 August 2001, S. 5). Die Regelungen des § 53 Abs. 1 und 4 AuslG werden durch den Gesetzesentwurf inhaltlich nicht geändert. Schließlich wird § 53 Abs. 6 AuslG von einer Kann- in eine Soll-Vorschrift umgewandelt. Diese Änderung ist allerdings wenig gravierend, da bei einer erheblichen konkreten Gefahr für Leib, Leben oder Freiheit ohnehin in der Regel eine Ermessensreduzierung auf Null gegeben sein wird. Ändern wird sich durch das Gesetz allerdings das einheitliche Aufenthaltsrecht aus § 25 Entw.-AufenthG.). Ob der Gesetzentwurf in dieser Form in Kraft treten wird, lässt sich allerdings bisher nicht sicher sagen. Zwar wurde es am 1. März 2002 vom Bundestag beschlossen, die Verfassungsmäßigkeit der Zustimmung des Bundesrates ist allerdings noch nicht abschließend geklärt (vgl. dazu, oben S. 1).

1.) Abschiebungsverbot nach § 51 Abs. 1 AuslG

§ 51 Abs. 1 AuslG lautet:
„*Ein Ausländer darf nicht in einen Staat abgeschoben werden, in dem sein Leben oder seine Freiheit wegen seiner Rasse, Religion, Staatsangehörigkeit, seiner Zugehörigkeit zu einer bestimmten sozialen Gruppe oder wegen seiner politischen Überzeugung bedroht ist.*"

a) Verhältnis zur Genfer Flüchtlingskonvention

Die in § 51 Abs. 1 AuslG enthaltenen Verfolgungsgründe entsprechen denen der Definition der Genfer Flüchtlingskonvention (Art. 1 A Nr. 2 GFK). Zwar ist diese, indem sie auf die „begründete Furcht vor Verfolgung" abstellt, subjektiver formuliert als § 51 Abs. 1 AuslG, im Hinblick auf die Entstehungsgeschichte wird jedoch allgemein angenommen, dass sich die Voraussetzungen der beiden decken.[277]

b) Verhältnis zu Art. 16a Abs. 1 GG

Das Verhältnis zu Art. 16a Abs. 1 GG ist weniger klar. Einerseits stellt § 51 Abs. 1 AuslG die weiterreichende Vorschrift dar.[278] So werden selbst geschaffene Nachfluchttatbestände, also Umstände, die erst nach der Flucht aus dem Heimatland eingetreten sind, aber bei einer Rückkehr zu einer Verfolgung führen würden, im Rahmen von § 51 Abs. 1 AuslG grundsätzlich berücksichtigt. Eine Asylanerkennung wegen solcher Umstände ist aber ausgeschlossen. Außerdem wird der aus einem sicheren Drittstaat einreisende Flüchtling vom Asylrecht ausgeschlossen, nicht aber vom Abschiebeschutz.[279] Man spricht deshalb im Zusammenhang mit § 51 Abs. 1 AuslG vom sogenannten „kleinen Asyl".[280]

Auf der anderen Seite könnte Art. 16a Abs. 1 GG aber insofern weiter sein, als er nicht an die Verfolgungsmerkmale Rasse, Religion, Staatsangehörigkeit, Zugehörigkeit zu einer bestimmten sozialen Gruppe oder politische Überzeugung gebunden ist. Wobei allerdings auch hier anzunehmen sein dürfte, dass in der Regel auch die Zugehörigkeit zu einer bestimmten sozialen Gruppe gegeben ist, wenn die Voraussetzungen des Art. 16a Abs. 1 GG vorliegen. Im Übrigen liegen bei Asylberechtigten die Voraussetzungen des § 51 Abs. 1 AuslG schon per Gesetz, nämlich nach § 51 Abs. 2 Nr. 1 AuslG vor.

c) Voraussetzungen des Abschiebungsverbots nach § 51 Abs. 1 AuslG

Bei den Voraussetzungen des § 51 Abs. 1 GG sind vor allem zwei Aspekte interessant. Zum einen geht es um die Frage, ob die verschiedenen Gründe der geschlechtsspezifischen Verfolgung unter § 51 Abs. 1 AuslG subsumiert werden kön-

---

277 BVerwGE 89, 296, 301 = NVwZ 1992, 676, 677; Heldmann, § 51 Rn. 3; Renner (1999), § 51 AuslG, Rn. 4.
278 BVerwGE, DVBl. 1992, 843, 844.
279 Renner 1998, 7. Teil, Rn. 492.
280 Dollinger/Speckmaier, Rn. 429.

nen.²⁸¹ Dies wird unten bei der Untersuchung der verschiedenen Verfolgungsgründe zu erörtern sein. Zum anderen wird zu untersuchen sein, ob das Abschiebungsverbot eine staatliche Verfolgung voraussetzt und ob dadurch eventuell frauenspezifische Verfolgungssituationen vom Anwendungsbereich des § 51 Abs. 1 AuslG ausgeschlossen sind.²⁸² Das BVerwG verlangt, dass die Verfolgung im Sinne von § 51 Abs. 1 AuslG immer eine staatliche oder zumindest staatlich zurechenbare Verfolgung sein müsse.²⁸³ Diese Auffassung hat es auch im Hinblick auf die zum größten Teil andere Praxis der sonstigen GFK-Mitgliedstaaten verteidigt.²⁸⁴ Diesem Problem wird unten ein eigener Abschnitt gewidmet.

d) Schutzumfang

Bei Vorliegen der Voraussetzungen von § 51 Abs. 1 AuslG ist eine Abschiebung in den Verfolgerstaat unzulässig. Möglich ist aber die Abschiebung in einen aufnahmebereiten sicheren Drittstaat.²⁸⁵ An der Aufnahmebereitschaft fehlt es allerdings in der Regel.²⁸⁶ Außerdem stellt die (unanfechtbare) positive Entscheidung des Bundesamtes oder eines Gerichts die Flüchtlingseigenschaft im Sinne der Genfer Konvention fest (§ 3 AsylVfG), mit der ein besonderer Ausweisungsschutz einher geht (§ 48 Abs. 1 S. 1 Nr. 5 AuslG). Sie begründet zudem einen Anspruch des Ausländers aus § 70 AsylVfG auf Aufenthaltsbefugnis. Im Gegensatz zur Aufenthaltserlaubnis des Asylberechtigten ist diese allerdings befristet. Nach § 34 Abs. 1 AuslG darf sie für höchstens zwei Jahre erteilt und verlängert werden. Gemäß § 34 Abs. 2 AuslG darf sie nicht verlängert werden, wenn das Abschiebungshindernis entfallen ist.²⁸⁷

---

281 Der „Entwurf eines Gesetzes zur Steuerung und Begrenzung der Zuwanderung und zur Regelung des Aufenthalts und der Integration von Unionsbürgern und Ausländern (Zuwanderungsgesetz)" vom in der Fassung vom 1. März 2002 sieht allerdings vor, das Merkmal Geschlecht in den Katalog der Verfolgungsgründe aufzunehmen.
282 Nach dem geplanten Zuwanderungsgesetz soll in § 60 Abs. 1 AufenthG, der dem jetzigen § 51 Abs. 1 AuslG entspricht, allerdings klargestellt werden, dass diese Vorschrift auch Schutz vor nichtstaatlicher Verfolgung gewährt, wenn es sich um Verfolgung im Sinne der Genfer Flüchtlingskonvention handelt.
283 BVerwGE 95, 42, 48ff.
284 Ebenda.
285 Krauß, Rn. 62; Renner (1999), § 51 AuslG, Rn. 14.
286 Dollinger/Speckmaier, Rn. 430.
287 Nach dem Entwurf eines Zuwanderungsgesetzes wird die Aufenthaltserlaubnis nach § 60 Abs. 1 i.V.m. § 25 Abs. 2 Entw.-AufenthG allerdings der aus dem Asylrecht (Art. 16a Abs. 1 GG) fließenden Aufenthaltserlaubnis (§ 25 Abs. 1 Entw.-AufenthG) gleichgestellt. Dem Ausländer ist dann, wenn er unanfechtbar als Asylberechtigter anerkannt worden ist, bzw. wenn das (künftige) Bundesamt für Migration und Flüchtlinge oder ein Gericht unanfechtbar festgestellt hat, dass das Leben oder die Freiheit des Ausländers wegen seiner Rasse, Religion, Staatsangehörigkeit, seiner Zugehörigkeit zu einer bestimmten sozialen Gruppe oder wegen seiner politischen Überzeugung bedroht ist, zwingend eine Aufenthaltserlaubnis zu erteilen (§ 25 Abs. 1 u. 2 Entw.-AufenthG), die für jeweils längstens drei Jahre erteilt und verlängert werden kann (§ 26 Abs. 1 Entw.-AufenthG).

2.) Abschiebungshindernisse nach § 53 AuslG

Gegenüber Art. 16a Abs. 1 GG und § 51 Abs. 1 AuslG kommt § 53 AuslG eine subsidiäre Auffangfunktion zu.[288] Dadurch hat diese Vorschrift allerdings auch zur Folge, dass restriktive Asylentscheidungen begünstigt werden.[289] Die Abschiebungshindernisse nach § 53 AuslG sind zielstaatsbezogen, sie sind also hinsichtlich des Staats zu prüfen, in den die Abschiebung erfolgen soll.[290] Im Hinblick auf frauenspezifische Verfolgung sind vor allem die Abs. 1, 4 und 6 von Bedeutung.

a) § 53 Abs. 1 AuslG

Abs. 1 verbietet die Abschiebung in einen Staat, in dem für den Ausländer oder die Ausländerin die konkrete Gefahr besteht, der Folter unterworfen zu werden. Es fragt sich, ob die Aussetzung der Abschiebung nach dieser Vorschrift voraussetzt, dass die Folter von staatlichen Stellen droht. Dies ist für die Frage von Bedeutung, ob unter Umständen auch gewalttätige Handlungen erfasst sind, die Frauen von privater Seite, zum Beispiel durch ihre Ehemänner oder (männlichen) Verwandten, drohen.

§ 53 Abs. 1 AuslG selbst gibt keine Anhaltspunkte dafür, wer Urheber der drohenden Folter sein muss. Allerdings könnte man aus dem Begriff „Folter" schließen, dass Folter im Sinne der Antifolterkonvention der Vereinten Nationen[291] gemeint ist. Nach Art. 1 der Antifolterkonvention ist eine grausame, unmenschliche Handlung nur dann „Folter", wenn die „Schmerzen oder Leiden von einem Angehörigen des öffentlichen Dienstes oder einer anderen in amtlicher Eigenschaft handelnden Person, auf deren Veranlassung oder mit deren ausdrücklichem oder stillschweigendem Einverständnis verursacht werden." Nach dieser Definition muss die Folter also von staatlicher Stelle drohen.

Diese Einschränkung führt allerdings nicht zwingend zu einer entsprechenden Beschränkung des § 53 Abs. 1 AuslG auf staatliche Folterhandlungen. Denn die Definition der Antifolterkonvention kann zwar als Auslegungshilfe herangezogen werden, ist aber für § 53 Abs. 1 AuslG nicht verbindlich, der ohne einschränkenden Zusatz von Folter spricht.[292] Der Begriff Folter ist nach allgemeinem Sprachgebrauch schließlich nicht auf staatliche Handlungen beschränkt. Für diese weite Auslegung spricht ferner die Gesetzesbegründung zu § 53 Abs. 1 AuslG. Danach beruht die Vorschrift nämlich auf zwei Wurzeln.[293] Zunächst soll sie die Bestimmung UN-Antifolterkonvention umsetzen. Daneben übernimmt sie aber auch das „von der Rechtsprechung des Bundesverwaltungsgerichts bereits als geltendes, aus Art. 1 GG abzuleitendes Recht anerkannte Verbot der Abschiebung bei bestehender Foltergefahr."[294] Nach dem Schutzzweck des

---

288 Treiber, in: GK-AuslR II-§ 53, Rn. 4.
289 Treiber, in: GK-AuslR II-§ 53, Rn. 5.
290 Welte, Rn. 677.
291 Übereinkommen gegen Folter und andere grausame, unmenschliche oder erniedrigende Behandlung oder Strafe, BGBl. 1990 II S. 247, GAOR, 39th Session, Resolutions, Suppl. No. 51 (UN-Doc. A/39/51) p. 197.
292 GK-AuslR-*Treiber*, § 53 Rn. 80; Göbel-Zimmermann, Rn. 560.
293 Cremer, S. 99ff.
294 BT-Drs. 11/6321, S. 75.

Art. 1 GG ist es dabei gleichgültig, ob Folter von staatlicher oder nichtstaatlicher Seite droht.[295] § 53 Abs. 1 AuslG erfordert daher nicht, dass die drohende Folter von staatlichen Stellen ausgeht.

b) § 53 Abs. 4 AuslG

Abs. 4 verbietet eine nach der EMRK unzulässige Abschiebung. Eine solche ergibt sich vor allem aus Art. 3 EMRK, nach dem niemand der Folter oder unmenschlicher oder erniedrigender Strafe oder Behandlung unterworfen werden darf. Das BVerwG verlangt dabei ein vorsätzliches, auf eine bestimmte Person gerichtetes Handeln des Heimatstaates oder eines Drittstaates.[296] An einem solchen vorsätzlichen Handeln fehlt es allerdings in vielen Fällen, in denen Frauen vor geschlechtsspezifischer Verfolgung fliehen.

Sowohl vom Europäischen Gerichtshof für Menschenrechte (EGMR) als auch von Teilen der Literatur wurde die Notwendigkeit eines vorsätzlichen Handelns des Heimatstaates allerdings verneint.[297]

c) § 53 Abs. 6 AuslG

Nach Abs. 6 S.1 schließlich kann von der Abschiebung eines Ausländers oder einer Ausländerin abgesehen werden, „wenn dort für diesen Ausländer eine erhebliche konkrete Gefahr für Leib, Leben oder Freiheit besteht". Die Gefahren müssen konkret und individuell drohen, da allgemeine Gefahren für die Bevölkerung oder eine Bevölkerungsgruppe nur durch einen Erlass nach § 54 AuslG zu berücksichtigen sind.[298] Wegen seiner humanitären Funktion ist eine staatliche Verantwortlichkeit nach allgemeiner Ansicht bei § 53 Abs. 6 AuslG nicht erforderlich.[299]

Der Schutz nach § 53 Abs. 6 AuslG ist vergleichsweise schwach. So macht der Wortlaut der Vorschrift deutlich, dass es sich nur um ein fakultatives Abschiebungshindernis handelt. Die Unterlassung der Abschiebung steht also im Ermessen der Ausländerbehörde bzw. nach § 24 Abs. 2 AsylVfG des Bundesamtes. Ferner wird für das Vorliegen von Abschiebungshindernissen von der Rechtsprechung ein recht hohes Maß an Eintrittswahrscheinlichkeit gefordert.[300]

---

295 GK-AuslR-*Treiber*, § 53, Rn. 80.1.
296 BVerwGE 99, 331, 333-335; BVerwG InfAuslR 1997, 341ff.
297 EGMR NVwZ 1997, 1100 = InfAuslR 1997, 279; Renner (1999), § 53, Rn. 4; GK-AuslR-*Treiber*, § 53 R. 80 – 80.7; Göbel-Zimmermann, Rn. 606 ff.
298 § 53 Abs. 6 S. 2 AuslG; Renner (1999), § 53 AuslG, Rn. 19.
299 Hailbronner, JZ 1995, 250; Göbel-Zimmermann, Rn. 658; Renner (1999), § 53, Rn. 20.
300 BVerfGE NJW 1994, 2883; siehe auch: Welte, Rn. 684.

d) Schutzumfang

Liegt ein Abschiebungshindernis im Sinne von § 53 Abs. 1 bis 4 AuslG vor oder soll die Abschiebung nach § 53 Abs. 6 AuslG ausgesetzt werden, begründet dies einen Duldungsanspruch nach § 55 Abs. 2 und 4 S. 1 AuslG. Die Duldung bedeutet lediglich die Aussetzung der Abschiebung, die Ausreisepflicht bleibt bestehen (§ 56 Abs. 1 AuslG) und der Aufenthalt ist nicht rechtmäßig.[301] Im Gegensatz zu Art. 16a Abs. 1 GG und § 51 Abs. 1 AuslG begründen die Abschiebungshindernisse nach § 53 AuslG damit keine Aufenthaltsgenehmigung.

Die Duldung ist gemäß § 56 Abs. 2 auf ein Jahr befristet.[302] Sie wird nach § 56 Abs. 5 AuslG widerrufen, wenn die der Abschiebung entgegenstehenden Gründe entfallen sind. Die Stellung der wegen § 53 AuslG geduldeten Ausländerin ist damit deutlich schlechter als die von Asylberechtigten oder sonstigen politisch Verfolgten im Sinne von § 51 Abs. 1 AuslG.[303]

III. Speziell für Frauen geltende Regelungen

Es gibt in Deutschland bisher keine materiell-gesetzliche Norm, die sich speziell auf weibliche Asylbewerber bezieht.

1.) Die politische Diskussion

Im Zuge der Grundgesetzänderung im Jahre 1993 ist die Chance nicht ergriffen worden, einen Hinweis aufzunehmen, dass auch geschlechtsspezifische Verfolgung einen Asylgrund darstellen kann. Während des Gesetzgebungsverfahrens zum neuen Art. 16a GG gab der Bundesinnenminister zwar folgende Erklärung ab: „Der Bundesminister des Innern erklärt, dass nach seiner Auffassung geschlechtsspezifische Verfolgungen dann Ausdruck politischer Verfolgung sind, wenn sie vom Staat veranlasst werden oder in dem Staat zurechenbarer Weise als Mittel politischer Unterdrückung erfolgen, etwa im Rahmen einer auf das äußerste zu verurteilenden, völkerrechtswidrigen, absolut inhumanen so genannten ethnischen Säuberung. Der Bundesminister des Inne-

---

301 Bamberger, Rn. 360.
302 In der Praxis führt die Duldung allerdings durch ständiges Verlängern oft zu einem Daueraufenthalt (Bamberger, Rn. 361, Fn. 3).
303 Nach dem Entwurf eines Zuwanderungsgesetzes kann dem Ausländer eine Aufenthaltserlaubnis erteilt werden, wenn die Voraussetzungen für die Aussetzung der Abschiebung nach § 60 Abs. 2 bis 7 AufenthG (entspr. § 53 Abs. 1 bis 6 AuslG) vorliegen (§ 25 Abs. 3 S. 1 Entw.-AufenthG). Das Rechtsinstitut der Duldung (§ 55 f. AuslG) entfällt. Damit wird die Rechtsstellung von Personen, auf die Voraussetzungen des § 53 Abs. 1 – 6 AuslG zutreffen, erheblich verbessert. Allerdings ist der wegen Art. 16a Abs. 1 GG bzw. § 60 Abs. 1 Entw.-AufenthG (= § 51 Abs. 1 AuslG) gewährte Schutz immer noch besser. Während hier eine Aufenthaltserlaubnis nach § 25 Abs. 1 u. 2 Entw.-AufenthG zwingend zu erteilen ist, steht bei § 60 Abs. 2 bis 7 die Erteilung der Aufenthaltserlaubnis gemäß § 25 Abs. 3 S. 1 Entw.-AufenthG im Ermessen der Behörde. Dies hat auch Einfluss auf eventuelle Nebenbestimmungen (vgl. § 36 Abs. 1 u. 2 VwVfG). Schließlich wird die Aufenthaltserlaubnis nach § 25 Abs. 3 S. 2 Entw.-AufenthG nicht erteilt, wenn die Ausreise in einen anderen Staat möglich und zumutbar ist.

ren hat das Bundesamt für die Anerkennung ausländischer Flüchtlinge über seine Rechtsauffassung unterrichtet."[304] Diese Auffassung wurde von den damaligen Koalitionsfraktionen, der Fraktion der SPD und der Gruppe der PDS/Linke Liste geteilt.[305] Damit wurde die Existenz frauenspezifischer Verfolgung zwar grundsätzlich anerkannt. Mit der Formulierung „vom Staat veranlasst" bzw. „ in dem Staat zurechenbarer Weise als Mittel politischer Unterdrückung" wurden aber wichtige Arten frauenspezifischer Verfolgung ausgeklammert, denn wie bereits gesagt, ist es oft die nichtstaatliche Gewalt, vor der Frauen fliehen. So ist es zum Beispiel schwierig, die genitale Verstümmelung als eine dem Staat zurechenbare politische Unterdrückung aufzufassen. Im Übrigen kommt der Unterrichtung des Bundesamtes durch den Innenminister natürlich nicht annähernd die gleiche Wirkung zu wie einer gesetzlichen Regelung.

Auch bei der einfachgesetzlichen Umsetzung wurde die geschlechtsspezifische Verfolgung nicht ins Gesetz aufgenommen, obwohl im Gesetzgebungsverfahren deutlich wurde, dass diese von den Fraktionen anerkannt wurde. So forderte der Rechtsausschuss, dass in die Begründung des Gesetzentwurfes zur Änderung asylverfahrens-, ausländer- und staatsangehörigkeitsrechtlicher Vorschriften[306] ein Hinweis aufzunehmen sei, dass eine geschlechtsspezifische Verfolgung dann, wenn sie einem Staat zuzurechnen sei, einen Asylgrund darstelle.[307]

Auch die in dem Beschluss Nr. 73 des UNHCR-Exekutivkomitee schon im Jahre 1993 empfohlenen Verwaltungsrichtlinien[308] wurden in Deutschland bisher nicht umgesetzt.[309] Das Exekutivkomitee stellte in diesem Beschluss fest, dass weiblichen Flüchtlingen oft eine andere Form von Verfolgung widerfährt als männlichen und empfahl den Staaten die Erarbeitung von Richtlinien speziell für weibliche Asylbewerber. Obwohl dieser Beschluss mit der Stimme der Bundesrepublik Deutschland gefasst wurde, erklärte die damalige Bundesregierung noch Anfang 1998, dass entsprechende Richtlinien unnötig seien. In ihrer Antwort auf die große Anfrage einiger Parlamentarierinnen von Bündnis 90/Die Grünen[310] stellte sie fest, dass *„sowohl bereits die bestehende Rechtslage geschlechtsspezifischen Verfolgungsschicksalen von Frauen hinreichend Rechnung trägt, als auch, dass die bestehende Asylpraxis eine bedarfsorientierte und dem Einzelfall angemessene Überprüfung frauenspezifischer Fluchtgründe gewährleistet".*[311] Auch die rot-grüne Bundesregierung stellt in ihrer Antwort auf die kleine Anfrage der Abgeordneten Ulla Jelpke und der Fraktion der PDS[312] fest, dass frauenspezifische Verfolgung, *„soweit es sich um eine vom Staat ausgehende oder dem Staat zurechenbare Verfolgung handelt, [...] – bei Vorliegen der sonstigen Voraussetzungen – von*

---

304 Vgl. Bericht der Abgeordneten Zeitlmann, Marschewski, Wartenberg, Otto, BT-Drs. 12/4948, S. 37,48 (III. 1.) e)).
305 Ebenda.
306 BT-Drs. 12/4450.
307 BT-Drs. 12/4984, S. 39.
308 UNHCR Exekutivbeschluss Nr. 73 Buchstabe e).
309 Lediglich die Verwaltungsvorschriften zum Ausländergesetz enthalten jetzt einige kurze Hinweise auf frauenspezifische Verfolgung. Diese beziehen sich allerdings nur auf die Abschiebungshindernisse nach § 53 Abs. 4 und 6 AuslG. Siehe dazu sogleich.
310 BT-Drs. 13/8217.
311 BT-Drs. 13/9715.
312 BT-Drs. 14/833.

Artikel 16a Abs. 1 GG bzw. von § 51 AuslG" erfasst werde.[313] Ob dies tatsächlich der Fall ist, wird noch zu prüfen sein.

In der jüngsten Vergangenheit ist allerdings Bewegung in die Diskussion um die gesetzliche Anerkennung geschlechtsspezifischer Verfolgung in Deutschland gekommen. Am 6. November 2001 legte Innenminister Otto Schily den überarbeiteten „Entwurf eines Gesetzes zur Steuerung und Begrenzung der Zuwanderung und zur Regelung des Aufenthalts und der Integration von Unionsbürgern und Ausländern (Zuwanderungsgesetz)" vor, in dem auf Bestreben von Bündnis 90/Die Grünen das Geschlecht als möglicher Verfolgungsgrund neben Rasse, Religion, Staatsangehörigkeit, Zugehörigkeit zu einer bestimmten sozialen Gruppe oder politischer Überzeugung in § 60 Abs. 1 AufenthG, der § 51 Abs. 1 AuslG entspricht, aufgenommen wird. Die Einbeziehung des Geschlechts als Verfolgungsmerkmal würde aus frauenpolitischer Sicht einen Meilenstein im deutschen Ausländerrecht bedeuten. Auch in der vom Bundestag beschlossenen Fassung des Gesetzes ist das Geschlecht als Verfolgungsmerkmal aufgeführt. Bis heute ist allerdings nicht klar, ob der Gesetzentwurf in dieser Form je in Kraft treten wird.[314]

2.) Die Verwaltungsvorschriften zum Ausländergesetz[315]

In den Verwaltungsvorschriften zum Ausländergesetz finden sich in den Erläuterungen zu den §§ 51 ff. einige Hinweise zu geschlechtsspezifischen Aspekten.

a) Bedeutung

Es ist zunächst klarzustellen, dass die Verwaltungsvorschriften zum *Ausländergesetz* erlassen wurden. Sie beziehen sich damit nicht auf das Asylrecht nach Art. 16a Abs. 1 GG, sondern auf den Schutz vor Abschiebung nach den §§ 51 ff. AuslG. Die Verwaltungsvorschriften zum Ausländergesetz beruhen auf § 104 AuslG i.V.m. Art. 84 Abs. 2 GG. Nachdem sie in den Jahren zuvor weitgehend inaktuell geworden waren, haben sie mit ihrem Neuerlass im Jahre 1998 wieder an Bedeutung gewonnen.[316] Am 6. Oktober 2000 wurden die überarbeiteten Verwaltungsvorschriften der rot-grünen Bundesregierung bekannt gegeben.

Die Rechtsnatur von Verwaltungsvorschriften ist umstritten.[317] Fest steht heute aber, dass es sich bei Verwaltungsvorschriften um rechtliche Regelungen handelt. Zwar sind sie keine Rechtsnormen (Außenrechtssätze) sondern nur so genannte Innenrechtssätze.[318] Sie sind für die Behörden und Bediensteten verbindlich. Über die Verwaltungspraxis und den Gleichheitssatz können Verwaltungsvorschriften allerdings eine gewisse

---

313 BT-Drs. 14/1058, S. 4.
314 Die erneut überarbeitete Fassung wurde am 1. März 2002 vom Bundestag beschlossen. Allerdings ist die Verfassungsmäßigkeit der Zustimmung des Bundesrates vom 22. März 2002 noch ungeklärt. Siehe dazu schon oben, S. 1.
315 BAnz (Beilage) Nr. 188a v. 6.10.2000.
316 Renner (1999), § 104 AuslG Rn. 2.
317 Siehe dazu: Ossenbühl, in: Erichsen, § 6 Rn. 41; Weyreuther, DVBl. 1976, 853ff.
318 Maurer, § 24 Rn. 3.

Außenwirkung erlangen.³¹⁹ Für Gerichte sind sie rechtlich jedoch unerheblich.³²⁰ Nicht zu unterschätzen ist überdies die praktische Wirkung von Verwaltungsvorschriften. So kommt es häufig vor, dass sich Sachbearbeiter nicht nach dem Gesetz, sondern ausschließlich nach den Verwaltungsvorschriften richten.³²¹

Auch wenn die Verwaltungsvorschriften zum Ausländergesetz die Gerichte nicht binden, kommt ihnen also eine wichtige Rolle zu. Dies gilt umso mehr, wenn man bedenkt, das die gerichtliche Kontrolle im Asylverfahren sowie im Ausländerrecht seit dem so genannten Asylkompromiss von 1996 oft nur unzureichend gewährleistet ist.³²² Dazu kommen häufig noch Sprachprobleme.³²³ Für Frauen, die vor geschlechtsspezifischer Verfolgung fliehen, verschärft sich die Situation nicht selten noch durch ihre durchschnittlich schlechtere Schulbildung und dadurch, dass sie es nicht gewohnt sind, ohne einen männlichen Familienangehörigen vor Behörden aufzutreten. Dadurch sind sie oft leichter einzuschüchtern und haben nicht die Kraft, für ihr Recht zu kämpfen.

b) Frauenspezifische Aspekte in den Erläuterungen zu den §§ 51 ff AuslG

Die Überarbeitung der Verwaltungsvorschriften durch die rot-grüne Bundesregierung hat in Bezug auf geschlechtsspezifische Verfolgung im wesentlichen zwei Änderungen gebracht. In den Erläuterungen zu § 53 Abs. 4 AuslG, der die Abschiebung verbietet, wenn sich aus der Anwendung der Konvention zum Schutze der Menschenrechte und Grundfreiheiten vom 4. November 1950 (BGBl. 1952 II S. 686) ergibt, dass die Abschiebung unzulässig ist, wurde folgender Satz eingefügt: *„Hierzu [zur Folter oder unmenschlicher oder erniedrigender Strafe oder Behandlung im Sinne von Art. 3 EMRK] gehören auch geschlechtsspezifische Rechtsverletzungen, wie zum Beispiel systematische Vergewaltigungen oder andere schwerwiegende Formen sexueller Gewalt."*³²⁴ Die Rechtsgutverletzungen sollen dem Staat, wie im Folgenden klargestellt wird, zurechenbar sein, wobei allerdings auch eine mittelbare Zurechenbarkeit ausreichen soll.³²⁵

Die zweite Neuerung ist, dass in den Ausführungen zu § 53 Abs. 6, der humanitäre Abschiebungshindernisse regelt, zu der beispielhaften Aufzählung der in Betracht kom-

---

319 BVerwGE 8, 4, 10; 34, 278, 280; 61, 15, 18; 100, 335, 339f. und Maurer, § 24 Rn. 21ff; Rogmann, S. 34ff. und S. 180ff.
320 BVerfGE 78, 214, 227. Dies gilt jedenfalls für den hier vorliegenden Fall der sog. „norminterpretierenden" Verwaltungsvorschriften, weil insoweit kein eigenfunktioneller Bereich der Verwaltung anerkannt wird. Anders können die Dinge allerdings bei Ermessensrichtlinien liegen, da dort ein Bereich betroffen ist, in dem die Verwaltung eigene Maßstäbe setzen kann (vgl. dazu: Ossenbühl, in: Erichsen § 6 Rn. 47f.) sowie im Fall von unbestimmten Rechtsbegriffen mit Beurteilungsspielraum der Verwaltung, der hier ebenfalls nicht gegeben ist (vgl. dazu: Rogmann, S. 183).
321 Bull, Rn. 304; Rogmann, S. 5.
322 Vgl. dazu: Heinhold, Der Schlepper Nr. 11/12 (2000), S. 7f.
323 Dollinger/Speckmair, Rn. 516.
324 Ziff. 53.4.1.1 S. 2 AuslG-VwV.
325 Ziff. 53.4.1.1 S. 3 AuslG-VwV, dieser Satz entspricht der Formulierung der vorherigen Fassung der Verwaltungsvorschriften.

menden Gefahren die Genitalverstümmelung und „schwerwiegende Formen sexueller Gewalt" zusätzlich aufgenommen wurden.[326] Die bisherige Aufzählung enthielt Zeugenschutz, Witwenverbrennung [sic!], Ritualmorde und Blutrache.

Zwar ist es auf der einen Seite erfreulich, dass jetzt auf zwei wichtige Formen von frauenspezifischen Rechtsgutsverletzungen ausdrücklich hingewiesen wird, die Einordnung zu § 53 Abs. 6 AuslG birgt aber Risiken. Denn – wie dargelegt – ist der Schutz nach § 53 Abs. 6 AuslG vergleichsweise schwach. Diese Schwächen müssten selbstverständlich hingenommen werden, wenn für Genitalverstümmelung, sexuelle Gewalt, Witwenverbrennung oder ähnliche frauenspezifische Rechtsverletzungen rechtlich gesehen allein der Schutz von § 53 Abs. 6 AuslG in Frage kommt. Dies ist allerdings zu bezweifeln. Wie noch zu zeigen sein wird, lassen sich nämlich Fälle geschlechtsspezifischer Verfolgung wie Genitalverstümmelung durchaus unter Art. 16a Abs.1 GG bzw. § 51 Abs. 1 AuslG subsumieren. Sogar die Bundesregierung selbst geht davon aus.[327] Und auch in der Rechtsprechung wurde dies bereits anerkannt.[328]

Ist dies aber der Fall, dann ist die Einordnung von geschlechtsspezifischer Verfolgung lediglich in den § 53 Abs. 4 und 6 AuslG in den Verwaltungsrichtlinien falsch. Die Verwaltungsrichtlinien verstießen damit gegen höherrangiges Recht und wären in dieser Hinsicht ungültig. Solange dies allerdings nicht gerichtlich festgestellt wird, steht zu befürchten, dass Frauen, die vor geschlechtsspezifischen Rechtsgutsverletzungen geflohen sind, pauschal der schlechtere Rechtsstatus nach § 53 Abs. 6 AuslG zugewiesen wird, obwohl sie unter Umständen die Voraussetzungen von Art. 16a Abs. 1 GG oder § 51 Abs. 1 AuslG erfüllen.

Statt der Zuordnung der geschlechtsspezifischen Verfolgung zu § 53 AuslG wäre es daher sinnvoller gewesen, der Aufforderung des UNHCR-Exekutivkomitees in Beschluss Nr. 39 zu folgen und zu § 51 AuslG zu erklären, dass Frauen, die geschlechtsspezifische Verfolgung erleiden, als zugehörig zu einer bestimmten sozialen Gruppe angesehen werden können.

3.) Sonstiges

Seit August 2000 ist der Asylbeauftragte im Übrigen angewiesen, jede Entscheidung gegen Asylbewerberinnen, die geschlechtsspezifische Verfolgung oder Folter geltend machen, zu prüfen.[329]

---

326 Ziff. 53.6.1 AuslG-VwV.
327 BT-Drs. 14/1058, S. 4.
328 Vgl. nur: VG Wiesbaden, Urt. v. 27. 1.2000, Streit 2000, S. 133ff. (Anerkennung als Asylberechtigte wegen drohender Genitalverstümmelung); VG Stuttgart, Urt. v. 15. 6. 1999, Streit 2000, 78f., mit Anmerkung Lünsmann (Vergewaltigung einer Kurdin als Asylgrund); VG Frankfurt, Urt. 29.3.1999, InfAuslR 1999, 300 ff. (Abschiebungsschutz nach § 51 Abs. 1 und 53 Abs. 4 und 6 AuslG bei drohender Genitalverstümmelung); anders allerdings: VG Oldenburg, Urt. v. 7. 5. 1998, Streit 1998, 173 ff.; (bei drohender Genitalverstümmelung „nur" § 53 Abs. 6 S. 1 AuslG); OVG Hamburg, Beschl. v. 6.1.1999, AuAS 1999, 192 (§ 53 Abs. 6 S. 1 AuslG bei drohender Genitalverstümmelung); dies verdeutlicht im übrigen die fehlende Einheitlichkeit in der Rechtsprechung. Zur weiteren Rechtsprechung, siehe unten.
329 vgl. Knapp, in: FR, 6. Jan. 2001, S. 3.

B. Frankreich

In Frankreich hat die Aufnahme politisch Verfolgter eine bis auf die Französische Revolution zurückgehende kontinuierliche Tradition.[330] Schon die Verfassung von 1793 gewährte Fremden, die von ihrem Heimatland wegen ihres Eintretens für die Freiheit verbannt wurden, Asyl.[331] Die Asylgewährung in Frankreich ruht heute auf zwei Pfeilern, dem Verfassungsrecht und der Genfer Flüchtlingskonvention.[332] Durch die Gesetzesänderung vom 11. Mai 1998 ist jetzt außerdem das so genannte „territoriale Asyl" hinzugekommen, das eine Art Aufenthaltsrecht begründet.

I. Verfassungsrecht

1.) Abs. 4 der Präambel der Verfassung von 1946

Die aktuelle französische Verfassung der V. Republik vom 4. Oktober 1958 enthält kein ausdrückliches Recht auf Asyl. In ihrer Präambel wird aber partiell auf die Präambel der Verfassung von 1946 verwiesen. Dieser kommt somit nach ständiger Rechtsprechung Verfassungsrang zu.[333] Absatz 4 der Präambel der Verfassung von 1946 lautet:

„*Tout homme persécuté en raison de son action en faveur de la liberté a droit d'asile sur les territoires de la République.*"

Damit genießt das Asylrecht auch in Frankreich Verfassungsrang.[334] Die französische Rechtsprechung hat der Bestimmung allerdings erst in der jüngeren Vergangenheit eine eigenständige Bedeutung zuerkannt.[335] Zuvor hatte sie asylrechtliche Fragen ausschließlich an der in das nationale Recht übernommenen Genfer Flüchtlingskonvention gemessen.[336] Die Asylbestimmung der Verfassung wurde nur als Institutsgarantie angesehen.[337]

Mit der Formulierung „*persécuté en raison de son action en faveur de la liberté*" (verfolgt wegen des Eintretens für die Freiheit) beschränkt die Verfassung die möglichen Verfolgungsgründe auf solche politischer Natur im engeren Sinne.[338] Der personelle Anwendungsbereich des verfassungsrechtlich gewährten Asylrechts in Frank-

---

330 Manfrass, S. 150.
331 Art. 120 der Verfassung von 1793: „Le peuple français donne asile aux étrangers persécutés bannis der leur patrie pour la cause der la liberté et le refuse aux tyrans.", zit. bei: Fougerouse/Ricci, Revue du Droit Public 1998, 180.
332 Manfrass, S. 153; Wolter, S. 88.
333 StRspr. seit: 71-44 DC vom 16.7.1971 (Rec. S. 29).
334 CC 79- 109 DC vom 9.1.1980 (Rec. S. 21); 91-294 DC vom 25.7.1991 (J.O. S. 10001); 92-307 DC vom 25.2.1992 (J.O. S. 3003).
335 Décision n° 91-294 DC vom 25.7.1991, J.O. 27.7.1991, S. 10001.
336 CE, France Terre d'Asile, 27.9.1985, Rec.263;CC Décision n° 79-109 DC vom 9.1.1980; J.O. 11.1.1980, S. 84.
337 Zur Entwicklung in der französischen Rechtsprechung hin zum individualbezogenen Charakter der Verfassungsnorm, siehe Wolter S. 92ff.
338 Wolter, S. 89.

reich ist somit enger als nach der Genfer Flüchtlingskonvention.[339] Es genießt nicht Asyl, wer aufgrund von Rasse, Religion, Nationalität, Zugehörigkeit zu einer bestimmten sozialen Gruppe, geschweige denn aufgrund des Geschlechts verfolgt wird. Auch die Verfolgung aufgrund der politischen Anschauung allein ist nicht ausreichend, vielmehr muss diese Anschauung zugunsten der Freiheit bestehen und sie muss außerdem auch betätigt worden sein. Wird schon die Ausrichtung der herkömmlichen Flüchtlingsdefinition als auf den typischen männlichen Helden ausgerichtet kritisiert,[340] so gilt dies umso mehr für Abs. 4 der Präambel der französischen Verfassung von 1946.

Dabei ist allerdings relativierend anzumerken, dass auch Schutzsuchenden, die nicht unter den Tatbestand der Betätigung für die Freiheit fallen, in Frankreich durch die Übernahme der Genfer Flüchtlingskonvention in das nationale Recht Asyl gewährt wird. Zwar gilt der subjektiv-individuelle Charakter der Asylgewährung nur für den in der Verfassung erwähnten Personenkreis[341], da das französische Recht aber keine dem deutschen Recht entsprechende Verfassungsbeschwerde kennt – es gibt lediglich eine Normenkontrolle (Art. 54, 61) – ist eine Durchsetzung des in der Verfassung gewährten Asylrechts ohnehin schwierig. Die Lage der Flüchtlinge, die nicht dem verfassungsrechtlichen Asylrecht unterfallen, kann daher auch kaum als schlechter bezeichnet werden.[342]

2.) Verfassungsänderung von 1993

Wie in Deutschland, so hat es auch in Frankreich eine das Asylrecht betreffende Verfassungsrevision gegeben.[343] Diese wurde für notwendig gehalten, nachdem am 13. August 1993 der französische Verfassungsrat, der Conseil Constitutionell (CC), das Gesetz zur Umsetzung des Schengener Durchführungsübereinkommens in weiten Teilen für verfassungswidrig erklärt hatte.[344] Der CC stellte in seiner Entscheidung fest, dass das Asylrecht ein Grundrecht sei und ein einfaches Gesetz seine Bedingungen nur in der Absicht regeln dürfe, es effektiver auszugestalten oder es mit anderen Verfassungsregeln und -prinzipien in Einklang zu bringen.[345]

Daraufhin wurde befürchtet, Frankreich müsse sozusagen als „Berufungsinstanz" der abgelehnten Asylbewerber im Schengener Raum dienen.[346] Um dies zu vermeiden, wurde ein neuer Art. 53-1 in den Titel IV der Verfassung von 1958 eingefügt. Danach ist es Frankreich erlaubt, mit anderen europäischen Staaten, die wie Frankreich dem Asyl und dem Schutz der Menschenrechte und Grundfreiheiten verpflichtet sind, Verträge zu schließen, die die Zuständigkeiten der einzelnen Länder in Bezug auf die Asylverfahren regeln:

---

339   Classen, DÖV 1993, 229; Chr. Klein, S. 15.
340   Mees-Asadollah, Streit 1998, 141.
341   Wolter, S. 98.
342   Wolter, S. 98. Ein eigenes Anerkennungsverfahren für die wegen ihres Eintretens zugunsten der Freiheit Verfolgten wurde erst im Jahre 1998 erlassen.
343   dazu ausführlich z.B.: Chr. Klein, S. 20 ff; Grewe/Weber, EuGRZ 1993, 496ff..
344   Décision n° 93-325 DC du 13 août 1993, J.O. 18.8.1993, S. 11722, deutsche Übersetzung: EuGRZ 1993, 508.
345   J.O.R.F. 18 août 1993, S. 11727.
346   Chr. Klein, S. 21; Grewe/Weber EuGRZ 1993, 499.

„La République peut conclure avec les Etats européenes qui sont liés par des engagements identiques aux siens en matière d'asile et de protection des Droits de l'homme et des libertés fondamentales, des accords déterminant leurs competénces respectives pour l'examen des demandes d'asile qui leur sont présentées."[347]
Sollte Frankreich nach diesen Vereinbarungen nicht zuständig sein, so ist ihm aber vorbehalten, trotzdem Asyl zu gewähren:
„Toutefois, même si la demande n'entre pas dans leur compétence en vertu de ces accords, les autorités de la République ont toujours le droit de donner asile à tout étranger persécuté en raison de son action en faveur de la liberté ou qui sollicite la protection de la France pour un autre motif."[348]
In Bezug auf frauenspezifische Verfolgung ist an dieser letzten Formulierung interessant, dass sie den Grund für das Ersuchen um Asyl offen lässt *(„ou [...] pour un autre motif")*. Damit ist auch die Art der Verfolgung erfasst, die sich sonst nicht ohne weiteres in die herkömmlichen Flüchtlingsdefinitionen einordnen lässt. Die Formulierung lässt aber auf der anderen Seite auch keinen Zweifel daran, dass es sich bei dieser Norm nur um ein Recht des Staates handelt. Ein subjektives Recht wird nicht begründet. Der Gewinn der offenen Formulierung für verfolgte Frauen ist daher gering.

II. Umsetzung der Genfer Flüchtlingskonvention

Die Genfer Flüchtlingskonvention gilt innerstaatlich aufgrund von Art. 55 der französischen Verfassung[349] als übergesetzliches, im Rang unter der Verfassung stehendes Recht. Sie wurde durch das Gesetz vom 17. März 1954[350] durchgeführt. Asyl erhält in Frankreich demnach, wer die Voraussetzungen der Genfer Flüchtlingskonvention erfüllt. Maßgeblich ist also die begründete Furcht vor Verfolgung wegen Rasse, Religion, Nationalität, Zugehörigkeit zu einer bestimmten Gruppe oder politischer Überzeugung.

Der Unterschied zwischen dem Asyl nach der Verfassung und dem nach der Genfer Konvention wird in der französischen Literatur folgendermaßen beschrieben: Während das Asyl nach der Konvention ein humanitäres – also das der Opfer – sei, sei das nach der Verfassung ein politisches, also das der Helden.[351] Für frauenspezifische Verfolgung ist daher regelmäßig das Asyl nach dem Genfer Abkommen von größerer Bedeutung. Bei politischer Betätigung gegen frauendiskriminierende Gesetze kann selbstverständlich auch das Asyl der Verfassung Bedeutung erlangen. Die französische Interpretation der Flüchtlingsdefinition des Art. 1 A GFK ähnelt dabei stark der Staatenpraxis derjenigen Staaten, die die Bestimmungen der Genfer Flüchtlingskonvention unmittelbar anwenden. In einigen Punkten wird sie sogar für liberaler gehalten.[352]

---

347 Französiche Verfassung Titel IV Art. 53-1 Unterabs.1.
348 Französische Verfassung Titel IV Art. 53-1 Unterabs. 2.
349 Art. 55 der französischen Verfassung von 1958: „les traités ou accords régulièrement ratifiés ou approuvé sont, dès leur publication, une autoreté supérieure à celle des lois, sous réserve, pour chaque accord ou traité, de son application par l'autre partie".
350 Loi n°54-290 autorisant le Président de la Réplublique francaise à ratifier la Convention de Genève.
351 Zoller, zit. in: Mathieu/Verpeaux, ERPL/REDP 1995, 771.
352 Fromont, ERPL/REDP 1995, 745: Die französische Interpretation sei vor allem liberaler in den Fällen, in denen die Verfolgung nicht direkt vom Staat ausgehe.

Entsprechend der französischen Rechtsprechung gibt es nach der Genfer Flüchtlingskonvention vor allem zwei Voraussetzungen, die ein Asylbewerber erfüllen muss, damit er als Flüchtling anerkannt wird.[353] Zunächst muss er aus einem der fünf Verfolgungsmotive, die in Art. 1 A Nr. 2 GFK enthalten sind, geflohen sein. Auch hier stellt sich wieder das bekannte Problem, dass die Definition der Genfer Konvention das Merkmal Geschlecht nicht als Verfolgungsgrund aufführt. Die zweite Voraussetzung ergibt sich aus einer Kombination der Absätze A Nr. 2 und C Nr. 1 des Art. 1 GFK. Danach muss die Verfolgung zumindest indirekt dem Heimatstaat zurechenbar sein. Auch diese Voraussetzung kann Probleme bereiten, wenn Frauen vor Gewalt im privaten Bereich fliehen. Allerdings kann die Verfolgung dem Staat dann oft wenigsten indirekt zugerechnet werden, wenn und weil er sie nicht verhindern kann oder will.

Durch die direkte Anwendbarkeit der Genfer Flüchtlingskonvention könnte auch Art. 33 Abs. 1 GFK in Frankreich unmittelbare Geltung zukommen. Die Anwendbarkeit von Art. 33 Abs. 1 GFK war früher problematisch. In einer Entscheidung aus dem Jahre 1988 hat der Conseil d'Etat schließlich die Anwendbarkeit der Bestimmung auf Fälle der Auslieferung verneint, hat dabei jedoch erklärt, dass das generelle Prinzip des Flüchtlingsrechts einem Staat, der die Flüchtlingseigenschaft einer Person anerkannt habe, verbiete, diese in ihr Heimatland abzuschieben.[354]

III. Das „territoriale Asyl"

Der französische Gesetzgeber führte durch eine Neuregelung im Gesetz von 1952 über die OFPRA[355] im Jahre 1998[356] den Ausdruck „*asil territorial*" (territoriales Asyl) ein.[357] Nach Art. 13 des Gesetz vom 25. Juli 1952 kann der Innenminister einem Fremden territoriales Asyl gewähren, wenn dieser glaubhaft macht, dass sein Leben oder seine Freiheit in seinem Heimatland bedroht ist oder dass er dort einer Behandlung ausgesetzt ist, die gegen Art. 3 EMRK verstößt.[358] Das territoriale Asyl ist damit sozusagen eine Einführung von Art. 3 EMRK in das französische Recht.[359] Da es nicht von

---

353 De Bresson, S. 434.
354 Fromont, ERPL/REDP 1995, 745.
355 Die OFPRA (Office Française pour la Protection des Réfugiés et Apatrides) ist eine staatliche Behörde beim Außenministerium. Zu seinen Aufgaben gehören die Flüchtlingsanerkennung sowie die administrative und soziale Betreuung anerkannter Flüchtlinge und Staatenloser.
356 Die Neuregelung war auch Gegenstand einer Entscheidung des Conseil constitutionell, décision n° 98-399 DC vom 5. Mai 1998, abgedruckt in: Revue du Droit Public, S. 1031 ff.
357 vgl. Luchaire, Revue du Droit Public 1998, 1016.
358 Art. 13 des Gesetzes über die OFPRA: „Dans les conditions compatibles avec les intérêts du pays, l'asile territorial peut être accordé par le ministre de l'intérieur après consultation du ministre des affaires étrangères à un étranger si celui-ci établit que sa vie ou sa liberté est menacée dans son pays ou qu'il y est exposé à des traitements contraires à l'article 3 de la Convention européenne de sauvegarde des droits de l'homme et des libertés fondamentales. (...)", zit. bei: Wolter, S. 100.
359 Saas, ZAR 1999, 16.

der OFPRA oder der CRR[360] gewährt wird, sondern im Ermessen des Innenministers steht,[361] unterscheidet es sich strikt von der Zuerkennung des Flüchtlingsstatus.

Trotzdem ist nicht klar, ob jemand, der die Voraussetzungen des territorialen Asyls erfüllt, nicht gleichzeitig auch immer unter die Voraussetzungen des Flüchtlingsstatus fällt, da die Art der Bedrohung vergleichbar ist.[362] Ein Unterschied könnte bei dem Verursacher der Bedrohung liegen. Während für den Flüchtlingsstatus gefordert wird, die Bedrohung müsse vom Staat ausgehen, reicht für die Gewährung des territorialen Asyls jede mögliche Ursache aus. Auch diese Unterscheidung gerät allerdings dann ins Wanken, wenn man bedenkt, dass bei genauer Betrachtung auch eine solche Ursache dem Staat zugerechnet werden kann, wenn und weil er den oder die Betroffene nicht ausreichend vor der Gefahr schützen kann oder will.[363]

Da das territoriale Asylrecht als Ermessensentscheidung einen prekären Status bietet, ist zu befürchten, dass es von der Verwaltung für Personen bevorzugt wird, die eigentlich den Status eines Flüchtlings hätten beanspruchen können.[364] Auch hier könnten Frauen die Hauptleidtragenden sein, da sie häufig vor Bedrohung aus dem privaten Bereich fliehen.

IV. Sonstiges einfaches Recht

Es gibt in Frankreich keine zusammenhängende Kodifizierung des Asylrechts, sondern eine Vielzahl einzelner Gesetze, Verordnungen und Verwaltungsvorschriften.[365] Auch zentrale Fragen des französischen Asylrechts sind nur in Verwaltungserlassen geregelt, die jederzeit veränderten Umständen angepasst werden können.[366] Schon wegen ihres Übergewichts haben die Verwaltungserlasse für das französische Asylrecht eine große Bedeutung. So ist das französische Asylrecht stark von der Exekutive geprägt.[367]

V. Speziell Frauen betreffende Regelungen

In Frankreich gibt es keine Regelungen, die speziell für Flüchtlingsfrauen gelten. Die vom Exekutivkomitee empfohlenen Richtlinien wurden bisher nicht erarbeitet. Auf der Konferenz des UNHCR im Jahre 1996 über geschlechtsspezifische Verfolgung machte das Positionspapier der französischen Delegation deutlich, dass die französischen Behörden nicht vorhätten, entsprechende Richtlinien zu erarbeiten.[368]

---

360 Siehe zu den Aufgaben und der Funktion des französischen CRR (Commission des recours des réfugiés), Lambert, S. 56 ff.
361 Art. 2 des Gesetzes vom 25 Juli 1952: „le directeur de l'office ou le président de la Commission des recours saisit le ministre de l'intérieur du cas de toute personne à laquelle la qualité de réfugié n'a pas été reconnue mais dont ils estimaient qu'elle relève de l'asile territorial".
362 Luchaire, Revue du Droit Public 1998, 1017.
363 Ebenda.
364 Saas, ZAR 1999, 16.
365 Vgl. die Übersichten bei Chr. Klein, S. 25; Wolter, S. 88.
366 Hailbronner, Möglichkeiten und Grenzen, S. 68.
367 Chr. Klein, S. 25.
368 Siehe den Bericht zu Frankreich von Horbette, IJRL Special Issue 1997, 49 ff.

C. USA

Die Notwendigkeit einer Unterscheidung zwischen Flüchtlingen und Einwanderern wurde in den USA erst im Zusammenhang mit dem Flüchtlingsproblem der beiden Weltkriege erkannt. Zuvor war man an Siedlern für den Aufbau des Landes besonders interessiert. Das Land sollte daher zunächst für alle offen stehen, unabhängig von Herkunft oder Motivation der Einreise.[369]

Nach dem Zweiten Weltkrieg wurde im Jahre 1952 der „Immigration and Nationality Act" (INA) erlassen. Dieser enthielt in INA § 243 (h) a.f. einen Abschiebungsschutz, der allerdings zunächst in das Ermessen des Attorney General (Justizminister) gestellt war. In der Praxis entsprachen die danach getroffenen Entscheidungen aber nicht immer dem Standard des Art. 33 GFK.[370] Vielmehr spielten Kriterien wie Ideologie, Außenpolitik und geographische Erwägungen eine maßgebliche Rolle.[371]

Im Jahre 1967 unterzeichneten und ratifizierten die USA die Genfer Flüchtlingskonvention. Die Flüchtlingsdefinition wurde in den USA erst durch den Refugee Act von 1980 gesetzlich geregelt, der den INA[372] um den § 101 (a) (42) ergänzte.[373] Im Jahre 1996 schließlich wurde das Asylrecht durch den „Illegal Immigration Reform and Immigrant Responsibility Act" (IIRIRA) vor allem in prozessualer Hinsicht stark eingeschränkt.

I. Asylrecht

Das Asylrecht ist in den USA in den Paragraphen INA § 101 (a)(42), der die Flüchtlingsdefinition enthält, und INA § 208 (a)(1), der den formalen Teil beinhaltet, geregelt. INA § 101 (a) (42), 8 U.S.C., § 1101 (a) (42) (A) lautet:

„The term ‚refugee' means (A) any person who is outside any country of such person's nationality or, in case of a person having no nationality, is outside any country in which such person last habitually resided, and who is unable or unwilling to return to, and is unable or unwilling to avail himself or herself of the protection of that country because of persecution or a well-founded fear of persecution on account of race, religion, nationality, membership in a particular social group, or political opinion, [...]"

Diese Definition basiert auf der Genfer Flüchtlingskonvention. Bemerkenswert ist die Anführung auch der weiblichen Form („...or unwilling to avail himself or *herself* ..."). Allerdings hat dies keine unmittelbaren Auswirkungen auf die materielle Rechtslage bezüglich asylsuchender Frauen und entspricht einer in den USA üblichen Formulierung.

---

369 Stukenborg, S. 63; zur Entwicklung vom reinen Immigrationsrecht zum zusätzlichen Asylrecht, siehe auch: Zucker/Flink Zucker: From Immigration to Refugee Redefinition.
370 Carlier/Vanheule-*Vanheule* S. 610.
371 Ausführlich zur Situation vor dem Refugee Act von 1980: z.B. Anker, 2 IJRL 252, 253 (1990); Musalo/Moore/Boswell S. 60ff.
372 INA von 1952, 8 U.S.C.
373 8 U.S.C. § 1101 (a)(42).

INA § 101 (a)(42)(A) gilt für Flüchtlinge, die sich bereits außerhalb ihres Herkunftslandes befinden.[374] Die Definition bezieht sich auf INA § 208, in dem der prozessuale Ablauf der Asylgewährung geregelt ist. INA § 208 gilt für Flüchtlinge in oder an der Grenze der Vereinigten Staaten.[375]
INA § 208 (a)(1) lautet:
„In general. – Any alien who is physically present in the United States or who arrives in the United States (whether or not at a designated port of arrival and including an alien who is brought to the United States after having been interdicted in international or United States waters), irrespective of such alien's status may apply for asylum in accordance with this section or, where applicable, section 235 (b)."

Nach § 208 (b) (1) kann der Attorney General jeder Asylbewerberin Asyl gewähren, die die Voraussetzungen der Flüchtlingseigenschaft nach § 101(a)(42)(A) erfüllt:
„In general. – The Attorney General may grant asylum to an alien who has applied for asylum in accordance with the requirements and procedures established by the Attorney General under this section if the Attorney General determines such alien is a refugee within the meaning of section 101 (a)(42)(A)."

Diese Formulierung macht deutlich, dass es in den USA kein subjektives Recht auf Asyl gibt. Die Asylsuchende hat keinen Anspruch auf Asyl. Vielmehr liegt die Asylgewährung im Ermessen des Attorney General.[376]

Nach der Rechtsprechung zu § 208 (a) INA gibt es vier Voraussetzungen für die Anerkennung des Asyls.[377] Zunächst muss der Asylbewerber Furcht vor Verfolgung („fear of persecution") haben. Dabei definiert das Board of Immigration Appeals (B.I.A.) Verfolgung (persecution) als *„harm or suffering that is inflicted upon an individual in order to punish him for possessing a belief or characteristic a persecutor seeks to overcome."*[378] Durch den Ausdruck „fear" wird die Begründetheit eines Asylantrages in den Vereinigten Staaten in gewissem Sinne vom subjektiven Empfinden des oder der Asylsuchenden abhängig gemacht.[379]

Diese Furcht muss wohlbegründet („well-founded") sein. Infolgedessen spielen auch objektive Elemente eine Rolle.[380] So kommt es zum Beispiel auf die Tatsachen an, durch die sich die Furcht begründet. Die Furcht ist dann „well-founded", wenn eine vernünftige Person unter den gleichen Umständen wie die Asylbewerberin ebenfalls Verfolgung fürchten würde, wenn sie in ihr Heimatland zurückkehren müsste.[381] Anhaltspunkt hierfür kann zum Beispiel sein, was einer anderen Person in einer vergleich-

---

374 Dagegen bezieht sich § 101 (a)(42)(B) auf Personen, die sich noch in diesem befinden.
375 Für das sog. „Oversee Refugee Program" gilt INA § 207.
376 Musalo/Moore/Boswell S. 84.
377 Vgl. Armstrong, 21 MJILT 104 (1997); *Matter of Acosta*, 19 I. & N. Dec. at 211 (BIA 1985).
378 *Acosta*, 19 I. & N. Dec. at 211.
379 *I.N.S. v. Cardoza-Fonseca*, 107 S.Ct. 1207, 1212 (1987) (Nicaragua).
380 *Montecino v. I.N.S.*, 915 F.2d 518 (9th Cir.1990) (El Salvador, yes.), zit bei Carlier/Vanheule-*Vanheule* S. 620. Amerikanische Feministinnen kritisieren in diesem Zusammenhang, dass unter dem patriachalen System Objektivität gleichbedeutend sei mit der Auffassung von Männern, insbesondere von weißen Männern der Mittel- bis Oberschicht (z.B. Goldberg, 26 CILJ 575 (Fn. 38) (1993) m.w.N.).
381 Carlier/Vanheule-*Vanheule*, S. 621.

baren Lage bereits widerfahren ist.[382] Ein Verweis auf die generelle Gewalt im Heimatland soll zwar nicht ausreichen,[383] die Existenz von Menschenrechtsverletzungen kann aber zur Begründung der „well-founded fear" herangezogen werden.[384] Im Übrigen muss die drohende Verfolgung nicht wahrscheinlich, sondern nur möglich sein.[385] Bedeutsam ist auch, ob die Asylsuchende die Möglichkeit hat, der Verfolgung durch Umzug in einen anderen Teil ihres Heimatlandes zu entgehen („internal flight alternative").[386]

Drittens muss die Verfolgung durch Rasse, Religion, Nationalität, Zugehörigkeit zu einer bestimmten sozialen Gruppe oder politischer Anschauung begründet sein. Und schließlich muss die Asylbewerberin aufgrund der Verfolgung abgeneigt („unwilling") sein, in ihr Heimatland oder das Land, in dem sie zuletzt wohnte („last resided"), zurückzukehren.

Auf die Auslegung dieser Begriffe in Einzelnen wird bei der Untersuchung der verschiedenen Verfolgungsmerkmale noch näher einzugehen sein.

II. Abschiebeschutz

Der Immigration and Nationality Act enthält neben dem Asylrecht eine Regelung, die Schutz vor Abschiebung gewährt. INA § 241 (b)(3)(A) lautet:

„*In General (...) the Attorney General may not remove an alien to a country if the Attorney General decides that the alien's life or freedom would be threatened in that country because of the alien's race, religion, nationality, membership in a particular social group, or political opinion.*"

Bis vor kurzem war der Abschiebeschutz in INA § 243 (h)(1) unter der Bezeichnung „withholding of deportation" geregelt. Diese Norm war im Zeitraum von 1952 bis 1968 die einzige Vorschrift, die das Verfahren von Asylbewerbern innerhalb der Staatsgrenzen regelte. Die Merkmale Rasse, Religion, Nationalität, Zugehörigkeit zu einer bestimmten sozialen Gruppe sowie politische Überzeugung wurden erst 1965 eingefügt. Zuvor sprach § 243 (h) INA von „physical persecution".[387]

Durch den Refugee Act von 1980 wurde diese zunächst ins Ermessen des Attorney General gestellte Vorschrift in eine gebundene Entscheidung umformuliert.[388] Der Schutz vor Abschiebung ist für Personen, die die Voraussetzungen des INA § 241 (b)(3)(A) erfüllen, seitdem verbindlich. Während die Asylgewährung also im Ermessen des Attorney General steht, kann der Schutz vor Abschiebung nicht verwehrt werden.[389]

Bezüglich der inhaltlichen Voraussetzungen unterscheidet sich der Abschiebeschutz vom Asylrecht vor allem durch den Wahrscheinlichkeitsmaßstab. Während die für das

---

382 Carlier/Vanheule-*Vanheule*, S. 622.
383 *Sivaainkaran v. I.N.S.*, 972 F.2d 161, 165 (7th Cir.1992) (Sri Lanka), zit. Carlier/Vanheule-*Vanheule*, S. 622.
384 Vgl. 8 C.F.R. 208.13 (a); Carlier/Vanheule-*Vanheule* S. 633.
385 *I.N.S. v. Cardoza-Fonseca*, 107 S. Ct. 1207, 1216-1217 (1987) (Nicaragua).
386 Carlier/Vanheule-*Vanheule*, S. 627.
387 Publ. L. 89-236.
388 Vgl. dazu z.B.: Stukenborg, S. 66ff.
389 Carlier/Vanheule-*Vanheule* S. 613.

Asylrecht geltende Flüchtlingsdefinition des INA § 101 (a)(42) eine „well founded fear" voraussetzt, muss beim Abschiebeschutz eine Gefahr für das Leben oder die Freiheit tatsächlich bestehen. Im Gegensatz zur Asylgewährung nach INS § 208 sind die Voraussetzungen des Abschiebeverbotes damit rein objektiv.[390]

III. Speziell Frauen betreffende Regelungen

1.) Verfolgung wegen Widerstand gegen zwingende Geburtenkontroll-Methoden

Durch den IIRIRA 1996 wurde in INA § 101 (a)(42)(B)(2) eine Regelung in den INA eingefügt, nach der Personen, die zu einer Abtreibung oder zur Sterilisation gezwungen werden oder die verfolgt werden, weil sie sich weigern, sich einer solchen Prozedur zu unterziehen, als verfolgt wegen ihrer politischen Anschauung gelten.[391] Allerdings ist die Zahl der nach dieser Vorschrift zuzulassenden Personen auf 1000 Personen im Jahr beschränkt.[392] Auf die so genannte Ein-Kind-Politik einiger Länder und die damit verbundenen Zwangsabtreibungen und Zwangssterilisationen wird unten noch näher einzugehen sein.[393]

2.) Considerations for Asylum Officers Adjudicating Asylum Claims from Women

Der INS gab am 26. Mai 1995 die so genannten *„Considerations for Asylum Officers Adjudicating Asylum Claims from Women"* heraus, ein Richtlinie, die sich speziell mit weiblichen Asylsuchenden beschäftigt.[394] Sie ist allerdings lediglich eine Auslegungshilfe für die Entscheidungsträger. Als Verwaltungsvorschrift ist sie für die Gerichte nicht verbindlich.[395] Die INS-Richtlinie verfolgt zwei Ziele:[396] Zunächst soll sie die Wichtigkeit der Problematik betonen, damit eine frauenfreundlichere Atmosphäre wäh-

---

390 *I.N.S. v. Cardoza-Fonseca*, 107 S.Ct. 1207, 1212-1213 (1987) (Nicaragua).
391 „For purposes of determinations under this chapter, a person who has been forced to abort a pregnancy or to undergo involuntary sterilazation, or who has been persecuted for failure or refusal to undergo such a procedure or for other resistance to a coercive population control program, shall be deemed to have been persecuted on account of political opinion, and a person who has a well founded fear that he or she will be forced to undergo such a procedure or subject to persecution for failure, refusal, or resistance shall be deemed to have a well founded fear of persecution on account of political opinion."
392 8 U.S. Code § 1157 (a)(5). Die Legitimität einer solchen festen Zulassungsquote ist allerdings zweifelhaft. Denn wenn eine drohende Zwangsabtreibung oder Zwangssterilisation Verfolgung aufgrund der politischen Überzeugung ist, und auch die anderen Voraussetzungen des Art. 33 Abs. 2 GFK erfüllt sind, ist die Abweisung auch der 1001. Asylbewerberin völkerrechtlich unzulässig.
393 Siehe dazu unten S. 197 ff.
394 Im Folgenden INS-Richtlinie.
395 Das Entscheidungsverfahren beginnt in den USA mit einem *asylum officer* des INS oder, wenn der Asylberwerber zuvor vom INS arrestiert wurde, mit einem *immigration judge*. Als Berufungsinstanz folgt das *Bord of Immigration Affairs* (BIA). Danach besteht das Recht auf Revision vor einem staatlichen Gericht. Die INS Richtlinie richtet sich explizit nur an die *asylum officers*, allerdings steht es den *immigration judges* und dem BIA frei, sich an sie zu halten (vgl. dazu: Macklin, 13 GILJ 31 (1998).
396 Armstrong, 21 MJILT 107 (1997); Scialabba, IJRL Special Issue 1997, 174.

rend der Anhörungen schaffen und eine Entscheidungshilfe sein. Außerdem soll die Einheitlichkeit in Verfahren und Entscheidungen verbessert werden.

Das US-amerikanische INS folgt damit dem kanadischen „Immigration and Refugee Board", das eine entsprechende Richtlinie schon 1993 herausgegeben hatte.[397] Sie ist allerdings weniger zwingend[398] und weniger weitreichend[399] als die kanadische Richtlinie. Die US-amerikanische Richtlinie basiert im wesentlichen auf den Richtlinien des UNHCR von 1991, der kanadischen Richtlinie, Richtlinienvorschlägen des „*Women Refugee Project (WRP) of the Harvard Immigration and Refugee Program*"[400] sowie auf dem amerikanischen Case-Law.[401] Im Gegensatz zur kanadischen Richtlinie verweist sie nicht explizit auf das internationale Menschenrechtsinstrumentarium.[402] Die US-amerikanische Richtlinie enthält sowohl verfahrensrechtliche („Procedural Considerations for U.S. Asylum Officer")[403] als auch materiellrechtliche Aspekte („Legal Analysis Of Claims")[404]. Die Richtlinie listet als frauenspezifische Verfolgung auf: Sexueller Missbrauch, Vergewaltigung, Kindestötung, Genitalverstümmelung, Zwangsheirat, Sklaverei, häusliche Gewalt und Zwangsabtreibung. Dabei werden die Verfolgungsgründe unter die allgemeine Flüchtlingsdefinition subsumiert. Eine „Extrabehandlung" für weibliche Flüchtlinge gibt es nicht.[405]

D. Kanada

Das kanadische Flüchtlingsrecht ist eng mit dem Immigrationsrecht verbunden. Es ist beeinflusst von wirtschaftlichen, politischen und strategischen Aspekten.[406] Diese Nähe zum Immigrationsrecht erklärt sich durch die kanadische Geschichte. Während das Flüchtlingsrecht erst nach dem zweiten Weltkrieg Bedeutung erlangte, hat die Zuwanderung von Immigranten, die sich in Kanada niederlassen wollen, eine lange Tradition.[407] Als relativ junges spärlich besiedeltes Land war Kanada sogar auf Immigration angewiesen. Für die Aufnahme kam es dabei weniger auf die Gründe der Immigranten an, ihr Heimatland zu verlassen, sondern vielmehr auf ihre Fähigkeiten und ihren Nutzen für das Land. So hatte Kanada bis in die Mitte des zwanzigsten Jahrhunderts hinein keine Regelung, die sich speziell auf Flüchtlinge wegen ihrer Flüchtlingseigenschaft richtete. Flüchtlinge konnten nur über das generelle Immigrationsinstrumentarium nach Kanada gelangen. Da Flüchtlingsfrauen meistens eine geringere Schulbildung hatten als Männer und außerdem im Schnitt weniger am öffentlichen Leben teilgenommen hatten, hatten sie es besonders schwer, ihren Nutzen für Kanada nachzuweisen.

---

397 Guidelines Issued by the Chairperson pursuant to section 65(3) of the Immigration Act: Guideline 4: Women Refugee Claimants Fearing Gender-Related Persecution.
398 Spijkerboer, S. 174.
399 Kelson, 6 TJWL 210 (1997).
400 Siehe zu dessen Richtlinienvorschlag: Kelly, 6 IJRL (1994), 517 ff.
401 Siehe Präambel der Richtlinie.
402 Siehe dazu: Macklin, 12 GILJ 41 f. (1998).
403 Abschnitt II der Richtlinie (S. 4).
404 Abschnitt III der Richtlinie (S. 8).
405 Macklin, 13 GILJ 38 (1998).
406 Hathaway, MGLJ 1987-88, 678.
407 Ebenda, S. 679.

Kanada ist schließlich 1969 der Genfer Flüchtlingskonvention und dem Protokoll beigetreten. Die entscheidende Änderung im kanadischen Flüchtlingsrecht kam erst im Jahre 1976 mit dem Inkrafttreten des Immigration Act,[408] der noch heute gilt. Immigrationskriterien spielen aber auch heute noch eine Rolle im kanadischen Flüchtlingsrecht.[409]

I. Immigration Act

1.) Flüchtlingsdefinition

Die Flüchtlingsdefiniton befindet sich in Section 2 des Immigration Act. Sie lautet:
„‚Convention Refugee' means any person who
(a) by reason of a well-founded fear of persecution for reasons of race, religion, nationality, membership in a particular social group or political opinion,
(i) is outside the country of the person's nationality and is unable or, by reason of that fear, is unwilling to avail himself of the protection of that country, or
(ii) not having a nationality, is outside the country of the person's former habitual residence and is unable or, by reason of that fear, is unwilling to return to that country, and
(b) has not ceased to be a refugee by virtue of subsection (2),
but does not include any person to whom the Convention does not apply pursuant to section E or F of Article 1 thereof, ..."
Der kanadische Flüchtlingsbegriff entspricht damit dem der Genfer Flüchtlingskonvention.[410] Auch hier ist das Merkmal Geschlecht nicht enthalten. Nach Section 4(2.1) des Immigration Act hat jede Person, dessen Flüchtlingseigenschaft im Sinne dieser Definition festgestellt wurde, grundsätzlich das Recht, sich in Kanada aufzuhalten. Sie darf nach Section 53(1) nicht in ein Land abgeschoben werden, in dem sie eine begründete Furcht vor Verfolgung hätte. Schließlich kann sie für sich und ihre Angehörigen einen dauernden Aufenthalt beantragen („landing", Sect. 2(1)) und somit ein „permanent resident of Canada" werden. Das kanadische Recht gewährt also einen subjektiv-individuellen Asylanspruch[411] für die Personen, die die Merkmale der Flüchtlingsdefinition erfüllen.

Damit ist auch hier Dreh- und Angelpunkt die Flüchtlingsdefinition. Die Asylbewerberin muss also wohlbegründete Furcht („well-founded fear") haben, in ihrem Heimatstaat aus einem der in der Definition genannten Gründe verfolgt zu werden. Nach der kanadischen Rechtsprechung enthält der Begriff „well-founded fear" zwei Elemente. Zunächst muss die Asylbewerberin oder der Asylbewerber subjektiv Verfolgung fürch-

---

408 Immigration Act, 1976, S.C. 1976-77, c. 52.
409 Hathaway, 1992, S. 71.
410 Der kanadische Immigration Act übernimmt allerdings nicht die ganze Flüchtlingskonvention ins nationale Recht, insbesondere wird Art. 1 D der Konvention nicht übernommen.
411 Das kanadische Recht benutzt den Ausdruck Asyl nicht, das Aufenthaltsrecht nach Section 4 (2.1) kann aber als Asylrecht bezeichnet werden.

ten. Zweitens muss diese Furcht in einem objektiven Sinne wohlbegründet sein.[412] Die Rechtsprechung verlangt in diesem Zusammenhang eine *reasonable chance* oder ein *real risk of persecution*.[413]

Auch wenn die Asylbewerberin grundsätzlich nur begründete Furcht vor Verfolgung geltend machen muss, so wurde als überzeugendster Beweis für diese Furcht doch stets die in der Vergangenheit tatsächlich erlittene Verfolgung angesehen.[414] Die Asylbewerberin muss nicht geltend machen, dass ihr speziell Verfolgung droht. Es soll vielmehr ausreichen, glaubhaft zu machen, dass Mitglieder einer Gruppe, der sie angehört, bereits oder zukünftig verfolgt werden.[415] Auch die Erfahrungen von Familienmitgliedern oder von Personen, die sich in einer vergleichbaren Situation befinden, können zur Begründung der Furcht herangezogen werden.[416]

Die traditionelle kanadische Formulierung des Verfolgungsbegriffes stellt ab auf die Existenz einer andauernden Qual durch oder mit dem Wissen des Heimatstaates.[417] In *Canada v. Ward*[418] entschied der kanadische Supreme Court allerdings, dass eine Mitschuld des Heimatstaates dann nicht erforderlich ist, wenn die Asylbewerberin glaubhaft machen kann, dass der Staat unfähig ist, sie vor Handlungen Dritter zu schützen. Denkbar ist danach somit auch, dass die grausame und unmenschliche Behandlung, die einer Frau von ihrem Ehemann oder sonstigen männlichen Verwandten angetan wird, Asyl begründend ist. Nicht notwendig ist, dass der Heimatstaat die Person absichtlich verfolgt, ausreichend ist schon der verfolgende Effekt einer Maßnahme.[419]

2.) „Selection abroad" und „inland claims"

Es gibt zwei Möglichkeiten für Flüchtlinge, nach Kanada eingelassen zu werden: die „selection abroad" und die „inland, or port-of-entry, claims".[420]

Von den Flüchtlingen, die über die erst genannte Möglichkeit nach Kanada einreisen, sind 60 Prozent Männer. Dies erklärt sich dadurch, dass die Chancen einer erfolgreichen Niederlassung in Kanada bei der Auswahl berücksichtigt werden. Das Problem von Frauen liegt darin, dass sie meistens eine schlechtere Schulbildung haben.[421] Die kanadische Richtlinie betreffend weibliche Flüchtlinge[422] findet im Übrigen auf Frauen, die außerhalb Kanadas den Flüchtlingsstatus beantragen, keine Anwendung.[423]

---

412 *Canada v. Ward*, [1993] 2 S.C.R. 689 at723 (S.C.C.) (Ireland, United Kingdom); *Rajudeen v. Canada* [1984], 55 N. R. 129 (F.C.A.) (Sri Lanka); *Adjej v. Canada* [1989], 57 D.L.R. (4th) (F.C.A.) (Ghana).
413 *Ajej v. Canada* [1989] F.C. 680, zit. Macklin, 13 GILJ 46 (1998).
414 Hathaway, 33 MGLJ 1987-88, 709.
415 *Salibian v.Canada*, [1990] 3 F.C. 250 at 258 (F.C.A.) (Lebanon).
416 *Gonzalez v. Canada*, [1991], 129 N.R. 396 (F.C.A. (Uruguay). *Kassa v. Canada*, [1989] F.C.J. No. 801 (QL) (Ethiopia).
417 *Zahirdeen Rajudeen v. Minister of Employment and Immigration* (1985), 55 N. R. 129 (F.C.A.), zit. nach: Hathaway (1991), S. 101.
418 *Canada v. Ward*, [1993] 2 S.C.R. 689 (S.C.C.) (Ireland, United Kingdom).
419 *Cheung v. Canada*, [1993] 2 F.C. 314 (F.C.A.) (China).
420 Macklin, HRQ 1995, 219.
421 Ebenda
422 Siehe dazu sogleich unten.
423 Macklin, 13 GILJ 30 (1998).

II. Speziell Frauen betreffende Regelungen

Das „Immigration and Refugee Board of Canada" (IRB) veröffentlichte anlässlich des Internationalen Frauentages am 8. März 1993 eine umfassende Richtlinie, die sich speziell auf Asylbewerberinnen bezieht, die sich aus Furcht vor Verfolgung aufgrund ihres Geschlechts berufen.[424] Dem Erlass war der auch in den kanadischen Medien heftig politisch diskutierte Fall „Nada" vorausgegangen. Nada, eine saudi-arabische Frau, begehrte den Flüchtlingsstatus, nachdem sie in ihrem Heimatland geschlagen und mit Steinen beworfen wurde, weil sie sich geweigert hatte, den Schleier zu tragen und versucht hatte, Auto zu fahren, was in Saudi-Arabien für Frauen verboten war. Der Fall führte zunächst zur Intervention des kanadischen *Minister of Immigration* Bernard Valcourt im Januar 1993 und zwei Monate später zum Erlass der Richtlinie.[425] Diese Richtlinie wurde im Jahre 1996 aktualisiert.[426]

Die kanadische Richtlinie ist die erste umfangreiche formale Regelung eines Einzelstaates hin zur Anerkennung frauenspezifischer Verfolgung und ist noch heute bei weitem die umfassendste.[427] Sie hat das Asyl- und Flüchtlingsrecht auch über Kanadas Grenzen hinaus beeinflusst.[428] Ziele der Richtlinie sind die Vermittlung von Kriterien zur rechtlichen Bewertung geschlechtsspezifischer Fälle sowie die Sensibilisierung der zuständigen Behördenmitarbeiterinnen und -mitarbeiter. Sie enthält sowohl materielle als auch verfahrensrechtliche Aspekte. Behandelt werden dabei folgende vier Fragen, um die es in den meisten Fällen, in denen Asylbewerberinnen sich auf Furcht vor Verfolgung wegen ihres Geschlechts berufen, vornehmlich geht:

„1. To what extent can women making a gender-related claim of fear of persecution successfully rely on any one, or a combination, of the five enummerated grounds of the Convention refugee definition?
2. Under what circumstances does sexual violence, or a threat thereof, or any other prejudical treatment of women constitute persecution as that term is jurisprudentially understood?
3. What are the key evidentiary elements which decision-makers have to look at when considering a gender-related claim?
4. What special problems do women face when called upon to state their claim at refugee determination hearings, particularly when they have had experiences that are difficult and often humiliating to speak about?"[429]

---

424 Guidelines Issued by the Chairperson pursuant to section 65(3) of the Immigration Act: Guideline 4: Women Refugee Claimants Fearing Gender-Related Persecution: Update. Deutsche Übersetzung in: Streit 1998, S. 166ff.; im Folgenden „kanadische Richtlinie". Die Richtlinie wurde in der englischsprachigen Literatur mehrfach kommentiert, siehe z.B.: Bernier, IJRL Special Issue 1997, 167 ff.; Oosterveld, 8 IJRL 569 ff. (1996).
425 Zu einer Übersicht der Kommentare in der kanadischen Presse, siehe: Kobayashi, S. 66 ff.
426 Hinzugefügt worden sind u.a. bislang erörterte Thematiken, wie etwa die spezielle Problematik, die sich bei der Prüfung des Vorliegens einer internen Fluchtalternative im Fall von Frauen gibt.
427 Macklin, 17 HRQ 216 (1995).
428 Wallace, 45 ICLQu 709 f. (1996). Das hervorragendste Beispiel sind die U.S.-amerikanischen INS-Richtlinien.
429 Einleitung der Richtlinie, deutsche Übersetzung des UNHCR, abgedruckt in: Streit 1998, 166f.

In materieller Hinsicht ändert die Richtlinie die gesetzliche Flüchtlingsdefinition nicht, das Merkmal Geschlecht wird also nicht den Verfolgungsmerkmalen der Definition gleichgestellt. Dies läge auch außerhalb der Kompetenz des IRB. Nur das Parlament könnte den entsprechenden Paragraphen des Immigration Act ändern. Die Richtlinie geht vielmehr davon aus, dass frauenspezifische Verfolgung unter die herkömmlichen Verfolgungsmerkmale subsumiert werden kann:

„*Although gender is not specifically enumerated as one of the grounds for establishing Convention refugee status, the definition of Convention refugee may properly be interpreted as providing protection for women who demonstrate a well-founded fear of gender-related persecution by reason of any one, or a combination of, the enumerated grounds.*"[430]

Es werden verschiedene Arten und Gründe frauenspezifischer Verfolgung betrachtet und gezeigt, wie sie unter eines der Konventionsmerkmale subsumiert werden können. Eingegangen wird dabei auf Frauen, die Verfolgung aus denselben in der Konvention aufgeführten Gründen und unter vergleichbaren Umständen fürchten wie Männer[431], auf Sippenverfolgung[432], auf Frauen, die Verfolgung durch bestimmte Formen ernsthafter geschlechtsbedingter Diskriminierung oder Gewalttätigkeiten fürchten[433] und auf Frauen, die Verfolgung fürchten, weil sie sich nicht nach bestimmten geschlechtsdiskriminierenden religiösen Gesetzen und geschlechtsdiskriminierenden Gewohnheitsrechten und Praktiken in ihrem Herkunftsland richten[434].

Weiterhin werden Hinweise zur Bewertung der befürchteten Benachteiligung gegeben. So sollen für die Beurteilung der Frage, ob das Verhalten der Verfolger gegenüber Frauen zulässig ist, die internationalen Menschenrechtsübereinkünfte herangezogen werden.[435] Auf die Einzelheiten der Richtlinie wird unten bei der Untersuchung der verschiedenen Verfolgungsgründe und -ursachen noch einzugehen sein.

Zu bemerken bleibt schließlich, dass die Richtlinie den einzelnen Entscheidungsträger nicht bindet, da dies sein Ermessen einschränken würde. Nach dem kanadischen Verwaltungsrechtsprinzip des „fettering discretion" darf der Entscheidungsträger nämlich bei der Anwendung des Gesetzes an nichts Geringeres als das Gesetz gebunden sein.[436]

---

430 Abschnitt A. I. der Richtlinie („Obwohl das Geschlecht nicht ausdrücklich als einer der Gründe für die Anerkennung der Flüchtlingseigenschaft i.S. der Konvention genannt wird, kann die Definition des Flüchtlings i.S. der Konvention richtigerweise dahingehend ausgelegt werden, daß sie Frauen Schutz bietet, die eine begründete Furcht vor Verfolgung wegen ihres Geschlechts unter Berufung auf einen oder mehrere der in der Definition aufgezählten Gründe darlegen können.", deutsche Übersetzung des UNHCR, abgedruckt in: Streit 1998, 167).
431 Abschnitt A I Nr. 1 der Richtlinie.
432 Abschnitt A I Nr. 2 der Richtlinie.
433 Abschnitt A I Nr. 3 der Richtlinie.
434 Abschnitt A I Nr. 4 der Richtlinie.
435 Abschnitt B. der Richtlinie.
436 Macklin, 17 HRQ 221 (1995); dies.: 13 GILJ 33 (1997). Die Entscheidungsträger müssen dem Verwaltungschef des IRB allerdings eine schriftliche Begründung geben, wenn sie gegen eines der Prinzipien der Richtlinie verstoßen wollen.

E. Zwischenergebnis

Die Genfer Flüchtlingskonvention spielt bei der Bestimmung des Personenkreises, dem Asyl zu gewähren ist, in allen vier untersuchten Ländern eine tragende Rolle. Dabei stimmen die US-amerikanische und die kanadische Regelung in ihrem Wortlaut fast völlig mit der Definition der Genfer Flüchtlingskonvention überein. Die verfassungsrechtlichen Grundlagen in Deutschland und Frankreich weisen dagegen eigenständige Formulierungen auf.

Die deutsche Rechtsprechung lehnt den Begriff des politisch Verfolgten allerdings eng an die Definition der Genfer Flüchtlingskonvention an. Außerdem entspricht der praktisch bedeutsame Abschiebeschutz nach § 51 Abs. 1 AuslG der Flüchtlingsdefinition der Genfer Flüchtlingskonvention. Frankreich gewährt Konventionsflüchtlingen zusätzlich Asyl nach der ins nationale Recht übernommenen Flüchtlingskonvention.

Das Merkmal Geschlecht taucht in keiner der untersuchten Regelungen auf. Dreh- und Angelpunkt bei der Frage nach der Anerkennung frauenspezifischer Verfolgung als Asylgrund ist daher in allen vier Ländern die Möglichkeit der Einordnung in eines der Konventionsmerkmale. Als zweites grundlegendes Problem stellt sich die Frage nach der erforderlichen Staatlichkeit der Verfolgung. In den USA und Kanada existieren dazu ausführliche Verwaltungsrichtlinien, die sich auf die besondere Problematik weiblicher Asylbewerber beziehen.

Auch wenn in Deutschland jetzt frauenspezifische Belange in die allgemeinen Verwaltungsvorschriften nach § 104 AuslG aufgenommen wurden, so stehen diese Regelungen in ihrer Reichweite weit hinter denen der USA und vor allem Kanadas zurück. Problematisch ist darüber hinaus, dass die Verwaltungsvorschriften frauenspezifische Verfolgungsschicksale auf den relativ schwachen Schutz nach § 53 Abs. 4 und 6 AuslG verweisen. In Frankreich ist eine ähnliche Entwicklung erkennbar. Auch hier ist zu befürchten, dass Frauen, die vor geschlechtsspezifischer Verfolgung fliehen, nur der neu eingeführte relativ schwache Schutz des „territorialen Asyls" zuerkannt wird. Diese Praxis in Deutschland und Frankreich ist äußerst bedenklich, da sie auch Frauen, denen der Status eines Konventionsflüchtlings zusteht, pauschal auf diesen schlechteren Schutz verweist. Das *European Council on Refugees and Exiles* (ECRE) fordert die EU-Mitgliedstaaten daher auf, Frauen, die Flüchtlinge im Sinne der Genfer Konvention sind, nicht nur einen untergeordneten oder „de facto"-Status zu gewähren.[437]

Die Gewährung des Flüchtlingsstatus an Personen, die die Voraussetzungen der Flüchtlingsdefinition erfüllen, sollte eigentlich eine Selbstverständlichkeit sein, schließlich sind die Staaten hierzu sowohl nach der Genfer Flüchtlingskonvention als auch nach ihren nationalen Regelungen verpflichtet. Wie noch zu zeigen sein wird, sieht die Realität aber zum Teil anders aus.

Festzustellen bleibt schließlich, dass es sich bei den Richtlinien in Kanada und in den USA um bloße Verwaltungsrichtlinien handelt. Als solche sind sie nur eine Richtschnur

---

437 ECRE, Position on Asylum Seeking and Refugee Women, *Summary of Key Conclusion* Nr. 2 und *Substantive Issues* Nr. 25.

und weisen keine echte Verbindlichkeit auf. Die Rechtsprechung ist an sie nicht gebunden.[438]

In Deutschland werden immer wieder *gesetzliche* Änderungen gefordert, die klarstellen, dass geschlechtsspezifische Verfolgung eine Verfolgung im Sinne von Art. 16a Abs. 1 GG beziehungsweise § 51 Abs. 1 AuslG sein kann.[439]

---

438 Vgl. dazu ausführlich: Macklin, 13 GILJ 33 ff. (1998).
439 z.B. PRO ASYL, Mindestanforderungen, S. 14; Antrag der Abgeordneten Petra Bläss, Ulla Jelpke, Petra Pau, Christina Schenk, Dr. Gregor Gysi und der Fraktion der PDS, BT-Drs. 14/1083, S. 2f.

Viertes Kapitel: Frauenspezifische Verfolgung und das Recht auf Asyl

Die Mehrheit der asylsuchenden Frauen bezieht sich in ihrem Verfahren auf die Fluchtgründe ihrer Ehemänner. Der Anteil der ledigen Frauen ist eher gering.[440] Prinzipiell kann Verfolgung durch zwei hinzutretende Umstände frauenspezifisch sein. Zum einen kann der Grund der Verfolgung einen frauendiskriminierenden Hintergrund haben, zum anderen kann das Mittel, durch das die Verfolgung begangen wird, frauenspezifisch sein.[441] Oft liegt natürlich auch beides nebeneinander vor. Schließlich kann der Grund der Verfolgung ein Umstand sein, der zwar nicht unmittelbar an das Geschlecht anknüpft, aber typischerweise Frauen besonders häufig trifft (zum Beispiel so genannte Sippenhaft). Aber auch, wenn weder Grund noch Mittel der Verfolgung auf den ersten Blick einen frauenspezifischen Hintergrund aufweisen, kann es notwendig sein, das Geschlecht zu berücksichtigen. So entsprechen Frauen, die aufgrund ihrer politischen Überzeugung verfolgt werden, oft nicht dem Bild des männlichen Helden.[442] Frauen aus nichteuropäischen Ländern sind gezwungen, ihre Aktivitäten auf den häuslichen Bereich zu beschränken.[443] Der Umstand, dass frauenspezifische Verfolgungsgründe relativ selten geltend gemacht werden, liegt darin begründet, dass Frauen wissen, dass diese oft nicht anerkannt werden.[444]

A. Der Verfolgungsbegriff

Kernelement der Flüchtlingsdefiniton sowie der Asylgewährung nach Art. 16a Abs. 1 GG ist der Verfolgungsbegriff. Dieser Begriff wird weder von der Genfer Flüchtlingskonvention noch von den nationalen Gesetzen näher definiert. Für frauenspezifische Fluchtsituationen ist im Hinblick auf die Verfolgung vor allem die Staatlichkeit problematisch, da Frauen oftmals durch nicht-staatliche Personen verfolgt werden. Zum anderen stellt sich die Frage, wie intensiv eine Rechtsverletzung sein muss, damit sie den Grad einer Verfolgung erreicht. Auf diese Problembereiche, die Einfluss auf mehrere der unten zu untersuchenden frauenspezifischen Fluchtursachen haben, soll daher im Folgenden vorab näher eingegangen werden.

I. Die Staatlichkeit der Verfolgung

1.) Problematik

Eine der umstrittensten Fragen des Asyl- und Flüchtlingsrecht ist die Frage, ob die erlittene Verfolgung staatlich sein muss. Es stehen sich dabei prinzipiell zwei verschiedene Ansätze gegenüber.[445] Während ein Ansatz, die so genannte Zurechnungslehre,

---

440 Schöttes/Schuckar, S. 139.
441 Frings, S. 59.
442 Mees-Asadollah, Streit 1998, 141.
443 Werner, S. 68.
444 Werner, S. 70.
445 Vgl. dazu und zum Folgenden: Marx, ZAR 2001, 12 f.

davon ausgeht, die Verfolgung müsse dem Staat zurechenbar sein, nimmt der andere Ansatz, die Schutzlehre, die Opferperspektive ein und fragt danach, ob dem Opfer im Heimatland effektiver Schutz gewährt wird.

Die beiden Ansätze führen insbesondere dann zu unterschiedlichen Ergebnissen, wenn in einem Land zum Beispiel wegen eines Bürgerkriegs die effektive Staatsgewalt weggefallen ist. Während die Zurechnungslehre mangels Zurechnungssubjekt eine Verfolgung verneint, nimmt die Schutzlehre mangels effektiven Schutzes für die Betroffene sehr wohl eine Verfolgung an. Im Zusammenhang mit frauenspezifischer Verfolgung ist dabei insbesondere an Massenvergewaltigungen zu denken, wie sie etwa in Bosnien-Herzegowina aufgetreten sind. Aber auch für die frauenverachtenden Zustände, wie sie bis vor kurzem in Afghanistan auf der Tagesordnung standen, war diese Frage in der Vergangenheit relevant, da zum Beispiel das Bundesverwaltungsgericht eine effektive Gebietsgewalt der Taliban in Afghanistan verneinte.[446]

Unterschiedliche Ergebnisse können außerdem dann auftreten, wenn die Übergriffe von Privatpersonen ausgeübt werden. So kann Frauen durch ihre Familie oder durch gesellschaftliche Kräfte ein bestimmtes Verhalten, wie etwa das Tragen eines Schleiers aufgezwungen werden. Auch die Genitalverstümmelung wird in der Regel von Privatpersonen verübt.

In diesem Zusammenhang müssen auch die so genannten „Amtswalterexzesse" genannt werden. Von einem Amtswalterexzess spricht man dann, wenn ein Amtswalter seine Befugnisse überschreitet – etwa wenn ein Polizeibeamter eine Frau während eines polizeilichen Verhörs vergewaltigt. Auch die Fälle, in denen Frauen von Soldaten vergewaltigt werden, gehören in diesen Bereich. Für die Zurechnungslehre stellt sich in diesen Fällen regelmäßig die Frage, ob das Verhalten der Privatpersonen oder des jeweiligen Amtsträgers dem Staat zugerechnet werden kann oder ob es sich lediglich um einen Fall der „normalen Kriminalität" handelt. Während die Bürgerkriegsproblematik unten im Zusammenhang mit (Kriegs-)Vergewaltigungen näher untersucht wird, soll im Folgenden die Verfolgung durch private Dritte näher betrachtet werden.

Die Frage, ob der Heimat- oder Herkunftsstaat Urheber der Verfolgung sein muss, hängt eng mit der Diskussion um die Trennung von öffentlichem und privatem Bereich zusammen. Die auf John Locke zurückgehende[447] traditionelle Auffassung, wonach der Staat nur für den öffentlichen Bereich zuständig ist, macht sich im Flüchtlingsrecht dadurch bemerkbar, dass auch hier herkömmlich nur der öffentliche Bereich betrachtet wird.

a) „Das Private ist politisch."

Die Diskussion um die Trennung der öffentlichen von der privaten Sphäre zieht sich durch die gesamte feministische Debatte. Sie wurde als eine der grundlegenden Erklärungen für die Unterdrückung der Frau gekennzeichnet.[448] „Das Private ist politisch"

---

446 BVerwG, Urt. v. 4. November 1997, InfAuslR 1998, 145; jetzt aber: BVerfG, Beschl. v. 10. August 2000, NVwZ 2000, 1165.
447 Charlesworth, 12 AYIL 190 (1992).
448 Z.B.: Charlesworth, AYIL 192 (1992); Mlinar, S. 19.

ist eine bekannte Parole der Frauenbewegung. In einer Resolution des „Aktionsrates zur Befreiung der Frau" von 1968 heißt es dazu:

„Dies impliziert nicht die ‚Politisierung' des Privatlebens, sondern die Aufhebung der bürgerlichen Trennung von Privatleben und gesellschaftlichem Leben: Es gilt, die Unterdrückung im Privatleben nicht als private zu begreifen, sondern als politisch ökonomisch bedingte. Es gilt, Privatleben qualitativ zu verändern und die Veränderung als politische Aktion zu verstehen. Dieser kulturrevolutionäre Akt ist ein Teil des Klassenkampfes."[449]

Nach dem herkömmlichen Rollenverständnis spielt sich das Leben der Frau im privaten Umfeld, im häuslichen Bereich ab, der Mann ist für die öffentlichen Angelegenheiten zuständig.[450] Während die Frau kocht, putzt und für die Erziehung der Kinder sorgt, geht der Mann einer außerhäuslichen bezahlten Beschäftigung nach. Er ist ökonomisch potent und kümmert sich um die öffentlichen Angelegenheiten wie Finanzen, Wirtschaft, Recht und Politik. Frauen bietet der häusliche Bereich aber nicht nur Platz für intime Privatsphäre, vielmehr ist er auch ein Bereich, in dem Frauen Gewalt erfahren oder ihnen soziale Rollen aufgezwungen werden, die sie weitgehend entmachten.[451] „Für Millionen Frauen ist ihr Zuhause kein Zufluchtsort, sondern ein Ort des Terrors."[452]

Häusliche Gewalt gegen Frauen ist dabei ein weltweites Problem. Von ihr wird aus den verschiedensten Ländern und Kulturen berichtet.[453] „Jahr für Jahr zerstören Gewaltakte in Familie und Gesellschaft das Leben von Millionen Frauen."[454]

Oftmals wird das Verhalten von Frauen an einer Idealvorstellung über die Familie und die Rolle der Frau in ihr gemessen.[455] Zwar sind die Vorstellungen darüber, wie die ideale Familie auszusehen hat, in den verschiedenen Kulturen unterschiedlich. Egal ob eher die Klein- oder die Großfamilie als Ideal verstanden wird, das Ideal entspricht in den meisten Fällen nicht der Realität. Die existierenden Familienformen sind vielmehr extrem verschieden.

Schläge, eheliche Vergewaltigungen, Inzest, Zwangsprostitution, Gewalt gegen Hausangestellte, Gewalt gegen Mädchen, geschlechtsselektive Abtreibungen sowie traditionelle gewalttätige Praktiken gegenüber Frauen wie Genitalverstümmelungen[456] und Ehrendelikte[457] sind einige Beispiele für Gewalttaten, unter denen Frauen zu leiden haben.

---

449 Resolution des „Aktionsrates zur Befreiung der Frau", 1968, zit. bei: Sommerhoff, S. 79.
450 Siehe zu dieser Problematik ausführlich z.B.: Hausen, S. 268 ff.
451 1999 Report of the Special Rapporteur on violence against women (UN Doc. E/CN.4/1999/68), Para. 7.
452 amnesty international, S. 14.
453 1996 Report of the Special Rapporteur on violence against women (UN Doc. E/CN.4/1996/53), Para. 22.
454 amnesty international, S. 11.
455 1999 Report of the Special Rapporteur on violence against women (UN Doc. E/CN.4/1999/68), Para. 9.
456 1996 Report of the Special Rapporteur on violence against women (UN Doc. E/CN.4/1996/53), Para. 54-116.
457 1999 Report of the Special Rapporteur on violence against women (UN Doc. E/CN.4/1999/68), Para. 17f.

Zwar erscheint häusliche Gewalt begrifflich gesehen geschlechtsneutral, tatsächlich ist sie beinahe immer ein geschlechtsspezifisches Delikt, das von Männern an Frauen begangen wird.[458] Der häusliche Bereich unterliegt aber traditionell nicht der staatlichen Kontrolle.[459] Infolgedessen sind Frauen gerade in eher traditionell ausgerichteten Gesellschaften oft nur unzureichend vom Schutz des Gesetzes erfasst. Gewalt im häuslichen Bereich wird oftmals nicht als Straftat angesehen.[460] Auch in der so genannten „westlichen Welt" ist Gewalt gegen Frauen im privaten Bereich noch immer ein Problem.[461] In Deutschland wurde die Vergewaltigung in der Ehe erst im Jahre 1997 unter Strafe gestellt.[462]

b) „Frauenrechte sind Menschenrechte."

Feministinnen haben die Kritik an der Trennung von privatem und politischem Bereich auf das internationale Recht – vor allem auf den Menschenrechtsschutz – übertragen.[463] Denn auch das internationale Recht betrachtete den privaten Bereich lange Zeit als nahezu unantastbar.[464] Unmenschliche Behandlungen, die Frauen durch Privatpersonen, wie zum Beispiel Ehegatten oder Verwandte, angetan werden, zählen nach traditioneller Auffassung nicht zu den Menschenrechtsverletzungen. Dieser Umstand ist darauf zurückzuführen, dass das internationale Recht als ein Recht zwischen den Staaten entwickelt wurde. Die Bedeutung des Individuums im internationalen Recht wurde erst relativ spät erkannt. Außerdem sind bürgerliche und politische Rechte – die Rechte der öffentlichen Sphäre – die Menschenrechte erster Generation und nehmen noch immer eine besondere Stellung ein.[465] Die traditionellen Menschenrechte passen häufig nicht auf die Missstände, unter denen Frauen leiden.[466] Der Maßstab für ihre Verletzung wurde anhand der männlichen Norm entwickelt.[467] Charlotte Bunch beschreibt dies so:

---

458 1996 Report of the Special Rapporteur on violence against women (UN Doc. E/CN.4/1996/53), Para. 23.
459 Tatsächlich ist der private Bereich heute allerdings durchaus staatlich kontrolliert, zum Beispiel durch Regelungen betreffend Familie, soziale Leistungen, Gesundheit und Ausbildung.
460 Charlesworth/Chinkin/Wright, 85 AJIL 627 (1991).
461 Siehe dazu, Schweikert, Streit 2001, 51 ff; MacKinnon, in Mahoney, S. 21 ff.; zur Situation in Kanada: Freeman Marshall, S. 319ff.
462 Vgl. die Nachweise bei Tröndle/Fischer, § 177 Rn. 1.
463 Z.B.: Charlesworth/Chinkin/Wright, 85 AJIL 625ff., 638ff. (1991); Eisler, 9 HRQ 288ff. (1987); Romany, S. 85 ff.; teilweise kritisch: Fellmeth, 22 HRQ 677 (2000); Sullivan, S. 126ff. Zu den Schwierigkeiten, die afrikanische Frauen mit dem „westlichen Feminismus" haben, siehe z.B.: Oloka-Onyango/Tamale, 17 HRQ 691ff. (1995); zu Ursprung und Entwicklung der Menschenrechte als Frauenrechte: Fraser, 21 HRQ 853 ff. (1999).
464 Vgl. dazu ausführlich: Mlinar, S. 36ff.; Charlesworth/Chinkin/Wright, 85 AJIL 625ff. (1991); Eisler, 9 HRQ 288ff. (1987).
465 Jochnick, 21 HRQ 56 (1999); Sullivan, S. 126. Der Ausschluss der *Non-State-Actors* wird nicht nur in der feministischen Menschenrechtsdebatte kritisiert. Auch die Rechtsverletzungen durch mächtige Private, wie Wirtschaftsunternehmen, Banken usw. gehören nach herkömmlicher Auffassung nicht zu den Menschenrechtsverletzungen. Siehe dazu: Jochnik, 21 HRQ 56 ff. (1999).
466 Bunch, 12 HRQ 488 (1990); Charlesworth/Chinkin/Wright, 85 AJIL 628 (1991).
467 Bunch (1995), S. 12f.; Eisler, 9 HRQ 297 (1987); zum prekären Zugang von Frauen zu den Menschenrechten seit deren Geburtsstunde, siehe: Hassauer, S. 320 ff.; s.a. Flügge, Streit 2001, 72 ff.

"Because those Western-educated propertied men who first advanced the cause of human rights most feared the violation of their civil and political rights in the public sphere, this area of violation has been privileged in human rights work. They did not fear, however, violations in the private sphere of the home because they were the masters of that territory."[468]

Menschenrechte waren somit in dem Umfeld irrelevant, in dem die meisten Frauen der Welt leben. Heutzutage kann allerdings durchaus davon gesprochen werden, dass Gewalt gegen Frauen innerhalb der Familie durch den internationalen Menschenrechtsstandard verboten ist.[469]

Das Ausmaß der häuslichen Gewalt ist gewaltig. In 70 Prozent aller der Polizei mitgeteilten Delikte in Peru geht es um Frauen, die von ihren Partnern geschlagen wurden; in Japan ist Gewalt gegen Frauen der zweithäufigste Grund von Scheidungen, die von der Frau initiiert werden; das Federal Bureau of Investigation in den Vereinigten Staaten von Amerika hat geschätzt, dass in den USA alle 18 Sekunden eine Frau geschlagen wird. Dies sind nur einige Beispiele.[470]

c) Frauenspezifische Verfolgung ist politische Verfolgung
– Die Trennung von öffentlicher und privater Sphäre und das Flüchtlingsrecht –

Viele Frauen verbringen also ihr Leben überwiegend im häuslichen Umfeld. Infolgedessen entspringen viele Rechtsverletzungen, unter denen Frauen leiden, diesem Bereich. Private Gewalt ist somit eine wichtige Ursache frauenspezifischer Verfolgung. Entsprechend der herkömmlichen Ignoranz des internationalen Rechts gegenüber dem privaten Bereich wird jedoch der Flüchtlingsstatus traditionell nicht durch Gewalt von Privatpersonen begründet. Dieser wichtige Bereich frauenspezifischer Verfolgungssituationen wird somit herkömmlich nicht vom Flüchtlingsbegriff erfasst. Es fragt sich, inwieweit die Rechtsprechung der zu untersuchenden Länder dieser Problematik gerecht wird.

2.) Staatlichkeit frauenspezifischer Verfolgung in der Rechtsprechung der zu untersuchenden Länder

a) Deutschland

i) Mittelbar staatliche Verfolgung

Von der deutschen Rechtsprechung wird in der Regel sowohl für die Asylgewährung nach Art. 16a Abs. 1 GG, als auch für das Abschiebungsverbot nach § 51 Abs. 1 AuslG sowie für das Abschiebungshindernis des § 53 Abs. 4 AuslG verlangt, dass die Ver-

---

468 Bunch (1995), S. 13.
469 So zum Beispiel: 1999 Report of the Special Rapporteur on violence against women (UN Doc. E/CN.4/1999/68), Para. 19; siehe dazu auch unten S. 111 ff.
470 Vgl. die Nachweise bei: Mertus, S. 140 ff.

folgung vom Staat ausgeht.[471] Eingriffe von Privatpersonen sollen dem Staat nach herrschender Auffassung aber dann zugerechnet werden können, wenn der Staat dem Betroffenen nicht mit den ihm an sich zur Verfügung stehenden Mitteln Schutz gewährt.[472] In diesem Zusammenhang werden zum Beispiel Verfolgungsmaßnahmen des staatstragenden Klerus oder der staatstragenden Partei,[473] die Gewalt eines Mobs oder die Aktivitäten der so genannten „death squads" genannt.[474]

Nach der Rechtsprechung von Bundesverfassungsgericht und Bundesverwaltungsgericht liegt eine solche mittelbar staatliche Verfolgung vor, wenn der Staat Einzelne oder Gruppen zu Verfolgungsmaßnahmen anregt oder derartige Handlungen unterstützt, billigt oder tatenlos hinnimmt und damit den Betroffenen den erforderlichen Schutz versagt, weil er hierzu nicht willens oder in der Lage ist.[475] Die Voraussetzung, dass der Staat die Handlungen Dritter zumindest tatenlos hinnehmen muss, bedeutet, dass der Staat die Handlungen bewusst geschehen lassen muss.[476]

Unproblematisch ist der Fall, in dem der Staat nicht willens ist, Schutz zu gewähren, wenn der Verfolgerstaat also trotz bestehender Möglichkeit gegen Drittübergriffe „sehenden Auges" nicht einschreitet, die von Privatpersonen ausgeübten Eingriffe bewusst duldet oder zumindest billigend in Kauf nimmt.[477] Ein solches Verhalten kann dem Staat als mittelbare staatliche Verfolgung durch Unterlassen zugerechnet

---

471　Siehe allgemein: BVerfGE 80, 315ff.; für frauenspezifische Verfolgung: BVerwG, NVwZ-Beilage 9/2000, 98, 99 (zu § 53 IV AuslG, Genitalverstümmelung, Togo); Der Entwurf des Zuwanderungsgesetzes in der Fassung vom 1. März 2002 sieht allerdings in § 60 Abs. 1, der den bisherigen § 51 Abs. 1 AuslG entspricht, eine Klarstellung vor, dass diese Vorschrift auch bei nichtstaatlicher Verfolgung vorliegen kann:
„(1) In Anwendung des Abkommens über die Rechtsstellung der Flüchtlinge vom 28. Juli 1951(BGBBl. 1953 II S. 559) darf ein Ausländer nicht in einen Staat abgeschoben werden, in dem sein Leben oder seine Freiheit wegen seiner Rasse, Religion, Staatsangehörigkeit, seines Geschlechts, seiner Zugehörigkeit zu einer bestimmten sozialen Gruppe oder wegen seiner politischen Überzeugung bedroht ist. ... Die Voraussetzungen des Satzes 1 liegen bei nichtstaatlicher Verfolgung nur vor, wenn es sich um Verfolgung im Sinne des Abkommens über die Rechtsstellung der Flüchtlinge vom 28. Juli 1951 handelt. Es ist hierbei zu prüfen, ob der Antragsteller in seinem Herkunftsland Schutz vor drohender Verfolgung erhalten kann. Dabei ist es unerheblich, ob die Verfolgung dem Herkunftsstaat zuzurechnen ist. ..."
Diese Klarstellung gilt nur für das einfachgesetzliche Abschiebeverbot politisch Verfolgter, das Asylrecht nach Art. 16a Abs. 1 GG ist davon nicht berührt. Der Gesetzgeber würde durch die Neuerung die völkerrechtliche Pflicht der Bundesrepublik Deutschland nach Art. 33 GFK, der auch nichtstaatlicher Verfolgung Schutz gewährt, erfüllen. Die Neuregelung ist insbesondere im Hinblick auf frauenspezifische Verfolgung zu begrüßen, da Frauen häufig unter nichtstaatlicher Verfolgung, z.B. durch Familien- oder Stammesangehörige verfolgt werden.
472　BVerfGE 54, 341, 358; 80, 315, 336; BVerwGE 62, 123; 67, 317, 318; Beitz/Wollenschläger-*Pollern*, S. 202; Kimminich, S. 145; ders., in: BK, Art. 16, Rn. 216ff; Marx, AsylVfG § 1, Rn. 12; Schaeffer, S. 79ff.; Köfner/Nikolaus, S. 433ff.; a.A.: Hailbronner, Ausländerrecht, Rn. 1181 ff, 1184; MD-*Randelzhofer*, Art. 16 Abs. II S. 2, Rn. 62; Rothkegel, in GK-AsylVfG vor II – Art. 16a GG - 2 , Rn. 56; Quaritsch, S. 97f. (alle zu Art. 16a GG).
473　BVerfGE 80, 315, 336.
474　Goodwin-Gill, S. 70f.
475　BVerfGE 54, 341, 358; BVerwGE 62, 123; 67, 317, 320.
476　Vgl. auch die Nachweise bei Marx, ZAR 2001, 12, 15.
477　Schaeffer, S. 80f.

werden.⁴⁷⁸ Ein Anhaltspunkt für die fehlende Schutzbereitschaft ist dabei gegeben, wenn der Staat zum Schutz anderer Gruppen oder zur Wahrung seiner eigenen Interessen mit deutlich effektiveren Mitteln und im Ergebnis deutlich erfolgreicher einschreitet.⁴⁷⁹

Weniger klar ist dagegen der Fall, in dem der Staat nicht fähig ist, ausreichenden Schutz zu gewähren. Das Bundesverfassungsgericht hat dazu ausgeführt, dass die asylrechtliche Verantwortlichkeit eines Staates dort ende, wo die Schutzgewährung die Kräfte eines konkreten Staates übersteigt, nämlich jenseits der ihm an sich zur Verfügung stehenden Mittel.⁴⁸⁰ Es kommt also darauf an, ob der Staat ein ihm an sich zur Verfügung stehendes Mittel einsetzt.⁴⁸¹ Ein lückenloser Schutz vor Unrecht und Gewalt müsse nicht garantiert sein, da kein Staat seinen Bürgern in jeder Situation vollständigen Schutz vor Übergriffen bieten könne.⁴⁸²

Nach Ansicht des Bundesverwaltungsgerichts kann eine fehlende Schutzfähigkeit zudem erst dann angenommen werden, wenn der Staat zur Verhinderung von Übergriffen für eine gewisse Dauer außerstande ist.⁴⁸³ Weder die Lückenhaftigkeit des Systems staatlicher Schutzgewährung überhaupt noch die im Einzelfall der oder dem Betroffenen widerfahrene Schutzversagung als solche schließe staatliche Schutzbereitschaft oder Schutzfähigkeit aus.⁴⁸⁴ Die deutsche höchstrichterliche Rechtsprechung geht damit streng von der oben beschriebenen Zurechnungslehre aus. Die Verfolgung muss dem Staat nach den herkömmlichen Zurechnungskriterien zugerechnet werden können.

ii.) Staatlichkeit und frauenspezifische Verfolgung

Die ersten deutschen Entscheidungen, die sich mit dem Problem der staatlichen Zurechenbarkeit von frauenspezifischer Verfolgung beschäftigen, stammen aus der Zeit um 1990. Der Beschluss Nr. 39 des UNHCR-Exekutivkomitees aus dem Jahre 1985 sowie die starke Fluchtbewegung von iranischen Frauen in den 80er Jahren, die aufgrund der frauenspezifischen Repressionen der Iranischen Republik flohen,⁴⁸⁵ hatten die Problematik um frauenspezifische Verfolgung ins Bewusstsein gerückt. Aus dieser Zeit stammt auch der Entschließungsantrag der weiblichen Parlamentarierinnen des Bundestages vom 9. März 1989, mit dem unter anderem gefordert worden ist, „eine ausdrückliche Klarstellung ins Asylverfahrensgesetz aufzunehmen, wonach auch wegen des Geschlechts oder ihrer sexuellen Orientierung verfolgte Frauen Asyl genießen."⁴⁸⁶ Im Jahre 1991 startete amnesty international die weltweite Kampagne gegen Menschenrechtsverletzungen an Frauen. Zur gleichen Zeit – im Jahr 1989 – traf das

---

478 BVerfGE 80, 315, 336; MD-*Randelzhofer*, Art. 16 Abs. II S. 2, Rn. 61; Renner (1998), Teil 7, Rn. 513ff.; Sachs-*Bonk*, Art. 16a, Rn. 36; Schaeffer, S. 80f.
479 BVerfGE 83, 216, 235 = NVwZ 1991, 768.
480 BVerfGE 80, 315, 336; BVerwGE 74, 41, 43.
481 BVerwGE 74, 41, 43; Renner (1999), 2. Teil. Art. 16a GG, Rn. 37.
482 BVerfGE 83, 216, 235f.; BVerwGE 67, 317, 320; 85, 12, 21; Sachs-*Bonk*, Art. 16a, Rn. 37.
483 BVerwGE 67, 317, 320f.; 70, 232, 236; Renner (1999), 2. Teil. Art. 16a GG, Rn. 36.
484 BVerwG, EZAR 202 Nr. 24.
485 Werner, S. 64.
486 BT-Drs. 11/4150.

Bundesverfassungsgericht seine Grundsatzentscheidung über die erforderliche Staatlichkeit der Verfolgung.[487]

Die Verwaltungsgerichte standen also vor der Aufgabe, die zunehmende Sensibilisierung gegenüber frauenspezifischer Verfolgung mit dem strikten Staatlichkeitserfordernis des Bundesverfassungsgerichts in Einklang zu bringen. Vor 1993 waren die deutschen Verwaltungsgerichte eher großzügig, wenn es um die Zurechenbarkeit frauenspezifischer Verfolgung an den Herkunftsstaat ging. Allein das Bundesverwaltungsgericht nahm eine eher restriktive Haltung ein.

Während nach der Asylrechtsreform von 1993 ein Rückgang frauenspezifischer Fälle zu verzeichnen ist, hat die Anzahl der Entscheidungen, die sich mit dieser Problematik beschäftigen, in den letzten Jahren wieder zugenommen. Die jüngere Rechtsprechung zeichnet sich dabei durch Uneinheitlichkeit aus.[488] In Fällen, in denen frauenspezifische Menschenrechtsverletzungen von Privatpersonen ausgehen, wird von der Rechtsprechung in der Regel das Vorliegen einer mittelbaren Zurechenbarkeit der Verletzungshandlung an den Staat untersucht. Zum Teil wird die Staatlichkeit der Verfolgung jedoch auch lapidar mit der Begründung abgelehnt, bei der geschlechtsspezifischen Verletzungshandlung handele es sich um eine „private" Maßnahme, weshalb eine politische Verfolgung nicht vorliege.[489]

Schließlich gibt es Urteile, die eine Staatlichkeit frauenspezifischer Verfolgung entgegen der höchstrichterlichen Rechtsprechung für § 51 Abs. 1 AuslG bzw. § 53 Abs. 4 AuslG nicht verlangen.[490] Anzumerken bleibt, dass das Bundesverwaltungsgericht bisher keinen Fall von frauenspezifischer Verfolgung dem Herkunftsstaat mittelbar zugerechnet hat.[491]

(1.) Entscheidungen, in denen frauenspezifische Verfolgung dem Staat zugerechnet wurde

Als erstes deutsches Gericht gewährte das VG Magdeburg einer Frau im Jahre 1996 Asyl, die vor der ihr in ihrer Heimat (Elfenbeinküste) drohenden Genitalverstümmelung

---

487 BVerfG, v. 10. Juli 1989, E 80, 315ff.
488 Während zum Beispiel das VG Wiesbaden eine Verantwortlichkeit des Staates Elfenbeinküste für die in diesem Land praktizierte Genitalverstümmelung annahm und der Antragstellerin Asyl nach Art. 16a Abs. 1 GG gewährte (VG Wiesbaden, Urt. v. 27. Januar 2000, Streit 2000, 13.), entschied das VG München nur wenige Tage später, die Genitalverstümmelung könnte dem Staat Elfenbeinküste nicht zugerechnet werden (VG München, Urt. v. 10. Februar 2000 – M 21 K 98.50890).
489 z.B.: OVG Hamburg, Beschl. v. 6. Jan. 1999, NVwZ-Beilage 9/2000, 92, 93 (zu § 53 IV AuslG, Genitalverstümmelung, Elfenbeinküste); Hess. VGH, Urt. v. 18. Dez. 1997 – 3 UE 3400/97.A (zu § 53 IV AuslG i.V.m. Art. 3 EMRK, alleinst. Frau, Äthiopien).
490 VG Frankfurt, Beschl. v. 29. März 1999, InfAuslR 1999, 300 =NVwZ Beil 7, 71 (§ 51 Abs. 1 AuslG, Genitalverstümmelung, Elfenbeinküste) (rechtskräftig, vgl. NVwZ-Beil. I 6/2001, 56); VG Karlsruhe, v. 18. März 1998, Streit 1998, 178, 179 ff. (§ 53 IV AuslG, frauenspezifische unmenschliche Behandlung, Afghanistan); VG München, Urt. v. 6. März 2001 – M 21 K 98.51167 (§ 51 Abs. 1 AuslG (+), Genitalverstümmelung, Togo).
491 Vgl. zu den ablehnenden Entscheidungen im Folgenden. Das BVerwG erkannte allerdings in einem Beschluss aus dem Jahre 2000 an, dass die Genitalverstümmelung dem Staat in Ausnahmefällen zugerechnet werden könne: Beschl., v. 27. April 2000, NVwZ-Beilage I 9/2000, 98, 99.

geflohen war.[492] Es sei davon auszugehen, so das Gericht, dass Beschneidungen in der Elfenbeinküste nicht verboten seien und es äußerst unwahrscheinlich sei, dass der Staat gegen solche Praktiken vorgehe/vorgehen könne.[493]

Seitdem gibt es immer wieder Urteile, in denen die Genitalverstümmelung dem Heimatstaat zugerechnet wurde. Das VG München entschied im Jahre 1998, dass der Staat Kamerun nicht wirksam gegen die Zwangsbeschneidung bei Mädchen und jungen Frauen vorgehen könne oder wolle.[494] Obwohl die Elfenbeinküste zwischenzeitlich ein strafrechtliches Verbot der Genitalverstümmelung erlassen hatte, ging das VG Wiesbaden in einem ähnlich gelagerten Fall im Jahre 2000 davon aus, dass dieses Verbot nicht ausreichend greife, und gewährte der Klägerin Asyl nach Art. 16a Abs. 1 GG.[495] Im Jahre 2001 stellte das VG Freiburg fest, dass die Genitalverstümmelung in Kamerun zwar im Rahmen der allgemeinen Körperverletzungsdelikte unter Strafe gestellt sei, es aber darüber hinaus – anders als in anderen afrikanischen Staaten – keinen eigenen Tatbestand gebe, der speziell diese Praxis verbiete.[496] Das Gericht entschied, dass der Staat Kamerun keine konkreten Maßnahmen, die über bloße Lippenbekenntnisse hinausgingen, unternehmen könne oder wolle und stellte deshalb ein Abschiebungshindernis nach § 51 Abs. 1 AuslG fest.

Das VG Ansbach hat in einer Entscheidung aus dem Jahre 1996 einer Iranerin, die durch einen Mullah vergewaltigt worden war, Asyl gewährt.[497] Denn, so die Auffassung des Gerichts, die Tat sei dem iranischen Staat zuzurechnen, da er sich als Gottesstaat verstehe und seine geistlichen Repräsentanten nicht nur geistliche, sondern auch weltliche Macht verträten und so möglicherweise eine objektive Einschätzung durch iranische Behörden nicht erfolge.

Das VG Freiburg gewährte im Jahre 1998 einer westlich geprägten allein erziehenden Algerierin mit der Begründung Asyl, dass der algerische Staat mit Rücksicht auf die islamischen Wertvorstellungen in der Gesellschaft nicht ernsthaft willens sei, ihr Schutz zu bieten.[498] So sei ihr Versuch, bei einer Polizeiwache Schutz vor Übergriffen islamischer Fundamentalisten zu erlangen, offenkundig erfolglos geblieben. „Der Grund dafür war schlicht der, dass die Polizeibeamten ganz offenbar selbst der Auffassung waren, die Kl. müsse sich eben durch Heirat, Aufgabe der Berufstätigkeit und Tragen des Schleiers den faktischen gesellschaftlichen Verhältnissen und Wertvorstellungen anpassen."[499] [500]

---

492 VG Magdeburg, Urt. v. 20. Juni 1996, Streit 1997, 127 m. Anm. Lünsmann.
493 VG Magdeburg, Urt. v. 20. Juni 1996, Streit 1997, 127, 128.
494 VG München, Beschl. v. 2. Dezember 1998, InfAuslR 1999, 306, 307.
495 VG Wiesbaden, Urt. v. 27. Januar 2000, Streit 2000, 133, 135.
496 VG Freiburg, Urt. v. 5. Februar 2001, Asylmagazin 4/2000, 25, 26.
497 VG Ansbach, Urt. v. 11. Januar 1996 – AN 3 K 95.37099.
498 VG Freiburg, Urt. v. 20. Juli 1998, NVwZ-Beilage I 3/1999, S. 28, 29.
499 Ebenda.
500 Weitere positive Entscheidungen: VG Ansbach, Urt. v. 3. Dezember 1992, Streit 1994, 87, 88 (Vergewaltigung durch die Tschetniks dem serbischen Staat zurechenbar); VG Bayreuth, Urt. v. 28. April 1997, Streit 1997, 179; VG München, Urt. v. 5. Mai 1998 – M 21 K 96.53206 (§ 51 Abs. 1, Vergewaltigung durch Amreeangehörigen, Uganda); VG Schwerin, Beschl. v. 16 Januar 2001 – 1 B 942/00 As (Ablehnung des Asylantrags nicht offensichtlich unbegründet, Genitalverstümmelung, Togo).

(2.) Entscheidungen, in denen eine Zurechenbarkeit verneint wurde

In vielen Fällen wurde die staatliche Zurechenbarkeit frauenspezifischer Verfolgungshandlungen, die durch Privatpersonen drohen, allerdings auch abgelehnt. Die Begründungen sind dabei verschieden.

a. Ablehnung wegen vorhandenem Verbot

In einigen Entscheidungen wird die staatliche Zurechenbarkeit wegen eines gesetzlichen Verbotes der verfolgenden Maßnahme im Heimatstaat verneint.[501] Problematisch an diesen Entscheidungen ist jedoch, dass die tatsächliche Wirkung dieses Verbots nicht näher untersucht wurde.

b. Ablehnung wegen tatsächlicher Schutzunfähigkeit des Staates

Ein anderer Ablehnungsgrund ist der Hinweis auf die tatsächliche Schutzunfähigkeit des Staates. So erkannte das VG Oldenburg zwar an, dass der Staat Elfenbeinküste den betroffenen Mädchen und Frauen keinen Schutz vor Genitalverstümmelung gewährt, lehnte die Staatlichkeit der Verfolgung aber mit der Begründung ab, die Schutzgewährung übersteige die Kräfte des Staates.[502] Dem Staat stünden keine Mittel zum Schutz der Mädchen und Frauen zur Verfügung, da die Genitalverstümmelung stets im Verborgenen stattfinde und der Staat deshalb tatsächlich keine Möglichkeit habe, Schutz gewährend einzugreifen.[503]

Das VG München lehnte die Schutzfähigkeit des Staates Togo unter einem anderen Aspekt ab.[504] So konstatierte das Gericht, der togolesische Staat habe derzeit alle ihm zur Verfügung stehenden Mittel ausgeschöpft, um die Praxis der Genitalverstümmelung einzudämmen und letztendlich zu beseitigen. Der Staat habe unter anderem im Jahre 1998 ein Verbotsgesetz erlassen und arbeite seit 1984 mit der WHO und Nichtregierungsorganisationen zusammen. Trotzdem konnte die Genitalverstümmelung nicht zurückgedrängt werden. Das Problem sei nach Auffassung aller Auskunft gebenden Stellen darin zu sehen, dass die Akzeptanz der Genitalverstümmelung in bestimmten Ethnien Togos weiterbestehe und *„ein gewaltiger sozialer Druck auf den betroffenen Mädchen und Frauen und ihren Familien lastet, derartige Maßnahmen durchzuführen, und dass das Nichtdurchführenlassen derartiger Genitalverstümmelungsmaßnahmen*

---

501 Bayerischer VGH, Urt. v. 12. März 1999 – 25 B 99.31134 (Genitalverstümmelung, Togo); VGH Baden-Württemberg, Urt. vom 3. April 2001 – A 9 S 1897/00 (Genitalverstümmelung, Sudan); VG München, Urt. v. 10. Februar 2000 – M 21 K 98.50890; VG Regensburg, Urt. 23. März 2000 – RO 5 K 00.30162.
502 VG Oldenburg, Streit 1998, 173, 175 mit Anmerkung Lünsmann, die die Argumentation des Gerichts für „dogmatisch schlicht falsch" hält (Streit 1998, 176, 177); ebenso die Parallelentscheidung: VG Oldenburg, Urt. v. 7. Mai 1998 – 6 A 3798/97.
503 VG Oldenburg, Streit 1998, 173, 176.
504 VG München, Urt. v. 6. März 2001 – M 21 K 98.51167, das Gericht nimmt allerdings unter Verzicht auf das Staatlichkeitserfordernis ein Abschiebungsverbot nach § 51 Abs. 1 AuslG an.

die betroffenen Frauen zumindest in ihrer Ethnie ins soziale Abseits drängt und deshalb kein Sinn darin gesehen wird, bei staatlichen Stellen um Schutz nachzusuchen".[505]

c. Ablehnung wegen Ermessen des Staates, wie der Schutz gewährt wird

Das VG Trier lehnte eine Staatlichkeit der Verfolgung ab, da es nach seiner Auffassung im Ermessen des Staates stehe, wie Schutz gewährt wird:
„*Dass der Staat weit verbreiteten traditionellen Verhaltensweisen der Bevölkerung in erster Linie durch Kampagnen und Beratung entgegentritt und nicht durch in ihrer Effizienz und Durchsetzungsfähigkeit zweifelhafte generelle repressive Maßnahmen, ist eine Frage des politisch sinnvollen Weges zur Erreichung des Zieles.*"[506]

(3.) Hinweis auf private Verfolgung

In einigen Fällen wurde schließlich mit der Begründung, es handele sich um private Verfolgung, nur § 53 Abs. 6 AuslG angenommen, obwohl der Staat für nicht schutzwillig gehalten wurde.[507] Diese Entscheidungen legen den Verdacht nahe, dass die Voraussetzungen von Art. 16a Abs. 1 GG bzw. § 51 Abs. 1 AuslG gar nicht ernsthaft geprüft wurden, sondern vielmehr sofort § 53 Abs. 6 AuslG anvisiert wurde.

b) Frankreich

Bis 1983 war die französische Rechtsprechung hinsichtlich der Frage, ob Verfolgung auch durch nichtstaatliche Gruppierungen erfolgen kann, uneinheitlich. Mehrheitlich wurde die Möglichkeit nichtstaatlicher Verfolgung aber abgelehnt.[508] Seit der Grundsatzentscheidung des Conseil d'Etat im Jahre 1983 ist aber anerkannt, dass Verfolgung nicht direkt von der staatlichen Autorität herrühren muss.[509] Verfolgungen, die von Dritten ausgehen, können allerdings nur dann berücksichtigt werden, wenn diese vom Staat ermutigt wurden oder ihr Handeln vom Staat wissentlich geduldet wird.[510] Eine Unfähigkeit des Staates genügt prinzipiell nicht.[511] So lehnte die CRR das Asylbegehren einer Frau aus Algerien ab, die sich für Demokratie und Frauenrechte eingesetzt hatte

---

505 Ebenda.
506 VG Trier, Urt. v. 27. April 1999, NVwZ-Beilage I 7/1999, 75.
507 VG Magdeburg, Urt. v. 15. April 1998 – A 2 K 751/97; VG Münster, Beschl. v. 5. März 1999, InfAuslR 1999, 307, 309.
508 Siehe die Nachweise bei Wolter, S. 254.
509 Conseil d'Etat v. 27.5.1983, *Dankha*, in: Tiberghien, S. 247, auch abgedruckt in JDI 1984, 119 m. Anm. Julien-Laferrière. In neuerer Zeit bestätigt durch: Conseil d'Etat v. 31.1.1996, 163009, *Abib*, Slg. 1995, 22; v. 22.3.1996, 153572, *Geevaratam*, Slg. 1996, 18; v. 22.11.1996, 167195, *Messara*, Slg. 1996, 29, und v. 13.12.1996, 144925, *Lahcene*, Slg. 1996, 30 (alle zit. nach Wolter, S. 254, Fn. 1141).
510 Conseil d'Etat v. 27.5.1983, *Dankha*: „que des persécutions exercées par des particuliers, organisées ou non, peuvent être retenues, dès lors qu'elles sont en fait encouragées ou tolérées volontairement par l'autorité publique, ...", zit. bei Wolter, S. 255.
511 Conseil d'Etat, v. 22. 11. 1996, 167195, *Messara*, Slg. 1996, 29, zit. nach Wolter, S. 255, Fn. 1146.

und der die algerische Polizei keinen effektiven Schutz vor Übergriffen islamistischer Aktivisten bieten konnte:

„... *ne permettent de tenir pour établi que les agissements allégués aient été encouragés par les autorités publique algériennes, ou même seulement tolérés volontairement par lesdites autorités; que l'incapacité dans laquelle ce dernières auraient été d'assurer une protection efficace ne peut être assimilée à une tolérance volontaire par celles-ci desdits agissements".*[512]

Die Rechtsprechung, nach der der Staat die verfolgenden Handlungen Privater ermutigen oder wissentlich dulden muss, wurde allerdings in den letzten Jahren insoweit abgeschwächt, als dass eine „passive Toleranz" in vielen Fällen für ausreichend gehalten wurde.[513] In *Hamitouche épouse Diaf* rechnete die CRR dem algerischen Staat Drohungen und Übergriffe islamischer Extremisten gegenüber einer Frauenrechtlerin zu. Die CRR betonte aber, dass diese Zurechnung an den algerischen Staat nur für diesen konkreten Fall gelte:

„*[L]es autorietés algériennes doivent être regardée, dans les circonstances propres à la présente espèce, comme ayant, par leur attitude d'abstention délibérée, volontairement toléré les agissements dont la requérante a été victime ...* "[514]

Auch die Staatlichkeit einer Verfolgung durch Genitalverstümmelung lehnte die CRR in der Regel ab.[515] Frauen, die vor häuslicher Gewalt geflohen waren, wurde ebenfalls regelmäßig der Flüchtlingsstatus mangels staatlicher Zurechenbarkeit abgelehnt.[516] Um eine Duldung des Heimatstaates geltend zu machen, muss die Antragstellerin regelmäßig nachweisen, dass sie die örtlichen Behörden tatsächlich um Hilfe ersucht hat.[517] Allerdings wird ihr dieser Nachweis erlassen, wenn der Heimatstaat eine „systematische Schutzverweigerung" an den Tag legt.[518]

c) USA

Die INS-Richtlinie zitiert bei der Frage, ob die Bedrohung vom Staat ausgeht, das amerikanische *Basic Law Manual*:[519]

---

512 CRR, v. 30 6.1995, 273839, *Zekri*.
513 CRR, 4. 6. 1998, No. 309.118 – *Anemiche*; CRR, 2. 4. 1997, No. 309.389 – *Titouh*; CRR, 13. 2. 1998, No. 320.333 – *Djabouabdella* (alle zit. nach Marx, ZAR 2001, 12, 14).
514 CRR, v. 12.12. 1996, 281627, *Hamitouche épouse Diaf*; vgl. auch: CRR, v. 22. 7. 1994, 237939, *Elkebir*, abgedruckt: AJDA 1995, 52 m. Anm. Mallol.
515 CRR, v. 18. 9. 1991, 164078, *Aminata Diop*; CRR, v. 19. 7. 1995, 276684, *Soumahoro*.
516 CRR, v. 24. 1.1989, 82.378, CRR, in F. Tiberghien, *Cronique,D.R.*, suppl. No. 91 1/10 November 1989, p.4 (Pakistan,-) CRR, 26. 1.1989, 79.743, in F.Tiberghien, *ibidem*, (Mali, -), beide zit. nach: Carlier/Vanheule-*Schank/Peña Galiano*, S. 400 f.
517 CRR, v. 26. 7.1995, 276758, *Mme D*; CRR, v. 18. 9. 1991, 164078, *Aminata Diop*; vgl. außerdem die Nachweise bei Wolter, S. 257.
518 CRR, 10.10.1993, No. 240.773 – *Huamani*; CRR, 29.11.1996, No. 284.147 – *Asanoski* (beide zit. nach Marx, ZAR 2001, 12, 14). Vgl. außerdem die Nachweise bei Wolter, S. 257 f.
519 Asylum Branch, Office of General Counsel, Immigration & Naturalization Serv., Basic Law Manual: Asylum, Summary and Overview Concerning Asylum Law 25 (1991).

„A person is a refugee if he or she has a well-founded fear of persecution (as a result of one of the five factors in the definition) because he or she is not adequately protected by his or her government."[520]

Aus dieser Formulierung ergibt sich die Asylberechtigung von Personen, die vor Verfolgung durch Privatpersonen fliehen, wenn ein ausreichender Schutz durch den Staat nicht gewährleistet ist.[521] Entsprechend können nach der amerikanischen Rechtsprechung Urheber der Verfolgung sein die Regierung, von der Regierung unterstützte Gruppen sowie nicht-staatliche Gruppierungen, die die Regierung nicht kontrollieren will oder kann.[522] So gewährte das BIA einer Frau aus Togo, der Genitalverstümmelung drohte, Asyl, da ihr in ihrem Herkunftsstaat kein ausreichender Schutz vor dieser Praktik gewährt wurde.[523]

Die Regierung soll dann nicht fähig oder unwillig sein, die Zufügung von Übeln durch nichtstaatliche Stellen zu kontrollieren, wenn der Antragsteller oder die Antragstellerin eine strukturelle Unempfänglichkeit des Staates für ihr Leiden darlegt.[524] Auch eine Komplizenschaft des Staates begründet die staatliche Verantwortlichkeit.[525] Die Gerichte haben dabei insbesondere die gescheiterten Versuche der Antragsteller, staatliche Hilfe zu erlangen, berücksichtigt.[526] Das BIA gewährte einer Marokkanerin Asyl, die von ihrem Vater, einem orthodoxen Moslem, misshandelt wurde, weil sie sich nicht seiner Moralvorstellungen entsprechend verhielt.[527] Die Frau hatte sich zwar nicht an die marokkanischen Behörden gewandt, das BIA beachtete aber die Aussage der Antragstellerin sowie die allgemeinen Informationen über ihr Heimatland, dass der Versuch, obrigkeitliche Hilfe zu erlangen, fruchtlos und möglicherweise sogar gefährlich sei.[528]

Im einem Gesetzentwurf des INS vom 7. Dezember 2000 wird unter anderem der Begriff „persecution" näher definiert und dabei insbesondere auf die Phrase „unable or unwilling to control" näher eingegangen.[529]

---

520 Basic Law Manual, S. 28, zit. in: INS-Richtlinie, S. 16; Hervorhebung nicht im Original.
521 Goldberg, 26 CILJ 588 (1993).
522 *Matter of Villalta*, Int. Dec. No 3126 (BIA 1990); *Barthesaghi-Lay v. INS*, 9 F.3d 819, 822 (10th Cir. 1993) (Peru); *Sotelo-Aquije v. Slattery*, 17 F.3d 33, 37 (2nd Cir. 1994) (Peru); siehe auch Carlier/Vanheule-*Vanheule*, S. 650ff.
523 *In Re Kasinga*, Int. Dec. 3278 (BIA) Abschn. II.
524 *Mgoian v. INS*, 184 F.3d 1029, 1036-37 (9th Cir. 1999).
525 *Korablina v. INS*, 158 F.3d 1045 (9th Cir. 1998).
526 Z.B. *Singh v. INS*, 134, F.3d 962, 968 (9th Cir. 1998).
527 In Re S-A-, Int. Dec. 3433 (BIA 2000) (Marokko, Sittenregel).
528 Ebenda, S. 10.
529 Proposed rule published at 65 Fed. Reg. 76588 (proposed Dec. 7, 2000) at 76597:
„§ 208.15 Definitions
a) Persecution. ... In evaluating wether a government is unwilling or unable to control the infliction of harm or suffering, the immigration judge or asylum officer should consider whether the government takes reasonable steps to control the infliction of harm or suffering and whether the applicant has reasonable access to the state protection that exists. Evidence of the following are pertinent and may be considered:
Government complicity with respect to the infliction of harm or suffering at issue; attempts by the applicant, if any, to obtain protection from government officials and the government's response to these attempts; official action that is perfunctory; a pattern of government unresponsiveness; general country conditions and the government's denial of services; the nature of the government's

d) Kanada

Der kanadische Supreme Court hat in *Canada v. Ward* ausdrücklich entschieden, dass die Flüchtlingsdefinition nicht verlangt, dass der Staat in die Verfolgung involviert ist.[530] Auch in Kanada genügt es deshalb, wenn der Staat nicht fähig oder nicht willens ist, einen angemessenen Schutz zu gewähren.

„*Decision-makers should consider evidence indicating a failure of state protection if the state or its agents in the claimant's country of origin are unwilling or unable to provide adequate protection from gender-related persecution.*"[531]

Nach Auffassung des Supreme Court in *Canada v. Ward* spricht, solange es sich nicht um einen totalen Zusammenbruch des Staates handelt, eine Vermutung dafür, dass der Staat seine Bürgerinnen und Bürger beschützen kann.[532] Im Hinblick auf frauenspezifische Verfolgung wird das Fehlen ausreichenden Schutzes im Heimatland recht bereitwillig bejaht. So gewährte der Federal Court einer Frau aus Ghana, die vor Genitalverstümmelung geflohen war, Asyl.[533] Der Umstand, dass der Staat beabsichtige, die Genitalverstümmelung zu verbieten, sei keine ausreichende Basis für die Annahme, dass die Antragstellerin nach einer Rückkehr in ihren Heimatstaat ausreichenden Schutz finden würde.

Auch in Bezug auf häusliche Gewalt wurde in der kanadischen Rechtsprechung mehrfach angenommen, dass im Heimatland keinerlei Schutz von staatlichen Stellen zu erlangen sei.[534] Dabei ist ein Asylanspruch grundsätzlich nicht ausgeschlossen, wenn die Antragstellerin in ihrem Heimatland nicht um staatliche Hilfe ersucht hat, falls dies für sie unvernünftig gewesen wäre:

„*If the claimant can demonstrate that it was objectively unreasonable for her to seek the protection of her state, then her failure to approach the state for protection will not defeat her claim. Also, the fact that the claimant did or did not seek protection from non-government groups is irrelevant to the assessment of the availability of state-protection.*"[535]

Die kanadische Rechtsprechung stellt also eindeutig auf die Schutzlehre ab.

Frauen, die vor geschlechtsspezifischer Verfolgung fliehen, wird Asyl gewährt, wenn es notwendig ist, nämlich, wenn sie in ihrem Heimatland keinerlei Schutz finden können.

---

policies with respect to the harm or suffering at issue; and any steps the government has taken to prevent infliction of such harm or suffering."

530 *Canada (Attorney General) v. Ward*, [1993] 2 S.C.R. 689 (File No.: 21937).
531 IRB-Guidelines, C. (Evidentiary Matters), Nr. 2; Hervorhebung im Original.
532 *Canada (Attorney General) v. Ward*, [1993] 2 S.C.R. 689 (File No.: 21937).
533 *Annan v. Canada (M.C.I.) (T.D.)*, [1995], IMM-215-95.
534 Z.B.: *Narvaez v. Canada (M.C.I.)*(T.D.), FCC [1995], IMM-3660-94; *Canada (M.E.I.) v. Mayers*, Court of Appeal [1992], A-544-92; CRDD M96-06372, *Michnick, Kouri*, April 16, 1999; *Harper v. Canada*, [1993] F.C.J. No. 212 (QL), zit. Carlier/Vanheule-*Donald/Vanheule*, S. 205.
535 IRB-Guidelines, C. (Evidentiary Matters), Nr. 2; vgl. auch *Canada (Attorney General) v. Ward*, [1993] 2 S.C.R. 689 (File No.: 21937).

e) Wertender Rechtsvergleich

Die Rechtsprechung in Bezug auf die Staatlichkeit frauenspezifischer Verfolgungssituationen, auch innerhalb der einzelnen Länder, ist recht uneinheitlich. Während in Deutschland und Frankreich die vermeintlich fehlende Staatlichkeit der Verfolgung ein Hauptgrund dafür ist, dass Asyl oder Flüchtlingsschutz versagt wird, wird in den USA und Kanada, wo eher auf die Schutzlehre abgestellt wird, diesem Punkt nicht so viel Beachtung geschenkt. Dem Wortlaut der Flüchtlingskonvention entsprechend, reicht es aus, wenn der Herkunftsstaat vor der frauenspezifischen Verfolgung keinen ausreichenden Schutz bietet.

Die französische Rechtsprechung, die auf die „wissentliche Duldung" des Heimatstaates abstellt, unterscheidet sich der Formulierung nach prinzipiell von der deutschen, amerikanischen und kanadischen Rechtsprechung, nach der eine staatliche Zurechnung schon dann gegeben sein soll, wenn der Staat entweder nicht willig oder nicht fähig ist, die betroffene Person vor dem Handeln privater Dritter zu schützen. Durch die hohen Anforderungen, die in Deutschland, vor allem durch das Bundesverwaltungsgericht, an eine Verfolgung wegen Schutzunfähigkeit des Staates gestellt werden, wird diese in der Praxis aber kaum angenommen.

Die Versagung des Schutzes bei Schutzunfähigkeit des Staates entspricht der strengen Zurechnungslehre, denn niemand kann für etwas verantwortlich sein, das er selbst nicht verhindern konnte. Problematisch ist dies zum Beispiel bei der Flucht vor drohender Genitalverstümmelung im Herkunftsland. Für den Staat mag es nicht einfach sein, diese Praxis zu verhindern. Übersteigt es seine Kräfte, Schutz zu gewähren, kann er streng genommen dafür nicht verantwortlich gemacht werden.

Die Erfassung privater frauenspezifischer Verfolgung könnte sich grundsätzlich aus zwei verschiedenen Ansätzen ergeben. Zum einen könnte es möglich sein, dass die Flüchtlingsdefinition beziehungsweise die asylrechtlichen Regelungen die Staatlichkeit der Verfolgung – entgegen vor allem der deutschen Rechtsprechung – überhaupt nicht voraussetzen, dass also statt der Zurechnungslehre die Schutzlehre anzuwenden ist. Dann wäre es unerheblich, ob die Verfolgung von privater oder staatlicher Seite droht. Frauen, die vor privater Gewalt fliehen, stände, sofern die übrigen Voraussetzungen erfüllt sind, der Flüchtlingsstatus beziehungsweise die Asylberechtigung zu, wenn sie in ihrem Heimatstaat keinen ausreichenden Schutz finden können.

Der zweite Ansatz besteht darin, den Versuch zu unternehmen, die mittelbare staatliche Verantwortlichkeit für private frauenspezifische Verfolgung zu begründen. Der Staat könnte für die Verfolgung durch private Dritte verantwortlich sein. Es müssten dann Kriterien dafür ermittelt werden, wann der Staat für ein privates Handeln verantwortlich ist.

(1.) Zurechnungslehre kontra Schutzlehre: Ist die Staatlichkeit der Verfolgung notwendig?

Wenn es nicht notwendig ist, dass die Verfolgung vom Staat ausgeht, könnten Urheber der Verfolgung auch private Dritte sein, wie etwa der Ehemann oder sonstige männliche Verwandte. Nach traditioneller Auffassung muss die Asyl begründende Verfolgung allerdings prinzipiell vom Verfolgerstaat ausgehen.[536] Dabei enthalten weder die Flüchtlingskonvention noch die *travaux préparatoires* viele Aussagen über den Urheber der Verfolgung.[537] Linguistisch gesehen können auch Privatpersonen Verfolger sein.[538]

Begründet wird die Auffassung, die Verfolgung müsse vom Staat ausgehen, zum einen mit der historischen Entwicklung des Asylrechts, welches zunächst nur auf Flüchtlinge staatlicher Verfolgung angewendet wurde.[539] Außerdem wird der Wortlaut des Art. 1 A Nr. 2 der Genfer Flüchtlingskonvention angeführt. Art. 1 A Nr. 2 setzt voraus, dass die betreffende Person den Schutz ihres Heimatstaates „nicht in Anspruch nehmen kann oder [...] nicht in Anspruch nehmen will". Aus dieser Formulierung ergebe sich, dass die Genfer Flüchtlingskonvention einen schutzfähigen Staat und damit eine diesem zurechenbare Verfolgung voraussetze.[540]

Ferner wird mit dem „völkerrechtlichen Herkommen des Grundrechts auf Asyl" argumentiert. Das Asylrecht stehe im Kontext des völkerrechtlichen Menschenrechtsschutzes und solle „subsidiären" Schutz bei Nichtbeachtung der Menschenrechte im Heimatstaat gewähren. Normadressat der völkerrechtlichen Menschenrechtssätze seien jedoch allein die Staaten, nicht private Dritte. Diese fehlende Drittwirkung der Menschenrechte könne als Indiz dafür gelten, dass das Asylrecht des Völkerrechts, aber auch des Grundgesetzes, den Schutz vor nicht-staatlichen Eingriffen nicht vorsehe.[541]

Diese Auffassung leidet allerdings darunter, dass heute nicht mehr pauschal davon gesprochen werden kann, die Menschenrechte würden nicht zwischen Privatpersonen gelten. So kann man auch gerade entgegengesetzt argumentieren, die generelle Intention und der Geist des internationalen Flüchtlings- und Menschenrechtsinstrumentariums erforderten eine liberale Auslegung des Verfolgungsurhebers und die Identität des Verfolgers sei deshalb irrelevant.[542]

Von den Vertretern der Auffassung, es könne auf die Staatlichkeit der Verfolgung verzichtet werden, wird außerdem angeführt, indem die herrschende Meinung die staatliche Zurechenbarkeit einer privaten Handlung schon dann annehme, wenn der Staat schutzunfähig ist,[543] werde de facto auf das Merkmal Staatlichkeit verzichtet.[544] In der Tat ist der Einbezug staatlicher Schutzunfähigkeit dogmatisch gesehen nicht mit der Zurechnungslehre zu vereinbaren. Es drängt sich nämlich die Frage auf, wie der Staat für etwas verantwortlich sein soll, das er gar nicht verhindern konnte.

---

536 Beitz/Wollenschläger-*Pollern*, S. 202; MD-*Randelzhofer*, Art. 16 Abs. II S. 2, Rn. 59; Reichel, S. 82 ff.; Schaeffer, S. 77; Quaritsch, S. 93 (alle zu Art. 16a I GG bzw. Art. 16 II 2 GG a. F.); zur GFK z.B.: Grahl-Madsen (Bd. 1), S. 189.
537 Goodwin-Gill, S. 71; van der Veen, 11 NYIL 167, 170 (1980).
538 Siehe die Nachweise bei: van der Veen, 11 NYIL 167, 170 (1980) zur GFK.
539 Siehe dazu z.B. BVerwGE 67, 317 f.; Quaritsch, S. 93 ff.
540 Schoenemann, NVwZ 1997, 1052.
541 Reichel, S. 84.
542 Kourula, S. 99.
543 BVerfGE 54, 341, 358; BVerwGE 62, 123; 67, 317, 318; Beitz/Wollenschläger-*Pollern*, S. 202; Kimminich, S. 145; ders., in: BK, Art. 16, Rn. 216ff; Marx, AsylVfG § 1, Rn. 12; Schaeffer, S. 79ff.
544 z.B. Weberndörfer, S. 77.

In diesem Zusammenhang ist zu berücksichtigen, dass es im Asylrecht nicht darauf ankommt, einen Staat zu verurteilen, sondern darauf, eine Person zu schützen. Nur Ersteres wäre aber für eine Verantwortlichkeit des Staates zwingend erforderlich. Warum der Schutz einer Person von der staatlichen Zurechenbarkeit der Verfolgungshandlung abhängen soll, ist nicht ersichtlich. Versteht man das Flüchtlingsrecht als subsidiären Menschenrechtsschutz, so kann es auf eine Verantwortlichkeit im staatshaftungsrechtlichen Sinne nicht ankommen. „Weil es hier um besonders gravierende Menschenrechtsverletzungen geht und der Herkunftsstaat insoweit mit der effektiven Schutzgewährung überfordert ist, muss die internationale Staatengemeinschaft den menschenrechtlichen Anspruch auf Schutz einlösen."[545]

Da im Übrigen weder die Genfer Flüchtlingskonvention noch Art. 16a I GG die Staatlichkeit der Verfolgung ausdrücklich voraussetzen, gebührt der Ansicht Vorzug, die das Erfordernis der Staatlichkeit ablehnt. Auch lassen sich so die Fälle, in denen der Staat schutzunfähig ist, dogmatisch sauber einbeziehen.

Durch den Verzicht auf das Erfordernis der Staatlichkeit wird der Schutzbereich des Asylrechts nicht nennenswert erweitert. Denn auch die Vertreter dieser Auffassung erkennen an, dass das Schutzbedürfnis jedenfalls dann nicht besteht, wenn die Verfolgung an Ort und Stelle effektiv abgewehrt werden kann.[546] Dies entspricht dem Wortlaut der Genfer Flüchtlingskonvention, der darauf abstellt, dass der Flüchtling den Schutz des Heimatstaates nicht in Anspruch nehmen kann oder will. Kann eine Frau, die von ihrem Ehemann brutal misshandelt wird, wirksamen Schutz von staatlichen Stellen erlangen, so bedarf es keiner Asylgewährung in einem anderen Land.

Unzweifelhaft ist auf der anderen Seite aber auch, dass kein Staat der Welt dazu fähig ist, vor jeglicher Verletzung durch kriminelle Handlungen zu schützen. Es stellt sich also die Frage, wo die Grenze zu ziehen ist zwischen den Verletzungen durch „normale" Kriminalität, die eine Frau als schicksalhaft hinnehmen muss, und den Eingriffen mit Verfolgungscharakter, vor denen ihr Schutz zu gewähren ist.

Ein Anhaltspunkt hierfür bietet eine Wahrscheinlichkeitsprognose.[547] Um Asyl zu begründen, muss die Verfolgung mit hinreichender Wahrscheinlichkeit drohen. Bei Opfern „normaler" Kriminalität fehlt es aber an der konkreten Wiederholungsgefahr. Wurde eine Frau also nur einmalig und zufällig Opfer einer sexuellen Straftat, ist die Furcht vor Verfolgung nicht ausreichend wahrscheinlich. Die Wahrscheinlichkeitsprognose hängt dabei naturgemäß von den Zuständen im Heimatstaat ab. Ist zum Beispiel der Schutz vor sexueller Gewalt in einem Staat besonders intensiv, so fällt die Wahrscheinlichkeitsprognose eher negativ aus. Ist jedoch der Schutz eher schwach oder wird sexuelle Gewalt gegen Frauen vom Staat sogar geduldet, so ist die Wahrscheinlichkeit, dass einer Frau entsprechende Verfolgung droht, höher. Es müssen also Maßstäbe dafür entwickelt werden, wann der Schutz eines Staates vor frauenspezifischen Eingriffen ungenügend ist und diese deshalb, unter der Voraussetzung, dass die anderen Asyl begründenden Merkmale gegeben sind, eine Verfolgung begründen. Diese Maßstäbe können sich aber inhaltlich nicht von denen unterscheiden, die auch die Vertreter

---

545 Marx, ZAR 2001, 12, 15.
546 Beitz/Wollenschläger-*Gusy*, S. 252, 254.
547 Vgl. dazu: Goodwin-Gill, S. 73; GK-AuslR-*Treiber*, § 53 Rn. 81.

der Zurechnungstheorie für die Beurteilung der Frage anlegen müssen, wann der Staat eine Person nicht ausreichend schützt und sie deshalb mittelbar verfolgt, denn wenn der Staat nicht schutzwillig ist, besteht kein ausreichender Schutz. Ein Unterschied zwischen Zurechnungs- und Schutzlehre besteht in den Fällen, in denen die Staatsgewalt völlig weggefallen ist oder, bei dogmatischer Anwendung der Zurechnungslehre, wenn der Staat nicht schutzfähig ist.

In Anbetracht der herrschenden Meinung in Deutschland und der überwiegenden Tendenz der deutschen Rechtsprechung, auf das Erfordernis der Staatlichkeit nicht zu verzichten, soll im Folgenden ergänzend die mögliche staatliche Zurechenbarkeit privater Übergriffe gegen Frauen näher untersucht werden.

(2.) Frauenspezifische Verfolgung als mittelbar staatliche Verfolgung

(a) Ist frauenspezifische private Verfolgung dem Staat zurechenbar?

Zu prüfen ist, ob von Privatpersonen ausgehende frauenspezifische Verfolgung dem Staat zurechenbar ist, wenn er die betreffende Frau nicht ausreichend schützen will oder nicht ausreichend schützen kann. Die Problematik um die staatliche Zurechenbarkeit privater Gewalt oder sonstiger Eingriffe gegen Frauen wurde bisher hauptsächlich im Menschenrechtsschutz diskutiert.

Eine Verantwortlichkeit des Staates für private Gewalt gegen Frauen könnte sich daraus ergeben, dass der Staat gegen eine Pflicht des internationalen Rechts verstoßen hat, seine Einwohnerinnen vor Gewalttätigkeiten durch Privatpersonen zu schützen. Dann muss eine entsprechende internationale Verpflichtung des Staates bestehen. Eine solche kann aus verschiedenen Quellen entspringen. Mögliche Quellen reichen von klaren Direktiven des Sicherheitsrates über weniger präzise Verträge zu (umstrittenen) Prinzipien des Gewohnheitsrechts.[548]

i. Internationaler Pakt über bürgerliche und politische Rechte

Eine Schutzpflicht kann zum Beispiel dem internationalen Pakt über bürgerliche und politische Recht entnommen werden.[549] In Art. 2 Abs. 1 IPbürgR verpflichten sich die Vertragsstaaten, die im Pakt anerkannten Rechte zu *achten* und sie allen in seinem Gebiet befindlichen und seiner Herrschaftsgewalt unterstehenden Personen zu *gewährleisten*. Nach Art. 2 Abs. 2 IPbürgR hat jeder Vertragsstaat *„die erforderlichen Schritte zu unternehmen, um die gesetzgeberischen oder sonstigen Vorkehrungen zu treffen, die notwendig sind, um den in diesem Pakt anerkannten Rechten Wirksamkeit zu verleihen"*.

Der UN-Menschenrechtsausschuss hat dazu in seinem General Comment Nr. 3 betont, dass den Staaten nach der Konvention nicht nur die Pflicht zukommt, die Men-

---

548 Vgl. Christenson, 12 MJIL 316 (1991).
549 Siehe zum Beispiel: Anker/Gilbert/Kelly, 11 GILJ 728 ff. (1997); Goldberg, 26 CILJ 584 ff. (1993); Macklin, 13 GILJ 48 ff. (1998).

schenrechte zu achten, sondern dass sie auch verpflichtet sind, allen ihrer Jurisdiktion unterstehenden Personen die Ausübung dieser Rechte zu gewährleisten:

„*The Committee considers it necessary to draw the attention of States parties to the fact that the obligation under the Convenant is not confined to the respect of human rights, but that States parties have also undertaken to ensure the enjoyment of these rights to all individuals under their jurisdiction. This aspect calls for specific activities by the States parties to enable individuals to enjoy their rights.*"[550]

Aus Art. 2 IPbürgR ergibt sich damit die Pflicht des Staates, Verletzungen der in dem Pakt genannten Rechte zu verhindern. Zu diesen Rechten gehören unter anderem das Recht auf Leben (Art. 6 Abs. 1), das Verbot der Folter oder grausamer, unmenschlicher oder erniedrigender Behandlung (Art. 7), das Recht auf persönliche Freiheit (Art. 9 Abs. 1), auf Religionsfreiheit (Art. 18 Abs. 1) sowie das Recht auf freie Wahl des Ehegatten (Art. 23 Abs. 2 und 3). Der Staat hat demnach die Pflicht, Frauen vor Ermordung oder unmenschlicher Behandlung durch Privatpersonen zu schützen. Er hat dafür Sorge zu tragen, dass die Freiheit von Frauen nicht durch ihre Verwandten beschränkt wird und dass Frauen die Möglichkeit haben, frei zu entscheiden, zum Beispiel ob sie ein Kopftuch tragen wollen oder ob sie sich einem religiösen Ritual unterziehen wollen. Der Staat hat auch zu gewährleisten, dass Frauen nicht zu einer Ehe gezwungen werden.

Der UN-Menschenrechtsausschuss hat die Handlungspflicht des Staates bezüglich Art. 7 IPbürgR (Verbot der Folter und unmenschlicher Behandlung) auch in seinem General Comment Nr. 20 unterstrichen:

„*It is duty of the State party to afford everyone protection through legislative and other measures as may be necessary against the acts prohibited by article 7, whether inflicted by people acting in their official capacity, outside their official capacity or in a private capacity.*"[551]

Kommt der Staat diesen Pflichten nicht mit der angemessenen Sorgfalt nach, so verletzt er seine Verpflichtungen aus diesem Pakt. Die durch Privatpersonen begangenen Rechtsverletzungen sind dem Staat dann zurechenbar. Es handelt sich um mittelbar staatliche Verfolgung.

ii. Frauenkonvention

Handlungspflichten können auch den Menschenrechtsdokumenten entnommen werden, die sich speziell auf Frauen beziehen. Die Rechte von Frauen wurden in der Vergangenheit stets ignoriert und banalisiert. Menschenrechtsverletzungen an Frauen wurden deshalb kaum bekannt; der Staat sah sich deshalb auch nicht genötigt, gegen sie einzuschreiten. Daher betonen diese speziellen Menschenrechtsdokumente die Notwendigkeit des positiven staatlichen Einschreitens.[552]

---

550 CCPR General Comment 3: Implemantation at the national level (Article 2) (1981). Hervorhebung nicht im Original.
551 CCPR General Comment 20: Replaces general comment 7 concerning prohibition of torture and cruel treatment or punishment (Article 7) (1992). Para. 2, Satz 2; Hervorhebungen nicht im Original.
552 Anker/Gilbert/Kelly, 11 GILJ 709, 732 (1997).

So kann der Frauenkonvention eine Schutzpflicht des Staates entnommen werden.[553] In Art. 2 der Frauenkonvention haben sich die Staaten verpflichtet, mit allen geeigneten Mitteln unverzüglich eine Politik zur Beseitigung der Diskriminierung der Frau zu verfolgen und zu diesem Zweck unter anderem alle geeigneten Maßnahmen einschließlich gesetzgeberischer Maßnahmen zur Änderung oder Aufhebung aller bestehenden Gesetze, Verordnungen, Gepflogenheiten und Praktiken zu treffen, die eine Diskriminierung der Frau darstellen.[554] Nach Art. 1 der Konvention umfasst die „Diskriminierung der Frau" im Sinne der Konvention jeden Bereich des Lebens, also auch die Diskriminierung im privaten Bereich. Auch aus der Frauenkonvention ergibt sich somit eine Pflicht des Staates, seine Bürgerinnen vor Gewalt durch Privatpersonen zu schützen.

iii. Erklärung über die Beseitigung der Gewalt gegen Frauen

In Art. 4 der Erklärung über die Beseitigung der Gewalt gegen Frauen[555] werden die Staaten aufgerufen, *„Gewalt gegen Frauen [zu] verurteilen und keinerlei Brauch, Tradition oder religiöse Erwägung geltend [zu] machen, um sich ihren Verpflichtungen im Hinblick auf die Beseitigung dieser Art von Gewalt zu unterziehen. Die Staaten sollen mit allen geeigneten Mitteln unverzüglich eine Politik zur Beseitigung von Gewalt gegen Frauen verfolgen".*

Diese Deklaration ist zwar nicht bindend, kann aber trotzdem als ein weiterer Anhaltspunkt dafür herangezogen werden, dass der Staat für Gewalt gegen Frauen verantwortlich sein kann, wenn er keinen ausreichenden Schutz bietet.[556]

iv. Antifolterkonvention

Selbst die in Art. 1 der Anti-Folter-Konvention enthaltene Formulierung, die den Begriff der Folter auf das Handeln von Amtsträgern beschränkt, kann in einer flexibleren Weise interpretiert werden, als von den Verfassern ursprünglich vorgesehen.[557] Schließlich sind auch Handlungen erfasst, die „auf [...] Veranlassung oder mit [...] ausdrücklichem Einverständnis"[558] der Angehörigen des öffentlichen Dienstes verursacht werden. Billigt der Staat daher Folterhandlungen von Privatpersonen,[559] handelt es sich um Folter im Sinne der Antifolterkonvention.

---

553 Vgl. dazu: Anker/Gilbert/Kelly, 11 GILJ 709, 732 f. (1997); Goldberg, 26 CILJ 585 (1993); ausführlich: Cook, S. 228 ff.
554 Art. 2 lit. f) der Frauenkonvention.
555 Erklärung über die Beseitigung der Gewalt gegen Frauen, GA Res. 48/104, v. 20 Dez. 1993.
556 Macklin, 17 HRQ 236 (1995); vgl. auch: Kelson, 6 TJWL 206 (1997).
557 Crawford, 10 EJIL 440 (1999).
558 Art. 1 Abs. 1 Satz 1 Antifolterkonvention.
559 In der Literatur wurde z.B. nachgewiesen, dass es sich bei häuslicher Gewalt um private Folter handeln kann, vgl. dazu insbesondere: Copelon, S. 116 ff.; dies., 25 CHRLR 291, 306 ff. (1994).

v. Menschenrechtskommission

Die UN-Menschenrechtskommission hat mehrfach die Pflicht der Staaten betont, Gewalt gegen Frauen zu unterlassen und
„*to exercise due diligence to prevent, investigate and, in accordance with national legislation, punish acts of violence against women and to take appropriate and effective action concerning acts of violence against women, whether those acts are perpetrated by the State, by private persons or by armed groups or warring factions, and to provide access to just and effective remedies and specialized, including medical, assistence to victims*".[560]

Im Jahre 1993 gab der Ausschuss für die Beseitigung der Diskriminierung der Frau eine Empfehlung heraus, die sich mit Gewalt gegen Frauen beschäftigt (General recommendation 19). Er stellte darin fest, dass nach internationalem Recht und speziell nach den Menschenrechtsverträgen „*States may also be responsible for private acts if they fail to act with due diligence to prevent violations of rights or to investigate and punish acts of violence, and for providing compensation*".[561]

vi. Weltfrauenkonferenz, Peking 1995

Eine ähnliche Formulierung findet sich auch in der Aktionsplattform der vierten Weltfrauenkonferenz aus dem Jahre 1995. Die Staaten werden darin aufgerufen:
„*Refrain from engaging in violence against women and exercise due diligence to prevent, investigate and, in accordance with national legislation, punish acts of violence against women, whether those act are perpetrated by the State or by private persons*".[562]

vii. Internationale Gerichtshöfe

Der Inter-American Court of Human Rights hat in seiner Entscheidung *Velásquez-Rodriguez*[563] in Bezug auf die amerikanische Menschenrechtskonvention ähnlich argumentiert:
„*An illegal act which violates human rights and which is initially not directly imputable to a State (for example, because it is the act of a private person of because the person responsible has not been identified) can lead to international responsibility of the State, not because of the act itself, but because of the lack of due*

---

560 Commission on Human Rights, E/CN.4/RES/2001/49; E/CN.4/RES/2000/45, Para. 2.
561 Committee on the Elimination of Violence against Women, Eleventh session, General recommendation 19, Offical Records of the General Assembly, Forty-seventh session, Supplement Nr. 38 (A/47/38), Chapter I, para. 9.
562 Report of the Fourth World Conference on Women, A/Conf.177/20, Platform for Action, Para. 124 (b).
563 Inter-American Court of Human Rights, *Velásquez-Rodriguez*, 28 ILM 291 (1989), im Folgenden: *Velásquez-Rodriguez*. Dazu: Moore, 31 CHRLR 116 ff. (1999).

diligence to prevent the violation or to respond to it as required by the Convention."[564]

Das UN Human Rights Committee (UN-HRCee) hat in Bezug auf das Verschwinden von Personen eine Verantwortung des Staates angenommen, weil dieser die verschwundene Person nicht ausreichend geschützt hatte.[565]

Auch der Europäische Gerichtshof für Menschenrechte hat in mehreren Entscheidungen eine positive Handlungspflicht des Staates angenommen.[566] So hat er sich bereits mehrfach mit häuslicher Gewalt gegenüber Kindern auseinandergesetzt.[567] Diese lässt sich prinzipiell mit häuslicher Gewalt gegenüber Frauen vergleichen. Zwar geht die Schutzpflicht gegenüber Kindern weiter, da diese besonders hilflos und schutzbedürftig sind; bei der Frage, ob überhaupt eine Verantwortlichkeit des Staates besteht, ist die Argumentation aber dieselbe. In einem Fall, in dem ein Junge von seinem Stiefvater geprügelt wurde, entschied der EGMR, dass dies eine Verletzung von Art. 3 EMRK sei, die dem Staat Großbritannien zurechenbar sei, da diesen eine Schutzpflicht treffe:

„The Court considers that the obligation on the High Contracting Parties under Article 1 of the Convention to secure to everyone within their jurisdiction the rights and freedoms defined in the Convention, taken together with Article 3, requires States to take measures designed to ensure that individuals within their jurisdiction are not subjected to torture or inhuman or degrading treatment or punishment, including such ill-treatment administered by private individuals."[568]

viii. Zwischenergebnis

Staaten haben also die Pflicht, Menschenrechtsverletzungen, die durch Privatpersonen begangen werden, soweit wie möglich zu verhindern. Dies ergibt sich nicht nur aus verschiedenen internationalen Menschenrechtsverträgen (IPbürgR, Frauenkonvention), sondern wurde auch von internationalen Gerichten sowie UN-Ausschüssen mehrfach bestätigt. Verletzt ein Staat diese Schutzpflicht, so kann ihm die Menschenrechtsverletzung zugerechnet werden. Das Versagen des Staates setzt dabei keine Bosheit voraus, denn die Absicht des Flüchtlingsrechts ist es nicht, den Herkunftsstaat zu verurteilen, sondern Verfolgungsopfer zu schützen.[569]

---

564 *Velásquez-Rodriguez*, Para. 172 (28 ILM 326).
565 *Mojica v. Dominican Republic*, 17 Hum. Rts. L.J. 18 (1996).
566 EGMR Case of *X and Y v. The Netherlands*, Ser A, Vol. 19 (1985); *Osman v. The United Kingdom*, App. No. 23452/94 (1998); *A. v. The United Kingdom*, App. No. 25599/94 (1998); siehe außerdem die Nachweise bei: Mahoney/Sundberg, S. 361, 368 ff.; O'Hare, 21 HRQ 396 ff. (1999).
567 Case of *Z and Others v. The United Kingdom*, App. No. 29392/95 (2001); *A. v. The United Kingdom*, App. No. 25599/94 (1998).
568 *A. v. The United Kingdom*, App. No. 25599/94 (1998), Para. 22.
569 Anker/Gilbert/Kelly, 11 GILJ 709, 726 (1997).

(b) In welchen Grenzen ist frauenspezifische Verfolgung durch Privatpersonen dem Staat zurechenbar?

Wie eben gezeigt, kann der Staat für frauenspezifische Verfolgung durch Privatpersonen verantwortlich gemacht werden. Selbstverständlich ist es keinem Staat möglich, seine Bürgerinnen vor jeglicher Kriminalität zu schützen. Es kann deshalb nicht jeder kriminelle Akt dem Staat zurechenbar sein und in einem dritten Staat Asyl begründen.

Es fragt sich deshalb, in welchen Grenzen frauenspezifische Verfolgung durch private Dritte dem Staat zugerechnet werden kann. Dabei ist zunächst festzustellen, dass die staatliche Verantwortlichkeit für Menschenrechtsverstöße durch Privatpersonen unterschiedlich stark sein kann. Der Staat kann die Menschenrechtsverletzung in Mittäterschaft begehen. Die Verletzung kann mit dem ausdrücklichen oder stillschweigenden Einverständnis des Staates geschehen. Schließlich kann der Staat es unterlassen, mit der gebührenden Sorgfalt Schutz vor Übergriffen zu gewähren.

Am eindeutigsten ist die Verantwortlichkeit des Staates, wenn er selbst an der verfolgenden Handlung als Mittäter beteiligt ist. Auch noch relativ einfach zu beurteilen ist der zweite Fall. Wenn die Verletzung mit dem ausdrücklichen oder stillschweigenden Einverständnis des Staates geschieht, verletzt der Staat seine Schutzpflicht, die Rechtsverletzung ist ihm dann zurechenbar.

Weniger klar liegen dagegen die Fälle, in denen weder von einer Mittäterschaft des Staates noch von dessen Einverständnis gesprochen werden kann. Hier kann sich die Verantwortlichkeit des Staates aus einer fahrlässigen Verletzung seiner Schutzpflicht ergeben, wenn der Staat dieser Schutzpflicht nicht mit der gebührenden Sorgfalt nachkommt.[570] Im Englischen wird hier vom *due diligence-standard* gesprochen.[571] Im Folgenden soll geprüft werden, wann der Staat seine gebührende Sorgfaltspflicht verletzt. Dabei versteht sich von selbst, dass alle Erwägungen nur Anhaltspunkte sein können, eine Abwägung muss im Einzelfall erfolgen.

Auf internationaler Ebene gibt es eine Reihe von Dokumenten, die sich mit (häuslicher) Gewalt gegen Frauen beschäftigen.[572] In diesen Dokumenten sind auch eine Reihe von Maßnahmenvorschlägen an die Staaten enthalten, wie diese private Gewalt eindämmen können. Zwar sind diese Maßnahmenvorschläge nicht verbindlich, sie können aber als Anhaltspunkte herangezogen werden. Zu untersuchen sind mögliche

---

570 Vgl. amnesty international, 2001, S. 9.
571 *Velásquez-Rodriguez*, Para. 172 (28 ILM 326); Commission on Human Rights Resolution, E/CN.4/RES/2001/49 vom 23. April 2001, Para, 10; Report of the Special Rapporteur on violence against women, E/CN.4/1999/68, vom 10 März 1999, Para. 23ff.; Anker/Gilbert/Kelly, 11 GILJ 709, 734 (1997). Der due diligence-Maßstab ist vor allem im völkerrechtlichen Fremdenrecht entwickelt worden. Er wird mittlerweile aber auch auf den Inhalt und Umfang der völkerrechtlichen Verpflichtungen der Staaten gegenüber ihren eigenen Staatsangehörigen angewendet (vgl. Marx, ZAR 2001, 12, 13).
572 Resolutionen der Generalversammlung: Erklärung über die Gewalt gegen Frauen; GA Res. A/RES/52/86 vom 2. Feb. 1998 (Crime prevention and criminal justice measures to eliminate violence against women); Resolution der Menschenrechtskommission: E/CN.4/RES/2001/49 vom 23. April 2001 (Elimination of violence against women).

Sorgfaltspflichten des Staates. Sie reichen von gesetzlichen Maßnahmen,[573] wie etwa mangelnden Verboten frauenspezifischer Verletzungen, über mangelnde Durchsetzung vorhandener Gesetze und mangelnde Bereitstellung von Zufluchtsmöglichkeiten für verfolgte Frauen bis zu sonstigen Handlungspflichten des Staates. Schließlich gibt es noch allgemeine Hinweise, die für oder gegen die Beachtung der Sorgfaltspflicht durch den Staat sprechen.

(i.) Gesetzliche Maßnahmen

Amnesty international weist darauf hin, dass ein Großteil der Übergriffe gegen Frauen in innerstaatlichen Rechtsvorschriften nicht als kriminelle Handlungen definiert sind.[574] Gesetze, die den Tatbestand der Vergewaltigung behandeln, weisen vielfach Lücken auf. In vielen Ländern der Welt ist die Vergewaltigung in der Ehe nicht unter Strafe gestellt.[575] Manchmal ist die Gesetzgebung widersprüchlich. In Malaysia bestimmt der *Domestic Violence Act*, dass ein Mann nicht das Recht hat, seine Frau zu sexuellen Handlungen zu zwingen und dass die Frau das Recht hat sich zu widersetzen. Das malaiische Strafrecht definiert Vergewaltigung aber als nicht-einvernehmlichen Geschlechtsverkehr mit einer Frau, die nicht die Ehefrau des Täters ist.[576] Aus einigen Ländern (zum Beispiel Malawi und Swasiland) sind sogar soziale Praktiken bekannt, die bestimmte Formen von nicht-einvernehmlichem Sex nicht nur verzeihen, sondern sogar dazu ermutigen.[577]

Auch die Zwangsverheiratung ist in vielen Ländern nicht strafbar.[578] „Wo der Handel mit Frauen unter Strafe gestellt worden ist, geschah dies weniger in der Absicht, die Rechte der Opfer zu schützen, sondern diente in erster Linie dem Zweck, Recht und Ordnung aufrechtzuerhalten oder der illegalen Einwanderung einen Riegel vorzuschieben."[579]

In Brasilien konnte bis zum Jahre 1991 der Mord an der Ehefrau durch die Ehre gerechtfertigt werden; in nur einem Jahr haben so fast 800 Ehemänner ihre Frauen legal umgebracht. In Kolumbien durfte bis 1980 eine Frau wegen Ehebruch von ihrem Mann getötet werden.[580]

Die Kriminalisierung von Übergriffen durch Privatpersonen ist der erste Schritt zum Schutz der Frauen. Dies wird in internationalen Dokumenten regelmäßig gefordert.[581]

---

573 Die *UN-Special Rapporteur on violence against women* hat einen Mustergesetzentwurf zur Eindämmung der Gewalt gegen Frauen erarbeitet (1996 Report of the Special Rapporteur on violence against women: A framework for model legislation on domestic violence (E/CN.4/1996/53/Add.2)).
574 amnesty international: Geschundene Körper, S. 31.
575 Change, Non-Consensual Sex in Marriage: A worldwide programme: http://www.ncsm-wordlwidesurvey/wscountryupdate.html.
576 Ebenda
577 Ebenda
578 amnesty international: Geschundene Körper, S. 31.
579 Ebenda
580 Vgl die Nachweise bei: Mertus, S. 140 ff.
581 Vgl. z.B. Report of the Fourth World Conference on Women, A/Conf.177/20, Platform for Action, Para. 124 (b).

Das Verbot privater Handlungen, die eine Verletzung der Menschenrechte von Frauen bedeuten, ist das Mindeste, was von einem Staat verlangt werden kann. Kommt ein Staat dieser Verbotspflicht nicht nach, so ist er für das Handeln der Privatpersonen verantwortlich. Gleiches gilt, wenn er entsprechende Verbote durch Rechtfertigungsgründe, wie Verletzung der Familienehre, faktisch außer Kraft setzt. Der Staat ist somit verantwortlich, wenn er etwa Gewalt innerhalb des häuslichen Bereichs nicht unter Strafe stellt, die genitale Verstümmelung eines Mädchens nicht verbietet oder die Familienehre als Rechtfertigungsgrund für die Körperverletzung oder sogar den Mord an Frauen zulässt.

Die gesetzlichen Maßnahmen, die ein Staat zum Schutz von Frauen vor Gewalt oder anderer Übergriffe durch Privatpersonen zu treffen hat, beschränken sich nicht auf strafrechtliche Regelungen. So muss das Familienrecht Frauen und Männern gleiche Rechte gewähren. Insbesondere müssen Frauen und Männer beide das Recht haben, die Scheidung zu verlangen.[582] Um die angemessene Sorgfalt zu erfüllen, muss der Staat sicherstellen, dass Frauen, die von ihren Ehemännern geschlagen oder sonst misshandelt werden, das Recht haben, sich scheiden zu lassen.

(ii.) Mangelnde Durchsetzung vorhandener Verbote

Die Fälle, in denen vorhandene Rechtsvorschriften zum Schutz von Frauen nicht durchgesetzt werden, sind vielfältig. Eine mangelnde Durchsetzung liegt insbesondere dann vor, wenn die zuständigen Behörden, nachdem sie von einem (drohenden) geschlechtsspezifischen Übergriff Kenntnis erlangt haben, keine Aktivitäten entfalten.

Die Durchsetzung von Rechtsvorschriften kann außerdem dadurch behindert werden, dass Frauen nicht befugt sind, selbst Anzeige zu erstatten, oder ihnen dies nicht möglich ist, weil sie, wie etwa in Saudi-Arabien, nicht alleine das Haus verlassen dürfen, weil sie nicht die Mittel haben, sich außer Haus zu bewegen (z.B. Geld für Bus oder Taxi) oder wenn sie nicht persönlich vor Gericht erscheinen dürfen.[583] In Afrika erschweren zum Teil Widersprüche zwischen staatlichem Gesetz und kultureller Sitte den Schutz von Frauen. Obwohl Frauen durch das Gesetz, wenn auch nur unzureichend, geschützt werden, wird dieser Schutz durch kulturelle Anschauungen untergraben.[584]

All dies muss bei der Frage, ob Schutzvorschriften für Frauen effektiv durchgesetzt werden, berücksichtigt werden. Das internationale Menschenrechtsinstrumentarium erfordert, dass der Staat Menschenrechtsverletzungen durch Privatpersonen nicht nur auf dem Papier verbietet, sondern das Verbot auch wirksam durchsetzt. So führt der UN-Menschenrechtsausschuss zu Art. 7 IPbürgR aus:

„Zweck dieser Bestimmung ist es, die Unversehrtheit und Würde des Einzelnen zu schützen. Der Ausschuss stellt fest, dass dieser Artikel noch nicht als durchgeführt gilt, wenn eine derartige Behandlung oder Strafe verboten oder zu einem Verbrechen erklärt wird. In den meisten Staaten gibt es strafrechtliche Bestimmungen für Fälle

---

582 Vgl. 1996 Report of the Special Rapporteur on violence against women (UN Doc. E/CN.4/1996/53), Para. 142 (h).
583 Vgl. amnesty international: Geschundene Körper, S. 35.
584 Change, Non-Consensual Sex in Marriage: A worldwide programme: http://www.ncsm-worldwidesurvey/wscountryupdate.html.

von Folter oder ähnlichen Praktiken. Da solche Fälle dennoch vorkommen, folgt aus Art. 7 in Verbindung mit Art. 2 des Paktes, dass die Staaten durch eine Art Kontrollmechanismus für einen wirksamen Schutz sorgen müssen. Beschwerden über Misshandlungen muss von den zuständigen Behörden in wirksamer Weise nachgegangen werden. Für schuldig befundene Personen müssen zur Verantwortung gezogen werden, und den Verletzten müssen wirksame Rechtsmittel offen stehen, darunter auch das Recht auf Entschädigung."[585]

Auch die Erklärung zur Beseitigung von Gewalt gegen Frauen fordert die effektive Durchsetzung bestehender Gesetze. In Art. 4 (c) der Erklärung heißt es: Die Staaten sollen *„mit der gebührenden Sorgfalt vorgehen, um Gewalthandlungen gegen Frauen zu verhüten, zu untersuchen und im Einklang mit ihren innerstaatlichen Rechtsvorschriften zu bestrafen, unabhängig davon, ob diese Handlungen vom Staat oder von Privatpersonen begangen werden."*

In Art. 4 (d) fordert die Generalversammlung, dass Frauen, die Gewalt ausgesetzt sind, Zugang zu den Mechanismen der Justiz erhalten. Nach Art. 4 (i) schließlich sollen die Staaten *„Maßnahmen ergreifen, um sicherzustellen, dass Polizeibeamte und Beamte, die für die Anwendung der Politiken zur Verhütung, Untersuchung und Bestrafung von Gewalt gegen Frauen zuständig sind, eine Ausbildung erhalten, die sie für die Bedürfnisse der Frau sensibilisiert"*.

Auch in der Aktionsplattform der vierten Weltfrauenkonferenz werden von den Staaten konkrete Maßnahmen verlangt, die die Durchsetzung von Schutzvorschriften zugunsten von Frauen verbessern sollen:

„(h) Provide women who are subjected to violence with access to the mechanisms of justice and, as provided for by national legislation, to just and effective remedies for the harm they have suffered and inform women of their rights in seeking redress through such mechanism;"[586]

„(l) Create or strengthen institutional mechanisms so that women and girls can report acts of violence against them in a safe and confidential environment, free from the fear of penalties or retaliation, and file charges;"[587]

„(n) Create, improve or develop as appropriate, and fund the training programmes for judicial, legal, medical, social, educational and police and immigrant personnel, in order to avoid the abuse of power leading to violence against women and sensitize such personnel to the nature of gender-based acts and threats of violence so that fair treatment of female victims can be assured;"[588]

Diese Dokumente des internationalen Rechts erfordern also nicht nur das Verbot von Gewalttaten oder sonstigen Menschenrechtsverletzungen an Frauen, sondern auch ihre effektive Durchsetzung. Zwar sind diese Dokumente nicht alle verbindlich, sie können aber als Auslegungsmaßstab für den Verfolgungsbegriff herangezogen werden. Die Staaten müssen also dafür Sorge tragen, dass Frauen in ihrem Staatsgebiet nicht nur auf

---

585 Bericht des Menschenrechtsausschusses, offizielles Protokoll der Generalversammlung: 37.Tagung, Beilage Nr. 40 (A/37/40), Anhang V, Allgemeine Bemerkung 7 (16), Para. 1.
586 Report of the Fourth World Conference on Women, A/Conf.177/20, Platform for Action, Para. 124 (h).
587 Ebenda, Para. 124 (l).
588 Ebenda, Para. 124 (n).

dem Papier geschützt werden, sondern dass effektive Maßnahmen zu ihrem Schutz bestehen. Dazu gehört nicht nur die Sensibilisierung der zuständigen Polizeibeamten, sondern auch die Aufklärung der Frauen über ihre Rechte sowie die Möglichkeit, diese Rechte tatsächlich wahrzunehmen. Auch wenn keine denkbare Maßnahme sicher genug sein kann, um jegliche Kriminalität zu verhindern, so muss doch ein gewisses Maß an Wirksamkeit verlangt werden.

Grundsätzlich gilt, je energischer ein Staat die gewalttätigen Personen verfolgt, desto weniger kann er der Beihilfe oder Mittäterschaft an den Verbrechen bezichtigt werden.[589]

(iii.) Keine Zufluchtsmöglichkeiten

Neben Verboten und deren wirksamer Durchsetzung besteht die Möglichkeit, Frauen, die Gewalt durch Privatpersonen ausgesetzt sind oder denen dies droht, Zufluchtsmöglichkeiten zu bieten. Zum Beispiel kann der Staat Frauenhäuser selber einrichten oder entsprechende private Einrichtungen unterstützen. Im „Report of the Special Rapporteur on violence against women" von 1996 wird auf die Notwendigkeit von Zufluchtsstätten hingewiesen:

„ (j) Accepting that there are serious safety issues that arise from domestic violence, States should provide a mechanism through which victim-survivors can invoke State protection to enforce their desire to separate, and rigorously enforce such mechanisms as protection orders."[590]

„ (m) Recognizing the nexus between domestic violence and homelessness, priority should be given to victim-survivors of domestic violence in State-sponsored housing".[591]

In der Aktionsplattform der vierten Weltfrauenkonferenz werden die Staaten aufgefordert, Zufluchtsmöglichkeiten für Frauen und Mädchen, die Gewalt ausgesetzt sind, bereitzustellen:

„Provide well-founded shelters and relief support for girls and women subjected to violence, as well as medical, psychological and other counselling services and free or low-cost legal aid, where it is needed, as well as appropriate assistance to enable them to find a means of subsistence".[592]

Die Bereitstellung oder Unterstützung von Zufluchtshäusern für misshandelte Frauen ist eine Möglichkeit, die Schutzlücken, die jedes Verbot enthält, zu schließen. Kann ein Staat trotz eines entsprechenden Verbotes Gewalt gegen Frauen nicht vollständig verhindern, so muss er wenigstens der Frau die Möglichkeit geben, außerhalb ihres Familienkreises Schutz zu finden. Der Antrag einer Asyl begehrenden Frau kann allerdings nicht pauschal mit dem Hinweis abgelehnt werden, es gäbe in ihrem Herkunftsland Frauenhäuser, in denen sie Schutz suchen könnte. So ist die geographische Verteilung

---

589 Roth, S. 331.
590 1996 Report of the Special Rapporteur on violence against women (UN Doc. E/CN.4/1996/53), Para. 142 (j), Satz 1.
591 Ebenda, Para. 142 (m).
592 Report of the Fourth World Conference on Women, A/Conf.177/20, Platform for Action, Para. 125 (a).

entsprechender Zufluchtsstätten zu berücksichtigen. Ein Frauenhaus in den großen Städten des Herkunftslandes nützt einer Frau aus ländlicher Region unter Umständen nichts, wenn dieses für sie nicht erreichbar ist oder sie davon nichts weiß. Geprüft werden muss auch, ob die Zufluchtsstätten wirklich sicher sind oder ob Frauen befürchten müssen, dass sofort ihre Familie benachrichtigt wird. Private Träger sind unter Umständen Vertrauen erweckender. Zu bedenken ist schließlich, dass solche Zufluchtsmöglichkeiten regelmäßig nur temporären Schutz bieten.

Das Vorkommen einzelner Zufluchtsstätten für Opfer häuslicher Gewalt allein kann daher den Heimatstaat nicht zu einem „sicheren Herkunftsstaat" machen. Allerdings ist die flächendeckende Bereitstellung von Frauenhäusern ein Indiz dafür, dass der Staat seine Pflicht, Frauen vor Gewalt durch Privatpersonen zu schützen, ernst nimmt und seine Sorgfaltspflicht erfüllt.

Neben der Bereitstellung von Frauenhäusern gibt es einen weiteren Schutzmechanismus. Nicht die misshandelte Frau soll die vertraute Umgebung verlassen, sondern der gewalttätige Mann. Im „Report of the special Rapporteur on violence against women" heißt es:

„ ... *Additionally, provisions should provide for the removel of the abuser from the shared home and allow the victim-survivor to retain her present housing, at least until formal and final separation is achieved".*[593]

Diese Möglichkeit hat sicherlich viele Vorzüge, wenn auch die genaue Umsetzung vielfach Probleme bereitet. Auch hier gilt: bietet ein Staat diesen speziellen Schutz an, ist dies ein Indiz für die Einhaltung seiner Sorgfaltspflicht gegenüber Frauen. Verlangt werden kann dieser besondere Schutz vom Herkunftsstaat allerdings kaum, denn selbst in den potenziellen Asylländern ist der Ausschluss des gewalttätigen Ehemannes aus der gemeinsamen Wohnung oder dem gemeinsamen Haus bisher nur in Ansätzen möglich.[594]

(iv.) Weitere Handlungspflichten des Staates

Es fragt sich schließlich noch, ob von dem Heimatstaat weitere positive Handlungen zum Schutz von Frauen verlangt werden können. Die internationalen Dokumente und Deklarationen enthalten verschiedene weitere Maßnahmenvorschläge zur Beseitigung von privater Gewalt gegen Frauen. So wird Staaten beispielsweise empfohlen, entsprechende nationale Aktionspläne auszuarbeiten,[595] im Staatshaushalt angemessene Mittel für die Aktivitäten im Zusammenhang mit der Beseitigung von Gewalt gegen Frauen aufzunehmen[596] oder Maßnahmen im Bildungswesen zu treffen, *„um einen Wandel in den sozialen und kulturellen Verhaltensmustern von Männern und Frauen herbeizuführen und Vorurteile, überkommene Gepflogenheiten und alle sonstigen Prak-*

---

593 1996 Report of the Special Rapporteur on violence against women (UN Doc. E/CN.4/1996/53), Para. 142 (j), Satz 2.
594 In Deutschland wurde erst vor kurzem das sogenannte Gewaltschutzgesetz verabschiedet, das es Zivilgerichten in Zukunft erlauben soll, Peinigern bei Strafe zu verbieten, sich den Wohnungen oder dem Betroffenen zu nähern (vgl. FR, v. 1. Dez. 01, S. 4).
595 Art. 4 lit. e) Erklärung zur Gewalt gegen Frauen.
596 Art. 4 lit. h) Erklärung zur Gewalt gegen Frauen.

tiken zu beseitigen, die auf der Vorstellung von der Unterlegenheit oder Überlegenheit des einen oder anderen Geschlechts oder der stereotypen Rollenverteilung von Mann und Frau beruhen"[597]. Die Staaten sollen außerdem entsprechende Forschungstätigkeiten[598] oder die Tätigkeit der Frauenbewegung fördern[599] sowie dafür Sorge tragen, dass die Medien Frauen respektieren und Respekt ihnen gegenüber fördern[600].

Alle diese Maßnahmen können eine gewissen Beitrag zur Verhinderung der Gewalt gegen Frauen leisten. Allerdings lässt sich die Frage, wie hoch der Beitrag der einzelnen Maßnahmen wirklich ist, nur äußerst schwer beantworten. Eine Verantwortlichkeit des Heimatstaates für die Gewalt von Privatpersonen lässt sich jedenfalls nicht allein deshalb begründen, weil der Staat eine einzelne der genannten Maßnahmen nicht befolgt, etwa die Frauenbewegung nicht unterstützt. Das Band, über welches die mittelbare Verantwortlichkeit des Staates zu begründen wäre, ist hier zu dünn.

Auf der anderen Seite kann der Umstand, dass der Staat die genannten Maßnahmen beachtet, ein Hinweis darauf sein, dass er eine angemessene Sorgfalt zum Schutz von Frauen gegen Gewalt von Privatpersonen an den Tag legt.

(v.) Allgemeine Hinweise darauf, ob Staaten eine gebührende Sorgfalt an den Tag legen

Neben der genauen Untersuchung, ob der Herkunftsstaat bestimmte Handlungen zum Schutz von Frauen gegen private Gewalt unternimmt (zum Beispiel bestimmte Gesetze, Schutzprogramme, usw.), gibt es allgemeine Hinweise, die für oder gegen die Einhaltung der Sorgfaltspflicht sprechen. So spricht zum Beispiel die Tatsache, dass ein Staat der Frauenkonvention oder anderen sich speziell auf Frauen beziehenden Dokumenten nicht beigetreten ist, dafür, dass der betreffende Staat es auch sonst mit dem Schutz von Frauen nicht besonders ernst nimmt. Das gleiche gilt, wenn der Staat der Frauenkonvention zwar beigetreten ist, zu den entscheidenden Stellen aber einen Vorbehalt erklärt hat. Für das Begehren der Antragstellerin spricht außerdem ein undemokratisches Heimatland.[601] Auch die Frage, ob der Herkunftsstaat seiner nach den verschiedenen Menschenrechtsabkommen bestehenden Berichtspflicht nachkommt und auch auf geschlechtsspezifische Probleme eingeht, ist zu berücksichtigen.[602] Auf der anderen Seite sprechen ein demokratisches Heimatland, die Unterzeichnung aller Menschenrechtsdokumente sowie ausführliche Berichte zur Situation der Frauen in dem Land eher dafür, dass der Staat seiner Sorgfaltspflicht nachkommt.

---

597 Art. 4 lit. j) Erklärung zur Gewalt gegen Frauen.
598 Art. 4 lit. k) Erklärung zur Gewalt gegen Frauen.
599 Art. 4 lit. p) Erklärung zur Gewalt gegen Frauen.
600 Committee on the Elimination of Violence against Women, Eleventh session, General recommendation 19, Offical Records of the General Assembly, Forty-seventh session, Supplement Nr. 38 (A/47/38), Chapter I, para. 24 lit. (d).
601 Ebenda.
602 Vgl. 1996 Report of the Special Rapporteur on violence against women (UN Doc. E/CN.4/1996/53), Para. 142 (c).

(3.) Ergebnis

Auch wenn man der Zurechnungslehre folgt, können frauenspezifische Rechtsverletzungen durch private Dritte Verfolgung sein, wenn sie dem Herkunftsstaat nach den oben erarbeiteten Kriterien zugerechnet werden können. Festzuhalten bleibt allerdings, dass einem Staat nach diesem Ansatz kein Verhalten von privaten Dritten zugerechnet werden kann, zu dessen Verhinderung er nicht fähig ist.

Will man die Schutzunfähigkeit eines Staates ausreichen lassen, so muss man konsequenter Weise auf die Voraussetzung, die Verfolgung müsse dem Staat zurechenbar sein, verzichten und stattdessen allein auf dass Vorliegen effektiven Verfolgungsschutzes im Heimatland abstellen.

Wie oben dargelegt, ist dies der überzeugendere Ansatz. Dabei führt auch hier nicht jede frauenspezifische kriminelle Handlung zur Annahme von Verfolgung. Nur ein prinzipielles Fehlen staatlichen Schutzes kann zur Annahme einer Verfolgung führen. Maßgeblich sind auch hier die oben erarbeiteten Maßstäbe zur Frage, wann eine Handlung einem Staat zugerechnet werden kann. Werden Frauen in einem Land nicht durch Gesetze geschützt, werden diese Gesetze nicht durchgesetzt oder gibt es sonst keine Zufluchtsstätten, so fehlt es an einem effektiven Schutz vor Verfolgung im Heimatstaat.

Zusätzlich mangelt es an einem ausreichenden staatlichen Schutz, wenn der Heimatstaat nicht in der Lage ist, die Frauen zu schützen. Finden etwa Genitalverstümmelungen im Verborgenen statt, so dass es für den Staat nahezu unmöglich ist, präventiv einzuschreiten, so ist ein effektiver Schutz im Heimatstaat nicht gegeben und es liegt, vorbehaltlich der weiteren Voraussetzungen, eine Verfolgung vor.

II. Eingriffsintensität

Bei der Berücksichtigung frauenspezifischer Verfolgungsgründe stellt sich häufig die Frage, wo die Grenze zwischen Asyl begründender Verfolgung und „bloßer" Diskriminierung, die die Frau hinzunehmen hat, liegt. Die Frage nach der Eingriffsintensität wird jeweils bei den verschiedenen Gründen frauenspezifischer Verfolgung zu untersuchen sein.

1.) Deutschland

Die im Heimatland drohenden Rechtsverletzungen müssen von einer gewissen Intensität sein, damit sie zur Verfolgung im Sinne von Art. 16a Abs. 1 GG werden, nämlich *„von einer Intensität (...), die sich nicht nur als Beeinträchtigung, sondern als – ausgrenzende – Verfolgung darstellt".*[603]

Nach der Rechtsprechung des Bundesverfassungs- und Bundesverwaltungsgerichts sind Maßnahmen mit Gefahr für Leib oder Leben sowie Beschränkungen der persönlichen Freiheit stets von ausreichender Intensität.[604] Deshalb sind frauenspezifische Rechtsverletzungen, die Leib oder Leben der betroffenen Frauen gefährden, wie etwa

---
603 BVerfGE 80, 315, 335.
604 BVerwGE, NVwZ-RR 1995, 607.

Genitalverstümmelung oder Vergewaltigung, regelmäßig von ausreichender Intensität. Dies wird auch von der deutschen Rechtsprechung nicht bestritten.[605] Problematisch ist dagegen die Intensität von Eingriffen, die noch keine unmittelbare Bedrohung für Leib, Leben oder persönliche Freiheit darstellen. Zu denken ist in diesem Zusammenhang etwa an restriktive islamische Bekleidungs- und Verhaltensvorschriften für Frauen, deren Intensität von der deutschen Rechtsprechung in der Regel als nicht ausreichend eingeschätzt wird.[606]

Da es keine gefestigte höchstrichterliche Rechtsprechung zu der Frage gibt, wann solche nicht unmittelbar Leib oder Leben bedrohenden geschlechtsspezifischen Eingriffe eine asylerhebliche Intensität erreichen, wird vorgeschlagen, für die Bemessung ihrer Intensität die Rechtsprechung zur Religionsausübung zu Rate zu ziehen.[607] Eine Übertragung der zur Religionsausübung entwickelten Kriterien darf allerdings nicht vollkommen unkritisch geschehen. Die besondere Situation von Frauen muss stets im Auge behalten werden. Denn während zum Beispiel die Religionsausübung auf den privaten Bereich beschränkt werden kann,[608] kann man das Frausein nicht ablegen. Die freie gleichberechtigte Entfaltung der Persönlichkeit kann nicht auf den privaten Bereich beschränkt werden. Wird sie es, so ist sie nicht mehr frei und gleichberechtigt. Während die Beschränkung der Religionsausübungsfreiheit „nur" die religiöse Seite eines Menschen betrifft, mag sie auch sehr prägend sein, betrifft das Frausein den ganzen Menschen. Zu berücksichtigen ist außerdem, dass in einer Reihe von frauenspezifischen Fällen nicht nur eine Verfolgung wegen des Geschlechts sondern auch eine Verfolgung wegen der politischen Überzeugung der betroffenen Frau vorliegt. Ein Eingriff mit politischem Charakter indiziert aber grundsätzlich die erforderliche Intensität der drohenden Rechtsverletzung.[609]

Dennoch kann die Rechtsprechung zur Religionsausübung nützliche Anhaltspunkte bieten. Nach ständiger Rechtsprechung des Bundesverfassungsgericht können Beeinträchtigungen der Religionsausübung *„ein Asylrecht nur dann begründen, wenn sie nach ihrer Intensität und Schwere die Menschenwürde verletzen und über das hinausgehen, was die Bewohner des Heimatstaates aufgrund des dort herrschenden Systems allgemein hinzunehmen haben."*[610]

Das zweite Kriterium ist allerdings schon deshalb rechtlich bedenklich, da Verletzungen der Menschenwürde auch dann politische Verfolgung sein können, wenn sie allgemein allen Unterworfenen des dortigen Herrschaftssystems angetan werden und der

---

605 Siehe dazu die Nachweise im Folgenden.
606 Siehe dazu die Nachweise im Folgenden.
607 Hailbronner, ZAR 1998, S. 157, kritisch: Mees-Asadollah, Streit 1998, 148.
608 So sieht das Bundesverfassungsgericht bei Verletzungen der Religionsausübungsfreiheit die Intensität erst überschritten, wenn die Regelung in „den internen Bereich der Glaubensgemeinschaft und ihrer Angehörigen übergreift, d.h. in das Haben- und Bekennenkönnen ihres Glaubens, wie sie ihn verstehen, im privaten Bereich und dort, wo sie sich abseits der Öffentlichkeit in persönlicher Gemeinschaft mit Gleichgesinnten nach Treu und Glauben unter sich wissen dürfen." (BVerfGE, 76, 143, 160)(vgl. auch BVerwGE 74, 31, 38).
609 BVerfGE 54, 341, 357; 76, 143, 158.
610 BVerfGE 54, 341, 357.

Staat die ungünstigen Lebensbedingungen zielgerichtet schafft, um die Bevölkerung zu unterdrücken.[611]

Im Übrigen handelt es sich bei frauenspezifischer Verfolgung gerade nicht um Menschenrechtsverletzungen, die alle Bewohner des Herkunftslandes allgemein hinzunehmen haben. Per definitionem trifft frauenspezifische Verfolgung nämlich nur Frauen. Männer des Heimatlandes haben derartige Menschenrechtsverletzungen nicht hinzunehmen.

Die einer Frau durch geschlechtsspezifische Regelungen oder Bräuche entstehenden Beeinträchtigungen nur an dem zu messen, was die weiblichen Bewohner des Heimatstaates allgemein hinzunehmen haben, würde bedeuten, für Männer und Frauen im Hinblick auf die Menschenwürde unterschiedliche Maßstäbe anzusetzen. Dass dies nicht sein kann, versteht sich von selbst. Es kommt also auch für frauenspezifische Verfolgung ganz maßgeblich auf das erste Kriterium, den Menschenwürdebegriff, an.

Bei der Frage, ob geschlechtsspezifische Vorschriften die Menschenwürde verletzen, werden gelegentlich kulturrelativistische Argumente angeführt. So lehnte das OVG NRW die Asylerheblichkeit der im Iran geltenden strengen Bekleidungsvorschriften unter anderem mit dem Hinweis darauf ab, dass sie im Iran als selbstverständlich angesehen und in der Öffentlichkeit nicht in Frage gestellt werden.[612]

Das Bundesverfassungsgericht berücksichtigt die fremde Kultur mit dem oben genannten zweiten Kriterium, indem es also nur solche Beeinträchtigungen für asylerheblich hält, die „über das hinausgehen, was die Bewohner des Heimatstaates aufgrund des dort herrschenden Systems allgemein hinzunehmen haben."[613]

Nach Ansicht des Bundesverwaltungsgerichts gehe es fehl, „bei der asylrechtlichen Beurteilung eine fremde Rechtsordnung ohne Berücksichtigung des sie beherrschenden Prinzips einer Staatsreligion am weltanschaulichen Neutralitäts- und Toleranzgebot des Grundgesetzes zu messen."[614] Nicht jede Beeinträchtigung der durch das Grundgesetz gewährleisteten Grundrechte in anderen Staaten stelle schon eine asylerhebliche politische Verfolgung dar.[615] Geschlechtsspezifische diskriminierende Regelungen können also nach dieser Auffassung zum Beispiel nicht allein an der Religionsfreiheit (Art. 4 Abs. 1 und 2 GG) und den Gleichheitssätzen (Art. 3 Abs. 1-3 GG) des Grundgesetzes gemessen werden.

Soll Art. 16a Abs. 1 GG aber durch den Menschenwürdebegriff ausgelegt werden, soll nämlich bestimmt werden, wann ein Eingriff von einer Intensität und Schwere ist, dass der Anwendungsbereich dieser Vorschrift betroffen ist, kann es nur auf den Menschenwürdebegriff des deutschen Grundgesetzes ankommen. Selbst wenn es eine kulturrelativistische Komponente im Menschenwürdebegriff geben sollte,[616] so kann doch für die Auslegung einer Bestimmung des deutschen Grundgesetzes allein der Menschenwürdebegriff, wie er in Deutschland verstanden wird, herangezogen werden.

---

611 Göbel-Zimmermann, Rn. 35.
612 OVG NRW, Urt. v. 17. Dezember 1992 – 16 A 10141/90.
613 BVerfGE 54, 341, 357.
614 BVerwGE 74, 31, 37.
615 BVerwGE 74, 31, 38.
616 Vgl. dazu Häberle, in: HStR § 20 Rn. 46 ff.

2.) Frankreich

In der französischen Rechtsprechung gibt es keine eindeutigen dogmatischen Leitlinien für die Frage, wann ein Eingriff schwer genug ist, um Verfolgung zu begründen.[617] Generell lässt sich aber sagen, dass Maßnahmen, die die körperliche Integrität einer Person ernsthaft verletzen, als Verfolgung im Sinne der Konvention angesehen werden.[618] Aber auch offensichtliche Beeinträchtigungen mit besonderer Schwere, die weder das Leben noch die Freiheit der mißhandelten Person bedrohen, können Verfolgung sein:

„Par ,persécution', il faut évidemment entendre des vexations d'une particulière gravité, même si elles menacent ni la vie ni la liberté de la personne tourmentée".[619]

Menschen, die in ihrer Heimat Opfer von Menschenrechtsverletzungen wurden, werden in Frankreich nicht notwendigerweise als Flüchtling anerkannt.[620] Diskriminierungen werden in der Regel nicht als Verfolgung angesehen.[621] Erst wenn sie eine gewisse Schwere erreichen, werden sie anerkannt. So wurde einer Frau aus Kambodscha, die unter Diskriminierungen und Drohungen zu leiden hatte und damit davon abgehalten werden sollte, ihr Studium fortzuführen, als Flüchtling anerkannt.[622] Eingriffe in die Glaubensfreiheit werden in Frankreich prinzipiell nicht als Verfolgungseingriffe gewertet.[623]

3.) USA

Unzweifelhaft sind in der amerikanischen Rechtsprechung Bedrohungen des Lebens und der Freiheit („threats to life or freedom") Verfolgung.[624] Das amerikanische BIA hat angenommen, dass Bedrohungen des Lebens, Haft, Folter und wirtschaftliche Beschränkungen, die so ernst sind, dass sie eine Bedrohung für Freiheit und Leben darstellen, den Grad einer Verfolgung erreichen.[625] Die INS-Richtlinie nennt einige Beispiele frauenspezifischer Verfolgungsgründe, die die genannte Intensität haben. Dazu gehören sexuelle Misshandlung, Vergewaltigung, Kindestötung, Genitalverstümmelung, Zwangsheirat, Sklaverei, häusliche Gewalt und Zwangsabtreibung.[626]

In *Fatin v. INS* musste sich der *U.S. Court of Appeals* in einem geschlechtsspezifischen Fall mit der Problematik der Intensität des Eingriffs auseinandersetzen. Dabei ging es um die Bekleidungs- und Verhaltensvorschriften im Iran. Das Gericht stellte fest:

---

617 Dazu ausführlich, Wolter, S. 128 ff.
618 Carlier/Vanheule-*Schank/Peña Galiano*, 395.
619 Vincent, in : Frowein/Stein (Hrsg.), Bd. 1, S. 433, 488, zit. bei Wolter, S. 128.
620 Carlier/Vanheule-*Schank/Peña Galiano*, 387.
621 CRR, 7. Juli 1989, 56.745, zit. Carlier/Vanheule-*Schank/Peña Galiano*, 387.
622 CRR, 3. Juli 1986, 21.002, zit. Carlier/Vanheule-*Schank/Peña Galiano*, 388.
623 Wolter, S. 376 ff., die allerdings in der neueren Rechtsprechung eine Tendenz erkennt, wonach auch Eingriffe in die Religionsfreiheit einer „wirklichen" Verfolgung gleichgesetzt werden können (S. 378).
624 *INS v. Stevic*, 467 U.S. 407 (1984), zit. Carlier/Vanheule-*Vanheule*, S. 646.
625 *Matter of Acosta*, 19 I&N Dec. 211, 222 (BIA 1985).
626 INS-Richtlinie, Abschnitt III, (S. 9).

„[T]he concept of persecution is broad enough to include governmental measures that compel an individual to engage in conduct that is not physically painful or harmful but is abhorrent to that individual's deepest beliefs."[627]
Es bleibt die Frage, wann eine Maßnahme der tiefsten Überzeugung eines Individuums zuwiderläuft. Die INS-Richtlinie führt dazu aus:
„The degree of abhorrence an applicant claims to feel at such forced behavior must be objectively reasonable – that is, it would have to be a degree of abhorrence that a reasonable person in the circumstances of the applicant could share."[628]
Dieser Ansatz führt möglicherweise zu einem Widerspruch zwischen der Einschätzung des Entscheiders oder der Entscheiderin und der der Antragstellerin in Bezug auf die Frage, was objektiv vernünftig („objectively reasonable") ist. In *Fatin v. INS* berücksichtigte der U.S.C.A. bei dieser Frage, was die Frau bereit war zu riskieren, um der verfolgenden Maßnahme zu entgehen.[629]

4.) Kanada

Nach der traditionellen kanadischen Rechtsprechung muss die Verfolgung eine beharrliche Belästigung („persistent harassment") sein.[630] Sie beinhaltet die ständige Zufügung psychischer oder körperlicher Grausamkeit („constant infliction of some mental or physical cruelty").[631] Das Immigration and Appeal Board befand im Fall von Glady Maribel Hernandez:
„The criteri[on] to establish persecution is harassment, harassment that is so constant and unrelenting that the victims feel deprived of all hope of recourse, short of flight, from government by oppression."[632]
Damit kommt es maßgeblich auf den Begriff des *harassment* an. In der neueren kanadischen Rechtsprechung wird dieser Maßstab an den Menschenrechten ausgerichtet. So verweist die kanadische Richtlinie bei der Frage, ob ein drohendes Übel die Intensität einer Verfolgung erreicht, auf die Menschenrechte:
„The ... issues are whether the violence – experienced or feared – is a serious violation of a fundamental human right for a Convention ground ..."[633]

5.) Wertender Rechtsvergleich

Es zeigt sich, dass in allen Ländern die erforderliche Intensität bei körperlichen Eingriffen wie Genitalverstümmelung und Vergewaltigung bejaht wird. Schwieriger ist

---

627 *Fatin v. INS*, 12 F.3d 1233, 1242 (3rd Cir. 1993); siehe auch *Fisher v. INS*, 37 F.3d 1271 (9th Cir. 1994).
628 INS-Richtlinie, Abschnitt III. B. (S. 10).
629 *Fatin v. INS*, 12 F.3d 1233, 1241 (3rd Cir. 1993).
630 Siehe die Nachweise bei Hathaway (1991), S. 101 f.
631 *Marc Georges Sévères* (1974), 9 I.A.C. 42, at 47 *per* J.-P. Houle, zit. nach Hathaway (1991), S. 101.
632 Immigration Appeal Board Decision M81-1212, January 6, 1983 at 5 *per* G. Loiselle, zit. nach Hathaway (1991), S. 102.
633 Kanadische Richtlinie, Abschnitt B. („Considerations"); vgl. zum menschenrechtlichen Maßstab auch: Hathaway (1991), S. 112 ff.

es allerdings, wenn die Verfolgung allein psychischer Natur ist, wie zum Beispiel bei geschlechtsspezifischen Bekleidungs- und Verhaltensvorschriften, die eine Frau erduldet und deshalb keine Sanktionen zu erwarten hat. Während in Deutschland nach der Systematik des Bundesverfassungsgericht wohl auf eine Verletzung der Menschenwürde abgestellt werden muss, verweist die kanadische Richtlinie auf einen menschenrechtlichen Ansatz. In Frankreich und den USA ist die Systematik hingegen weniger klar.

Wenn man das Flüchtlingsrecht als subsidiären Menschenrechtsschutz auffasst, so ist der kanadische Ansatz vorzuziehen. Wenn Menschenrechtsverletzungen im Heimatstaat nicht verhindert werden können, so müssen die potenziellen Asylländer den betroffenen Personen durch die Aufnahme Schutz bieten. Maßstab können nach diesem Verständnis nur die Menschenrechte sein. Jedenfalls in Bezug auf die Genfer Flüchtlingskonvention ist dieser Ansatz geboten, denn die Präambel der Konvention verweist ausdrücklich auf den Schutz der Menschenrechte. Infolgedessen sollte auch die deutsche Rechtsprechung zumindest in Bezug auf § 51 Abs. 1 AuslG die Menschenrechte als Maßstab heranziehen. Auf die Frage der Intensität frauenspezifischer Verfolgungen im Speziellen wird unten bei den einzelnen Verfolgungsgründen noch näher einzugehen sein.

B. Das Geschlecht als Verfolgungsgrund

I. Das Geschlecht als asylrelevantes Merkmal im Sinne von Art. 16a Abs. 1 GG

Um politisch im Sinne von Art. 16a Abs. 1 GG zu sein, muss eine Verfolgung unter anderem an asylrelevante Merkmale anknüpfen.[634] Als asylrelevante Merkmale kommen dabei in erster Linie die Merkmale der Genfer Flüchtlingskonvention in Betracht. Allerdings kommt diesen Merkmalen nur exemplarischer Charakter zu.[635] Eine politische Verfolgung i.S.d. Art. 16a Abs.1 GG kann unter bestimmten Voraussetzungen auch dann gegeben sein, wenn andere als die in Art. 1 A Nr. 2 GFK ausdrücklich genannten Merkmale und Eigenschaften zum Anknüpfungs- und Bezugspunkt für Verfolgungsmaßnahmen genommen werden.[636] So können nach Ansicht des Bundesverwaltungsgerichts solche persönlichen Eigenschaften und Verhaltensweisen in Betracht kommen, „die nach Art und Charakter den asylrechtlich stets erheblichen Merkmalen wie Rasse, der Nationalität, der Religion oder der politischen Überzeugung vergleichbar sind, was insbesondere dann naheliegt, wenn sie sich in der Vergangenheit ebenfalls bereits als verfolgungsträchtig erwiesen haben."[637]

Es fragt sich deshalb, ob das Geschlecht ein asylrelevantes Merkmal im Sinne von Art. 16a Abs. 1 GG sein kann. Das Bundesverwaltungsgericht hat in der jüngeren Vergangenheit vorsichtig begonnen, das Geschlecht als asylerhebliches Merkmal anzusehen.[638] In einer Entscheidung aus dem Jahre 2000 hatte das Bundesverwaltungsgericht sich mit einem jungen männlichen Tamilen ohne festen Wohnsitz zu befassen, den der

---

634 BVerfGE 80, 315; BVerfG, InfAuslR 1993, 310, 312.
635 BVerwGE 67, 184, 186.
636 BVerwGE 79, 143, 146.
637 Ebenda
638 BVerwG, v. 25. Juli 2000 – 9 C 28/99; BVerwG, v. 20. Februar 2001 – 9 C 21/00.

Staat Sri Lanka aufgrund dieser Merkmale potenziell zum Täter- oder Unterstützerkreis der terroristischen LTTE rechnete. Das Gericht war der Auffassung, die staatlichen Maßnahmen träfen den Antragsteller „in Anknüpfung an seine tamilische Volkszugehörigkeit, sein Alter und sein Geschlecht und somit an für ihn unverfügbare, asylerhebliche Merkmale".[639]

Die Asylerheblichkeit des Merkmals Geschlecht wurde allerdings bisher weder vom Bundesverwaltungsgericht noch vom Bundesverfassungsgericht näher begründet. Es lohnt sich deshalb, einen Blick auf die Ausführungen des Bundesverwaltungsgerichts zur unveränderlichen homosexuellen Neigung zu werfen, die das Gericht schon früher als asylerheblich eingestuft hat.[640] Der zu gewährende Schutz beruhe auf dem allgemeinen Gesichtspunkt, *„dass derjenige Asyl genießen soll, der Verfolgungsmaßnahmen deshalb befürchten muß, weil er aufgrund unabänderlicher persönlicher Merkmale anders ist, als er nach Ansicht des Verfolgers zu sein hat."*[641]

Nach Ansicht von Hailbronner lässt sich diese Rechtsprechung des BVerwG zu Homosexuellen nicht auf Frauen übertragen, da Frauen nicht als solche wegen ihres Geschlechts Verfolgungen ausgesetzt seien. Es fehle an einer hinreichenden Verknüpfung von Geschlecht und Verfolgung: *„Entscheidend ist (...) nicht, dass der Kreis der Frauen eine große Anzahl von Personen einschließt – dies gilt auch für nach rassischen oder religiösen Merkmalen bestimmte Gruppen –, sondern dass es an einer hinreichenden Verknüpfung von Geschlecht und Verfolgung fehlt."*[642]

Folgt man der Formulierung des Bundesverwaltungsgerichts, wonach die Verfolgung sich dadurch begründen muss, dass eine Person anders ist, als sie nach Ansicht des Verfolgers zu sein hat, so erscheint diese Verknüpfung in der Tat nicht in allen geschlechtsspezifischen Verfolgungsfällen gegeben. Anders als im Hinblick auf das unverfügbare Merkmal Homosexualität ist nicht davon auszugehen, dass der Verfolger etwas gegen das unverfügbare Merkmal Weiblichkeit an sich hat. Frauen sind nicht aufgrund ihres Geschlechts anders, als sie nach Ansicht ihrer Verfolger zu sein haben.

Es kann sein, dass sie sich anders verhalten, als sie es nach Ansicht ihrer Verfolger tun sollten (zum Beispiel Verstoß gegen geschlechtsspezifische Bekleidungs- und Verhaltensvorschriften). Dieses Verhalten ist aber kein unverfügbares persönliches Merkmal, es spricht vielmehr vieles dafür, dass es sich hier um eine politische Betätigung handelt. In Bezug auf die Genitalverstümmelung sind unbeschnittene Frauen anders als sie nach Ansicht der Herrschenden zu sein haben, weil sie unbeschnitten sind.

In vielen Fällen werden Frauen nicht verfolgt, weil sie anders sind, als sie nach Ansicht des Verfolgers zu sein haben, sondern weil sie nach seiner Ansicht minderwertig sind.[643] Frauen werden Verhaltensweisen aufgezwungen, weil der Mann dies für richtig hält. Frauen werden geschlagen, weil der Mann der Auffassung ist, Frauen schlagen zu dürfen. Frauen werden vergewaltigt, weil der Mann meint, sie vergewaltigen zu dürfen.

---

639   BVerwG, v. 25. Juli 2000 – 9 C 28/99.
640   BVerwGE, 79, 143, 147.
641   BVerwGE 79, 143, 146.
642   Hailbronner, ZAR 1998, 152, 159.
643   Der Verfolger mag bestreiten, er halte Frauen für minderwertig. Die Verfolgung bezeugt das Gegenteil.

Hailbronner ist deshalb zuzugeben, dass es einen Unterschied zwischen Verfolgung wegen des Geschlechts und Verfolgung wegen der sexuellen Orientierung gibt. Dieser Unterschied liegt aber allein in der Intention des Verfolgers. Da es auf die subjektiven Motive des Verfolgers aber nicht ankommt,[644] hat er keinen Einfluss auf den Zusammenhang von Geschlecht und Verfolgung.

Nach objektiven Maßstäben knüpft frauenspezifische Verfolgung nämlich sehr wohl an das Geschlecht an. Am eindeutigsten ist die Verknüpfung von Verfolgung und Geschlecht bei Regelungen, die sich unmittelbar auf das Geschlecht beziehen. In streng islamisch geprägten Ländern müssen Frauen den Schleier tragen, dürfen nicht berufstätig sein oder sich nicht alleine in der Öffentlichkeit zeigen, weil sie Frauen sind. Frauen in Ländern Afrikas werden durch die Verstümmelung ihrer Genitalien brutal in ihrem Recht auf körperliche Unversehrtheit und personale und sexuelle Selbstbestimmung verletzt, weil sie Frauen sind.

Aber auch wenn es keine unmittelbar an das Geschlecht anknüpfende Regelung gibt, tatsächlich ist eine Verbindung von Verfolgung und Geschlecht nachzuweisen. Frauen werden geschlagen, vergewaltigt und sogar ermordet, weil sie Frauen sind. In Indien werden Frauen umgebracht, weil ihre Familie die nötige Mitgift nicht aufbringen kann.[645] Häusliche Gewalt ist ein geschlechtsspezifisches Delikt, das von Männern an Frauen begangen wird.[646] All diese Verbrechen treffen nicht zufälligerweise Frauen. Das Risiko besteht darin, eine Frau zu sein.[647]

Wie die sexuelle Orientierung, so hat sich auch die Zugehörigkeit zu einem bestimmten Geschlecht in der Vergangenheit als verfolgungsträchtig erwiesen. Wenn dem Asylrecht die von der Achtung der Unverletzlichkeit der Menschenwürde bestimmte Überzeugung zugrunde liegt, dass kein Staat das Recht hat, Leib, Leben oder die persönliche Freiheit des Einzelnen aus Gründen zu gefährden oder zu verletzen, die allein in unverfügbaren, jedem Menschen von Geburt an anhaftenden Merkmalen liegen,[648] dann muss das Geschlecht ein solches asylrelevantes Merkmal sein.[649]

II. Das Geschlecht als bestimmte soziale Gruppe im Sinne von Art. 1 A. Nr. 2 GFK

Eine Reihe von frauenspezifischen Verfolgungssituationen lassen sich in die Konventionsmerkmale Rasse, Religion oder politische Überzeugung einordnen. Es gibt aber auch Konstellationen, die sich nicht ohne weiteres einem der genannten Merkmale

---

644 BVerfGE 76, 143, 166 ff. = NVwZ 1988, 237; BVerfGE 80, 315, 335 = NVwZ 1990, 151 = NJW 1990, 973; BVerfGE 81, 142, 151 f. = NVwZ 1990, 453.
645 Jaising, S. 53 f.
646 1996 Report of the Special Rapporteur on violence against women (UN Doc. E/CN.4/1996/53), Para. 23.
647 Lori Heise: „This is not random violence; the risk is beeing female.", zit. in kanadische Richtlinie, Fn. 17.
648 BVerfGE 76, 143 = NVwZ 1988, 237, 239; BVerfGE 54, 341, 357 = NJW 1980, 2641; BVerwGE 67, 184, 187 = NVwZ 1983, 674.
649 Im Ergebnis auch: Buhr, DuR 1988, 192, 197; Lünsmann, InfAuslR 1998, 415, 416 (zur Genitalverstümmelung); Mees, InfAuslR 1990, 348 f. (zur islamischen Kleiderordnung).

zuordnen lassen. Insbesondere bei der Flucht vor häuslicher Gewalt ist eine Einordnung in die Merkmale Rasse, Religion oder politische Überzeugung unmöglich.[650]

Es stellt sich dann die Frage, ob die Angehörigen des weiblichen Geschlechts eine soziale Gruppe im Sinne der Flüchtlingsdefinition der Genfer Flüchtlingskonvention sein können.[651] Das Merkmal „Zugehörigkeit zu einer bestimmten sozialen Gruppe" wurde erst nachträglich auf Vorschlag des schwedischen Delegierten in die Definition aufgenommen[652], um eine eventuelle Schutzlücke zu schließen.[653] Nach dem UNHCR-Handbuch besteht eine bestimmte soziale Gruppe gewöhnlich aus Personen mit ähnlichem Hintergrund, Gewohnheiten oder sozialer Stellung.[654]

Diese Kriterien können bei frauenspezifischen Verfolgungsschicksalen gegeben sein. So sind etwa alleinstehende, von Entführungen bedrohte junge Frauen Personen mit gleichartigem Hintergrund und ähnlicher sozialer Stellung. Bei anderen Fallkonstellationen hingegen können Hintergrund, Gewohnheiten oder soziale Stellung sehr verschieden sein. So liegt es etwa bei Frauen, die vor häuslicher Gewalt fliehen. Von häuslicher Gewalt sind Frauen mit den verschiedensten Hintergründen und Gewohnheiten aus allen sozialen Schichten betroffen. Der Risikofaktor, der allen gemein ist, besteht allein darin, dass sie Frauen sind. Es fragt sich somit, ob das Merkmal *Frausein* allein ausreicht, um eine „bestimmte soziale Gruppe" zu konstituieren.

1.) Deutschland

Nach der hier vertretenen Auffassung kann das Geschlecht ein asylrelevantes Merkmal im Sinne von Art. 16a Abs. 1 GG sein.[655] Für den Anwendungsbereich dieser Vorschrift muss daher nicht auf die Zugehörigkeit zu einer bestimmten sozialen Gruppe zurückgegriffen werden. Das grundrechtliche Asylrecht ist aber oft schon deshalb ausgeschlossen, weil der Flüchtling aus einem sicheren Drittstaat eingereist ist (Art. 16a Abs. 2 GG). Es kommt dann auch in Deutschland auf die Definition in § 51 Abs. 1 AuslG und damit auf die Frage an, ob die Angehörigen eines bestimmten Geschlechts eine soziale Gruppe sein können.[656] In der deutschen Rechtsprechung ist die Zugehörigkeit zu einer sozialen Gruppe bei frauenspezifischer Verfolgung vereinzelt anerkannt worden.[657] Auch die Gruppe der Frauen, die nicht bereit sind, die islamischen

---

650 Vgl. dazu: Macklin, 13 GILJ 60 (1998); dies., 17 HRQ 244 (1995).
651 In Deutschland sieht das geplante Zuwanderungsgesetz (Stand: 1. März 2002) die Aufnahme des Merkmals Geschlecht in den Katalog der Verfolgungsgründe in § 60 Abs. 1 S. 1 Entw.-AufenthG, der § 51 Abs. 1 AuslG entspricht, vor. Ob das Gesetz allerdings je in Kraft treten wird ist fraglich. Vgl. dazu schon oben, S. 1.
652 Conference of Plenipotentiaries on the Status of Refugees and Stateless Persons, A/Conf.2/SR.3 Seite 14 (19. November 1951).
653 Grahl-Madsen, S. 219 („in order to stop a possible gap"); siehe auch: Helton, 15 CHRLJ 41 f. u. 45 (1983); Neal, 20 CHRLR 229 (1988).
654 UNHCR-Handbuch, Para. 77.
655 Siehe oben, S. 128.
656 Für Frauen als soziale Gruppe: Köfner/Nicolaus, Grundlagen, S. 455 f.; Schaeffer, S. 44 f.; Randelzhofer, in MD, Rn. 25 zu Art. 16 II 2 GG. Ablehnend: Quaritsch S. 88. Weberndörfer, S. 59.
657 HessVGH, Beschl. v. 14.11.88 – 13 TH 1094/87, Streit 1989, 26, 27 (Frauen im Iran). VG Wiesbaden, Streit 1987, 51. VG Ansbach, Streit 1993, 104.

Bekleidungsvorschriften zu beachten, sind als bestimmte soziale Gruppe aufgefasst worden.[658]

In einer Reihe von Entscheidungen wurde allerdings trotz Anerkennung des Flüchtlingsstatus nach § 51 Abs. 1 AuslG auf die Frage, in welches Konventionsmerkmal die frauenspezifische Verfolgung einzuordnen ist, nicht weiter eingegangen. Die Anerkennung frauenspezifischer Verfolgung steht und fällt in Deutschland mit staatlicher Zurechenbarkeit, von der Einordnung in eines der Konventionsmerkmale wird sie in der Regel nicht abhängig gemacht.

2.) Frankreich

Das Merkmal „Zugehörigkeit zu einer bestimmen sozialen Gruppe" wurde von der französischen Rechtsprechung nicht näher definiert.[659] Ihr Anwendungsbereich wird allerdings eher eng gehalten. Fälle, in denen die CRR die Zugehörigkeit zu einer bestimmten sozialen Gruppe angenommen hat, sind die Zugehörigkeit zur Bourgeoisie[660] oder zu einer Gruppe, die als konterrevolutionär angesehen wird[661]. Kein Merkmal für die Konstitution einer bestimmten sozialen Gruppe ist nach Auffassung der CRR allerdings ein äußerliches Verhalten, das gegen die Sitten oder Gesetze des Heimatlandes verstößt.[662]

Demgemäß hat die CRR wiederholt die Auffassung vertreten, dass Frauen, die sich nicht an bestimmte geschlechtsspezifische Regelungen halten, nicht aufgrund einer Zugehörigkeit zu einer bestimmten sozialen Gruppe verfolgt werden.[663] Frauen seien keine hinreichend identifizierbare soziale Gruppe im Sinne der GFK, weil sie keine umgrenzte und identifizierbare Gesamtheit von Personen ausmachten *(„ensemble de personnes circonscrit et suffisamment identifiable pour constituer un group social").*[664]

Auch die Gruppe der westlich-geprägten Frauen in streng islamischen Ländern sei keine bestimmte soziale Gruppe im Sinne der Flüchtlingskonvention. Die für Frauen geltenden islamischen Bestimmungen beträfen das Schicksal aller Frauen. Der Umstand allein, dass einige unter ihnen diese ablehnten, erlaube noch nicht deren Zugehörigkeit zu einer bestimmten sozialen Gruppe anzunehmen:

„Considerant que les dispositions de la législation algérienne qui régisent le sort des femmes en Algérie s'appliquent sans distinction à l'ensemble des femmes de ce pays; que le fait que certaines d'entre elles entendent les contester ne permet pas de

---

658 HessVGH, Beschl. v. 14.11.88 – 13 TH 1094/87, Streit 1989, 26, 27 (Frauen im Iran).
659 Wolter, S. 420.
660 CRR, v. 5. Dezember 1985, *Huy Lao, Rec. CRR* p. 316 (zit. bei Mallol, AJDA 1995, 52).
661 CRR, v. 21. März 1986, *Mme Chen, Rec. CRR* p. 317(zit. bei Mallol, AJDA 1995, 52).
662 CRR, v. 26. Februar 1987, 38676, *Marandi* (zit. bei Wolter, S. 420).
663 CRR v. 23 novembre 1998, 323912, *Ayoubi*; CRR v. 22.7.1994, 237939, *Elkebir*, Slg. 1994, 66 = AJDA 1995, 52 m. Anm. Mallol (auch: IJRL 1994, 666f.) (Elkebir wurde allerdings trotzdem als Flüchtling anerkannt, wegen ihrer unislamischen Lebensweise und daraus folgender Bedrohungen. Die Frage, auf welches Merkmal diese Anerkennung gestützt werden konnte, ließ das Gericht offen); CRR v. 8.2.1995, 269415, *Sahraoui*, Slg. 1995, 83, 84.
664 CRR v. 23 novembre 1998, 323912, *Ayoubi*.

regarde que ces dernières appartienent, pour cette seule raison, à un groupe social particulier au sens des stipulations précitée de la convention de Genève".[665]
Nach Ansicht von Mallol ist es damit in Frankreich, um sich auf die Flüchtlingseigenschaft berufen zu können, besser zur handeltreibenden Bourgeoisie zu gehören als zur Frauenbewegung.[666] In Fällen, die die drohende Genitalverstümmelung betrafen, umging die CRR allerdings bisher die Merkmalfrage.[667] Es spricht allerdings einiges dafür, dass das Gericht damit davon ausgegangen ist, Frauen, die es ablehnen sich einer Verstümmelung ihrer Genitalien zu unterziehen, könnten einer bestimmten sozialen Gruppe angehören.[668]

3.) USA

In *Matter of Acosta* hat der BIA angenommen, dass das Geschlecht ein entscheidendes Merkmal dafür sein kann, was eine bestimmte soziale Gruppe ist.
   „*Applying the doctrine of ejusdem generis, we interpret the phrase „persecution on account of membership in a particular social group" to mean persecution that is directed toward an individual who is a member of a group of persons all of whom share a common, immutable characteristic. The shared characteristic might be an innate one such as sex, color, or kinship ties ... .*"[669]
In *Fatin* bestätigte der *Court of Appeals*, dass das Geschlecht ein angeborenes Merkmal sei, dass die Angehörigen einer bestimmten sozialen Gruppe verbinden könne.[670] Das Gericht stellte aber zwei weitere Voraussetzungen auf. Die Asylbewerberin muss darlegen, dass sie ein Mitglied dieser Gruppe ist und dass sie wegen dieser Zugehörigkeit verfolgt wird oder eine wohlbegründete Furcht vor Verfolgung hat.[671] *Fatin* suchte in den USA Asyl, da sie in Konflikt mit den iranischen geschlechtsspezifischen Gesetzen und Sittenregeln geraten war. Der *Court of Appeals* untersuchte zwei unterschiedlich geschnittene Gruppen, die Gruppe der Frauen im Iran insgesamt und die Gruppe der Frauen im Iran, die sich weigern, geschlechtsspezifische Regelungen einzuhalten. Bezüglich der Gruppe der Frauen im Iran insgesamt lehnte das Gericht allerdings eine Verfolgung ab. Es sei nicht deutlich geworden, dass Fatin bei ihrer Rückkehr in den Iran Verfolgung fürchten müsse, nur weil sie eine Frau sei:

---

665 CRR v. 22.7.1994, 237939, *Elkebir*, Slg. 1994, 66 = AJDA 1995, 52 m. Anm. Mallol (auch: IJRL 1994, 666f.).
666 Mallol, AJDA 1995, 52, 53: „En d'autres termes, pourrait-on dire, il vaut mieux appartenir à la bourgeoisie commerçante (arrêt *Huyn Lao* préc.) qu'au mouvement des femmes – par nature polymorphe – pour se voir reconnaître la qualité de réfugié."
667 CRR, v. 18. September 1991, 164078, *Aminata Diop* (Mali); F.Tiberghien, Chronique, D.R., suppl. No. 187 20/29 June 1992, pp. 3 and 6, (Mali) (zit. bei Carlier/Vanheule-*Schank/Peña Galiano*, S. 413).
668 Carlier/Vanheule-*Schank/Peña Galiano*, S. 413.
669 *Matter of Acosta*, 19 I.&N: Dec. 211 (BIA 1985), Musalo, S. 555 ff. 1985.
670 *Fatin* v. *I.N.S.*, 12 F.3d 1233, 1240 (3rd Cir. 1993) (Iran).
671 Ebenda.

„We certainly cannot say that ‚a reasonable factfinder would have to conclude,‘ based on that record, that the petitioner, if returned to Iran, would face treatment amounting to ‚persecution‘ simply because she is a women."[672]

Als zweite soziale Gruppe bestimmte der *Court of Appeals* die Frauen, die sich weigern, geschlechtsspezifische Gesetze und Sittenregeln einzuhalten. Allerdings stellte das Gericht sehr hohe Anforderungen an die Zugehörigkeit zu dieser Gruppe:

„[The petitioner] *maintains that she faces persecution because she is a member of ‚a very visible and specific subgroup: Iranian women who refuse to conform to the government's gender-specific laws and social norms.‘ (...) This definition merits close consideration. It does not include all Iranien women who hold feminist views. Nor does it include all Iranian women who find the Iranien government's ‚gender-specific laws and repressiv social norms"* objectionable or offensive. Instead, it is limited to those *Iranian women who find those laws so abhorrent that they ‚refuse to conform' – even though, according to the petitioner's brief, ‚the routine penalty' for noncompliance is '74 lashes, a year's imprisonment, and in many cases brutal rapes and death.' Limited in this way, the ‚particular social group' identified by the petitioner may well be satisfy the BIA's definition of that concept, for if a women's opposition to the Iranian laws in question is so profound that she would choose to suffer the severe consequences of noncompliance, her beliefs may well be characterized as ‚so fundamental to* [her] *identity or conscience that* [they] *ought not be required to be changed.' Acosta, 19 I. & N. Dec. at 234."*[673]

Nach Auffassung des Gerichts konnte Fatin allerdings nicht darlegen, dass sie zu dieser eng umgrenzten Gruppe gehöre, deren Mitglieder die Peitsche dem Schleier vorzögen.[674] Das Gericht hatte dann zu prüfen, ob die größere Gruppe der Frauen, die die geschlechtsspezifischen Gesetze ablehnten, sie aber wegen der drohenden schweren Bestrafungen trotzdem einhielten, deshalb verfolgt würden, weil der Zwang, einen Schleier zu tragen, an sich schon Verfolgung gleichkäme. Dies lehnte das Gericht jedoch ab.[675]

In *Gomez* entschied der *Court of Appeals*, Geschlecht und Alter würden nicht ausreichen, um eine bestimmte soziale Gruppe zu formen. Gomez war eine junge Frau aus El Salvador, die im Alter von 12 bis 14 von Guerillas vergewaltigt und sexuell belästigt wurde:

„*As the BIA noted, Gomez failed to produce evidence that women who have previously been abused by the guerrillas possess common characteristics – other than gender and youth – such that would-be persecutors could identify them as members of the purported group. Indeed, there is no indication that Gomez will be singled out for further brutalization on this basis. Certainly, we do not discount the physical and emotional pain that has been wantonly inflicted on these Salvadorian women. Moreover, we do not suggest that women who have been repeatedly raped and systematically brutalized by particular attackers cannot assert a well-founded fear of persecution. We cannot, however, find that Gomez has demonstrated that she is more likely to be per-*

---

672 Ebenda, S. 1241.
673 Ebenda. (Hervorhebung im Original).
674 Ebenda.
675 Ebenda.

secuted that any other young women. Accordingly, because Gomez has not presented evidence that she has a fear of persecution on account of her race, religion, nationality, political opinion or membership in a particular social group, that she has not proven her status a refugee."[676]

Klawitter wurde von einem Oberst des polnischen Geheimdienstes sexuell bedrängt. Der U.S. Court of Appeals entschied nicht nur, dass Übergriffe, die nur auf sexueller Anziehung beruhen, keine Verfolgung im Sinne der INA seien, sondern auch, dass der Übergriff nicht aufgrund eines der Verfolgungsmerkmale der Flüchtlingsdefinition stattgefunden habe.[677] Das Gericht sah die Bevölkerung weiblichen Geschlechts also – ohne weitere Begründung – nicht als bestimmte soziale Gruppe an.

In *Fisher v. I.N.S.* stellte der *U.S. Court of Appeals* fest, dass Verfolgung aufgrund des Geschlechts kein Merkmal im Sinne der Flüchtlingsdefinition des INA § 101 (a)(42)(A) sei.[678] Auch wenn das Gericht hier eigentlich nur auf die Tatsache hinweist, dass das Merkmal Geschlecht nicht in der Flüchtlingsdefinition enthalten ist, kann aus dieser Formulierung doch gefolgert werden, dass es außerdem der Auffassung ist, die Angehörigen eines bestimmten Geschlechts bildeten keine bestimmte soziale Gruppe.

Im Übrigen lässt sich in der amerikanischen Rechtsprechung eine Tendenz erkennen, möglichst auf eines der anderen Merkmale – insbesondere Verfolgung wegen politischer Überzeugung – abzustellen.[679] Am 7. Dezember 2000 hat das INS einen Gesetzentwurf vorgelegt, in dem unter anderem der Begriff „membership in a particular social group" näher definiert wird.[680]

---

676 *Gomez v. I.N.S.*, 947 F.2d 660, 664 (2nd Cir. 1991)(El Salvador), zit bei Carlier/Vanheule, S. 669.
677 *Klawitter v. I.N.S.*, 970 F.2d 149 (6th Cir. 1992)(Poland).
678 *Fisher v. INS*, 79 F.3d 955 (9th Cir. 1996)(Bekleidungsvorschriften, Iran); siehe auch: *Sharif v. I.N.S.*, 87 F.3d 932 (7th Cir 1996)(Bekleidungsvorschriften, Iran).
679 Vgl. vor allem, *Lazo-Majano v. I.N.S.*, 813 F.2d 1432 (5th Cir. 1987)(El Salvador): sexuelle Übergriffe durch einen Sergant seien Verfolgung wegen politischer Anschauung; *Lopez-Galarza v. I.N.S.*, 99 F.3d 954 (9th Circ. 1996)(Nicaragua).
680 Titel 8 Federal Code of Regulations § 208.15 (c) soll dann wie folgt lauten:
(a) Membership in a particular social group
(1) A particular social group is a composed of members who share a common, immutable characteristic, such as sex, color, kinship ties, or past experience, that a member either cannot change or that is so fundamental to the identity or conscience of the member that he or she should not be required to change it. The group must exist independently of the fact of persecution. In determining whether an applicant cannot change, the shared characteristic, all relevant evidence should be considered, including the applicant's individual circumstances and information country conditions information about the applicant's society.
(2) When past experience defines a particular social group, the past experience must be an experience that, at the time it occurred, the member either could not have changed or was so fundamental to his or her identity or conscience that he or she should not have been required to change it.
(3) Factors that may be considered in addition to the required factors set forth in paragraph (b)(2)(i) of this section, but are not necessarily determinative, in deciding whether a particular social group exists include whether:
(i) The members of the group are closely affiliated with each other;
(ii) The members are driven by a common motive or interest;
(iii) A voluntary associational relationship exists among the members;
(iv) The group is recognized to be a societal factor or is otherwise a recognized segment of the population i the country in question;

4.) Kanada

In seiner Grundsatzentscheidung *Ward*[681] hat der kanadische *Supreme Court* das Merkmal Zugehörigkeit zu einer bestimmten sozialen Gruppe genauer beschrieben. Er ging dabei von der Prämisse aus, dass der Flüchtlingskonvention die internationale Verpflichtung zugrunde liegt, die Menschenrechte zu schützen. Die Umschreibung der bestimmten sozialen Gruppe ist auch in die überarbeitete Fassung der kanadischen Richtlinie von 1996 aufgenommen worden. Danach könne eine bestimmte soziale Gruppe definiert werden durch:

„1) an innate or unchangealbe characteristic;
2) voluntary association for reasons so fundamental to human dignity that members should not be forced to forsake the association;
3) past membership in a voluntary association, unalterable due to its historical permanence."[682]

Das Geschlecht kann nach Auffassung des Gerichts ein angeborenes oder unveränderliches Merkmal im Sinne der ersten Kategorie sein.[683] Danach kann die Gruppe der Frauen an sich unter das Merkmal bestimmte soziale Gruppe subsumiert werden, eine weitere Untergruppe muss nicht gebildet werden.

Die kanadische Richtlinie merkt zum Verfolgungsgrund „Zugehörigkeit zu einer bestimmten sozialen Gruppe" an: Zunächst sei es irrelevant, dass eine Gruppe, die aus der gesamten weiblichen Population eines Landes bestehe, relativ groß sei. Rasse, Religion, Nationalität und politische Anschauung seien auch Merkmale, die auf eine große Anzahl von Personen zutreffen könnten. Da das Geschlecht ein angeborenes Merkmal sei, könnten Frauen zwar eine „bestimmte soziale Gruppe" ausmachen. Es komme aber darauf an, dass die betreffende Frau als Frau, wegen ihrer Zugehörigkeit zu dieser Gruppe, verfolgt werde. Allerdings wurde eine solche Gruppe, die sich allein durch das Geschlecht begründet, von der kanadischen Rechtsprechung bisher nicht angenommen.[684] Vielmehr wurden „bestimmte soziale Gruppen" als Untergruppen von Frauen gebildet. Als weitere Merkmale kommen zum Beispiel Alter, Rasse, Familienstand oder soziale Stellung hinzu.

Die Beschreibung der Untergruppe nimmt dabei zum Teil große Ausmaße an. So definierte der *Federal Court* in *Litvinov v. Canada* eine bestimmte soziale Gruppe als *„new citizens of Israel who are women recently arrived from elements of former Soviet Union and who are not yet well integrated into Israeli society, despite generous support offered by Israeli government, who are lured into prostitution and threatened and ex-*

(v) Members view themselves a members of the group; and
(vi) The society in which the group exists distinguishes members of the group for different treatment or status than is accorded to other members of the society.

681 *Canada Attorney General v. Ward* [1993] S.C.R. 689, 739.
682 *Canada Attorney General v. Ward* [1993] S.C.R. 689, 739, kanadische Richtlinie Abs. A III; vgl. zu dieser Entscheidung z.B.: Daley/Kelly 12 IJRL 149 ff. (2000).
683 Ebenda
684 Daley/Kelley, 12 IJRL 154 (2000); Connors, IJRL Special Issue 1997, 114, 126.

ploitated by front-line authorities to whom they would normally be expected to turn for protection".[685]

Als weitere Untergruppen sind zum Beispiel die Gruppe der Frauen, die Opfer von häuslicher Gewalt sind,[686] denen die Zwangsverheiratung ohne ihr Einverständnis droht,[687] die von Genitalverstümmelung betroffen sind,[688] oder die Gruppe der Frauen in China mit mehr als einem Kind[689] gebildet worden.[690]

5.) Wertender Rechtsvergleich

Während die Rechtsprechung in Deutschland und Frankreich die Frage, in welches Gruppenmerkmal die Verfolgung einzuordnen ist, oft unbeantwortet lässt, wird in den USA und in Kanada etwas ausführlicher auf diese Frage eingegangen. Diese Nachlässigkeit der deutschen und französischen Gerichte darf aber nicht darüber hinwegtäuschen, dass es dogmatisch auch in Deutschland – für den in der Praxis relevanten § 51 Abs. 1 AuslG – und Frankreich auf die Frage ankommt, ob und in welches Konventionsmerkmal sich frauenspezifische Verfolgung einordnen lässt. Sowohl in den USA als auch in Kanada hat die Rechtsprechung abstrakt anerkannt, dass Frauen an sich eine bestimmte soziale Gruppe bilden können. Allerdings lässt sich in allen Ländern feststellen, dass es der Rechtsprechung leichter fällt, eine Unterkategorie der weiblichen Bevölkerung als bestimmte soziale Gruppe anzuerkennen.

Die Bildung einer Untergruppe kann in gewissen Fällen in der Tat hilfreich sein. Untergruppen von Frauen werden auch meistens als mögliche „soziale Gruppen" im Sinne der Flüchtlingsdefinition angesehen.[691] Die Gruppe der Frauen lässt sich zum Beispiel durch Rasse, sozialen Status[692] oder Alter weiter konkretisieren. So sind zum Beispiel von der Genitalverstümmelung in afrikanischen Ländern regelmäßig nur die Frauen eines bestimmten Alters betroffen. In einigen afrikanischen Ländern wird die Beschneidung auch nur von einigen Ethnien praktiziert. Bedenkt man weiter, dass die Beschneidung nur unbeschnittenen Frauen drohen kann, so kommt man zu einer relativ klar umrissenen Gruppe, nämlich der Gruppe der unbeschnittenen Frauen bis 20 Jahre, die einer bestimmten Ethnie angehören.

In anderen Fällen mag die Bildung einer Untergruppe schwieriger sein. Von islamischen Ordungsvorschriften für Frauen ist regelmäßig, wenn man einmal von den noch sehr jungen Mädchen absieht, für die einige Vorschriften unter Umständen nicht gelten, die gesamte weibliche Bevölkerung betroffen. Man könnte zwar, wie es der *U.S.Court of Appeals* in *Fatin* getan hat, diese Gruppe weiter begrenzen auf Frauen, die die restrik-

---

685 *Litvinov v. Canada (Secretary of State)*, 30.06.94, IMM-7488-93.
686 Z.B. *Narvaez v. Canada (M.C.I.)*, [1995] 2 F.C. 55 (T.D.).
687 *Vidhani v. Canada (M.C.I.)*, [1995] 3 F.C. 60 (T.D.).
688 *B. (P.V.)(Re)* [1994] C.R.D.D. No. 12 (QL) (Somalia), zit. bei: Carlier/Vanheule-*Donald/Vanheule*, S. 209.
689 *Cheung* v. *Canada*, [1993] 2 F.C. 314; 19 Imm.L.R. (2d) 81 (F.C.A.)(China), zit. bei: Carlier/Vanheule-*Donald/Vanheule*, S. 209.
690 Weitere Beispiele und Nachweise bei: Conors, IJRL Special Issue 1997, 114, 125; Daley/Kelly, 12 IJRL 148, 154 ff. (2000); Carlier/Vanheule-*Donald/Vanheule*, S. 209.
691 Goodwin-Gill, S. 364 f.; siehe außerdem die Nachweise oben.
692 Goodwin-Gill, S. 365.

tiven Regelungen mit der Folge ablehnen, dass sie die zum Teil extrem harten Strafen vorziehen. Ist man aber der Auffassung, dass schon der Zwang, einen Schleier zu tragen, an sich die Intensität einer Verfolgung erreicht, kommt man mit dieser Unterkategorie nicht weiter. Selbst wenn man wie der *U.S. Court of Appeals* der Auffassung ist, dass nur Frauen, die besonders unter den Verhaltensvorschriften leiden, verfolgt werden, so ist es nicht nötig, eine Untergruppe zu bilden, da die betroffenen Frauen ohnehin noch nachweisen müssen, dass sie persönlich wegen ihrer Zugehörigkeit zu der Gruppe verfolgt werden. Aus der Gruppe der Frauen insgesamt werden dann persönlich nur die verfolgt, die die Bekleidungs- und Verhaltensvorschriften mit einer gewissen Intensität ablehnen.

Auch bei Flucht wegen häuslicher Gewalt ist die Bildung einer Untergruppe schwierig. Von Gewalt im häuslichen Bereich sind Frauen verschiedenster Herkunft, Alter und sozialer Stellung betroffen.[693] Hinzu kommt, dass die Bildung von immer ausdifferenzierteren Untergruppen nicht nur zu einer grotesk anmutenden Aneinanderreihung von Relativsätzen führt.[694] Sie birgt vor allem die Gefahr, dass die zu bestimmende Gruppe allein durch die drohende Verfolgung definiert wird.[695]

So liegt es etwa, wenn als bestimmte soziale Gruppe die Gruppe der Frauen in einem Land angesehen wird, die Opfer von häuslicher Gewalt ist.[696] Die Einschränkung „Opfer von häuslicher Gewalt" beschreibt nämlich bei genauerer Betrachtung nicht den Grund für die Verfolgung, sondern das Mittel der Verfolgung. Frauen werden nicht verfolgt, weil sie Opfer von häuslicher Gewalt sind, vielmehr werden sie durch häusliche Gewalt verfolgt.

Es stellt sich deshalb die Frage, ob nicht die Frauen in einem Land an sich schon eine „bestimmte soziale Gruppe" ausmachen können. Dies hängt von den Anforderungen ab, die an eine Gruppe zu stellen sind, damit sie eine „bestimmte soziale Gruppe" im Sinne der Flüchtlingskonvention ist. Nach dem UNHCR-Handbuch befinden sich in einer bestimmten sozialen Gruppe normalerweise Personen mit ähnlichem Hintergrund, Gewohnheiten oder sozialer Stellung.[697] Entsprechend werden als zum Kernbereich des Begriffs gehörig solche Gruppen angesehen, die an bestimmte Herkunfts-, Erziehungs-, Besitz- oder Berufsmerkmale anknüpfen, die ihren Träger als Mitglied einer durch derart typische Merkmale charakterisier- und unterscheidbaren Gesellschaftsschicht ausweisen.[698] So wurde zum Beispiel die Zugehörigkeit zur Bourgeoisie unter das Verfolgungsmerkmal der sozialen Gruppe subsumiert.[699]

---

693 Die Bildung einer sozialen Gruppe der Frauen in einem Land, die von häuslicher Gewalt betroffen sind, wäre wenig sinnvoll. Diese Frauen werden nämlich nicht verfolgt, weil sie von häuslicher Gewalt betroffen sind. Sie werden verfolgt, weil sie Frauen sind. Vgl. dazu: Macklin, 13 GILJ 62 f. (1998).
694 Vgl. den oben zitierten Fall *Litvinov v. Canada (Secretary of State)*, 30.06.94, IMM-7488-93.
695 Vgl. z.B. Connors, IJRL Special Issue 1997, 114, 127; Daley/Kelley, 12 IJRL 148, 154 (2000).
696 Z.B. *Narvaez v. Canada (M.C.I.)*, [1995] 2 F.C. 55 (T.D.).
697 UNHCR-Handbuch, Para. 77.
698 Schaeffer, S. 42.
699 Deutschland: VG Ansbach, Urt. v. 15. Oktober 1979 – AN 01241-X/77; VG Gelsenkirchen, Urt. v. 17. Februar 1981 – 14 K 10053/80, zit. Köfner/Nikolaus, Bd. 2, S. 456 f., Fn. 60; Frankreich: CRR v. 5. 12. 1985, 30819, *Huynh Lao*, zit. nach Wolter, S. 420, Fn. 1852. Vgl. zu weiteren anerkannten Gruppen die Nachweise bei Köfner/Nikolaus, S. 456; Wolter, S. 402 f., 420.

In der jüngeren Vergangenheit wurde der Anwendungsbereich des Merkmals „bestimmte soziale Gruppe" vor allem auf Frauen[700] und Homosexuelle[701] ausgeweitet. Die Ausweitung auf die Gruppe der Frauen wird in der Literatur allerdings zum Teil abgelehnt.[702] Angeführt wird zum Beispiel, die Gruppe der Frauen generell wäre zu verschieden, um eine „bestimmte soziale Gruppe" zu konstituieren.[703] Vor allem in der englischsprachigen Literatur wird aber auch anerkannt, dass Frauen eine bestimmte soziale Gruppe bilden können.[704]

Auch nach Auffassung des UNHCR sollen Frauen, denen wegen ihres Geschlechts Verfolgung oder schwere Diskriminierung droht, als soziale Gruppe angesehen werden.[705] Das UNHCR-Exekutivkomitee ist der Auffassung, dass es den Staaten in Ausübung ihrer Souveränität freisteht, sich die Interpretation zu eigen zu machen, Frauen, die von erniedrigender oder unmenschlicher Behandlung betroffen sind, weil sie gesellschaftliche Sittenregeln übertreten haben, als bestimmte soziale Gruppe im Sinne der Flüchtlingsdefinition anzusehen.[706]

Es fragt sich, ob einer Interpretation, nach der Frauen eine bestimmte soziale Gruppe sein können, zuzustimmen ist. Eine liberale Ansicht in der völkerrechtlichen Literatur interpretiert den Begriff „bestimmte soziale Gruppe" so weit, dass praktisch die Zugehörigkeit zu einer jeden beliebigen Gruppe ausreichen kann.[707] Unzweifelhaft könnte die Gruppe der Frauen danach eine „bestimmte soziale Gruppe" bilden. Hathaway ist zuzustimmen, dass diese Auffassung von einer humanitären Perspektive aus verführerisch ist: „*The notion of social group as an all-encompassing residual category is seductive from a humanitarian perspective, since it largely eliminates the need to consider the issue of a linkage between fear of persecution and civil or political status.*"[708]

Dieser Ansicht wird allerdings entgegengehalten, dass sie die Konturen der Flüchtlingsdefinition völlig aufweichen würde. Die Verfasser der Genfer Flüchtlingskonvention haben die Verfolgungsmerkmale nicht in die Definition aufgenommen, um die Flüchtlinge in verschiedenen Gruppen einzuteilen, sondern um den Flüchtlingsbegriff einzugrenzen.[709] Unabhängig davon, wie man zu dieser Begrenzung politisch steht,[710]

---

700 Siehe dazu die Nachweise im Folgenden.
701 Vgl. zur asylrechtlichen Relevanz der Verfolgung Homosexueller z.B.: BVerwGE, 79, 143; Hathaway (1991), S. 163 f.; Goldberg, 26 CILJ 605 (1993); Kapell, ZAR 1999, 260; Wolter, S. 415 ff.; Symposium: Shifting Grounds for Asylum, 29 CHRLR 467, 496 ff.; siehe außerdem: Reusch, ai-Journal 7-8/2001, S. 6 ff.
702 Z.B.: Hailbronner, ZAR 1998, 152, 159; Webernförder, S. 59; Quaritsch, S. 88; Nr. 4.1 der niederländischen Work Instruction No. 147: Women in Asylum Procedure, englische Übersetzung des UNHCR abgedruckt in: Spijkerboer, Annex 7, S. 222ff.
703 Z.B.: Nr. 4.1 der niederländischen Work Instruction No. 147: Women in Asylum Procedure, englische Übersetzung des UNHCR abgedruckt in: Spijkerboer, Annex 7, S. 222ff.
704 Connors, IJRL Special Issue 1997, 114, 125; Daley/Kelley, 12 IJRL 148, 156 (2000); Hathaway (1991), S. 162; Kourula, S. 135; Macklin, 13 GILJ 25, 56 (1998); aus der deutschen Literatur z.B.: Christ, InfAuslR 1997, 328; Schaeffer, S. 43 f.
705 UNHCR-Genderguideline, EC/SCP/67, Para. 71.
706 Exekutivkomitee-Beschluss Nr. 39 (XXXVI) – 1985, lit. (k).
707 Vor allem: Helton, 15 CHRLJ 42 ff. u. 60 (1983); siehe auch: Grahl-Madsen, S. 220.
708 Hathaway (1991), S. 159.
709 Ebenda.

legt dies auch die Systematik nahe. Die Tatsache, dass die Definition Verfolgungsmerkmale enthält, macht nur dann einen Sinn, wenn diese Merkmale eine begrenzende Funktion haben. Deshalb kann auch das Merkmal „bestimmte soziale Gruppe" nicht beliebig weit ausgedehnt werden. Soll das Merkmal „bestimmte soziale Gruppe" als Auffangtatbestand dienen für solche Personen, die zwar nicht aus einem der anderen Gründe der Konvention verfolgt werden, die aber gegenüber wegen ihrer Rasse, Religion, Nationalität oder politischer Überzeugung Verfolgten gleich schutzwürdig sind, ist es nahe liegend, die anderen vier Konventionsmerkmale zur Hilfe zu nehmen, um das Merkmal „bestimmte soziale Gruppe" näher zu bestimmen.[711]

Den Merkmalen Rasse, Religion, Nationalität und politische Überzeugung ist gemeinsam, dass sie angeborene und unabänderliche Merkmale sind, bzw. dass ihre Änderung nach einer menschenrechtlichen Betrachtung nicht zugemutet werden kann. Die Definition der amerikanischen Gerichte, eine „bestimmte soziale Gruppe" als eine Gruppe von Personen anzusehen, die bestimmte angeborene oder unabänderliche Merkmale gemeinsam haben, ist deshalb eine richtige und sinnvolle Umschreibung des Konventionsmerkmals „bestimmten sozialen Gruppe".[712] Außer Frage steht, dass das Geschlecht ein angeborenes und unabänderliches Merkmal ist. Das Geschlecht kann daher die Zugehörigkeit zu der bestimmten sozialen Gruppe der Frauen begründen. Das Merkmal „bestimmte soziale Gruppe" kann daneben unter menschenrechtlichen Gesichtspunkten ausgelegt werden. So zieht *Schaeffer* die in den internationalen Menschenrechtsabkommen enthaltenen Diskriminierungsverbote (z.B. 26 IPbürgR; Art. 2 Frauenkonvention) heran.[713]

Nach Art. 26 IPbürgR sind *„[a]lle Menschen (...) vor dem Gesetz gleich und haben ohne Diskriminierung Anspruch auf gleichen Schutz durch das Gesetz. In dieser Hinsicht hat das Gesetz jede Diskriminierung zu verbieten und allen Menschen gegen jede Diskriminierung, wie insbesondere wegen der Rasse, der Hautfarbe, des Geschlechts, der Sprache, der Religion, der politischen oder sonstigen Weltanschauung, der nationalen oder sozialen Herkunft, des Vermögens, der Geburt oder des sonstigen Status, gleichen und wirksamen Schutz zu gewährleisten."*

Der (völkerrechtlich verbindliche) Pakt über bürgerliche und politische Rechte stellt also die Diskriminierung wegen des Geschlechts auf eine Stufe mit Diskriminierungen wegen der Rasse, der Religion, nationalen Herkunft oder politischer Anschauung. Deshalb muss auch vor Verfolgung, als besonders schwerwiegende Form der Diskriminierung, wegen des Geschlechts gleicher und wirksamer Schutz gewährleistet werden.

Als „bestimmte soziale Gruppe" sind daher zumindest die Personen anzusehen, die eines der in Art. 26 IPbürgR genannten Merkmale gemeinsam haben. Personen des gleichen Geschlechts sind daher eine „bestimmte soziale Gruppe" im Sinne der Flüchtlingsdefiniton. Ist das Geschlecht der maßgebliche Risikofaktor für die Verfolgung, wie es etwa bei der häuslichen Gewalt der Fall ist, die prinzipiell jede Frau treffen kann, so

---

710 Man könnte sehr wohl der Auffassung sein, dass jede Person, die verfolgt wird, gleichgültig aus welchem Grunde, der Flüchtlingsstatus zustehen sollte.
711 Hathaway (1991), S. 161.
712 USA: *Matter of Acosta*, Int. Dec. 2986, March 1, 1985; Kanada: *Canada Attorney General v. Ward* [1993] S.C.R. 689, 739.
713 Schaeffer, S. 43 f.

handelt es sich um Verfolgung aufgrund der Zugehörigkeit zu der bestimmten sozialen Gruppe der Frauen in einem Herkunftsland.

Kommen weitere Faktoren dazu, ist also nur ein bestimmter Teil der Frauen in einem Land bedroht, so ist die Bildung einer Untergruppe sinnvoll. Als weitere Faktoren können beispielsweise Alter, ethnische Zugehörigkeit oder Familienstand hinzukommen. Frauen ohne weitere Einschränkung als bestimmte soziale Gruppe anzusehen führt im Übrigen nicht zwangsläufig zu dem Ergebnis, dass alle Frauen zu Flüchtlingen werden können. Sie müssen immer noch nachweisen, dass sie wegen der Zugehörigkeit zu dieser Gruppe verfolgt werden.[714]

Auch wenn in vielen geschlechtsspezifischen Fällen außerdem Verfolgung wegen eines der sonstigen Konventionsmerkmale vorliegt, so kann es in anderen Fällen dogmatisch sauberer sein, eine Verfolgung wegen der Zugehörigkeit zu einer bestimmten sozialen Gruppe anzunehmen, statt eines der anderen Merkmale bis zur Unkenntlichkeit zu verbiegen.[715]

C. Die übrigen Verfolgungsgründe der Genfer Flüchtlingskonvention

Im Folgenden sollen die Verfolgungsmerkmale der Genfer Flüchtlingskonvention kurz dargestellt werden, um deutlich zu machen, welche Bedeutung sie für Frauen haben.

I. Rasse

Eine Frau kann aufgrund ihrer Rasse und ihres Geschlechts verfolgt werden. Die kanadische Richtlinie führt dazu aus:

„There may be cases where a women claims a fear of persecution because of her race and her gender. For example, a women from a minority race in her country may be persecuted not only for her race, but also for her gender."[716]

Ein solcher Fall liegt etwa vor, wenn im Rahmen von „ethnischen Säuberungen" Frauen massiv vergewaltigt werden, um die ganze Ethnie in ihrer Identität zu treffen.[717] Auch bei drohender Genitalverstümmelung kommt eine Verfolgung wegen der Rasse in Betracht. So kann es sein, dass in einem Land nur einige ethnische Stämme Genitalverstümmelung praktizieren. Dann droht der Frau in ihrem Heimatland die Verstümmelung ihrer Genitalien, weil sie eine Frau ist und weil sie dieser Ethnie angehört. Sie wird also *auch* wegen ihrer Rasse verfolgt.[718]

---

714 Macklin, 17 HRQ 247 (1995); vgl. auch: *U.S. Court of Appeals: Fatin v. I.N.S.,* 12 F.3d 1233, 1240 (3rd Cir. 1993)(Iran); kanadische Richlinie A. III. am Ende.
715 So z.B. der *U.S. Court of Appeals* in: *Lazo-Majano v. I.N.S.,* 813 F.2d 1432 (5th Cir. 1987).
716 Kanadische Richtlinie, A II (*Race*).
717 Department of Immigration and Multicultural Affairs (Austr.), Refugee and Humanitarian Visa Applicants: Guidelines on Gender Issues for Decision Makers, July 1996, ¶ 4.29.
718 Cissé, 35 CJTL 429, 446 (1997).

II. Religion

Die Religionsfreiheit umfasst auch die negative Religionsfreiheit.[719] In einigen Staaten werden bestimmte Verhaltensweisen für Frauen durch die Religion begründet. So ist es etwa denkbar, dass die religiös begründete Pflicht, einen Schleier zu tragen, eine Verfolgung wegen der Religion bedeutet. Auch wenn Genitalverstümmelung im Zusammenhang mit der Religion praktiziert wird, kommt eine Verfolgung wegen der Religion in Betracht.

III. Nationalität

Einige Staaten entziehen Frauen die Staatsangehörigkeit, wenn sie einen Mann mit einer anderen Staatsangehörigkeit heiraten. Für Männer, die eine Frau anderer Staatsangehörigkeit heiraten, gilt dies nicht.[720]

Die kanadischen Guidelines führen dazu aus:

„What would constitute good grounds for fearing persecution is not the fact of losing her nationality as such (notwithstanding that such laws are discriminatory to the extent that they do not apply to men married to foreign nationals), but the consequences she may suffer as a result."[721]

IV. Verfolgung aufgrund politischer Überzeugung

Politischer Widerstand von Frauen kann anders sein als der von Männern.[722] So kann etwa das Suppe kochen für Revolutionäre politischen Widerstand bedeuten. Frauen werden in einigen Gesellschaften aus dem öffentlichen Leben ausgeschlossen. Sie geben in diesem Fall nicht das Bild eines idealtypischen Flüchtlings wieder (politisch auch nach außen hin aktiver Mensch).[723] Deshalb wird frauenspezifische Verfolgung manchmal als nicht asylrelevant abgetan. Nach der kanadischen Richtlinie sind in diesem Zusammenhang zwei Aspekte zu berücksichtigen:

„1. In a society where women are ‚assigned' a subordinate status and the authority exercised by men over women results in a general oppression of women, their political protest and activism do not always manifest themselves in the same way as those of men."

„2. The political nature of oppression of women in the context or religious laws and rituals should be recognized. Where tenets of the governing religion in a given country require certain kinds of behaviour exclusively from women, contrary behaviour may be percieved by the authorities a evidence of an unacceptable political opinion that threatens the basic structure from which their political power flows."

Frauen fürchten Verfolgung, weil sie sich nicht nach bestimmten geschlechtsdiskriminierenden Gewohnheiten und Praktiken in ihrem Herkunftsland richten.

---

719 Macklin, 17 HRQ 239 (1995); Kanadische Richtlinie, A II (*Religion*).
720 Macklin, 17 HRQ 240 (1995).
721 Kanadische Richtlinie, A II (*Nationality*).
722 Macklin, 17 HRQ 240f. (1995).
723 Christ, InfAuslR 1997, 327; vgl. auch Gebauer, ZAR 1988, 122.

Insbesondere wenn die diskriminierenden Praktiken nicht durch die Religion, sondern durch die Kultur gerechtfertigt werden, bietet sich die Annahme einer Verfolgung wegen politischer Überzeugung an.[724] Eine politische Überzeugung kann dadurch konkludent zum Ausdruck gebracht werden. Zum Beispiel können die Weigerung, einen Schleier zu tragen, in einem islamischen Staat, die Einrichtung kommunaler Küchen und genossenschaftlicher Kindergärten unter dem Pinochet-Regime oder das Pflegen verletzter politischer Aktivisten als politische Betätigungen angesehen werden, die sich in der den Frauen zugewiesenen „privaten Sphäre" abspielen. Die Tätigkeiten sollten nicht deshalb unberücksichtigt bleiben, weil sie nicht dem männlichen Standard politischer Aktivität entsprechen. Diejenigen, die Frauen wegen entsprechender Betätigungen verfolgen, begreifen jedenfalls durchaus deren politische Dimension.[725]

D. Frauenspezifische Fluchtursachen und ihre Asylrelevanz

Im Folgenden soll die Asylrelevanz frauenspezifischer Fluchtursachen genauer betrachtet werden. Soweit vorhanden, wird dabei zuerst jeweils auf die entsprechende Rechtsprechung der zu untersuchenden Länder eingegangen, um diese anschließend rechtsvergleichend zu bewerten.

I. Genitalverstümmelung

1.) Die Praxis der Genitalverstümmelung

In Afrika und Teilen Asiens und der arabischen Welt ist die Beschneidung von Frauen gängige Praxis. Ihren Ursprung hat sie nicht im Islam, auch wenn sie dort weit verbreitet ist.[726] Ihr genauer Ursprung ist nicht bekannt, es wird aber angenommen, dass sie schon seit 2500 Jahren praktiziert wird, also lange bevor der Islam und das Christentum entstanden sind.[727] Der euphemistische Begriff „Beschneidung" lässt das Ausmaß solcher genitalen Operationen an Frauen kaum erahnen. Es wird daher auch von *Genitalverstümmelung* gesprochen.[728] Im Englischen ist der Ausdruck *female genital mutilation* oder kurz FGM gebräuchlich.[729] Die verschiedenen Formen der Genitalverstümmelung reichen von der einfachen Entfernung der Klitoris bis zur Beseitigung der inneren und äußeren Schamlippen („excersion"), teilweise wird die Vagina danach zugenäht („infulbation").[730]

---

724 Macklin, 13 GILJ 54 (1998).
725 Ebenda.
726 Howard „Health cost of ..." S. 506.
727 Cissé, CJTN 1997, 429, 431; Slack S. 443.
728 In der Gerichtssprache wird in der Regel von *Beschneidung* gesprochen. In neueren Entscheidungen taucht allerdings auch der Begriff *Genitalverstümmelung* auf (z.B.: VG Wiesbaden, Urt. v. 27. Januar 2000, Streit 2000, 133).
729 Im Englischen werden außerdem die Ausdrücke *female circumcision* und *female genital surgeries* verwendet. Vgl. zur Debatte um die Begrifflichkeit z.B. Steele, 9 GILJ 106 (1995); Samad, 29 CHRLR 489 (1998).
730 Vgl. dazu die ausführlichen Beschreibungen bei Cissé, 35 CJTL 431 ff. (1997); Hulverscheidt, FoR 1998, 117, 118 f.; Steele, 9 GILJ 116 ff. (1995); Department of Women's Health – Health

Die Genitalverstümmelung erleichtert die Übertragbarkeit von Geschlechtskrankheiten wie zum Beispiel AIDS, kann Komplikationen bei einer späteren Geburt verursachen, zu Unfruchtbarkeit führen, Mädchen und Frauen psychologisch traumatisieren und sogar zum Tod führen.[731] Es wird angenommen, dass die hohe Mutter- und Kindersterblichkeit in afrikanischen Staaten in einem direkten Zusammenhang steht mit der Verbreitung der Genitalverstümmelung. Dasselbe gilt für die Verbreitung von HIV.[732] Viele Frauen sind jeden Monat eine Woche schwer krank, weil sie ihre Menstruation haben und das Blut wegen der zu kleinen Öffnung nicht abfließen kann.[733]

Die Beschneidung von Frauen wird für eine religiöse Anforderung gehalten, eine Tradition, die eingehalten werden muss.[734] Die Begründungen sind vielseitig. Zum Beispiel gelten unbeschnittene Frauen als schmutzig, sexuell unersättlich und in ihrer Fruchtbarkeit gehemmt.[735] Einige Ethnien halten die Klitoris für giftig und meinen, der Kontakt mit ihr führe zum Tod.[736] Familien, die ihre Töchter beschneiden lassen, wollen ihr damit etwas Gutes tun.[737] Kaum ein Mann würde eine unbeschnittene Frau heiraten.[738]

Der Versuch, Genitalverstümmelung durch Gesetze zu stoppen oder zu kontrollieren, war in der Vergangenheit wenig erfolgreich. Die meisten dieser Gesetze entstanden durch Druck von außen und entsprachen nicht dem Willen der Bevölkerung.[739] Sie fanden nicht viel Unterstützung und konnten damit das tief in der Kultur verwurzelte Ritual nicht verhindern.[740] Im Übrigen sind die Gesetze in weiten Teilen der Bevölkerung nicht bekannt. Da die Operationen im privaten Bereich ausgeführt werden, kann ein Verstoß außerdem kaum entdeckt werden.[741] Die Berufung auf vorhandene Gesetze bleibt meist erfolglos, da die staatliche Gewalt unfähig oder unwillig ist, das Verhalten der Menschen vor Ort zu kontrollieren.[742]

Ein weiteres Problem liegt darin, dass ein Verbot der Verstümmelung der weiblichen Genitalien den Eingriff in die Illegalität verbannt. Frauen geraten dann häufig an „Pfuscherinnen" und werden aus Angst vor Strafverfolgung davon abgehalten, notwendige medizinische Hilfe in Anspruch zu nehmen.[743] Es wird daher bezweifelt, dass der Staat durch entsprechende Gesetze allein einen effektiven Schutz gewährleisten kann.[744] Wer der Genitalverstümmelung entgegentritt oder sich einer Beschneidung wi-

---

System and Community Health, WHO, Genf: Female Genital Mutilation: INFORMATION KIT, August 1996; siehe auch: http://www.arte-tv.com/science/excision/dtext/00.htm.
731 Cissé, S. 433.
732 Hulverscheidt, FoR 1998, 117, 118.
733 Ebenda, S. 119.
734 Slack, S. 462.
735 Howard, S. 506.
736 Vgl. zu weiteren Begründungen: Hulverscheidt, FoR 1998, 117, 119; siehe auch: http://www.arte-tv.com/science/excision/dtext/00.htm.
737 Slack, S. 467.
738 Slack, S. 485.
739 Slack, S. 478.
740 Slack, S. 477.
741 Slack, S. 478.
742 Cissé, S. 434.
743 amnesty international: Geschundene Körper, S. 24f.; vgl. auch Hulverscheidt, FoR 1998, 117, 119.
744 Kohnert, NVwZ 1998, 136, 139 Fn. 30.

dersetzt, stellt die gesamten sozialen, religiösen und moralischen gesellschaftlichen Werte in Frage.[745] Amnesty international berichtet, dass Gegnerinnen dieser Praxis mit dem Tode bedroht worden sind.[746]

Eine der vielversprechenderen Maßnahmen auf diesem Gebiet ist daher die Aufklärung im Rahmen eines Gesundheitsprogramms.[747] Richtet sich die Kritik nämlich nicht gegen das Ritual an sich, sondern wird sie eingebettet in ein Hygieneprogramm, dann kann sie breitere Akzeptanz erringen. Es gibt mittlerweile auch Projekte, bei denen die Initiationsrituale zwar beibehalten werden, aber ohne körperliche Verstümmelung durchgeführt werden.[748]

2.) Genitalverstümmelung und das kulturrelativistische Argument

Bei der Diskussion um die Genitalverstümmelung sieht man sich immer wieder mit kulturrelativistischen Argumenten konfrontiert. So wird der Missionseifer und Chauvinismus von Kampagnen gegen die Genitalverstümmelung kritisiert.[749] Die Achtung vor der fremden Kultur darf aber nicht als Entschuldigung dafür dienen, den notwendigen Schutz zu versagen. Pratibha Parmar beschreibt dies so:

„*Zweifellos ist die weibliche Genitalverstümmelung ein schmerzliches, komplexes und schwieriges Thema, das Fragen aufwirft nach der kulturellen und nationalen Identität, der Sexualität, den Menschenrechten und dem Recht von Frauen und Mädchen, ein sicheres und gesundes Leben zu leben. Aber der komplexe Charakter dieses Themas darf nicht als Entschuldigung dafür dienen, daneben zu stehen und nichts zu tun. Wen geht es etwas an, wenn afrikanischen Frauen und Kindern Gewalt angetan wird? Uns alle. Wenn einhundert Millionen weißer Frauen und Kinder mit einer solchen Selbstverständlichkeit im Namen irgendeiner Tradition verstümmelt worden wären, hätten die Aufschreie des Protests und des gerechten Zorns schon längst ein weltweites Erdbeben verursacht.*"[750]

Bei genauerer Betrachtung stellt sich die kulturrelativistische Frage im Asylrecht ohnehin nicht. Denn die Frauen, die vor drohender Genitalverstümmelung fliehen, akzeptieren diese Kultur ja eben nicht. Dadurch, dass sie Asyl in einem fremden Land suchen, stellen sie sich unter die Werteordnung dieses Landes.[751] Darin zeigt sich im Übrigen der politische Charakter der Weigerung, sich verstümmeln zu lassen. So zeichnet es gerade politisch Verfolgte aus, dass sie mit dem Herrschaftssystem im Herkunftsstaat, zu dem auch die herrschende Kultur und Tradition gehört, in Konflikt geraten sind.[752]

---

745 Cissé, S. 433.
746 amnesty international: Geschundene Körper, S. 26.
747 Slack, S. 483 ff, 485.
748 amnesty international: Geschundene Körper, S. 26.
749 Gunning, 23 CHRLR 189 ff. (1992); siehe außerdem die Nachweise bei Charlesworth/Chinkin/Wright, 85 AJIL 619 (1991).
750 Parmar, in: Walker/Parmar, S. 109 (Übersetzung: Ursula Locke-Groß).
751 Helton, 29 CHRLR 474 f. (1998); vgl. zur Problematik auch: Toubia, 29 CHRLR 477 ff. (1998).
752 Auch wenn Genitalverstümmelung nicht durch Kultur und Tradition gerechtfertigt werden kann, muss der Respekt vor den Menschen, die in dieser Tradition leben, natürlich gewahrt werden. Eine Sensationsberichterstattung in der „westlichen Welt" wird von Afrikanern und Afrikanerinnen zu

3.) Genitalverstümmelung in der Rechtspraxis der zu untersuchenden Länder

a) Deutschland[753]

„*Der Deutsche Bundestag bewertet genitale Verstümmelung an Mädchen und Frauen als Menschenrechtsverletzung und erwartet, daß dies in der praktischen Anwendung des Ausländerrechts und des Asylrechts berücksichtigt wird.*
Die Bundesregierung wird aufgefordert, dies im Rahmen der asylspezifischen Aus- und Fortbildung der Einzelentscheiderinnen und Einzelentscheider des Bundesamtes für die Anerkennung ausländischer Flüchtlinge entsprechend zu verdeutlichen und sicherzustellen, daß bei entsprechenden Anhaltspunkten besonders ausgebildete Entscheiderinnen die Anhörung durchführen."[754]

Die Rechtsprechung zur Genitalverstümmelung ist in Deutschland nicht einheitlich. Einige deutsche Verwaltungsgerichte haben die drohende Genitalverstümmelung im Heimatland als Asylgrund anerkannt. Andere haben ein Abschiebungsverbot nach § 51 Abs. 1 AuslG angenommen. Wieder andere Gerichte haben der vor Genitalverstümmelung fliehenden Frau ein Abschiebungshindernis nach § 53 Abs. 6 AuslG gewährt. In wenigen Entscheidungen wurde der betroffenen Frau gar kein Schutz gewährt.[755] Da die Genitalverstümmelung in der Regel von Angehörigen der Dorfgemeinschaft oder des Stammes verübt wird, ist entscheidend für die Frage, welcher Schutz einer Antragstellerin wegen ihr drohender Genitalverstümmelung gewährt wird, meistens die Frage nach der Zurechenbarkeit dieser Praxis an den Herkunftsstaat.

Weder das Bundesverfassungsgericht noch das Bundesverwaltungsgericht haben sich bisher zur Frage geäußert, ob Frauen, die vor Genitalverstümmelung fliehen, in Deutschland Asyl zu gewähren ist. Das BVerwG lehnte allerdings mehrfach die Zulassung der Revision mit der Begründung ab, eine Rechtsfrage von grundsätzlicher Bedeutung im Sinne des § 132 Abs. 2 Nr. 2 VwGO werde durch die Beschwerde weder formuliert noch sonst dargelegt.[756]

i.) Art. 16a Abs. 1 GG

Es fragt sich, ob Frauen, die vor der in ihrem Heimatstaat drohenden Genitalverstümmelung fliehen, politisch Verfolgte im Sinne von Art. 16a Abs. 1 GG sind.

Recht als arrogant empfunden. Im Übrigen darf nicht vergessen werden, dass zunehmend gerade Frauen der „westlichen" Welt sich (vermeintlich freiwillig) nicht ganz ungefährlichen Operationen unterziehen und sich fast zu Tode hungern, um die gesellschaftlich geforderten Körpermaße zu erreichen.

753 Siehe dazu auch: Hepp, Schlepper Nr. 10 (2000), S. 20 f.; Hulverscheidt, FoR 1998, 117 ff.
754 Beschlussempfehlung des Ausschusses für Familie, Senioren, Frauen und Jugend, BT-Drs. 13/10682 (Nr. 4).
755 Z.B. VG Regensburg, v. 23. März 2000 – RO 5 K 00.30162 (Genitalverstümmelung sei nicht ausreichend wahrscheinlich); VG Magdeburg, v. 20. Januar 2000 – A 2 K 629/99.
756 BVerwG, Beschl., v. 27. April 2000, NVwZ-Beilage I 9/2000, S. 98 f.; Beschl. v. 10. Juli 2000 – 9 B 296/00. Siehe aber BVerwG, DVBl. 1992, 828 zur Zwangsbeschneidung christlicher Wehrpflichtiger in der Türkei.

(1.) Asylerhebliche Intensität

Eingriffe sind nach der Rechtsprechung des Bundesverfassungsgerichts nur dann asylrelevant, „wenn sie nach ihrer Intensität und Schwere die Menschenwürde verletzen und über das hinausgehen, was die Bewohner des Heimatstaats aufgrund des dort herrschenden Systems allgemein hinzunehmen haben".[757] Dass eine gegen den Willen der Betroffenen durchgeführte Beschneidung ihrer Intensität nach die Menschenwürde verletzt und damit einen asylrechtlich erheblichen Eingriff in ihre physische und psychische Integrität darstellt, wird von der Rechtsprechung zutreffend anerkannt.[758] Die von der Zwangsbeschneidung Betroffene wird unter Missachtung ihres religiösen und personalen Selbstbestimmungsrechts zum bloßen Objekt erniedrigt.[759]

Fraglich ist jedoch, ob die Genitalverstümmelung auch über das hinausgeht, was die Bewohner allgemein hinzunehmen haben. Dies könnte deshalb zweifelhaft sein, weil in den Ethnien, in denen die Verstümmelung der Genitalien praktiziert wird, oftmals fast die gesamte weibliche Bevölkerung dieser Praxis unterzogen wird. Genitalverstümmelung könnte daher eine Praxis sein, die die Bewohner des Heimatlandes allgemein hinzunehmen haben. Es handelt sich bei der Genitalverstümmelung aber gerade nicht um eine Praxis, die alle Bewohner des Heimatstaates hinzunehmen haben. Sie trifft ausschließlich Frauen; Männer sind von ihr nicht betroffen. Weiterhin sind nur Frauen in einem bestimmten Alter, die außerdem einer bestimmten Ethnie angehören, betroffen.

(2.) Zielgerichtetheit der Maßnahme

Die Verfolgung muss nach der Rechtsprechung des Bundesverfassungsgerichts der Einzelnen gezielt Rechtsverletzungen zufügen, die sie ihrer Intensität nach aus der übergreifenden Friedensordnung der staatlichen Einheit ausgrenzen.[760] Von Teilen der Rechtsprechung wird diese Ausgrenzung aus der übergreifenden Friedensordnung abgelehnt.[761] Das VG Frankfurt a. M. führt dazu Folgendes aus:

„*Von einer ausgrenzenden Verfolgung kann schon deswegen keine Rede sein, weil die Zwangsbeschneidung, die ihre Wurzeln letztlich in animistischen Initiationsriten hat, gerade den Zweck verfolgt, das betroffene Mädchen bzw. die betroffene Frau in den Kreis der Frauen des Stammes gleichsam als vollwertiges Mitglied aufzunehmen und zu zeigen, daß die Familie die gesellschaftlichen Normen erfüllt und respektiert, während hingegen gerade die Weigerung, sich einer Beschneidung zu unterziehen, die Betroffene und ihre Familie aus diesem Kreis ausschlösse.*"[762]

---

757 BVerfGE 54, 341, 357.
758 VG Magdeburg, Urt. v. 20. Juni 1996, Streit 1997, 127. So auch: VG Wiesbaden, Urt. 27. Januar 2000, Streit 2000, 133, 135; VG Freiburg, Urt. v. 5. Februar 2001, Asylmagazin 4/2001, 25, 26.
759 Ebenda.
760 BVerfGE 80, 315; BVerfG InfAuslR 1993, 319, 312.
761 VG Frankfurt, Beschl. v. 29. März 1999, InfAuslR 1999, 300 = NVwZ-Beilage I 7/1999, S. 71(rechtskräftig, vgl. NVwZ-Beil. I 6/2001, 56); VG Oldenburg, Urt. v. 7. Mai 1998, Streit 1998, 173, 175 m. Anm. Lünsmann; VG Oldenburg, Beschl. v. 15. August 1997 – 1 B 2614/97.
762 VG Frankfurt, Beschl. v. 29. März 1999, InfAuslR 1999, 300 = NVwZ-Beilage I 7/1999, S. 71 (rechtskräftig, vgl. NVwZ-Beil. I 6/2001, 56). Mittlerweile rückt das VG Frankfurt von der zitierten Auffassung ab. Vgl. ein Urt. v. 29. August 2001 – 3 E 30495/98.A

Das VG München kommentiert diese Auffassung treffend:

„*Unabhängig von der Frage, welche persönliche und rechtliche Sensibilität deutsche Richter oder Richterinnen haben, wenn sie angesichts des Vorhandenseins schwerwiegender Menschenrechtsverletzungen solche Meinungen äußern, zeugt diese Rechtsauffassung nach Ansicht des Gerichts von der Verkennung dessen, was mit Friedensordnung i. S. des grundrechtlich geschützten Asylrechts eigentlich gemeint ist.*"[763]

Zwar ist dem VG Frankfurt a. M. zuzugestehen, dass es nicht Zweck der Genitalverstümmelung ist, Mädchen und junge Frauen auszugrenzen.[764] Das Gericht verkennt aber, dass die Frage, ob eine Verfolgungsmaßnahme vorliegt, sich ausschließlich anhand objektiver Kriterien beurteilt.[765] Die subjektiven Motive des Verfolgers sind unbeachtlich. Es kommt also nicht auf die Motivation an, mit der die Genitalverstümmelung betrieben wird. Entscheidend ist vielmehr, ob sie von einem objektiven Standpunkt aus betrachtet zur Ausgrenzung führt. Als Maßstab hierfür kommt für Art. 16a Abs. 1 GG wegen der Einheitlichkeit der Verfassung nur die auf dem Grundgesetz beruhende Rechts- und Werteordnung in Betracht. Der deutschen Rechts- und Werteordnung ist es aber nicht nur fremd, sondern diametral entgegengesetzt, dass Menschen nur dann als vollwertige Mitglieder der Gesellschaft angesehen werden können, wenn sie vorher verstümmelt werden.[766] Die Ausgrenzung aus der Friedensordnung liegt daher im Nichtgebrauch der staatlichen Machtmittel zum Schutze des Lebens, der Gesundheit und der bürgerlichen Rechte der verfolgten Staatsbürgerinnen.[767] Dadurch, dass Frauen, die es ablehnen, sich einer Genitalverstümmelung zu unterziehen, keinen Schutz finden, werden sie aus der übergreifenden Friedensordnung ausgeschlossen.[768]

(3.) Asylrelevantes Merkmal

Nach dem Bundesverfassungsgericht kommt als politische Verfolgung grundsätzlich jede Maßnahme in Betracht, die an die politische Überzeugung, die religiöse Grundentscheidung oder an ein für die Betroffene unverfügbares Merkmal anknüpft.[769] Wie bereits dargelegt, kann das Geschlecht ein solches asylrelevantes Merkmal sein. Entsprechend wurde in der Rechtsprechung auch schon mehrfach angenommen, dass Frauen, denen Genitalverstümmelung droht, wegen des asylrelevanten Merkmals Geschlecht verfolgt werden.

---

763   VG München, Urt. v. 6. März 2001 – M 21 K 98.51167, Asylmagazin 5-6/2001, S. 51, auch: www.asyl.net.
764   Siehe zur Begründung der Genitalverstümmelung die Nachweise oben.
765   BVerfGE 80, 315, 348; Göbel-Zimmermann, Rn. 51; Lünsmann, Anmerkung zu VG Oldenburg, Streit 1998, 176, 177.
766   VG München, Urt. v. 6. März 2001 – M 21 K 98.51167, Asylmagazin 5-6/2001, 51, auch: www.asyl.net.
767   Lünsmann, Anmerkung zu VG Oldenburg, Streit 1998, 176, 177; GK-AuslR-*Treiber* II - § 53 Rn. 204.1.
768   Im Ergebnis auch: VG München, Urt. 2. Dezember 1998, InfAuslR 1999, 306, 307 = NVwZ-Beilage I 7/1999, 74 (zu § 51 Abs. 1 AuslG).
769   BVerfGE 80, 315, 348.

Das VG Wiesbaden hat angenommen, der Genitalverstümmelung komme die Qualität einer politischen Verfolgungsmaßnahme zu, da sie der betroffenen Frau in Anknüpfung an das asylerhebliche unverfügbare Merkmal „Geschlecht" bzw. die Zugehörigkeit zu der sozialen Gruppe der „nicht beschnittenen Frauen" gezielt Rechtsverletzungen zufüge.[770] Das VG Oldenburg ordnete die aufschiebende Wirkung eines Widerspruchs gegen die angedrohte Abschiebung nach Nigeria an, da es als nicht fernliegend erscheine, dass die Beschneidung an asylerhebliche Merkmale, nämlich das Geschlecht, anknüpfe.[771]

VG Frankfurt a. M. sieht es dagegen als zweifelhaft an, ob die Zwangsbeschneidung gerade in Anknüpfung an ein asylerhebliches Merkmal geschehe.[772]

Nach Auffassung des VG Freiburg knüpft die Genitalverstümmelung nicht allein an das Geschlecht an: *„Sie richtet sich nur gegen die sich weigernden Mädchen und Frauen, nicht gegen diejenigen, die die ‚Beschneidung' als Tradition akzeptieren."*[773] Es komme deshalb nicht darauf an, ob das Geschlecht als solches ein asylerhebliches Merkmal sein könne.

Den betroffenen Frauen droht eine Beschneidung, weil sie im beschneidungsfähigen Alter sind, weil sie einer bestimmten Ethnie angehören und weil sie Frauen sind. Genitalverstümmelung trifft nicht zufälligerweise die Hälfte der Bevölkerung in bestimmten Regionen. Sie trifft die Frauen, weil sie Frauen sind. So wie Menschen in einigen Gebieten der Erde Gewalt angetan wird, weil sie einer bestimmten Rasse oder Nationalität angehören, wird Frauen in Teilen Afrikas und Asiens diese Gräueltat angetan, weil sie Frauen sind. Frauen, denen Genitalverstümmelung droht, werden deshalb wegen des asylerheblichen Merkmals Geschlecht verfolgt. Eine Verfolgung wegen der Unbeschnittenheit der betroffenen Frauen als weiteres eingrenzendes Merkmal kommt hinzu.

Frauen, denen Genitalverstümmelung droht, sind anders, als sie nach Ansicht der Gesellschaft, in der sie leben, zu sein haben. Sie sind unbeschnitten. Das Merkmal „unbeschnitten" ist zwar kein Merkmal, das prinzipiell nicht geändert werden könnte. Unabänderlichen Merkmalen müssen aber solche Merkmale gleich stehen, die zwar geändert werden können, deren Abänderung der betroffenen Person aber nicht zugemutet werden kann, weil sie einen untragbaren Eingriff in die Menschenwürde bedeuten würde.[774] Die Verstümmelung der weiblichen Genitalien mit den oben beschriebenen Gefahren und Folgen kann Frauen nicht ernsthaft abverlangt werden. Das Merkmal „unbeschnitten" steht deshalb einem unabänderlichen persönlichen Merkmal gleich. Die Unbeschnittenheit einer Frau im beschneidungsfähigen Alter ist deshalb ein asylrelevantes Merkmal im Sinne von Art. 16a Abs. 1 GG.

---

770 VG Wiesbaden, Urt. 27. Januar 2000, Streit 2000, 133, 135.
771 VG Oldenburg, Beschl. v. 9 April 1998 – 1 B 1425/98; vgl. auch VG Schwerin, Beschl. v. 16. Januar 2001 – 1 B 942/00 As.
772 VG Frankfurt, Beschl. v. 29. März 1999, InfAuslR 1999, 300 = NVwZ-Beilage I 7/1999, S. 71(rechtskräftig, vgl. NVwZ-Beil. I 6/2001, 56).
773 VG Freiburt, Urt. v. 5. Februar 2001, Asylmagazin 4/2000, 25, 26.
774 Vgl. auch: *Matter of Acosta*, 19 I & N Dec. 221 (B.I.A., 1985).

(4.) Staatlichkeit

Speziell bei der Genitalverstümmelung ist außerdem zu bedenken, dass die Personen, die die Verstümmelung vornehmen, in bestimmten traditionellen Gesellschaften einen quasi-öffentlichen Status innehaben bzw. die Genitalverstümmelung mit dem Einverständnis von Personen ausüben, die mehr gesellschaftlichen Einfluss haben als die öffentlichen Behörden.[775] Diesem Aspekt ist besondere Beachtung zu schenken, wenn die Religion als Begründung für die Beschneidung angeführt wird und religiöse oder spirituelle Führer beteiligt sind.[776]

ii.) § 51 AuslG

Auch ein Abschiebungsverbot nach § 51 Abs. 1 AuslG wird häufig deshalb abgelehnt, weil es an der Staatlichkeit der Verfolgung durch genitale Verstümmelung fehle. Wie dargelegt, erkennen aber auch einige Gerichte die staatliche Zurechenbarkeit dieser Praxis an. Andere halten die Staatlichkeit der Verfolgung bei § 51 Abs. 1 AuslG für nicht notwendig. Für das Abschiebungshindernis des § 51 Abs. 1 AuslG stellt sich weiter die Frage, ob sich die Genitalverstümmelung in eines der auch in dieser Vorschrift enthaltenen Konventionsmerkmale einordnen lässt. Die Frage der Konventionsmerkmale wird in einer Reihe von Entscheidungen, die im Ergebnis ein Abschiebungshindernis nach § 51 Abs. 1 AuslG annehmen, nicht diskutiert.[777] Es wurde aber auch schon entschieden, dass Genitalverstümmelung die Merkmale einer politischen Verfolgung wegen der Zugehörigkeit zu einer bestimmten Bevölkerungsgruppe grundsätzlich begründen kann.[778] Nach Ansicht des VG Freiburg ist die Genitalverstümmelung darauf gerichtet, die sich weigernden Frauen in ihrer politischen Überzeugung zu treffen, nämlich in der Überzeugung abzulehnen, in Missachtung ihres Selbstbestimmungsrechts zum verstümmelten Objekt gemacht zu werden.[779]

iii.) § 53 Abs. 4 AuslG

Auch ein Abschiebungshindernis aus § 53 Abs. 4 AuslG wird mit der Begründung abgelehnt, die Genitalverstümmelung gehe nicht von staatlichen Stellen aus. Die vom Bundesverwaltungsgericht erhobene Forderung, die unmenschliche oder erniedrigende Behandlung im Rahmen von § 53 Abs. 4 AuslG müsse vom Staat ausgehen,[780] stößt

---

775   Cissé, 35 CJTL, 429, 445 (1997).
776   Ebenda.
777   VG Frankfurt, Beschl. v. 29. März 1999, InfAuslR 1999, 300 = NVwZ-Beilage I 7/1999, 71(rechtskräftig, vgl. NVwZ-Beil. I 6/2001, 56); VG München, Urt. v. 6. März 2001 – M 21 K 98.51167, Asylmagazin 5-6/2001, S. 51 ff., auch: www.asyl.net.
778   VG Trier, Urt. v. 27. April 1999, NVwZ-Beilage I 7/1999, 75, nach Auffassung des Gerichts ist die Genitalverstümmelung dem Staat Nigeria allerdings nicht zurechenbar, weshalb es jeglichen Schutz versagt.
779   VG Freiburg, Urt. v. 5. Februar 2001, Asylmagazin 4/2000, 25, 26.
780   BVerwGE 99, 331 ff.; InfAuslR 1997, 341 ff.

allerdings auf schwerwiegende Bedenken.[781] Drohende Genitalverstümmelung im Heimatstaat begründet daher unabhängig davon, ob sie dem Heimatstaat zurechenbar ist, ein Abschiebungshindernis nach § 53 Abs. 4 AuslG.[782]

iv.) § 53 Abs. 6 AuslG

Oftmals wird bei drohender Genitalverstümmelung das Abschiebungshindernis nach § 53 Abs. 6 S. 1 AuslG gewährt.[783] In diesen Fällen ist die Anerkennung als Asylberechtigte, die Asylanerkennung, Feststellung des Abschiebungsverbot nach § 51 Abs. 1 AuslG bzw. des Abschiebungshindernisses nach § 53 Abs. 4 AuslG gescheitert, weil nach Auffassung des Gerichts die Verstümmelung der weiblichen Geschlechtsorgane nicht von staatlichen Stellen drohten und sie auch nicht dem Heimatstaat zugerechnet werden könnten.[784] In einigen wenigen Entscheidungen wird auch eine Schutzgewährung nach § 53 Abs. 6 S. 1 AuslG abgelehnt.[785] Begründet wird dies damit, dass eine Genitalverstümmelung der Antragstellerin im Heimatstaat nicht hinreichend wahrscheinlich sei.[786]

(1.) § 53 Abs. 6 S. 1 AuslG

§ 53 Abs. 6 S. 1 AuslG setzt voraus, dass für die Ausländerin in dem Zielstaat eine erhebliche konkrete Gefahr für Leib, Leben oder Freiheit besteht. Dabei wird von der Rechtsprechung nicht bestritten, dass es sich bei der Genitalverstümmelung um einen erheblichen Eingriff in die körperliche Integrität handelt.[787]

(2.) § 53 Abs. 6 S. 2 AuslG

Zu klären ist, ob § 53 Abs. 6 S. 2 gegenüber § 53 Abs. 6 S. 1 AuslG in Fällen von Genitalverstümmelung eine Sperrwirkung entfaltet. Nach § 53 Abs. 6 S. 2 AuslG werden Gefahren, denen die Bevölkerung oder die Bevölkerungsgruppe, der die Ausländerin angehört, in dem betreffenden Staat allgemein ausgesetzt ist, bei Entscheidungen nach § 54 AuslG berücksichtigt. § 54 AuslG regelt die Aussetzung von Abschiebungen aus völkerrechtlichen oder humanitären Gründen oder zur Wahrung der politischen

---

781 Siehe dazu z.B. Christ, InfAuslR 1996, 377, Heinhold, InfAuslR 1996, 255; Marx, InfAuslR 1996, 447.
782 So auch: Hofmann, InfAuslR 1997, 446, 447; vgl. auch GK-AuslR-*Treiber*, II - § 53, Rn. 204.1.
783 OVG Hamburg, Beschl. v. 6. Januar 1999, NVwZ-Beilage I 9/1999, S. 92, 93; VG Oldenburg, Urt. v. 7. Mai 1998, Streit 1998, 173 m. Anm. Lünsmann; VG Gelsenkirchen, Urt. v. 28. September 1998 – 15a L 3075/98.A; VG München, Urt. v. 10. Februar 2000 – M 21 K 98.50890; VG Hamburg, Beschl. v. 17. März 2000 – 16 A 719/2000.
784 Ebenda.
785 BayVGH, Urt. v. 12. März 1999 – 25 B 99.31134; VG Trier, Urt. v. 27. April 1999, NVwZ-Beilage I 7/1999, 75; VG Regensburg, Urt. v. 23. März 2000 – RO 5 K 00.30162; VG Magdeburg, Urt. v. 20. Januar 2000 – A 2 K 629/99 (Ablehnung wegen Unglaubwürdigkeit der Antragstellerin).
786 Ebenda.
787 OVG Hamburg, Beschl. v. 6. Januar 1999, NVwZ-Beilage I 9/1999, S. 92, 93.

Interessen der Bundesrepublik Deutschland durch die oberste Landesbehörde. Das Problem liegt hier darin, dass in Ländern, in denen die Genitalverstümmelung praktiziert wird, oftmals eine ganze Bevölkerungsgruppe betroffen ist, nämlich alle Mädchen und Frauen im „beschneidungsfähigen" Alter[788] und eine Anordnung nach § 54 AuslG nicht existiert.[789]

Bei genauer Betrachtung wird aber deutlich, dass es sich bei der Genitalverstümmelung um eine konkrete individuelle Gefahr im Sinne von § 53 Abs. 6 S. 1 AuslG handelt und Satz 2 der Vorschrift daher keine Anwendung findet.[790] Eine Verfolgung wegen der Weigerung, sich der Verstümmelung zu unterziehen, droht nämlich nur den Frauen, die es ablehnen, sich an den Genitalien verstümmeln zu lassen. Allein diese Frauen sind konkret und individuell betroffen.

Nach Ansicht des VG München fehlt ferner der nach § 53 Abs. 6 S. 2 AuslG begrifflich notwendige Bezug zur Abschiebung, da die Beschneidung auch weiblichen Betroffenen im Bundesgebiet drohen kann, beispielsweise weil die Eltern einer jungen Frau selbst die Tradition der Beschneidung bejahen.[791]

Im Übrigen ist allgemein anerkannt, dass § 53 Abs. 6 S. 2 AuslG, wenn keine Abschiebungshindernisse nach § 53 Abs. 1, 2, 3, 4 oder 6 S. 1 AuslG vorliegen, verfassungskonform dahin auszulegen ist, dass ausnahmsweise auch ohne Anordnung nach § 54 AuslG von der Abschiebung abgesehen werden muss, wenn die Ausländerin oder der Ausländer wegen des Bestehens einer extremen allgemeinen Gefahrenlage durch die Abschiebung gleichsam sehenden Auges dem sicheren Tod oder schwersten Verletzungen ausgeliefert würde.[792] Dass man eine Frau, der in ihrer Heimat Genitalverstümmelung droht, angesichts des damit verbundenen schweren Eingriffs in ihre körperliche und sexuelle Integrität und der damit verbundenen Todesgefahr sehenden Auges schwersten Verletzungen, unter Umständen sogar dem Tod ausliefern würde, wird weder in der Literatur noch in der Rechtsprechung bestritten.[793]

(3.) Rechtsfolge des § 53 Abs. 6 S. 1 AuslG: Ermessen

§ 53 Abs. 6 S. 1 AuslG stellt die Abschiebung ins Ermessen der Behörde. Im Rahmen der Ermessensausübung muss zwischen dem Interesse der Bundesrepublik an der Aufenthaltsbeendigung und dem Schutzinteresse der Ausländerin abgewogen werden.[794] Aufgrund des extrem starken und irreversiblen Eingriffs in die körperliche Integrität sowie das personelle und sexuelle Selbstbestimmungsrecht der Ausländerin durch die Genitalverstümmelung ist das Ermessen hier allerdings regelmäßig zugunsten der Aus-

---

788 Ebenda.
789 Das VG Trier lehnt deshalb ein Abschiebungshindernis nach § 53 Abs. 6 S. 1 AuslG ab, VG Trier, Urt. v. 27. April 1999, NVwZ-Beilage I 7/1999, 75.
790 So auch: VG Oldenburg, Urt. v. 7. Mai 1998, Streit 1998, 173, 174, m. Anm. Lünsmann; VG München, Urt. v. 10. Februar 2000 – M 21 K 98.50890.
791 VG München, Urt. v. 10. Februar 2000 – M 21 K 98.50890.
792 BVerwGE 99, 324, 328 = NVwZ 1996, 199; BVerwGE 102, 249, 258 f. = NVwZ 1997, 685 = JZ 1997, 508 m. Anm. Rittstieg.; Renner (1999), § 53 AuslG, Rn. 19.
793 GK-AuslR-*Treiber*, II - § 53, Rn. 204.1.
794 Göbel-Zimmermann, Rn. 669.

länderin auf Null reduziert.[795] Bei § 53 Abs. 6 S. 1 AuslG handelt es sich um einen Duldungsgrund nach § 55 Abs. 2 AuslG. Die Duldung ist nach § 56 Abs. 2 AuslG auf in der Regel ein Jahr befristet. Für Frauen, die vor Genitalverstümmelung geflohen sind, kann dies bedeuten, dass sie nach Vollendung des 20. Lebensjahres – in diesem Alter wird die Beschneidung in der Regel nicht mehr vorgenommen[796] – nicht mehr durch § 53 Abs. 6 S. 1 AuslG geschützt werden.

b) Frankreich

Die französische CRR war das erste Gericht, das Genitalverstümmelung grundsätzlich als Verfolgung im Sinne der Genfer Flüchtlingskonvention anerkannt hat.[797] Wenn der Zwang, sich einer solchen Operation zu unterziehen, von den öffentlichen Behörden ausgeht oder diese diesen Zwang fördern oder auch nur freiwillig tolerieren, liege eine Verfolgung der Frauen, die sich weigern, sich beschneiden zu lassen, vor, wenn diese persönlich und gegen ihren Willen betroffen sind:

„*Considérant (...) que si l'exigence de cette opération était le fait de l'autorité publique, ou si cette exigence était encouragée ou même seulement tolérée de manière volontaire par celle-ci, elle représenterait une persécution des femmes qui entendent s'y soustraire, au sens des stipulations précitées de la convention de Genève, à la condition que les intéressées y aient été personnellement exposées contre leur volonté.*"[798]

Die Anforderungen der französischen Rechtsprechung an den Nachweis, dass die Antragstellerin in ihrer Heimat selbst von dieser Praxis bedroht wurde, und dass dies auch ihr Fluchtgrund gewesen ist, sind allerdings recht hoch. Die Stammeszugehörigkeit zu einem die Genitalverstümmelung praktizierenden Stamm reicht nicht aus. So entschied die CRR im Fall *Aminata Diop*, der malaiische Staat dulde prinzipiell, dass Eltern die Genitalien ihrer Töchter verstümmelten. Erwachsene Frauen, wie Aminata Diop, müssten aber nachweisen, dass sie erfolglos versucht hätten, staatliche Stellen um Schutz zu bitten. Diesen Nachweis konnte Aminata Diop nicht erbringen, ihr Asylantrag wurde deshalb abgelehnt. Ähnlich entschied das Gericht im Fall *Soumahoro*.[799] Aficiata Soumahoro war aus der Elfenbeinküste geflohen, weil ihre Familie sie dort einer Genitalverstümmelung unterziehen wollte. Auch in dieser Entscheidung erkannte die CRR zwar die Möglichkeit einer Verfolgung wegen drohender Genitalverstümmelung an, Soumahoro konnte aber nach Auffassung des Gerichts nicht nachweisen, dass sie individuell von der Beschneidung bedroht wurde und dass dies ihr Fluchtgrund war. Auf die Frage, in welches Merkmal der Flüchtlingsdefinition die drohende Genitalver-

---

795 Vgl. zur Ermessensreduzierung auf Null im Rahmen von § 53 Abs. 6 S. 1 AuslG: Göbel-Zimmermann, Rn. 655; Marx, ZAR19 91, 125, 128 f.
796 Institut für Afrikakunde, Auskunft v. 10.2.1997 an das VG Oldenburg, zit bei: VG Oldenburg, Urt. v. 7. Mai 1998, Streit 1998, 173, 174.
797 Oosterveld, 51 TFLR 277, 278 (1993). CRR v. 18. Sep. 1991, 164078, *Aminata Diop* (Aminata Diop wurde im konkreten Fall allerdings der Flüchtlingsstatus verwehrt, da sie in ihrem Heimatland nicht hilfesuchend an die örtlichen Behörden gewandt hatte). Vgl. zu der Entscheidung auch: Cissé, 35 CJTL, S. 442 Fn. 47; Kelson, 6 TJWL 195 ff.; s.a. Wolter, S. 423 ff.
798 CRR v. 18. Sep. 1991, 164078, *Aminata Diop*.
799 CRR v. 19. Juli 1995, 276684, *Soumahoro*.

stümmelung einzuordnen sei, ging die CRR bisher nicht ein. Es liegt aber nahe, dass das Gericht von einer Zugehörigkeit zu einer bestimmten sozialen Gruppe ausgeht.[800]

c) USA[801]

Als Asylgrund ist die drohende Genitalverstümmelung seit der INS-Richtlinie von 1995 anerkannt, vorher bestand keine Aussicht auf Anerkennung.[802] Nach der INS-Richtlinie kann Genitalverstümmelung die Grundlage eines Asylbegehrens sein:
„*For example, rape (...), sexual abuse and domestic violence, infanticide and genital mutilation are forms of mistreatment primarily directed at girls and women and they may serve as evidence of past persecution on account of one or more of the five grounds.*"[803]

Kurz nach dem Erlass der Richtlinie traf das BIA die Entscheidung *In Re Fauziya Kasinga*.[804] In diesem Urteil wurde das erste Mal einer Frau Asyl gewährt, weil ihr in ihrem Heimatland die Verstümmelung ihrer Genitalien drohte. Fauziya Kasinga war eine 19-jährige dem Stamm der Tchamba-Kunsuntu angehörende Frau aus Togo. Junge Frauen dieses Stammes werden normalerweise im Alter von 15 Jahren der Genitalverstümmelung unterzogen. Kasinga konnte dieser Prozedur entkommen, da ihr einflussreicher Vater sie beschützt hatte. Nach dem Tod ihres Vaters wurde nach dem Stammesrecht dessen Schwester zum Familienoberhaupt. Diese wollte Kasinga zwingen, sich der Genitalverstümmelung zu unterziehen. Kasinga floh über Ghana und Deutschland in die USA und beantragte dort Asyl. Das BIA kam diesem Antrag mit erstaunlich knapper Begründung[805] nach. Das BIA hat seine Entscheidung allerdings auf den konkreten Fall beschränkt und wollte keine Regeln für spätere Fälle mit Genitalverstümmelung aufstellen.[806]

Trotzdem repräsentiert die Entscheidung die allmähliche Entwicklung der amerikanischen Rechtsprechung hin zu einer stärkeren Anerkennung frauenspezifischer Verfolgung in der Asylgewährung.[807] Seit *Kasinga* und der Richtlinie wird eine im Heimatland drohende Genitalverstümmelung, sofern diese glaubhaft gemacht werden kann, von der Rechtsprechung als Grund für Asyl und Abschiebeschutz anerkannt.[808]

i.) Well-founded fear of Future Persecution

Das BIA entschied in *Kasinga*, dass drohende Genitalverstümmelung Verfolgung im Sinne von INA, Sect. 101 (a)(42)(A), 8 U.S.C. s 1101 (a)(42)(A) (1994) sein kann.[809] Allerdings wies es darauf hin, dass es sich bei der konkret vorliegenden Form der Geni-

---

800 Carlier/Vanheule-*Schank/Peña Galiano*, S. 413.
801 Siehe dazu z.B.: Cissé, 35 CJTL, 429 (1997).
802 Armstrong, 21 MJILT 96 (1997); *Matter of Anon.*, IJ (Jugde Gossart), 28. April 1995.
803 INS-Richtlinie, S. 4.
804 *In Re Kasinga*, Int. Dec. 3278 (BIA 1996). Dazu: Malone, 14 BUILJ 319, 329 ff.
805 Malone, 14 BUILJ 319, 332 ff.
806 *In Re Kasinga*, Int. Dec. 3278 (BIA 1996), ¶ 3.
807 Dazu: Davar, 6 TJWL 242 ff. (1997); Helton/Nicoll, 28 CHRLR 378 (1997).
808 *Abankwah v. INS*, 185 F.3d 18 (2nd Cir. 1999).
809 *In Re Kasinga*, Int. Dec. 3278 (BIA 1996), ¶ 48.

talverstümmelung um deren schlimmste Form handele. Dies lässt die Möglichkeit für spätere Entscheidungen offen, weniger drastische Formen der Genitalverstümmelung nicht als Verfolgung einzustufen.[810] Unerheblich sei, dass Genitalverstümmelung von Privatpersonen begangen werde. Entscheidend sei, dass der Herkunftsstaat unfähig oder unwillig sei, diese Privatpersonen zu kontrollieren.[811] Weil es sich um eine nichtstaatliche Verfolgung handele, müsse die Verfolgung allerdings landesweit bestehen.[812] Es komme nicht darauf an, ob der Verfolger die Absicht habe, zu bestrafen oder zu schaden.[813]

ii.) Merkmal der Genfer Flüchtlingskonvention

Das BIA nahm an, dass Fauziya Kasinga wegen der Zugehörigkeit zu einer bestimmten sozialen Gruppe verfolgt werde:
„*In the context of this case, we find the particular social group to be the following: young women of the Tchamba-Kunsuntu Tribe who have not had FGM, as practiced by that tribe, and who oppose the practice. ...* "[814]
Diese Gruppe erfülle die Voraussetzungen, die das BIA in *Matter of Acosta* festgelegt hat. Nach *Acosta* ist eine bestimmte soziale Gruppe definiert durch gemeinsame Merkmale, die entweder unabänderlich sind oder deren Änderung den Mitgliedern der Gruppe nicht zugemutet werden kann, weil sie zu bedeutsam für die persönliche Individualität sind.[815] Das BIA entschied, dass die Eigenschaft, eine junge Frau zu sein und dem Stamm der Tchamba-Kunsuntu anzugehören, nicht geändert werden könne und dass die Eigenschaft, intakte Genitalien zu haben, so fundamental für die Identität einer jungen Frau sei, dass ihr nicht zugemutet werden könne, diese zu ändern. Deshalb seien junge unbeschnittene Frauen des Tchamba-Kunsuntu-Stammes eine bestimmte soziale Gruppe im Sinne der Flüchtlingsdefinition.

iii.) Der „on account of" - Nexus

Die Verfolgung muss wegen der Zugehörigkeit zu dieser bestimmten sozialen Gruppe drohen. Das BIA führte dazu aus, dass die Genitalverstümmelung jedenfalls auch den Zweck verfolge, sexuelle Eigenschaften der Frauen, die noch nicht beschnitten wurden und dies auch nicht wollen, zu beseitigen.[816] Die Verfolgung drohe daher wegen der Zugehörigkeit zu der bestimmten sozialen Gruppe der unbeschnittenen jungen Frauen des Tchamba-Kunsuntu-Stammes.

---

810 Helton/Nicoll, 28 CHRLR 375, 383 (1997).
811 *In Re Kasinga*, Int. Dec. 3278, ¶49; ebenso: Cissé, 35 CJTL 429, 444 f. (1997).
812 *In Re Kasinga*, Int. Dec. 3278, Absatz VI.
813 Ebenda, ¶ 50.
814 *In Re Fauziya Kasinga*, Int. Dec. 3278 (BIA 1996), III.
815 *Matter of Acosta*, 19 I & N Dec. 211, 233.
816 *In Re Kasinga*, Int. Dec. 3278 (BIA 1996), VI.

iv.) Staatlichkeit

Die Staatlichkeit einer Verfolgung durch Genitalverstümmelung wird in den USA in der Regel nicht in Zweifel gezogen. So entschied der BIA in *Kasinga*, dass staatlicher Schutz im Heimatland nicht vorhanden war.[817]

d) Kanada

Auch in Kanada wurde drohende Genitalverstümmelung als Verfolgung anerkannt.[818] Die kanadische C.R.D.D. entschied, dass diese Praxis das Recht auf Leben, Freiheit und Sicherheit der Person nach Art. 3 der Allgemeinen Erklärung der Menschenrechte grob verletzen würde.[819] Außerdem wären Art. 37, 19 und 24 der Kinderkonvention betroffen. Ein anderer Fall betraf eine katholische Frau aus Ghana, die aus ihrem Heimatland geflohen war, nachdem ein muslimischer religiöser Führer entschieden hatte, dass ihre Genitalien verstümmelt werden sollten. Der Federal Court of Canada problematisierte in seiner Entscheidung insbesondere die Frage der staatlichen Zurechenbarkeit und entschied, dass gelegentliche Absichten des ghanischen Staates, die Genitalverstümmelung zu beseitigen, jedenfalls nicht ausreichten:

„*It appeared that from time to time the Government of that country [Ghana] has indicated it intended to make this practice illegal but has not yet done so. Why would the applicant be likely to be reassured by such pious statements of intent? As this atrocious mutilation is still tolerated in Ghana, there is surely no basis for concluding that if the applicant returned to that country she could expect protection from the state.*"[820]

e) Wertender Rechtsvergleich

Wie dargestellt, wird die drohende Genitalverstümmelung in den USA und in Kanada regelmäßig als Asylgrund anerkannt. In Deutschland und Frankreich wird zwar die prinzipielle Möglichkeit einer Anerkennung bejaht, tatsächlich sind die Anforderungen, die vor allem an die Staatlichkeit der Verfolgung gestellt werden, extrem hoch. In Deutschland ist die Rechtsprechung zu dieser Frage zudem sehr uneinheitlich.

Wie im Abschnitt über die Staatlichkeit der Verfolgung dargelegt wurde, sind dem Staat frauenspezifische Rechtsverletzungen zuzurechnen, wenn dieser betroffenen Frauen keinen ausreichenden Schutz bietet. Allerdings ist die Schutzgewährung nicht einfach, da die Verstümmelungen im Verborgenen stattfinden und gesetzliche Maßnahmen nicht durchgreifen, etwa weil sie der Landbevölkerung nicht bekannt sind. Wenn man die auch von der deutschen Rechtsprechung verwendete Formel, wonach eine mittelbar staatliche Verfolgung dann vorliegt, wenn der Staat die betreffende

---

817 *In Re Kasinga*, Int. Dec. 3278 (BIA 1996), II.
818 *Annan v. Canada (M.C.I.) (T.D.)*, [1995], IMM-215-95; CRDD T93-12198/12187, Ramirez, McCaffrey, May 10, 1994; *B. (P.V.)(Re)*, [1994] C.R.D.D. No. 12 (QL), zit. Carlier/Vanheule-Donald/*Vanheule*, S. 190. Vgl. auch: Oosterveld, 51 TFLR 277 ff. (1993).
819 *B. (P.V.)(Re)*, [1994] C.R.D.D. No. 12 (QL), zit. Carlier/Vanheule-Donald/*Vanheule*, S. 190.
820 *Annan v. Canada (M.C.I.) (T.D.)*, [1995], IMM-215-95.

Person nicht ausreichend schützen *kann* oder will, ernst nimmt, liegt aber auch eine staatliche Verfolgung vor, wenn der Staat aufgrund der beschriebenen Hindernisse nicht in der Lage ist, ausreichenden Schutz zu gewähren.[821]

Wie die US-amerikanische und die kanadische Rechtsprechung zeigen, ist auch die Einordnung in ein Verfolgungsmerkmal möglich. Frauen werden wegen ihrer Zugehörigkeit zu der bestimmten sozialen Gruppe der unbeschnittenen Frauen eines gewissen Alters verfolgt.[822] Diese Gruppe knüpft an unverfügbare Merkmale an und ist auch hinreichend bestimmt. Nach Ansicht von Cissé kann jedes der Verfolgungsmerkmale der Genfer Flüchtlingskonvention die Grundlage für Verfolgung wegen Genitalverstümmelung sein:[823] Es sei unwesentlich, dass der Täter von derselben Rasse, Religion, Nationalität oder sozialen Gruppe sei. *„What is important is that the perpetrator of FGM would not expect a person of another race, religion, nationality or social group to be subjected to FGM."*[824] Das Asylbegehren könne auch auf Verfolgung wegen der politischen Anschauung gestützt werden, denn der Täter der Genitalverstümmelung habe zwangsläufig eine andere politische Anschauung als die individuelle Frau, die sich weigert, sich beschneiden zu lassen.[825]

Eine Verfolgung wegen der Rasse kommt in Betracht, wenn die Praxis der Genitalverstümmelung auf bestimmte ethnische Gruppen beschränkt ist.[826] Eine Verfolgung wegen der Religion liegt vor, wenn die Beschneidung mit religiösen Anforderungen begründet wird.[827] Denn unstreitig gehört zur Religionsausübungsfreiheit auch die Freiheit, eine bestimmte religiöse Praxis nicht auszuüben. Eine Frau, die es ablehnt, sich aus religiösen Gründen beschneiden zu lassen, wird deshalb wegen ihrer Religion verfolgt. Die Ablehnung von Genitalverstümmelung kann eine politische Meinung sein. Sie kann außerdem im Heimatstaat als Indiz für eine bestimmte unerwünschte politische Meinung, wie zum Beispiel feministische Anschauungen, gewertet werden.[828] Am einfachsten dürfte es allerdings regelmäßig sein, eine Verfolgung wegen der Zugehörigkeit zu einer bestimmten sozialen Gruppe anzunehmen.

4.) Flucht, weil Tochter Genitalverstümmelung droht

Neben den Fällen, in denen Frauen fliehen, weil sie selbst die Verstümmelung ihrer Genitalien befürchten, gibt es auch eine Reihe von Fällen, in denen Mütter mit ihren Töchtern fliehen, weil diesen Genitalverstümmelung droht.

---

821 Dass es dogmatisch sauberer wäre, ganz auf das Staatlichkeitserfordernis zu verzichten und allein auf vorhandene Schutzmöglichkeiten im Heimatland abzustellen, wurde oben schon ausgeführt.
822 Lünsmann, InfAuslR 1998, 415, 416; Oosterveld, 51 TFLR 277, 288 (1993); Cissé, 35 CJTL 429, 447 (1997).
823 Cissé, 35 CJTL 429, 446 (1997); vgl. auch: dies., 29. CHRLR 486 f. (1998).
824 Cissé, 35 CJTL 429, 446 (1997).
825 Ebenda.
826 Ebenda.
827 Ebenda, S. 447.
828 Ebenda.

a) Deutschland

Das Bundesverwaltungsgericht verneinte in einem solchen Fall die Möglichkeit eines Abschiebehindernisses nach § 53 Abs. 6 S. 1 AuslG für die Mutter, nachdem es sonstige Abschiebeverbote für die Töchter mangels Staatlichkeit dieser Praktik abgelehnt hatte:
„*Soweit der Beschwerde weiter als grundsätzlich bedeutsam die Frage aufwirft, ob die drohende Beschneidung der Töchter der Kl. zu 1 für sie nicht zumindest zu einem Abschiebungshindernis aus § 53 VI 1 AuslG führt, lässt sie sich (...) ohne weiteres verneinend beantworten. Es steht außer Zweifel, dass eine Gefährdung der Töchter der Kl. zu 1 für sie selbst keine ‚erhebliche konkrete Gefahr für Leib, Leben oder Freiheit' i.S. von § 53 VI 1 AuslG bedeutet.*"[829]
Das Gericht hielt es aber für möglich, dass der alleinigen Abschiebung der Klägerin ein Vollstreckungshindernis aus Art. 6 Abs. 1 GG entgegensteht.[830]

b) Frankreich

Die CRR lehnte das Asylbegehren einer Mutter ab, die ihren Antrag unter anderem darauf stützte, dass ihrer 15 Monate alten Tochter in ihrem Heimatland Genitalverstümmelung drohte.[831] Die CRR zog die Möglichkeit einer Verfolgung der Mutter zwar in Betracht, hielt es aber angesichts des Widerstandes der Mutter für zu wenig wahrscheinlich, dass der Tochter in ihrem Herkunftsland tatsächlich eine Verstümmelung ihrer Genitalien drohen würde.

c) USA

In den USA setzte Immigration Judge Warren im Jahre 1994 die Abschiebung einer Frau aus Nigeria aus („*suspension of deportation*"), deren zwei Töchter, beide amerikanische Staatsbürgerinnen, im Falle einer Rückkehr nach Nigeria Genitalverstümmelung drohen würde.[832] *Suspension of deportation* kann in den USA nach Ermessen des Richters dann gewährt werden, wenn ein Ausländer mit gutem moralischen Charakter kontinuierlich seit sieben Jahren in den Vereinigten Staaten lebt und die Abschiebung für ihn oder ein Familienmitglied, das die US-Staatsangehörigkeit besitzt, eine extreme Belastung („*extrem hardship*") bedeuten würde.[833]
Da Lydia Oluloro die übrigen Voraussetzungen erfüllte, kam es entscheidend auf das Vorliegen der extremen Belastung für sie oder ihre Töchter an. Dabei verneinte der Richter dies für Lydia selbst, nahm aber an, dass es eine extreme Belastung für ihre Töchter bedeuten würde, wenn diese mit ihrer Mutter zurück nach Nigeria müssten, wo ihnen die Verstümmelung ihrer Genitalien durch Verwandte drohte. Asyl oder Ab-

---

829 BVerwG, Beschl. v. 27. April 2000, NVwZ-Beil I 9/2000, 98, 99.
830 Ebenda.
831 CRR, v. 18. 3.1996, 295574, *Toure épouse Conde*.
832 *In Re Oluloro*, No. A72 147 491 (Wash. EOIR Immigr. Ct. Mar. 23, 1994), dazu z.B.: Rudloff, 26 StMLJ 877 ff. (1995)(abgedruckt Musalo/Moore/Boswell, S. 640 ff.; Steele, 9 GILJ 105, 109 ff. (1995).
833 Rudloff, 26 StMLJ 877 ff. (1995)(Musalo/Moore/Boswell, S. 644).

schiebeschutz im Sinne des INA § 241 (b)(3)(A) wurde in dieser Entscheidung nicht geprüft. Eine positive Entscheidung im Hinblick darauf wäre aber unwahrscheinlich gewesen, da Lydia Oluloro in ihrem Heimatland selbst keine Verfolgung drohte.[834] Die *suspension of deportation* ist somit die einzige Möglichkeit für Mütter in den USA, ihre Töchter vor der Genitalverstümmelung in ihrem Heimatland zu bewahren. Allerdings werden nicht alle betroffenen Mütter das Glück haben, die sonstigen Voraussetzungen dieser Vorschrift zu erfüllen.[835]

d) Kanada

Die kanadische Convention Refugee Determination Division (CRDD) stellt zugunsten einer Mutter die Flüchtlingseigenschaft fest, die befürchtete, dass ihr bei einer Rückkehr nach Somalia ihre Tochter vom Vater weggenommen würde.[836] Die CRDD entschied, dass das international geschützte Elternrecht dadurch verletzt würde.

e) Wertender Rechtsvergleich

Als bestimmte soziale Gruppe kommen die Mütter in Betracht, deren Töchtern Genitalverstümmelung droht. Zweifelhaft ist aber eine Verfolgung wegen der Zugehörigkeit zu dieser Gruppe. Verfolgt im eigentlichen Sinne werden nämlich nur die Töchter.[837] Möglich wäre, wie im kanadischen Ansatz, auf ein Recht der Mutter als Elternteil abzustellen. Dies dürfte allerdings vor allem in Deutschland schwierig sein für Art. 16a Abs. 1 GG bzw. § 51 Abs. 1 AuslG, wo maßgeblich auf eine Verletzung der Menschenwürde abgestellt wird. Allerdings wird man entgegen der Auffassung des Bundesverwaltungsgericht neben dem Vollstreckungshindernis aus Art. 6 Abs. 1 GG auch ein Abschiebungshindernis nach § 53 Abs. 4 AuslG i.V.m. Art. 8 EMRK annehmen müssen.

Zu bedenken ist schließlich die Möglichkeit, dass der Frau in ihrer Heimat deshalb Verfolgung droht, weil sie sich weigert, ihre Tochter verstümmeln zu lassen und dadurch gegen diese kulturelle Norm verstößt.[838] Diese Möglichkeit ist im Einzelfall zu prüfen. Entsprechend führt der UNHCR in seiner *Position on Female Genital Mutilation* aus dem Jahre 1994 aus:

„*1.) Therefore, a women can be considered as a refugee if she or her daughters/ dependents fear being compelled to undergo FGM against their will; or, she fears persecution for refusing to undergo or to allow her daughters to undergo this practice ...*
3.) In cases where female genital mutilation (FGM) is an accepted and compulsory practice, women who refuse to undergo it or have their children undergo it may be

---

834 Ebenda (1995)(Musalo/Moore/Boswell, S. 645).
835 Ebenda(1995)(Musalo/Moore/Boswell, S. 646).
836 B.(P.V.)(Re), [1994] C.R.D.D. No. 12 (QL)(Somalia), zit. Carlier/Vanheule-*Donald/ Vanheule*, S. 190 f.
837 Rudloff, 26 StMLJ 877 ff. (1995)(Musalo/Moore/Boswell, S. 645).
838 So z.B. Davar, 6 TJWL 241, 248.

considered to have transgessed social mores, and, depending on the particular circumstances, their treatment as a result may amount to persecution...
5.) Based on the foregoing analysis, we must conclude that a fear of forced FGM, which could be imposed on daughters upon their return to their country or origin, and/or a fear of the treatment that mothers might receive as a result of refusal to allow their daughters to undergo FGM, combined with the absence of state protection, can be considered persecution owing to membership of a particular group under the 1951 Convention."[839]

Politisch gesehen ist der mangelnde Schutz für Mütter, deren Töchtern im Heimatland Genitalverstümmelung droht, jedenfalls problematisch. Wie *Steele* richtig bemerkt, sind meistens die Großmütter und Mütter die stärksten Verfechter der Genitalverstümmelung. Wenn diese verstünden, was für ein unnötiger und grausamer Brauch die Genitalverstümmelung ist, und versuchten, im Ausland Schutz für ihre Töchter zu finden, sollten die Aufnahmeländer sie besser mit offenen Armen empfangen, anstatt sie auf ihre fehlende Asylberechtigung zu verweisen.[840]

II. Restriktive geschlechtsspezifische Gesetze und Sittenregeln

1.) Frauen und Islam

Restriktive fundamental-islamische Gesetze schränken das Leben von Frauen in vielerlei Hinsicht stark ein.[841] Am symbolträchtigsten ist dabei der Zwang, einen Schleier zu tragen. Aber auch andere Regelungen legen Frauen Beschränkungen auf. So sind Frauen besonders betroffen vom Familien- und Erbrecht: In Fragen der Ehe, der Scheidung, der Erbschaft, des Sorgerechts oder der Vielehe legt es fest, wie das Verhalten einer muslimischen Frau zu sein hat.[842] Der herrschenden Interpretation der Religion fehlt die Bereitschaft, Frauen als voll gleichberechtigte Menschen zu akzeptieren, denen die gleichen Rechte und Freiheiten zustehen wie Männern. Stattdessen wird die Benachteiligung von Frauen als etwas ganz Natürliches angesehen. Eben so, wie es in der westlichen Welt als ganz natürlich angesehen wird, dass geistig Kranken und kleinen Kindern nicht die gleichen Rechte zustehen wie allen anderen.[843]

Oft werden Frauen Traditionen aufgezwungen, die an sich nicht „islamisch" sind.[844] Muslimische Gesetze, unter denen Frauen oft zu leiden haben, sind deshalb nicht unbedingt „islamisch", also die einzigartige und unantastbare Transkription des Wort Gottes.[845] Die Gesetze in den verschiedenen Ländern haben viel gemeinsam, allerdings

---

839 UNHCR Position on Female Genital Mutilation (Genf 1994), Para. 1, 3 u. 5.
840 Steele, 9 GILJ 105, 112 (1995).
841 Siehe zu religiösem Fundamentalismus und den Rechten der Frau allgemein: Howland, 35 CJTL 271 ff. (1997).
842 Hélie-Lucas, Streit 1992, 3, 5.
843 Mayer S. 122 f.
844 Hélie-Lucas, Streit 1992, 3, 5.
845 Ebenda.

unterscheiden sie sich aus lokalen Besonderheiten und wegen des politischen Gebrauchs der Religion auch voneinander.[846]

Am schlimmsten war die Situation für Frauen bis vor kurzem in Afghanistan.[847] Die Verhältnisse dort konnten als „Gender-Apartheid" bezeichnet werden.[848] Unter der Herrschaft der Taliban mussten die Frauen in Afghanistan den *burqa* tragen, ein voluminöses Gewand, das den gesamten Körper mit mehreren Stoffschichten komplett verhüllt, das Gesicht ist durch ein Netz bedeckt, durch das die Frauen sehen und atmen können.[849] Frauen mussten ihre Fenster bemalen, um sich vor Blicken zu verstecken.[850] Sie durften das Haus nur in Begleitung eines nahen männlichen Verwandten verlassen. Mädchen und Frauen durften weder Schulen noch Universitäten besuchen.[851] Sie durften sich nicht von männlichen Ärzten untersuchen lassen.

„Die Frauen in Afghanistan fühlen sich wie Tiere im Käfig."[852]

Durch das Ende der Herrschaft der Taliban erhoffen sich die Frauen in Afghanistan mehr Rechte und die Teilnahme am öffentlichen Leben.[853] Ob sich diese Hoffnung erfüllt, ist zum heutigen Zeitpunkt allerdings noch ungewiss.

Die Situation von Frauen in fundamentalistisch islamischen Ländern verschärft sich in der Regel noch, wenn sie alleinstehend sind und keinen familiären Rückhalt haben. Die Gesellschaftsordnung des Islam sieht eigentlich keine allein lebenden Frauen oder

---

846   Ebenda.
847   Vgl. zur Situation der Frauen in Afghanistan z.B.: WAPHA-Women's Alliance for Peace and Human Rights in Afghansistan, www.wapha.org; Cammack, S. 94 ff.; die Ausführungen des OVG Münster, Beschl. v. 17. Januar 1997 – 17 B 3517/95; Mayer, S. 122 f.
848   Z.B.: WAPHA-Women's Alliance for Peace and Human Rights in Afghansistan – http://www.wapha.org/facts.html.
849   WAPHA-Women's Alliance for Peace and Human Rights in Afghansistan, www.wapha.org.
850   „Als die Taliban aus der Stadt geflohen waren, trat Sunila Hamidi mit Wassereimer und Putzlappen aus dem Haus. Dann machte sie sich daran, die weiße Farbe von ihrem Fenster ab-zuwaschen. Doch so sehr sich Sunila, eine 19-jährige Schönheit mit kanstanienfarbenen Haaren und großen braunen Augen im ovalen Gesicht, auch mühte, die Farbe ging nicht ab. Fünf Jahre Sonne und Wind hatten den Anstrich in einen unlöslichen Firnis verwandelt.
Wäre noch ein Taliban in Kabul gewesen, hätte er sich sicher über Sunilas vergebliche Reinigungsaktion gefreut: Schießlich hatten die fundamentalistischen Koranschüler vor einem halben Jahrzehnt den Einwohnern der afghanischen Hauptstadt befohlen, alle Fenster mit Blick zur Straße anzustreichen. Die Farbe sollte verhindern, dass Männer im Vorbeigehen einen Blick auf Frauen im Hausinneren erhaschen konnten." (Hassel, in: FR, v. 24. November 2001, S. 3).
851   Vor kurzem haben die Taliban allerdings eine Schule für Krankenpflege für Frauen geöffnet. Frauen können dort eine Ausbildung nach dem Standard der Genfer Weltgesundheitsorganisation – natürlich in streng von Männern getrennten Klassen – absolvieren. Der Bedarf an Krankenschwestern war in „geschundenen Land" übermächtig geworden (vgl. Hoelzgen, www.spiegel.de/ spiegel/0,151836,00.html).
852   SZ v. 18.10.1996, zit. bei OVG Münster, Beschl. v. 17. Januar 1997, NVwZ-Beil. 6/1997, 45, 46.
853   „Die Nordallianz in Afghanistan hat Frauen erlaubt, wieder außerhalb des Hauses zu arbeiten. Das Verbot der Taliban sei aufgehoben, versicherte der UN-Beauftragte für die Hilfe in Afghanistan, Mike Sacket, nach seinem Gespräch mit dem ‚Außenminister' der Nordallianz, Abdullah Abdullah (...) in Islamabad.
Abdullah habe auch gesagt, dass Frauen in der Öffentlichkeit künftig nur noch ein Tuch über dem Kopf tragen müssten. Die Burka sei nun nicht mehr Vorschrift in Afghanistan.", Frankfurter Rundschau, v. 22. November 2001, S. 2. Siehe auch: Hassel, in: Frankfurter Rundschau, v. 24. November 2001, S. 3.

Männer vor. Trotzdem gibt es vor allem Frauen, die auf sich allein gestellt sind.[854] Es handelt sich dabei in der Regel um Geschiedene, die weder in ihre Herkunftsfamilie zurück können noch einen neuen Ehepartner gefunden haben, aber auch um junge Frauen, die von einem Liebhaber verlassen wurden.[855] Die Arbeits- und Überlebensmöglichkeiten für diese Frauen sind begrenzt.[856]

2.) Unverhältnismäßige Strafen[857]

Im Jahre 1986 sind im Iran besondere Camps für Frauen errichtet worden, die sich nicht an die Bekleidungsvorschriften gehalten haben.[858] Nach § 102 des *Islamic Penal Code* liegt die Strafe für Frauen, die sich nicht an die Bekleidungsvorschriften halten, zwischen 34 und 74 Peitschenhieben.[859] In der Realität variieren die Strafen allerdings. Es gibt Geldstrafen für das Benutzen von Lippenstift (2000 Rials), für das Benutzen von Rouge (1500 Rials), für das Zeigen der Haare (10000 Rials), für das Tragen durchsichtiger Strümpfe (3000 Rials) und für das Tragen eines offenen Mantels (4000 Rials).[860] Genauso häufig werden Frauen aber extrem grausam bestraft: Ihre Füße werden in einen Jutesack mit Mäusen und Schaben gesteckt, ihre Gesichter werden mit Säure verätzt oder mit Rasierklingen verletzt.[861] Auch Steinigungen kommen vor.[862] Es gilt als verdienstvoll, weibliche Gefangene – ob sie wegen Verstoßes gegen die Bekleidungsvorschriften verhaftet wurden oder wegen genereller Regimefeindlichkeit – zu vergewaltigen. Dies gilt insbesondere für Frauen, die noch Jungfrau sind, da ihnen in diesem Fall nach muslimischer Auffassung nach ihrem Tod der Zugang zum Paradies verwehrt sei.[863] Tausende von Frauen wurden verhaftet, ausgepeitscht, erschossen, erhängt oder zu Tode gesteinigt unter dem Vorwand erfundener Beschuldigungen.[864] Die Bestrafungen finden dabei häufig in der Öffentlichkeit statt.[865]

In Afghanistan wurden Frauen zu Tode gesteinigt, weil sie sich mit einem Mann in der Öffentlichkeit bewegt haben, mit dem sie nicht verwandt sind. Sie wurden mit 100 Hieben bestraft, weil sie nicht „ordentlich" bekleidet waren. Arbeitende Frauen wurden verbannt. Frauen wurden erschossen, weil sie das Haus ohne Begleitung eines männlichen Verwandten verlassen haben, um medizinische Hilfe zu erlangen.[866] Im Hintergrundpapier zu Flüchtlingen und Asylbewerbern aus Afghanistan des UNHCR heißt es:

---

854 Heine/Heine, S. 123.
855 Ebenda.
856 Ebenda.
857 Mirhosseini, S. 75 f.
858 Mirhosseini, S. 75; zur Situation der Frauen im Iran auch: Miller, 10 EILJ 779 ff. (1996).
859 Ebenda.
860 Ebenda.
861 Ebenda.
862 Mirhosseini, S. 76. Drohende Steinigung wegen Ehebruchs im Iran: EGMR, InfAuslR 2001, 57 ff.
863 Mirhosseini, S. 75.
864 Mirhosseini, S. 76.
865 Ebenda.
866 WAPHA – http://www.wapha.org/facts.html.

„*5.4 Die Frauen*
(...) Die gesellschaftlichen Verhaltensvorschriften der Taliban und deren Interpretation der Scharia haben schwerwiegende unzumutbare Härten für die Frauen mit sich gebracht. Offizielle Vertreter der Taliban haben Frauen in Arrestanstalten und auf den Straßen wegen Verstößen gegen die Bekleidungsvorschriften (...) oder weil sie sich außerhalb ihrer Wohnungen ohne die Begleitung eines nahen männlichen Familienangehörigen (mahram) aufgehalten haben, auch weiterhin regelmäßig geschlagen. (...) Tatsache ist, dass die Taliban auch nach wie vor die Anwendung des in ländlichen Gebieten üblichen islamischen Brauches des purdah selbst in den Städten durchsetzen, in denen diese Sitten und Bräuche bereits vor langer Zeit ihre Bedeutung verloren hatten. Nach diesem Brauch werden Frauen von allen Männern, die keine Familienangehörige sind, isoliert und dürfen ihre Wohnungen nur dann verlassen, wenn sie sich in Begleitung eines nahen männlichen Familienangehörigen befinden. (...)
Anfang Juni 2000 hatten die Taliban eine Verfügung erlassen, durch die den afghanischen Frauen verboten wurde, für internationale Hilfsorganisationen, mit Ausnahme des Gesundheitswesens, zu arbeiten. Auf diese Weise haben sie zum einen durch den Verlust des dringend benötigten Einkommens und zum anderen aber auch durch den Wegfall von sozialen Leistungen, die ausschließlich von Frauen erbracht werden, eine außerordentliche Härtesituation geschaffen. (...)
Mitte August 2000 haben die Taliban den Vereinten Nationen befohlen, alle von Frauen betriebenen Bäckereien in Kabul zu schließen. Die Vereinten Nationen hatten diese Bäckereien eingerichtet, um speziell den Frauen, die keine männlichen Familienangehörigen haben, die für ihren Lebensunterhalt sorgen könnten, eine Möglichkeit zu bieten, sich selbst zu ernähren, nachdem die Taliban im Jahr 1996 ein generelles Beschäftigungsverbot für die Frauen erlassen hatten. Die Bäckereien hatten an siebentausend der ärmsten in der Hauptstadt lebenden Frauen subventioniertes Brot verkauft.(...)"[867]

3.) Der Schleier als politisches Symbol

Der Schleier wurde schon in der vorislamischen Zeit auf der Arabischen Halbinsel von Mädchen und Frauen verwendet.[868] Nur unter großen interpretatorischen Bemühungen sind aus dem Koran oder den Prophetentraditionen Verschleierungsgebote abzuleiten.[869] Erst umfangreiche Interpretationen einer großen Anzahl von Korankommentatoren haben dazu geführt, dass die Verschleierung zu einem Symbol der Islamizität einer Muslimin wurde.[870]
Die Rolle der Frau gilt als Symbol des Islam. Dies wird auch dadurch deutlich, dass reformorientierte Kräfte in den muslimischen Staaten (Shah Reza in Iran, und People's

---

867 UNHCR: Hintergrundpapier zu Flüchtlingen und Asylbewerbern aus Afghanistan, April 2000, 49 S., M 0760, Para. 5.4.
868 Heine/Heine, S. 44.
869 Vgl. dazu Heine/Heine, S. 44 f.
870 Heine/Heine, S. 45.

Democratic Party of Afghanistan (PDPA)[871]) immer auch die Stellung der Frau verbessert haben. So war die Politik betreffend den Schleier im Iran von 1934 bis 1936 genau entgegengesetzt. Reza Shah Pahlavi initiierte eine Kampagne gegen den Schleier, und die Polizei wurde angewiesen, jeder Frau den *Chador* vom Leib zu reißen, die diesen in der Öffentlichkeit trug. Verschleierte Frauen durften keine öffentlichen Gebäude betreten.[872] Die Kampagne von Reza Shah führte dazu, dass die Nichtverschleierung mit der Einführung westlicher Ideen gleichgesetzt wurde.[873] Fundamentalisten haben daher die Nichtverschleierung als imperialistischen Komplott angesehen und den Schleier als ein effektives Mittel im Kampf gegen den *Shah* und „westliche Imperialisten" angesehen. Nach ihrer Ansicht hat die Wiedereinführung des Schleierzwangs dazu beigetragen, Frauen und Männer vor dem Virus der *Westtoxikation* zu befreien.[874]

Die politische Symbolkraft des Schleiers wird auch durch einige aktuelle Slogans deutlich:[875] *„My sister, your hijab is more combative than my blood", „your hijab turned into a fatal fire, burning the infidel enemy' heart", „Islam is our ideology, hijab is our bastion".* Dem Schleierzwang kommt damit eine herausragende politische Bedeutung zu.[876]

4.) Das Kopftuch als religiöses Symbol in der deutschen nicht-asylrechtlichen Rechtsprechung

Das Kopftuch ist in Deutschland in letzter Zeit mehrfach zum Gegenstand von Gerichtsentscheidungen geworden.[877] Ein Fall betraf zwei iranische Staatsangehörige – Mutter und Tochter, die in den Iran abgeschoben werden sollten. Um die notwendigen Ausweispapiere zu erstellen, war es nach iranischem Recht erforderlich, dass von den beiden Frauen Lichtbilder angefertigt wurden, auf denen sie ein Kopftuch tragen. Die Frauen weigerten sich aber unter Berufung auf ihre Religionsfreiheit, ein Kopftuch zu tragen. Die Ausländerbehörde ordnete an, dass die beiden Frauen notfalls auch zwangsweise einem Fotografen vorgeführt werden könnten. Dagegen versuchten die Frauen im Wege des vorläufigen Rechtsschutzes vorzugehen. Der BayVGH lehnte den Antrag auf Feststellung der aufschiebenden Wirkung allerdings ab.[878]

In einem anderen Fall bestätigte das VG Stuttgart die Ablehnung des Oberschulamtes Stuttgart, eine deutsche Staatsangehörige afghanischer Abstammung in den Schuldienst zu übernehmen.[879] Das Schulamt begründete seine Entscheidung mit der mangelnden persönlichen Eignung der Muslimin, die angekündigt hatte, auch nach ihrer Übernahme in den Schuldienst im Unterricht ein Kopftuch zu tragen. Nach Auffassung des Gerichts sei das Tragen des Kopftuches mit der Neutralitätspflicht des Staates in Sachen des

---

871 Dazu Moghadam, S. 81 ff.
872 vgl.Tohidi, S. 125.
873 Ebenda.
874 Ebenda.
875 Alle zit. bei Tohidi, S. 126.
876 So auch Greatbatch, 1 IJRL 518, 521 (1989).
877 Vgl. dazu z.B.: Janz/Rademacher, JuS 2001, 440 ff. und die Nachweise bei GK-AuslR-*Treiber*, II-§ 53, Rn. 205.2.
878 VGBay, NVwZ 2000, 952.
879 VG Stuttgart, NVwZ 2000, 959.

Glaubens und der Religion nicht zu vereinbaren. Diese Entscheidung wurde inzwischen vom VG Mannheim bestätigt.[880]

5.) Geschlechtsspezifische Bekleidungs- und Verhaltensvorschriften als Grund für Asyl

In Bezug auf restriktive muslimische Vorschriften wie etwa strenge Bekleidungsvorschriften, kann sich eine Verfolgung in zweierlei Hinsicht begründen. Zunächst könnten die Verhaltensvorschriften selbst Verfolgungscharakter haben. Die Verfolgung könnte sich aber auch aus den unverhältnismäßig hohen Strafen bei Zuwiderhandlung gegen die muslimischen Gesetze ergeben.

a) Deutschland

In Deutschland wurden in der Vergangenheit hauptsächlich Asylanträge wegen strenger Bekleidungsvorschriften von Frauen aus dem Iran entschieden. Daneben gibt es einige Entscheidungen zu Frauen aus Afghanistan.

i) Art. 16a I GG

Die deutschen Gerichte sind bei der Anerkennung von islamischen Bekleidungs- und Verhaltensvorschriften als Asylgrund eher zurückhaltend. Gelegentlich wurde allerdings westlich orientierten Frauen aus Afghanistan Asyl nach Art. 16a Abs. 1 GG und Abschiebeschutz nach § 51 Abs. 1 AuslG gewährt.[881] Außerdem wurde vereinzelt der wegen der Bekleidungsvorschriften gestellte Asylantrag selbst als Verfolgungsgrund anerkannt.[882] So hat der VGH Baden-Württemberg entschieden, die Bekleidungsvorschriften selber seien zwar nicht Asyl begründend, wegen der Flucht aus der durch die für Frauen geltenden Restriktionen begründeten politischen Zwangslage sei der selbst geschaffene Nachfluchttatbestand der Asylantragstellung in Deutschland aber ausnahmsweise beachtlich.[883] In dieser Entscheidung wurde zum ersten Mal dem strafbewehrten Verstoß gegen Bekleidungsvorschriften politischer Charakter beigemessen.[884] Meistens wird ein Recht aus Art. 16a Abs. 1 GG allerdings abgelehnt.[885]

---

880 VGH Mannheim, Urt. v. 26. Juni 2001 – 4 S 1439/00
881 VG Aachen, Urt. v. 28. November 1996 – 1 K 2455/95.A, InfAuslR 1996, 237 f.; s.a. VG Aachen, Urt. v. 28. September 1995 – 1 K 5942/94.A = ZDWF-Nr. 121-13396; VG Aachen, Urt. v. 9. November 1995 – 1 K 6163/93.A; VG Schleswig, Urt. v. 15. September 1997 – 14 A 337/96 (mangels Bestehens einer effektiven Herrschaftsgewalt aber verworfen von OVG Schleswig-Holstein, Urt. v. 30. Juli 1998 – 2 L 158/97); VG Wiesbaden, Urt. v. 8. Mai 1984 – VI/1 E 07897/81-0, Streit 1987, 51f.
882 VGH Baden-Württemberg, Urt. v. 20. September 1990, InfAuslR 1990, 346, 347; VGH Baden-Württemberg, Urt. v. 18. Oktober 1991 – A 14 S 2764/90.
883 Ebenda.
884 Mees, InfAuslR 1990, 348.
885 HessVGH, Urt. v. 10. April 1992 – 13 UE 567/89; BayVGH, Urt. v. 11. November 1992 – 19 BZ 92.31853, Streit 1994, 85 ff. (nicht ehelicher Geschlechtsverkehr, Iran)(bejahend allerdings § 53 Abs. 4 AuslG); OVG NRW, Urt. v. 17. Dezember 1992 – 16 A 10141/90 (Beschränkung der berufl. Betätigung u. Bekleidungsvorschriften, Iran); VG Bremen, Urt. 21. April 1994 – 3 AS 494/91; VG Hamburg, Urt. v. 10. September 1991 – 16 A 2219/89 (Bekleidungsvorschriften,

(1.) Verfolgung wegen drohender Bestrafung

Es ist zunächst der Fall zu untersuchen, dass eine Frau gegen die geschlechtsspezifischen Bekleidungs- und Verhaltensvorschriften verstoßen hat und deshalb bestraft wurde bzw. ihr deshalb eine Bestrafung droht.

(a) Intensität der Maßnahme

Da die wegen eines Verstoßes gegen die Verhaltensvorschriften verhängten Strafen (Peitschenhiebe, Steinigungen) nach ihrer Intensität und Schwere die Menschenwürde verletzen und über das hinausgehen, was die Bewohner des Heimatstaates aufgrund des dort herrschenden Systems allgemein hinzunehmen haben,[886] erreichen sie eine asylerhebliche Intensität.

(b) Zielgerichtetheit in Bezug auf ein asylrelevantes Merkmal

Nach der Rechtsprechung des Bundesverfassungsgerichts muss die Verfolgung der Einzelnen in Anknüpfung an ein asylrelevantes Merkmal gezielt Rechtsverletzungen zufügen, die sie ihrer Intensität nach aus der übergreifenden Friedensordnung der staatlichen Einheit ausgrenzen.[887] Diese Voraussetzung wird von den deutschen Verwaltungsgerichten in der Regel verneint. Eine Bestrafung wegen des Verstoßes gegen die Bekleidungsordnung sei noch keine politische Verfolgung, auch nicht etwa wegen der – aus europäischer Sicht – kaum begreiflichen Form und Höhe der Strafandrohung. Das iranische Strafrecht nach der Revolution sei – wie auch das Strafrecht einiger anderer Staaten – geprägt von islamisch-fundamentalistischen Grundsätzen. Die dadurch bedingten Straftatbestände und Strafandrohungen gelten für die gesamte Bevölkerung. Ihre Anwendung im Einzelfall bedeute keine Ausgrenzung aus der staatlichen Friedensordnung, mithin keine politische Verfolgung.[888] Eine Bestrafung wegen Verstoßes gegen islamische Bekleidungs- und Verhaltensvorschriften knüpfe nicht an asylerhebliche Merkmale an, sondern an einen Verstoß gegen die öffentliche Moral und Sitte.[889] Nicht das Frausein sei betroffen, sondern die Nichteinhaltung der Vorschriften und das nicht angepasste Verhalten.[890]

Iran); VG Koblenz, Urt. v. 29. August 1991 – 1 K 86/90.KO, NVwZ 1992, 295; VG Gelsenkirchen, Urt. v. 27. August 1991 – 12 K 10316/89 (Iran, Kleiderordnung)(nach Ansicht des Gerichts könnten Verstöße gegen die Kleiderordnung aber in Verbindung mit besonderen Umständen asylrelevant werden); VG Gießen, Urt. v. 27.November 1996 – 2 E 11273/92.A(3).

886   BVerfGE 54, 341, 357.
887   BVerfE 80, 315; BVerfG InfAuslR 1993, 319, 312.
888   VG Potsdam, Urt. v. 24. Juni 1999 – 1 K 813/95.A; vgl. auch: VG Bremen, Urt. v. 21. April 1994 – 3 AS 494/91.
889   VG Gießen, Urt. v. 27. November 1996 – 2 E 11273/92.A(3); vgl. auch VG Bremen, Urt. v. 2. April 1998 – 3 AK 2749/97; VG Ansbach, Urt. v. 14. Januar 1993 – AN 18 K 92.37898 (Ehebruch)(§ 53 Abs. 4 AuslG aber bejaht).
890   VG Gießen, Urt. 27. November 1996 – 2 E 11273/92.A(3).

Eine an sich zulässige Sanktion kann jedoch dann eine politische Verfolgung darstellen, wenn sonstige Umstände, wie etwa die besondere Intensität der Verfolgungsmaßnahmen, darauf schließen lassen, dass die Betroffene gleichwohl wegen eines asylerheblichen Merkmals verfolgt wird.[891] Eine politische Zielrichtung kann sich aus dem Straftatbestand, der Höhe und Ungewissheit der Strafe, der Strafzumessung (so genannter Politmalus) oder aus der Behandlung durch die Strafverfolgungs- oder Vollzugsorgane ergeben.[892]

Die bei einem Verstoß gegen die Bekleidungs- und Verhaltensvorschriften drohende Strafe kann unverhältnismäßig hoch sein. Auspeitschungen oder sogar Steinigungen stehen in keinem Verhältnis zu dem begangenen Verstoß gegen die geschlechtsspezifischen Vorschriften. Angesichts der politischen Symbolkraft der Regelungen, insbesondere des Schleiers – Verstöße gegen die Bekleidungsvorschriften werden als Angriff auf die gesamte gesellschaftliche Ordnung angesehen – ist der Bestrafung wegen Verstoßes gegen die Verhaltensvorschriften auch eine politische Zielrichtung zu entnehmen.

Droht einer Frau eine Bestrafung, weil sie sich nicht an die Bekleidungsvorschriften gehalten hat, so droht ihr auch eine Verfolgung wegen ihrer politischen Überzeugung. Unerheblich ist es dabei, ob die Frau sich mit ihrem Verstoß gegen die Regelungen tatsächlich politisch betätigen wollte, da es ausreicht, dass der Verfolger den Verdacht der Trägerschaft asylerheblicher Merkmale hegt und deshalb ein asylrechtliches Mittel einsetzt oder einzusetzen beabsichtigt.[893]

Natürlich ist die Verfolgung wegen bewusster politischer Betätigung gegen geschlechtsspezifische Gesetze erst recht asylrelevant.[894] Haben Frauen in einem religiös geprägten Staat mit einer weitaus härteren Strafe zu rechnen als Männer (was häufig der Fall sein wird), so knüpft die drohende Strafe außerdem an das asylrelevante Merkmal Geschlecht an.[895]

(c) Staatlichkeit

Im Iran gehen die an einen Verstoß gegen Bekleidungs- und Verhaltensvorschriften anknüpfenden Strafen unmittelbar vom Staat aus. Eine staatliche Verfolgung liegt deshalb vor. In der Vergangenheit wurde Frauen aus Afghanistan in der Regel sowohl ein Asylrecht aus Art. 16a Abs. 1 GG als auch ein Abschiebungshindernis aus § 51 Abs. 1 AuslG versagt, da es nach Auffassung der Gerichte in Afghanistan weder eine staat-

---

891 Vgl. BVerfGE 80, 315, 339; Göbel-Zimmermann, Rn. 99.
892 BVerwGE 79, 143, 152 = NVwZ 1988, 838, 841; Göbel-Zimmermann, Rn. 99.
893 Göbel-Zimmermann, Rn. 51. Die von deutschen Gerichten gelegentlich erhobene Forderung, dass die Revolutionswächter, deren Aktivitäten dem iranischen Staat zuzurechnen seien, in derartigen Fällen eine Regime feindliche Einstellung vermuten und deshalb mit den geschilderten Maßnahmen reagieren müssten (z.B. VG Schleswig, Beschl. v. 19. August 1986 – 15 D 172/86, InfAuslR 1986, 336), überzeugt deshalb nicht. Aufgrund der oben dargestellten politischen Symbolkraft des Schleiers kann eine solche Vermutung im Übrigen ohnehin regelmäßig unterstellt werden (So wohl auch VGH Baden-Württemberg, Urt. v. 20. September 1990 – A 14 S 298/90, InfAuslR 1990, 346, 347).
894 VG Göttingen, Urt. v. 12. Februar 1997 – 4 A 4223/96, Streit 1997, 179 ff.
895 So z.B.: VG München, Urt. v. 17. Januar 1997 – M 9 K 96.53080.

liche noch eine staatsähnliche Herrschaftsgewalt gebe.[896] Mangelt es aber an einem Staat, dem das Handeln als übergreifender staatlicher Ordnungsmacht zugerechnet werden kann, so soll nach herrschender Meinung ein Anspruch auf Asyl entfallen.[897]
Gehen die Strafen in einem konkreten Fall nicht vom Staat aus, sondern werden sie durch gesellschaftlichen Druck erzeugt, wie es etwa in Algerien der Fall ist,[898] so ist im Einzelfall zu prüfen, ob dem Staat dieser gesellschaftliche Zwang zugerechnet werden kann.[899]

(2.) Wegen der unmittelbaren Beschränkungen durch die Bekleidungs- und Verhaltensvorschriften

Schwieriger zu beurteilen ist die Frage, ob die Beschränkungen durch die Bekleidungs- und Verhaltensvorschriften selbst schon unmittelbar eine Verfolgung darstellen. Dies wurde von den deutschen Verwaltungsgerichten bisher nicht angenommen.

(a) Asylerhebliche Intensität

Der durch die Bekleidungsvorschriften erfolgte Eingriff muss nach seiner Intensität und Schwere die Menschenwürde verletzen und über das hinausgehen, was die Bewohner des Heimatstaates aufgrund des dort herrschenden Systems allgemein hinzunehmen haben.[900] Nach der Rechtsprechung sowohl des Bundesverfassungsgerichts als auch des Bundesverwaltungsgerichts müssen die die Menschenwürde verletzenden Beeinträchtigungen ein solches Gewicht haben, dass sie in den elementaren Bereich der sittlichen Person eingreifen, in dem für ein menschenwürdiges Dasein die Selbstbestimmung möglich bleiben muss, sollen nicht die metaphysischen Grundlagen menschlicher Existenz zerstört werden.[901] Während die asylerhebliche Intensität von der Rechtsprechung in Bezug auf die Genitalverstümmelung allgemein anerkannt wird, wird sie gegenüber frauenspezifischen Verhaltens- und Bekleidungsvorschriften abgelehnt.[902]

---

896 OVG NRW, Urt. v. 10. Dezember 1998 – 20 A 2845/97.A, Asylmagazin 5/1999, S. 10 f.; OVG Schleswig-Holstein, Urt. v. 30. Juli 1998 – 2 L 158/97; Urt. v. 7. August 1998 – 2 L 212/97.
897 BVerfGE 80, 315, 336; BVerwGE 95, 42, 48 ff.; von Münch/Kunig-*Schnapp*, Art. 16a, Rn. 11.
898 VGH Mannheim, Urt. v. 20. Juli 1999 – A 9 S 96/99, NVwZ-RR 2000, 323 (LS) (Übergriffe militanter Islamisten auf Frauen, die sich „westlich tragen", seien dem algerischen Staat nicht zuzurechnen).
899 Siehe dazu oben im Kapitel über die Staatlichkeit, S. 116 ff.
900 Vgl. BVerfGE 54, 341, 357.
901 BVerfGE, 76, 143, 158 = InfAuslR 1988, 87; BVerwG, InfAuslR 1989, 216.
902 VG Gießen, Urt. 27. November 1996 – 2 E 11273/92.A(3); VG Potsdam, Urt. v. 24. Juni 1999 – 1 K 813/95.A.

(i) Bekleidungs- und Verhaltensvorschriften als bloße Ordnungsvorschrift

Im Zusammenhang mit islamischen Sittengesetzen wird häufig auf deren ordnungsrechtliche Eigenschaften verwiesen.[903] Nach der höchstrichterlichen Rechtsprechung ist eine asylerhebliche Intensität bei solchen Vorschriften nicht gegeben, die allein der Aufrechterhaltung äußerlicher Formen der Frömmigkeit bzw. der öffentlichen Moral dienen und deshalb ordnungs- oder strafrechtlichen Charakter hätten.[904] Dies sei zum Beispiel der Fall, *„wenn gläubigen Muslimen, mögen sie auch die religiöse Strenge des zur Zeit im Iran bestehenden Systems ablehnen, angesonnen wird, sich nicht gemeinsam mit einem Freund der Öffentlichkeit zu zeigen. Nach der weder gegen die Denkgesetze noch allgemeine Würdigungsgrundsätze verstoßenden Wertung des Berufungsgerichts hat dieses Verbot zwar seine Ursache in den im Iran derzeit besonders strengen islamischen Moralanschauungen, es betrifft aber nicht die Religionsausübung in ihrem Kern, sondern dient mangels anderer Anhaltspunkte allein der Aufrechterhaltung äußerlicher Formen der Frömmigkeit bzw. der öffentlichen Moral und hat deshalb ordnungs- oder strafrechtlichen Charakter. Als solches ist es unter asylrechtlichen Aspekten sowohl von den Betroffenen als auch von der Bundesrepublik Deutschland hinzunehmen."*[905]

Danach sind gewisse Einschränkungen der Religionsfreiheit also hinzunehmen. Nicht hinzunehmen sind allerdings Maßnahmen, die den Kern der Religionsausübung betreffen. Entsprechendes muss für alle Maßnahmen gelten, die „eine Schwere und Intensität aufweisen, die die Menschenwürde verletzt"[906]. Eine asylerhebliche Intensität kann deshalb nicht pauschal mit dem Hinweis, es handele sich um eine bloße Ordnungsvorschrift, abgelehnt werden. Entscheidend ist und bleibt, ob es sich um einen Eingriff von solcher Intensität handelt, der die Menschenwürde verletzt. Sollte sich herausstellen, dass die geschlechtsspezifischen Bekleidungs- und Verhaltensvorschriften von einer Schwere und Intensität sind, die die Menschenwürde verletzen, kann das Asylrecht nicht unter dem Hinweis darauf, es handele sich um „bloße Ordnungsvorschriften", versagt werden.

Im Übrigen haben Bekleidungs- und Verhaltensgesetze in der Regel nicht nur den Zweck, die öffentliche Ordnung aufrecht zu halten. Vielmehr soll den Frauen bewusst ein bestimmtes Verhalten, wie etwa die Unterwürfigkeit gegenüber Männern, aufgezwungen werden. Es handelt sich bei islamischen Bekleidungs- und Verhaltensregeln gerade nicht um Vorschriften, die allein zur „Durchsetzung des öffentlichen Friedens unter verschiedenen, in ihrem Verhältnis zueinander möglicherweise aggressiv-intoleranten Glaubensrichtungen"[907] erlassen wurden. Hier soll nicht der Frieden gewahrt, sondern eine in religiöser und politischer Hinsicht reformorientierte Überzeugung von

---

903 z.B.: VG Ansbach, Urt. v. 14. Januar 1993 – AN 18 K 92.37898 (§ 53 Abs. 4 AuslG aber bejaht)(Ehebruchbruch, Iran); VG Gießen, Urt. v. 27. November 1996 – 2 E 11273/92.A(3); VG Bremen, Urt. v. 2. April 1998 – 3 AK 2749/97.
904 Vgl. BVerfGE 76, 143, 159 f.; BVerwGE 79, 143, 149; BVerwG, InfAuslR 1989, 216.
905 BVerwG, Beschl. v. 21. Februar 1989, InfAuslR 1989, 216 m.w.N.
906 BVerfGE 54, 341, 357; 76, 143, 158.
907 BVerfGE 76, 143, 159.

Frauen verhindert werden.[908] Eine asylerhebliche Intensität geschlechtsspezifischer Bekleidungs- und Verhaltensvorschriften kann damit nicht mit der Begründung abgelehnt werden, es handele sich um „bloße Ordnungsvorschriften".

ii) Verstoß der geschlechtsspezifischen Bekleidungs- und Verhaltensvorschriften gegen die Menschenwürde

Die Frage ist also, ob die Bekleidungsvorschriften nach der Wertentscheidung des Grundgesetzes in ihrer Intensität und Schwere gegen die Menschenwürde verstoßen. Mit Menschenwürde ist der soziale Wert- und Achtungsanspruch gemeint, der dem Menschen wegen seines Menschseins zukommt.[909] Dieser Anspruch der Frau könnte durch die Bekleidungs- und Verhaltensvorschriften in dreierlei Hinsicht betroffen sein. In Betracht kommt eine Verletzung der Menschenwürde durch eine Verletzung des von Art. 1 Abs. 1 GG gedeckten Kerns der Religionsfreiheit, durch die völlige Beraubung der Identität sowie durch eine krasse unwürdige Ungleichbehandlung.

(aa) Religionsfreiheit

Zu prüfen ist zunächst, ob der Kernbereich der Religionsfreiheit durch die Bekleidungs- und Verhaltensvorschriften betroffen ist. Das Bundesverfassungsgericht unterscheidet zwischen der Freiheit der Religionsausübung im privaten Bereich, der als Kern der Religionsfreiheit uneingeschränkt gewährleistet werden müsse, und eventuellen Einschränkungen, die nur für die Außensphäre, d.h. den Bereich der Öffentlichkeit gelten: Es sieht die asylerhebliche Intensität erst überschritten, wenn die Regelung in *„den internen Bereich der Glaubensgemeinschaft und ihrer Angehörigen übergreift, d.h. in das Haben und Bekennenkönnen ihres Glaubens, wie sie ihn verstehen, im privaten Bereich und dort, wo sie sich abseits der Öffentlichkeit in persönlicher Gemeinschaft mit Gleichgesinnten nach Treu und Glauben unter sich wissen dürfen."*[910]

Im Gegensatz dazu könne *„von einer politischen Verfolgung dann noch nicht die Rede sein, wenn die staatlichen Maßnahmen, die in die Religionsfreiheit eingreifen, der Durchsetzung des öffentlichen Friedens unter verschiedenen, in ihrem Verhältnis zueinander möglicherweise aggressiv-intoleranten Glaubensrichtungen dienen und zu diesem Zweck etwa einer religiösen Minderheit mit Rücksicht auf eine religiöse Mehrheit untersagt wird, gewisse Bezeichnungen, Merkmale, Symbole oder Bekenntnisformen in der Öffentlichkeit zu verwenden, obschon sie nicht nur für die Mehrheit, sondern auch für die Minderheit identitätsbestimmend sind. Insbesondere wenn ein Staat seine Existenz auf eine bestimmte Religion gründet (Staatsreligion), wie das in islamischen Ländern vielfach der Fall ist, sind Maßnahmen, die er zur näheren Definition und Abgrenzung der Zugehörigkeit zu dieser Staatsreligion sowie zu deren Schutz – auch gegenüber einer internen Glaubensspaltung – ergreift, ungeachtet ihres Eingriffs in die Religionsfreiheit solange nicht als politische Verfolgung anzusehen, als sie den zuvor*

---

908 Entsprechendes gilt wohl nicht nur für geschlechtsspezifische fundamental-islamische „Ordnungsregeln".
909 BVerfGE 87, 209, 228; Jarass/Pieroth-*Jarass*, Art. 1, Rn. 5.
910 BVerfGE, 76, 143, 160.

(...) beschriebenen Grad der Intensität des Eingriffs nicht erreichen und – etwa den Angehörigen der ausgegrenzten Minderheit – das von der Menschenwürde gebotene Existenzminimum belassen."[911]
Diese Rechtsprechung des Bundesverfassungs- und Bundesverwaltungsgerichts wurde von den Verwaltungsgerichten auf geschlechtsspezifische Verhaltens- und Bekleidungsvorschriften übertragen.[912] Während bei der Formulierung des Bundesverfassungsgerichts allerdings davon ausgegangen wird, einer religiösen Minderheit werde das Tragen von religiösen Symbolen untersagt, liegt der Fall beim Schleierzwang genau umgekehrt. Hier wird Frauen gerade das Tragen eines religiösen Symbols vorgeschrieben.

Während es in dem vom Bundesverfassungsgericht geschilderten Fall also um die positive Religionsausübungsfreiheit geht, ist bei geschlechtsspezifischen Bekleidungsvorschriften die negative Religionsfreiheit betroffen. Da die negative Komponente eines Grundrechts gegenüber der positiven nicht privilegiert werden darf, sondern diese immer nur so weit gehen kann wie die positive Komponente,[913] kann hieraus aber keine unterschiedliche Bewertung abgeleitet werden.[914] Danach wäre der Schleierzwang erst dann asylerheblich, wenn er zum Beispiel auch für den häuslichen Bereich gelten würde.[915]

Die Rechtsprechung des Bundesverfassungsgericht muss deshalb dahin verstanden werden, dass der Zwang, in der Öffentlichkeit einen Schleier zu tragen, eine Frau nicht im Kernbereich der Religionsfreiheit trifft und eine asylerhebliche Intensität jedenfalls nicht im Hinblick auf eine religiöse Verfolgung gegeben ist.

(bb) Beraubung der Identität

Ist eine Übertragung des Gedankens des Bundesverfassungsgerichts somit im Grundsatz möglich, so kann hieraus noch nicht geschlossen werden, geschlechtsspezifische Bekleidungs- und Verhaltensvorschriften seien nicht asylrelevant. Auch wenn nach Ansicht des Bundesverfassungsgericht das Verbot, bestimmte religiöse Symbole in der Öffentlichkeit zu tragen, noch keinen die Menschenwürde verletzenden Eingriff darstellt, weshalb es naheliegt, Gleiches anzunehmen für das Gebot, ein bestimmtes Symbol zu tragen, so muss doch im Hinblick auf den Schleierzwang Folgendes berücksichtigt werden: Der Schleier ist nicht nur ein religiöses Symbol, das zu tragen der Frau aufgetragen wird, sondern er vermindert die Lebensqualität und die Möglichkeit der Identitätsbildung der Frau.

---

911 BVerfGE 76, 143, 159f.
912 z.B.: VG Ansbach, Urt. v. 14. Januar 1993 – AN 18 K 92.37898 (§ 53 Abs. 4 AuslG aber bejaht) (Ehebruchbruch, Iran); VG Gießen, Urt. v. 27. November 1996 – 2 E 11273/92.A(3); VG Bremen, Urt. v. 2. April 1998 – 3 AK 2749/97.
913 MD-*Herzog*, Art. 4, Rn. 121; v. Mangoldt/Klein/Starck- *Starck*, S. 428 ff.
914 Zwar nimmt das Bundesverfassungsgericht in seiner Kruzifix-Entscheidung eine gewisse Privilegierung an(E 93, 1, 22 ff.). Abgesehen davon, dass diese Entscheidung äußerst umstritten ist (vgl. die Abweichenden Meinungen (E 93, 25 ff. und 34 ff.) sowie die Nachweise bei Stolleis (KritV 2000, 376 ff.), dürfte sie auch kaum auf den hier interessierenden Fall übertragbar sein.
915 Dies ist in der Regel nicht der Fall.

Bekleidungsvorschriften engen Frauen in verschiedener Hinsicht ein. Sie behindern die Frauen zunächst in körperlicher Hinsicht. So werden Frauen auch bei großer Hitze gezwungen, sich in dicke Stoffschichten zu kleiden. Diese Beeinträchtigung des körperlichen Wohlbefindens ist sicherlich nicht unerheblich. Allerdings ist die Menschenwürde noch nicht verletzt, wenn jemand in wenig würdigen Umständen im Alltagssinne lebt.[916] Von einer Verletzung des sozialen Wert- und Achtungsanspruchs allein durch die Beeinträchtigung des körperlichen Wohlbefindens kann daher nicht die Rede sein. Die Bekleidungsvorschriften beeinträchtigen allerdings nicht nur das körperliche Wohlbefinden. Vielmehr werden die Frauen, die einen Schleier tragen müssen, auch in ihrer Identität beeinträchtigt, und zwar um so mehr, je stärker die vorgeschriebene Verhüllung ist.

Während ein bloßer Kopftuchzwang der Frau ihr Gesicht lässt, also eine Individualisierbarkeit in der Öffentlichkeit zulässt, wird der Frau durch andere Bekleidungsvorschriften jegliche Möglichkeit genommen, sich äußerlich von anderen Frauen zu unterscheiden. Die in Afghanistan durch die Taliban vorgeschriebene Bekleidung verdeckt den ganzen Menschen. Der Mensch ist damit kein Individuum mehr, sondern austauschbar. Eine Frau, die den *burqa* trägt, lässt sich äußerlich nicht von anderen verschleierten Frauen unterscheiden. In der Öffentlichkeit taucht sie ein in eine Menge gleich aussehender Gestalten. Der Verlust der Individualität ist mit ihrer Beschränkung, etwa durch Uniformen, nicht zu vergleichen, da nach den fundamental-islamischen Bekleidungsvorschriften sogar das Gesicht zu verhängen ist.

Das Gesicht – in Afghanistan sogar die Augen – als deutlichstes Zeichen der Individualität wird der Frau genommen. Wenn der Einzelne kraft seiner Menschenwürde das Recht hat, selbst darüber zu entscheiden, wie er sich gegenüber Dritten und in der Öffentlichkeit darstellen will,[917] dann muss er auch das Recht haben, sich gegenüber Dritten überhaupt darzustellen. Dieses Recht wird aber Frauen verwehrt, die sich völlig verdecken müssen. Auch wenn etwa die individuelle Darstellung insofern erhalten bleibt, als dass die Frau Farbe und Muster ihrer Verhüllung in begrenztem Maße frei wählen kann, ist doch die Hervorhebung der Individualität als Mensch dadurch nicht möglich.

Die Einschränkung der Möglichkeit, die eigene Identität herauszustellen, wird durch die weiteren Verhaltensvorschriften ergänzt und verstärkt. Das Verbot, ohne männliche Begleitung das Haus zu verlassen, einer beruflichen Beschäftigung[918] nachzugehen oder eine Schule oder Universität zu besuchen sowie die zivilrechtlichen Einschränkungen tragen zusätzlich dazu bei, dass die Frau ihr Leben nicht selbst bestimmen kann. Die

---

916 Jarass/Pieroth-*Jarass*, Art. 1 Rn. 5
917 Schmidt-Bleibtreu/Klein-*Kannengießer*, Art. 1, Rn. 5a.
918 Für sich allein gesehen sind berufliche Beeinträchtigungen nur dann asylrelevant, wenn die wirtschaftliche Existenz des Asylbewerbers bedroht ist und das für ein menschenwürdiges Dasein erforderliche Existenzminimum auch durch andersartige, ihm nach seiner Vorbildung mögliche und zumutbare Beschäftigung nicht mehr gewährleistet ist (Vgl. u. a. BVerwG, NVwZ 1987, 701; BVerwG, InfAuslR 1988, 22, 23; BVerwG, Buchholz 402.25 § 1 AsylVfG Nr. 75 und 104). Dies kann insbesondere bei alleinstehenden Frauen der Fall sein, die ohne familiäre Bindung zur Almosenempfängerin oder zur Prostitution gezwungen würden (vgl. dazu z.B.: VG Würzburg, Urt. v. 18. April 1997 – W 7 K 96.31151).

fundamental-islamischen Bekleidungs- und Verhaltensvorschriften bedeuten die völlige Entrechtung der Frau.

Der Einzelne gewinnt „persönliche Identität und selbstbewusste Individualität durch seine gelingende Selbstdarstellung als Interaktionspartner im selbst bestimmten Rollenspiel des sozialen Verkehrs."[919] Ist aber eine Interaktion im sozialen Verkehr nahezu unmöglich, so ist auch die Möglichkeit der Identitätsfindung drastisch gestört. Die strengen islamischen Bekleidungsvorschriften greifen in den elementaren Bereich der sittlichen Person ein. Deshalb verstoßen sie gegen die Menschenwürde.

(cc) Verstoß gegen die prinzipielle Gleichheit des Menschen

Die Menschenwürde ist außerdem beeinträchtigt, wenn die prinzipielle *Gleichheit* eines Menschen mit anderen Menschen in Zweifel gezogen wird, wenn jemand grundsätzlich wie ein Mensch zweiter Klasse behandelt wird.[920] Denn zur Würde eines Menschen in seiner Gesellschaft gehört, dass er nicht aus Gründen, die er nicht zu vertreten hat, in dieser Gesellschaft einen rechtlich abgewerteten Status besitzt.[921] In diesem Sinne werden als unvereinbar mit der Menschenwürde vor allem schwere Rechtsbeeinträchtigungen wie Sklaverei, Leibeigenschaft und ähnliche Eingriffe angesehen.[922]

Nimmt die Diskriminierung von Frauen Ausmaße an, dass sie entrechtet werden und sie praktisch nicht mehr sind als Leibeigene ihrer männlichen Verwandten, dann ist die Menschenwürde dieser Frauen betroffen. Unvereinbar mit der Menschenwürde ist es, Frauen in einem Status minderen Rechts zu halten. Zu den aus dem Auftrag des Schutzes der Menschenwürde folgenden Verpflichtungen der Träger staatlicher Gewalt gehört es, in der Gesellschaft Bedingungen zu schaffen, die es Frauen ebenso wie Männern gestatten, die aus der rechtlichen Gleichheit folgenden Chancen auch tatsächlich wahrzunehmen.[923]

Wenn der eine Teil der Bevölkerung eines Landes keine Schulen und Universitäten besuchen darf, nur sehr eingeschränkt medizinische Versorgung erlangen kann, nicht alleine das Haus verlassen darf und deshalb völlig abhängig ist von männlichen Verwandten, wenn die Menschen, die diesem Teil der Bevölkerung angehören, den Himmel nicht sehen dürfen, weil sie ihre Fenster schwarz malen und ihr Gesicht mit einem Stoffgitter verhängen müssen, wird dieser Teil der Bevölkerung zu Menschen zweiter Klasse. Würden Freiheit und Rechte einer ethnischen, nationalen oder religiösen Gruppe in einem Land derart eingeschränkt, würde wohl kaum ein Gericht bezweifeln, dass durch diesen Zustand die Menschenwürde verletzt wird. Für die Behandlung von Frauen

---

919 Vgl. die Nachweise bei Häberle, in: HStR § 20 Rn. 48.
920 Jarass/Pieroth-*Jarass*, Art. 1, Rn. 7; vgl. auch Sachs-*Höfling*, Art. 1 Rn. 27.
921 AK-Podlech, Art. 1, Abs. 1, Rn. 29.
922 Z.B.: AK-Podlech, Art. 1, Abs. 1, Rn. 30; Pieroth/Schlink, Rn. 361.
923 AK-Podlech, Art. 1, Abs. 1, Rn. 31.

scheinen aber auch in der deutschen Rechtsprechung immer noch andere Maßstäbe zu gelten.[924]

Demnach steht jedenfalls fest, dass die durch extreme islamische Bekleidungs- und Verhaltensvorschriften erfolgenden Beeinträchtigungen sowohl wegen dem mit ihnen verbundenen Identitätsverlust als auch wegen der Ungleichbehandlung eine solche Schwere und Intensität aufweisen, die die Menschenwürde verletzt.

(iii) Geht der Eingriff über das hinaus, was die Bewohner des Heimatstaates allgemein hinzunehmen haben?

Nach der Rechtsprechung des Bundesverfassungsgerichts muss der Eingriff nach seiner Intensität und Schwere nicht nur die Menschenwürde verletzen, sondern auch über das hinausgehen, was die Bewohner des Heimatstaates allgemein hinzunehmen haben.[925] In diesem Sinne lehnte zum Beispiel das OVG NRW eine frauenspezifische Verfolgung aufgrund der zunehmenden Islamisierung in Afghanistan ab, da alle Frauen gleichermaßen von den Vorschriften betroffen sind.[926] Auch bei geschlechtsspezifischen Bekleidungs- und Verhaltensvorschriften lässt sich aber anführen, dass diese gerade nicht für die gesamte Bevölkerung gelten, sondern nur für den weiblichen Teil. Nur Frauen müssen diese Einschränkungen ihrer Menschenwürde hinnehmen.

(b) Zielgerichtetheit der Maßnahme

Dass die Bekleidungs- und Verhaltensvorschriften gerade nicht für die gesamte Bevölkerung gelten, wurde schon gesagt. Den Frauen wird die Teilnahme an der Gesellschaft untersagt. Schon darin ist eine Ausgrenzung aus der staatlichen Friedensordnung zu sehen. Auf die Motivation der Gesetzgeber oder sonstigen Machthaber kommt es nicht an.[927]

(c) Asylrelevantes Merkmal

Nach der Rechtsprechung des Bundesverfassungsgericht muss die Verfolgung an ein asylerhebliches Merkmal anknüpfen.[928] Da die Religionsfreiheit durch die Bekleidungs- und Verhaltensvorschriften nicht betroffen ist, scheidet konsequenterweise eine Verfolgung aus religiösen Gründen aus. Wie bereits erörtert, kann aber auch das Geschlecht ein asylerhebliches Merkmal sein.[929] Die frauenspezifischen Bekleidungs- und Verhaltensvorschriften knüpfen an dieses Merkmal an.[930]

---

924 Zum prekären Zugang von Frauen zur Menschenrechten im Allgemeinen: vgl. Hassauer, S. 320 ff.; Flügge, Streit 2001, 72 ff; zur feministischen Diskussion um eine geschlechtsspezifische Differenzierung des Menschenwürdesatzes s. Niemeyer, FuR 1992, 145 ff.
925 BVerfGE 54, 341, 357.
926 OVG NRW, Urt. v. 21. Januar 1993 – 20 A 1208/92.A.
927 Vgl. BVerfGE 80, 315, 348; Göbel-Zimmermann, Rn. 51; Lünsmann, Anmerkung zu VG Oldenburg, Streit 1998, 176, 177.
928 BVerfGE 80, 315; BVerfG InfAuslR 1993, 310, 312.
929 Siehe dazu oben, S. 128 ff.
930 Im Ergebnis auch: Mees, InfAuslR 1990, 348 f.

(d) Individuelle Verfolgungsbetroffenheit

Nach Ansicht des Bundesverfassungsgerichts muss bei der Verfolgung wegen der Zugehörigkeit zu einer diskriminierten religiösen Gruppe eine bestimmte individuelle Betroffenheit hinzukommen:

„Werden durch eine vom Staat erlassene Verbots- und Strafnorm, die in den von der Menschenwürde geforderten Mindestbestand der Religionsfreiheit eingreift, bestimmte religiöse Anschauungen oder Bekenntnisse im Sinne einer politischen Verfolgung diskriminiert, so ist den dadurch Betroffenen das Asylrecht gemäß Art. 16 Abs. 2 S. 2 GG zuzuerkennen. Eine Betroffenheit in diesem Sinne ergibt sich allerdings nur dann schon aus der bloßen Mitgliedschaft in der betroffenen religiösen Gruppe, wenn die Rechtsnorm die Gruppenzugehörigkeit als solche unter Strafe stellt. Werden hingegen lediglich bestimmte Verhaltensweisen, Äußerungen oder Bekenntnisse untersagt, so ist nicht ohne weiteres auch jedes einzelne Mitglied der Gruppe aktuell betroffen und asylberechtigt. Dies ist vielmehr nur bei denjenigen Mitgliedern der Fall, die durch das Verbot auch selbst in ihrer religiös-personalen Identität betroffen sind. Ob es sich bei dem Asylsuchenden um einen in solcher Weise Betroffenen handelt, hängt auch maßgeblich davon ab, wie er den Glauben lebt. Innerhalb einer Religionsgemeinschaft können sich demnach durchaus für praktizierende und für eher am Rande stehende Gläubige unterschiedliche Ergebnisse hinsichtlich der Asylrelevanz geben.“[931]

Wendet man diesen Gedanken auf die Verfolgung wegen der Zugehörigkeit zu der durch Bekleidungs- und Verhaltensvorschriften diskriminierten Gruppe der Frauen an, so muss im Hinblick auf die asylrechtliche Betroffenheit zwischen den Frauen unterschieden werden, die die betreffenden Regelungen unterstützen oder jedenfalls nicht ernsthaft in Frage stellen und denen, die sie zutiefst ablehnen. Nur letztere sind individuell betroffen und nur bei ihnen wird die durch geschlechtsspezifische Vorschriften verursachte Verletzung der Menschenwürde zu einer asylerheblichen Verfolgung. Zu dieser Gruppe der betroffenen Frauen gehören die sogenannten „westlich orientierten" Frauen. Wie bereits gesagt, wurde ihnen in Deutschland, wenn auch mit anderer Begründung, mehrfach Asyl nach Art. 16a Abs. 1 GG gewährt.[932]

(e) Staatlichkeit

In der deutschen Rechtsprechung wurden in der Vergangenheit hauptsächlich Asylanträge wegen geschlechtsspezifischer Bekleidungs- und Verhaltensvorschriften von iranischen Frauen entschieden. In diesen Fällen war die Staatlichkeit regelmäßig unproble-

---

931 BVerfGE 76, 143, 160.
932 VG Aachen, Urt. v. 28. November 1996 – 1 K 2455/95.A, InfAuslR 1996, 237 f.; s.a. VG Aachen, Urt. v. 28. September 1995 – 1 K 5942/94.A = ZDWF-Nr. 121-13396; VG Schleswig, Urt. v. 15. September 1997 – 14 A 337/96 (mangels Bestehens einer effektiven Herrschaftsgewalt aber verworfen von OVG Schleswig-Holstein, Urt. v. 30. Juli 1998 – 2 L 158/97); VG Wiesbaden, Urt. v. 8. Mai 1984 – VI/1 E 07897/81-0, Streit 1987, 51f.; wegen politischer Betätigung gegen Bekleidungs- und Verhaltensvorschriften für Frauen z.B.: VG Göttingen, Streit 1997, 179.

matisch, da die Regelungen im Iran unmittelbar vom Staat ausgehen. Bei den Fällen, die Frauen aus Afghanistan betrafen, war jeweils problematisch, dass in Afghanistan die Staatsgewalt weggefallen war. Nach Auffassung des Bundesverfassungsgerichts ist aber Voraussetzung für eine vom Staat ausgehende oder ihm zurechenbare Verfolgung die effektive Gebietsgewalt des Staates im Sinne wirksamer hoheitlicher Überlegenheit.[933]

ii.) § 51 Abs. 1 AuslG

Auch ein Abschiebungsverbot nach § 51 Abs. 1 AuslG aufgrund Verfolgung wegen der Zugehörigkeit zu der bestimmten sozialen Gruppe der Frauen, die nicht bereit sind, die islamischen Bekleidungsvorschriften zu beachten, wurde von den deutschen Verwaltungsgerichten für möglich gehalten.[934] Das VG Köln nahm an, mehrjähriger Aufenthalt im westlichen Ausland, Missachtung der Bekleidungsvorschriften und Aktivitäten in politischen Frauenorganisationen führten bei Rückkehr in den Iran zur Gefährdung der Antragstellerin im Sinne von § 51 Abs.1 AuslG.[935]

iii) Abschiebungshindernisse nach § 53 AuslG

(1.) § 53 Abs. 4 AuslG

(a) Unmenschliche Behandlung durch Bekleidungs- und Verhaltensvorschriften

Auch ein Abschiebungshindernis nach § 53 Abs. 4 AuslG wurde in der Rechtsprechung bejaht bzw. für möglich gehalten.[936] Einige Verwaltungsgerichte lehnten § 53 Abs. 4 AuslG allerdings auch ab.[937] Nach § 53 Abs. 4 AuslG darf ein Ausländer nicht abgeschoben werden, soweit sich aus der Anwendung der Konvention zum Schutz der Menschenrechte und Grundfreiheiten vom 4. November 1950 (BGBl. 1952 II S. 686) (EMRK) ergibt, dass die Abschiebung unzulässig ist. Eine Ausländerin darf also nicht in ein Land abgeschoben werden, in dem sie in den durch die EMRK gewährleisteten Menschenrechten verletzt würde.
Bei den geschlechtsspezifischen Bekleidungs- und Verhaltensvorschriften kommt insbesondere ein Verstoß gegen Art. 3 EMRK in Betracht, der ein Verbot der Folter, unmenschlicher oder erniedrigender Behandlung oder Strafe enthält. Wie gezeigt, verstößt eine Situation, die Frauen in einem Zustand vollkommener Rechtlosigkeit gefan-

---

933 BVerfGE 80, 315, 340; vgl. auch BVerwGE NVwZ 1997, 194 (zu Bosnien-Herzegowina). Vgl. zur Problematik um die weggefallene Staatsgewalt die Ausführungen zu Vergewaltigungen im Bürgerkrieg, unten S. 190.
934 HessVGH, Beschl. v. 14. November 1988, Streit 1989, 26, 27 = InfAuslR 1989, 17(zu § 14 Abs. 1 AuslG a.F., Iran); VG Schleswig, Beschl. v. 19. August 1986, InfAuslR 1986, 336 (zu § 14 Abs. 1 AuslG a.F., Iran); a.A.: VG Berlin, Urt. v. 8. Juli 1987 – 23 A 292/87; VG Braunschweig, Urt. v. 27. Februar 1988 – 9 VG D 211/87.
935 VG Köln, Urt. v. 16. Juli 1991 – 22 K 10040/88.
936 OVG Münster, Beschl. v. 17. Januar 1997, NVwZ-Beil. 6/1997, 45, 46; VG Karlsruhe, Urt. v. 18. März 1998, Streit 1998, 178; siehe dazu auch: Treiber, in GK-AuslR, II-§ 53 Rn. 205.
937 VG Hannover, Urt. v. 1. Juli 1997 – 5 A 3103/94; VG Würzburg, Urt. v. 24. Juni 1998 – W 7 K 97.31931.

gen hält, gegen die Menschenwürde. Es handelt sich daher auch um eine unmenschliche und erniedrigende Behandlung i.S.v. Art. 3 EMRK. Der Anwendungsbereich von § 53 Abs. 4 AuslG ist damit gegeben. Extreme geschlechtsspezifische Bekleidungs- und Verhaltensvorschriften begründen damit ein Abschiebungshindernis nach § 53 Abs. 4 AuslG.

(b) Unmenschliche Behandlung durch Strafen bei Verstoß gegen Bekleidungs- und Verhaltensvorschriften

Dass Körperstrafen wie Auspeitschungen oder Prügelstrafen zumindest eine unmenschliche, grausame oder erniedrigende Behandlung darstellen, ergibt sich aus einer Vielzahl internationaler und nationaler Normen bzw. deren Auslegung durch die entsprechenden Rechtsprechungsorgane.[938] Das Bundesverfassungsgericht hält ein Abschiebungshindernis nach § 53 Abs. 4 AuslG wegen drohender Bestrafung aufgrund der Geburt eines unehelichen Kindes für möglich.[939] Der Bayerische Verwaltungsgerichtshof hat ein Abschiebungshindernis aufgrund der zu erwartenden Bestrafung wegen nichtehelichen Geschlechtsverkehrs angenommen.[940]

(2.) § 53 Abs. 6 S. 1 AuslG

Auch hinsichtlich des fakultativen Abschiebungshindernisses nach § 53 Abs. 6 S. 1 AuslG wegen geschlechtsspezifischer Bekleidungs- und Verhaltensvorschriften ist die deutsche Rechtsprechung nicht einheitlich. So wird zum Beispiel vertreten, allgemeine Frauenfeindlichkeit der Mudschahedin und ein Klima grober Verletzungen der Menschenrechte oder von Gewalt reichten allein nicht aus für die Annahme eines Abschiebungshindernisses nach § 53 Abs. 6 S. 1 AuslG, solange sich die Gefahr nicht konkret gegen die Einzelne richte.[941] Da strenge geschlechtsspezifische Bekleidungs- und Verhaltensvorschriften nach der hier vertretenen Auffassung schon asylrelevant sind, bedarf es ohnehin keines Rückgriffs auf § 53 Abs. 6 S. 1 AuslG. Lehnt man aber eine Asylrelevanz ab, so hätte man zumindest alleinstehenden Frauen in Afghanistan während der Talibanherrschaft wegen der ihnen drohenden Gefahr für Leib, Leben und Freiheit ein Abschiebungshindernis nach § 53 Abs. 6 S. 1 AuslG zugestehen müssen.[942]

---

938 Vgl. die Nachweise bei: GK-AuslR-*Treiber*, II-§ 53 Rn. 190 ff.
939 BVerfG, Beschl. v. 27. Oktober 1995, NVwZ-Beil. 3/1996, S. 19; ebenso VG München, Urt. v. 7. Juli 1999 – M 9 K 97.52999.
940 BayVGH, Urt. v. 11. November 1992, Streit 1994, 85 f.
941 VG Hannover, Urt. v. 29. Mai 1996 – 7 A 7168/93; vgl. auch OVG NRW, Urt. v. 10. Dezember 1998, Asylmagazin 5/1999, S. 10 f.; OVG Sachsen, Urt. v. 5. März 1998 – A 4 S 288/97; VG Gießen, Urt. v. 27. November 1996 – 2 E 11273/92.A(3).
942 OVG Lüneburg, Urt. v. 18. Mai 1999 – 7 L 3758/96; OVG Schleswig-Holstein, Urt. v. 8. Juli 1998 – 2 L 140/95; VG Frankfurt, Urt. v. 28. Oktober 1999 – 5 E 30435/99.A (im Widerrufsverfahren).

b) Frankreich

Die französische CRR hat sich wiederholt mit der Frage der Flüchtlingseigenschaft von Frauen, die aus islamischen Ländern geflohen sind, auseinandergesetzt. Dabei ging es vor allem um Frauen aus Algerien.[943] Das Gericht lehnt die Asylanträge von Frauen, die vor streng-islamischen die Rechte der Frau einschränkenden Bräuchen und Gesetzen geflohen sind, in der Regel aus zweierlei Gründen ab. Zunächst verneint die CRR in ständiger Rechtsprechung, dass die Frauen oder auch nur die westlich-geprägten Frauen in islamisch geprägten Ländern eine „bestimmten sozialen Gruppe" im Sinne der Genfer Flüchtlingskonvention bilden können.[944] Der zweite Grund betrifft die mangelnde Staatlichkeit. Die französische Rechtsprechung zu islamischen Bekleidungs- und Verhaltensvorschriften betrifft relativ häufig Frauen aus Algerien. Dort haben anders als zum Beispiel im Iran[945] die fundamental-islamischen Gruppen nicht die Staatsgewalt inne. Die geschlechtsspezifischen Verhaltensvorschriften gehen damit nicht unmittelbar vom Staat aus. Viele von algerischen Frauen gestellte Asylanträge lehnt die CRR deshalb mit der Begründung ab, die für Frauen geltenden islamischen Vorschriften seien dem Staat nicht zurechenbar.[946]

Trotzdem gibt es Entscheidungen der CRR, in denen einer Frau, die mit den islamischen Sittenregeln in Konflikt geraten war, der Flüchtlingsstatus zuerkannt wurde.[947] Die anerkennenden Entscheidungen betreffen in Frankreich hauptsächlich Frauen, denen im Heimatstaat bereits konkrete Misshandlungen zugefügt worden waren, weil sie sich den Bekleidungs- und Verhaltensvorschriften widersetzt hatten[948] oder weil sie sich politisch für die Rechte der Frau eingesetzt hatten[949].

Auf die Frage, in welches der Konventionsmerkmale die Verfolgung dann einzuordnen ist, geht die CRR in diesen Fällen allerdings nicht näher ein. Da sie das Vorliegen einer bestimmten sozialen Gruppe in Bezug auf Frauen in fundamental islamischen Ländern aber ablehnt, bleibt nur die Einordnung in eines der anderen Konventionsmerkmale. In Betracht kommt hier eine Verfolgung aus politisch-religiösen Gründen.[950] In den Fällen, in denen die Frau einer ethnischen Minderheit angehört, bietet sich als Konventionsmerkmal die Zugehörigkeit zu einer ethnisch begründeten Gruppe an.[951]

---

943 Zur besonderen Stellung algerischer Asylbewerber in Frankreich, siehe Chr. Klein, S. 50 f.
944 CRR, v. 23. November 1998, 323912, *Ayoubi*; v. 22. Juli 1994, 237939, *Elkebir*; v. 5. November 1987, 66191, *Avakian Akhtakhaneh*.
945 Bezüglich einer Frau aus dem Iran, CRR, v. 19. Dezember 1989, 60025, *Heshmati*; v. 5. November 1987, 66191, *Avakian Akhtakhaneh*.
946 z.B. CRR, v. 26. Juli 1995, 276758, *Mme D*; v. 30. Juni 1995, 273839, *Zekri*; v. 31. Mai 1994, 250240, *Atoui*.
947 z.B. CRR, v. 22. Juli 1994, 237939, *Elkebir*; v. 20. Juni 1995, 272728, *Mehdi*; v. 12. Dezember 1995, 281627, *Hamitouche épouse Diaf*.
948 CRR, v. 22. Juli 1994, 237939, *Elkebir* (Algerien), AJDA 1995, 52.
949 CRR, v. 7. April 1992, 203262, *Ba* (Mauretanien).
950 So wohl in: CRR, v. 22. Juli 1994, 237939, *Elkebir* (Algerien), AJDA 1995, 52.
951 Vgl. z.B. CRR, v. 19. Dezember 1989, 60025, *Heshmanti* (Iran); v. 12. Dezember 1995, 281627, *Hamitouche épouse Diaf* (Algerien).

c) USA

Die Gerichte in den USA sind bei der Anerkennung geschlechtsspezifischer Bekleidungs- und Verhaltensvorschriften als Asylgrund eher zurückhaltend. Die Situation zum Beispiel im Iran an sich soll noch keine Verfolgung begründen.[952]

i.) Verfolgung

Die Rechtsprechung ist der Auffassung, dass Maßnahmen, durch die eine Person zu einem Verhalten gezwungen werde, das körperlich zwar nicht schmerzhaft oder verletzend ist, das aber den tiefsten Überzeugungen des betroffenen Individuums zuwider ist *(„to engage in conduct that is not physically painful or harmful but is abhorrent to that individual's deepest beliefs")*, Verfolgung im Sinne der Flüchtlingsdefinition sein können.[953] Es erkennt weiter an, dass für einige Frauen der Schleierzwang in diesem Maße abstoßend ist. Dies gelte aber nicht für alle Frauen.[954] Es sei vielmehr davon auszugehen, dass einige religiöse Frauen den Schleier völlig angemessen, andere Frauen ihn wiederum unbequem, unangenehm oder abstoßend fänden, was allein noch nicht die Annahme einer Verfolgung rechtfertige. Die Bekleidungs- und Verhaltensvorschriften im Iran seien zwar von diskriminierender Natur, begründeten aber für sich gesehen noch keine Verfolgung.[955] In *Fisher v. INS [II]* zeugt die gewählte Formulierung dabei von einer Haltung, die amerikanische Frauen beunruhigen sollte:[956]

„The mere existence of a law permitting the detention, arrest, or even imprisonment of a woman who does not wear the chador in Iran does not constitute persecution any more than it would if the same law existed in the United States."[957]

Nach Ansicht des *Court of Appeals* kann dann davon ausgegangen werden, dass der Schleierzwang den tiefsten Überzeugungen einer Frau widerspricht, wenn sie es vorzieht, die schweren Konsequenzen in Kauf zu nehmen, die sich an das Nichttragen knüpfen.[958] Das Vorliegen einer Verfolgung macht das Gericht also von dem Grad der subjektiven Ablehnung der betroffenen Frau abhängig. Vereinfacht gesagt, soll eine Verfolgung nur dann vorliegen, wenn sie die Peitsche dem Schleier vorzieht.

ii.) Konventionsmerkmal

Der *U.S. Court of Appeals* hat in Bezug auf geschlechtsspezifische Bekleidungs- und Verhaltensvorschriften die Konventionsmerkmale Zugehörigkeit zu einer bestimmten sozialen Gruppe, politische Überzeugung und Religion diskutiert. Wie oben schon

---

952 Siehe die Nachweise im Folgenden.
953 *Fatin* v. *I.N.S.*, 12 F.3d 1233, 1242 (3rd Cir. 1993) (Iran); bestätigt durch: *Fisher v. INS*, 37 F.3d 1371, 1381 (9th Cir. 1994) [*Fisher I*]; *Safaie v. INS*, 25 F.3d 636 (8th Cir. 1994).
954 *Fatin* v. *I.N.S.*, 12 F.3d 1233, 1242 (3rd Cir. 1993) (Iran).
955 *Fatin* v. *I.N.S.*, 12 F.3d 1233, 1241 (3rd Cir. 1993) (Iran); *Sharif v. INS*, 87 F.3d 932 (7th Cir. 1996); *Fisher v. INS*, 79 F.3d 955, 962 (9th Cir. 1996)[*Fisher II*].
956 Macklin, 13 GILJ 25, 43 (1998).
957 *Fisher v. INS*, 79 F.3d 955, 962 (9th Cir. 1996)[*Fisher II*].
958 *Fatin* v. *I.N.S.*, 12 F.3d 1233, 1241 (3rd Cir. 1993) (Iran).

dargelegt, unterscheidet das Gericht zwei soziale Gruppen, die Gruppe der Frauen insgesamt und die Gruppe der „westlich-geprägten" Frauen.[959] In die Gruppe der westlich geprägten Frauen sollen aber nur die Frauen gehören, die den Schleierzwang mit der oben beschriebenen Intensität ablehnen. Feminismus kann nach Auffassung des *Court of Appeals* eine politische Überzeugung sein.[960] Eine feministische Überzeugung allein reicht allerdings für die Asylgewährung nicht aus. Auch in diesem Fall muss die Überzeugung so stark sein und derart nach außen bekannt werden, dass die Frau sich dafür auspeitschen lässt.[961] In *Fisher v. INS [I]* hat der *Court of Appeal* schließlich eine Verfolgung wegen der Religion angenommen.[962]

d) Kanada

Nach der kanadischen Richtlinie sind geschlechtsspezifische Regelungen an den Normen des internationalen Menschenrechtsstandard zu messen:
„The social, cultural, traditional and religious norms and the laws affecting women in the claimant's country of origin ought to be assessed by reference to human rights instruments which provide a framework of international standards for recognizing the protection needs of women."[963]

i.) Verfolgung

Bei der Verfolgung wegen Widerstandes gegen islamische Bekleidungs- und Verhaltensvorschriften wurde in der kanadischen Rechtsprechung problematisiert, ob es sich bei diesen Vorschriften um Gesetze handelt, die generelle Anwendung finden („law of general application").[964] Die kanadische Richtlinie führt dazu Folgendes aus:
*„A woman's claim to Convention refugee status cannot be based solely on the fact that she is subject to a national policy or law to which she objects. The claimant will need to establish that
(a) the policy or law is inherent persecutory; or
(b) the policy or law is used as a means of persecution for one of the enumerated reasons; or
(c) the policy or law, although having legitimate goals, is administered though persecutory means, or
(d) the penalty for non-compliance with the policy or law is disproportionately severe."*[965]

---

959 *Fatin* v. *I.N.S.*, 12 F.3d 1233, 1241 f. (3rd Cir. 1993) (Iran).
960 *Fatin* v. *I.N.S.*, 12 F.3d 1233, 1242 (3rd Cir. 1993) (Iran).
961 *Fatin* v. *I.N.S.*, 12 F.3d 1233, 1242 f. (3rd Cir. 1993) (Iran).
962 *Fisher v. INS*, 37 F.3d 1371 (9th Cir. 1994)[*Fisher I*].
963 kanadische Guideline, Abschnitt B.
964 Z.B. *Namitabar v. Canada (M.E.I.)*, [1994], A-1252-92; *Fathi-Rad, Farideh v. S.S.C.* (F.C.T.D.), no. IMM-2438-93, Mc Gillis, April 13, 1994, (Guidelines, Fn. 22.)
965 kanadische Guideline, Abschnitt B am Ende.

In *Namitabar v. Canada* wurde entschieden, dass die Sanktionen für Frauen, die sich nicht an die Bekleidungsvorschriften halten, unverhältnismäßig im Sinne des soeben genannten Absatz (d) sind:

„*To my mind there is no question that a penalty of 74 strokes of the whip for a breach of the clothing code is disproportionate. Further, this penalty is inflicted without any procedural guarantees. The authorities who arrest women not wearing chadors can apply the penalty without appearing before a judge "since the crime is self-evident".* "[966]

Während also eine drohende unverhältnismäßige Bestrafung als Verfolgung angesehen wurde, hat der FCC in *Ihaddadene v. Canada* entschieden, die geschlechtsspezifischen Bekleidungsvorschriften in Algerien seien nur Diskriminierung und begründeten keine Verfolgung.[967]

ii.) Konventionsmerkmal

In der kanadischen Rechtsprechung ist anerkannt, dass eine politische Betätigung auch mittelbar durch ein Verhalten erfolgen kann:

„*.... the Board should not forget that an activity which might have no political significance to us, if it had taken place in Canada, might be seen by a foreign government as having such significance.* "[968]

Entsprechend sieht die kanadische Rechtsprechung Widerstand gegen die Bekleidungsvorschriften als eine politische Betätigung an. In *Namitabar v. Canada* heißt es:

„*In a country where the oppression of women is institutionalized any independent point of view or act opposed to the imposition of a clothing code will be seen as a manifestation of opposition to the established theocratic regime.* "[969]

e) Wertender Rechtsvergleich

Die deutschen Gerichte tun sich eher schwer mit der Anerkennung geschlechtsdiskriminierender Sittengesetze als Asylgrund. Westlich-orientierten Frauen, die bei einer Rückkehr in ihr Heimatland schwerste Bestrafungen aufgrund ihres Auftretens und Verhaltens zu befürchten hätten, wurde aber vereinzelt Asyl nach Art. 16a Abs. 1 GG bzw. Abschiebeschutz nach § 51 Abs. 1 AuslG gewährt. Dass die Rechtslage diesen Entscheidungen Recht gibt, wurde oben dargelegt. Als Asylgrund kommt in diesen Fällen eine Verfolgung wegen politischer Betätigung oder aufgrund des Geschlechts in Betracht.

Eine Asylanerkennung allein wegen extremer Bekleidungs- und Verhaltensvorschriften, hat es bisher nicht gegeben. Es wurde aber gezeigt, dass dies bei Zuständen im Herkunftsland, die Frauen zu Menschen zweiter Klasse degradieren, im Einklang mit den Grundsätzen der höchstrichterlichen Rechtsprechung durchaus geboten sein kann. Auch in Frankreich wurde bisher nur Frauen Asyl gewährt, denen bei Rückkehr in ihr

---

966 *Namitabar v. Canada (M.E.I.)*, [1994], A-1252-92.
967 *Ihaddadene v. Canada (M.E.I.)*, [1994], A-546-91.
968 FCA Dec. A-361-90, 04.12.1980, at 2, zit. Hathaway (1991), S. 154.
969 *Namitabar v. Canada (M.E.I.)*, [1994], A-1252-92; vgl. auch: *Madjgan Shahabaldin*, Immigration Appeal Board Dec. V85-6161, 02.03.1987, at 6, zit. Hathaway (1991), S. 155.

Heimatland eine konkrete Strafe drohte. Allerdings wurden diese Entscheidungen dogmatisch kaum begründet.

Nach der Rechtsprechung des amerikanischen *Court of Appeals* können nur solche Frauen Asyl erlangen, die „die Peitsche dem Schleier" vorziehen. Auch das amerikanische Gericht gewährt also nur den Frauen Asyl, die in ihrem Heimatland entweder schon bestraft wurden oder dies bei einer Rückkehr zu erwarten hätten. Dabei wurde sowohl eine Verfolgung wegen der Zugehörigkeit zu einer bestimmten sozialen Gruppe als auch wegen religiöser und politischer Verfolgung für möglich gehalten.

In der kanadischen Rechtsprechung wurde anerkannt, dass Widerstand gegen geschlechtsdiskriminierende Gesetze eine politische Betätigung und deshalb Verfolgung sein kann. Zu der Frage, ob auch die Zustände im Herkunftsland an sich, also ohne die konkrete Gefahr einer Bestrafung, eine Verfolgung darstellen können, hat sich die kanadische Rechtsprechung soweit ersichtlich bisher nicht geäußert.

Eine Chance auf Asylanerkennung besteht für eine Frau also in allen untersuchten Ländern dann, wenn sie bei einer Rückkehr in ihr Heimatland aufgrund ihres nicht angepassten Lebensstils mit großer Wahrscheinlichkeit Verfolgung wegen ihrer politischen oder religiösen Überzeugung oder wegen ihrer Zugehörigkeit zu der bestimmten sozialen Gruppe der westlich-geprägten Frauen befürchten muss. Wie sich aus dem UNHCR-Handbuch ergibt, steht der Flüchtlingseigenschaft betroffener Frauen nicht entgegen, dass es sich hier auf den ersten Blick um eine strafrechtliche Verfolgung handelt. Normalerweise sind Personen, die vor Strafverfolgung oder Bestrafung wegen eines Deliktes fliehen, nämlich keine Flüchtlinge.[970] Das UNHCR-Handbuch führt zu dem Verhältnis von Verfolgung und Bestrafung wegen eines Verstoßes gegen bestehendes Recht aus:

„*Mitunter verwischen sich jedoch die Trennungskriterien [zwischen Verfolgung und Bestrafung eines Verstoßes gegen bestehendes Rechts]. Erstens kann eine Person, die sich eines Verstoßes gegen die Gesetze schuldig gemacht hat, einer so exzessiven Bestrafung unterworfen werden, daß diese einer Verfolgung im Sinne der Definition gleichkommt. Darüber hinaus kann die strafrechtliche Verfolgung aus einem in der Definition genannten Gründen (z.B. in Bezug auf die ‚illegale' religiöse Unterweisung eines Kindes) schon in sich den Tatbestand der Verfolgung erfüllen.*"[971]

Die an einen Verstoß gegen geschlechtsspezifische Bekleidungs- und Verhaltensvorschriften anknüpfenden Bestrafungen sind zum einen dermaßen unverhältnismäßig, dass sie einer Verfolgung gleichkommen. Da sie sich außerdem, wie unten noch zu zeigen sein wird, auf den in der Flüchtlingsdefinition genannten Verfolgungsgrund der Zugehörigkeit zu einer bestimmten sozialen Gruppe beziehen, handelt es sich bei der drohenden Bestrafung um eine Verfolgung im Sinne der Genfer Flüchtlingskonvention.

Anders sieht es aus, wenn die Frau den örtlichen Machthabern bisher nicht aufgefallen ist und deshalb, wenn sie sich bei einer Rückkehr in ihr Herkunftsland weiter den erniedrigenden Bedingungen unterwirft, nicht mit einer Bestrafung zu rechnen hat, wenn sie also nur unter einer schweren Diskriminierung zu leiden hat. Nach dem UNHCR-Handbuch kann eine Diskriminierung dann mit einer Verfolgung gleichzusetzen sein,

---

970 UNHCR-Handbuch, Para. 56.
971 UNHCR-Handbuch, Para. 57.

„wenn die Diskriminierungsmaßnahmen Konsequenzen mit sich brächten, welche die betroffene Person in hohem Maße benachteiligen würden, z.B. eine ernstliche Einschränkung des Rechts, ihren Lebensunterhalt zu verdienen oder des Zugangs zu den normalerweise verfügbaren Bildungseinrichtungen."[972]

Selbst wenn die Diskriminierungen nach objektiver Betrachtung noch nicht so schwer wiegen, können sie eine Verfolgung darstellen,

„wenn sie bei der betroffenen Person ein Gefühl der Furcht und Unsicherheit in Hinblick auf ihre Zukunft hervorrufen; ob solche Akte der Diskriminierung einer Verfolgung gleichkommen, muß unter Berücksichtigung aller Umstände entschieden werden. Das Vorbringen einer Furcht vor Verfolgung wird um so eher begründet sein, wenn eine Person bereits eine Reihe diskriminierender Akte dieser Art zu erdulden hatte und daher ein kumulatives Moment vorliegt."[973]

Eine Diskriminierung diesen Ausmaßes dürfte in einer Reihe von Ländern, die besondere Regelungen für Frauen aufstellen, vorliegen. Leider scheinen in den Köpfen der meisten Entscheider und Richter für Frauen immer noch andere Maßstäbe zu gelten. Dass Frauen in vielen Ländern unter extremen Diskriminierungen zu leiden haben, wird als kulturell bedingter Normalzustand angesehen. Für Frauen gelten aber keine anderen Maßstäbe im Menschenrechtsstandard und auch keine anderen Maßstäbe bei der Frage, wann eine Diskriminierung zur Verfolgung wird.

Wurde eine Diskriminierung, die einer Verfolgung gleichkommt, festgestellt, so bleibt die Frage nach dem Konventionsmerkmal. Oft wird im Zusammenhang mit geschlechtsspezifischen Bekleidungs- und Verhaltensvorschriften eine Verfolgung wegen der Religion angenommen.[974] Tatsächlich erscheint es naheliegend, die Ablehnung religiös bedingter Regelungen mit der negativen Religionsfreiheit zu begründen. Folgt man allerdings der Rechtsprechung des Bundesverfassungsgerichts, so kann eine Verfolgung wegen der Religion in Deutschland nicht angenommen werden, weil das Forum internum der Religionsfreiheit nicht betroffen ist. Etwas anderes gilt für die Länder, in denen nicht wie in Deutschland die Menschenwürde das maßgebliche Kriterium ist, sondern wie etwa in Kanada die Menschenrechte im Vordergrund stehen. Das Menschenrecht auf Religionsfreiheit (Art. 18 AEMR, Art. 18 IPbürgR) dürfte nämlich durchaus betroffen sein.

Einfacher ist es, eine Verfolgung wegen der Zugehörigkeit zu der Gruppe aller Frauen im Herkunftsland anzunehmen. Wie oben bereits dargelegt, kann die weibliche Bevölkerung eines Landes nämlich eine bestimmte soziale Gruppe im Sinne der Flüchtlingskonvention ausmachen. In Deutschland kann im Rahmen von Art. 16a Abs. 1 GG zudem eine Verfolgung wegen des asylerheblichen Merkmals Geschlecht angenommen werden. Denkbar ist es natürlich auch, die von Gerichten gern gebildete Untergruppe der westlich-geprägten Frauen in einem Land zu bilden. Dann fragt sich aber, wann man eine Frau als „westlich-geprägt" angesehen kann. Die amerikanische Rechtsprechung stellt dabei auf das Maß ab, in dem sie die geschlechtsspezifischen Vorschriften ablehnt. Die Situation müsse für die Frau so unerträglich sein, dass sie

---

972 UNHCR-Handbuch, Para. 54.
973 UNHCR-Handbuch, Para. 55.
974 Vgl. die Nachweise oben und kanadische Richtlinie A.II.(*Religion*); Polk, 12 GILJ 379 ff. (1998).

trotz drohender Bestrafung gar nicht anders könne, als gegen die geschlechtsspezifischen Vorschriften zu verstoßen.

Damit wird eine subjektive Komponente herangezogen, um die soziale Gruppe zu bestimmen. Sinnvoller ist es aber, die bestimmte soziale Gruppe nach objektiven Kriterien zu bestimmen und als Verfolgungsgrund die Gruppe aller Frauen anzunehmen. Die Bekleidungs- und Verhaltensvorschriften gelten für Frauen, weil sie Frauen sind, nicht weil sie westlich-geprägte Frauen sind. Dass nicht alle Frauen subjektiv von den streng islamischen Regelungen gleich stark betroffen sind, kann im Rahmen von Art. 16a Abs. 1 GG bei der Frage nach der individuellen Betroffenheit erörtert werden.

Die subjektive Komponente findet sich aber auch in der Definition der Flüchtlingskonvention wieder, die von begründeter *Furcht* vor Verfolgung spricht. Es fragt sich allerdings, ob die Asylbewerberin die Vorschriften wirklich im Sinne des amerikanischen Maßstabes derart ablehnen muss, dass sie statt dessen lieber die extrem hohen und unberechenbaren Bestrafungen auf sich nimmt.

Festzuhalten ist zunächst, dass Frauen, die sich tatsächlich gegen die Vorschriften gewehrt haben und denen deshalb eine Bestrafung droht, es regelmäßig einfacher haben, ihre tiefe Ablehnung der geschlechtsspezifischen Regelungen darzutun.

Der amerikanische Maßstab kann aber bei genauerem Hinsehen nicht ausschlaggebend sein. In einer Situation, in der eine Person nur die Wahl zwischen zwei grässlichen Übeln hat, muss sie sich für eines entscheiden. Dass sie eines vorzieht, weil es für sie erträglicher ist als das andere, bedeutet noch lange nicht, dass sie nicht auch unter dem anderen zutiefst leidet. Denkt man den amerikanischen Ansatz zu Ende, dann sind Eingriffe, die in ihrer Intensität unter der von Auspeitschungen, eventuellen Vergewaltigungen oder sogar Steinigungen liegen, nicht asylrelevant. Dann liegt das Maß, das an die notwendige Intensität gestellt wird, in diesen geschlechtsspezifischen Fällen aber über dem, das in anderen Fällen gilt.

Das UNHCR-Handbuch stellt zur Bestimmung der subjektiven Komponente fest:

„40. Eine Würdigung des subjektiven Moments ist untrennbar mit der Beurteilung der Persönlichkeit des Antragstellers verbunden, da die psychischen Reaktionen der verschiedenen Personen unter an sich gleichen Bedingungen nicht die gleichen sein müssen. Der eine Mensch hat vielleicht starke politische oder religiöse Überzeugungen und die Unterdrückung seiner Überzeugung würde ihm das Leben unerträglich machen; bei einem anderen Menschen ist diese Überzeugung vielleicht nicht so stark ausgeprägt. Die eine Person faßt impulsiv den Entschluß zur Flucht, während die andere ihren Weggang sorgfältig plant.

41. Da die Definition dem subjektiven Moment so viel Bedeutung beimißt, ist auch in anderen Fällen, in denen sich der Tatbestand nicht klar aus den Unterlagen ergibt, eine Beurteilung der Glaubwürdigkeit unerläßlich. Zu berücksichtigen sind politische Gründe, der familiäre Hintergrund des Antragstellers, seine Zugehörigkeit zu einer bestimmten rassischen, religiösen, nationalen, sozialen oder politischen Gruppe, die eigene Beurteilung seiner Lage, seine persönlichen Erfahrungen – mit anderen Worten alles, das darauf hindeuten könnte, daß das ausschlaggebende Motiv für seinen Antrag Furcht war. ..."[975]

---

975 UNHCR-Handbuch, Para. 40 f.

Nach diesen Gesichtspunkten muss beurteilt werden, ob die geschlechtsspezifischen Bekleidungs- und Verhaltensvorschriften für die Antragstellerin so grausam sind, dass sie sich in ihrem Heimatland in einer für sie ausweglosen Lage[976] befand und ihr nur die Flucht blieb. Kann dies bejaht werden, so ist sie individuell betroffen und deshalb asylberechtigt.

III. Vergewaltigung

1.) Vergewaltigung und ihre Folgen

Gleichgültig, aus welchen Gründen eine Frau verfolgt wird, sie muss bei einem mit Terrormethoden vorgehenden Staat nicht nur wie Männer mit Misshandlungen bis hin zur Folter rechnen, sondern hinzu kommt die Gefahr, dass sie ausgezogen wird, bis hin zur Vergewaltigung sexuell genötigt und sexuell misshandelt wird, dass sie durch Schläge ihr Kind verliert, dass sie durch den Verlust der Jungfräulichkeit unheiratbar wird, dass sie durch Vergewaltigung geschwängert wird[977] oder dass sie eine durch Geschlechtsverkehr übertragbare Krankheit, wie etwa Aids, bekommt. Ein in kriegerischen Auseinandersetzungen durch Vergewaltigung gezeugtes Kind kann im Umfeld der betroffenen Frau zudem als Beweis für die Zusammenarbeit der Frau mit dem Feind angesehen werden.[978]

„Während gefolterte Männer gesellschaftlich als Helden, als Märtyrer geachtet werden, erfahren sexuell mißhandelte Frauen eine Abstempelung als Unperson."[979]

Durch die psychischen Folgen einer Vergewaltigung, dazu gehört insbesondere das sogenannte „post-traumatic stress disorder" (PTSD), entstehen große Probleme für vergewaltigte Frauen im Asylverfahren.[980]

2.) Die Bedeutung von Vergewaltigung im Geschlechterverhältnis

Sexuelle Gewalt gegen Frauen lässt sich als Gewalt definieren, die die ungleichen Herrschaftsverhältnisse zwischen Männern und Frauen verdeutlicht und befestigt.[981] Vergewaltigungen treten keinesfalls immer zufällig auf, in der Regel sind sie geplant.[982] Untersuchungen haben ergeben, dass häufig nicht sexuelle Befriedigung die Motivation einer Vergewaltigung ist, sondern dass durch die Gewalttat Machtbedürfnisse befriedigt und vor allem Verachtung und Hass gegenüber Frauen ausgedrückt wird.[983] Der Täter nimmt sein Opfer dabei regelmäßig nicht als Person wahr, was sich darin äußert, dass es Frauen unmöglich ist, eine Kommunikation mit dem Täter herzustellen. Dadurch ent-

---

976 vgl. BVerfGE 54, 341, 357; 74, 51, 64; 76, 143, 158; 80, 315; 335.
977 Zur Vergewaltigung als Verletzung des Rechts auf Reproduktionsfreiheit: Bresnick, 21 SJILC 124 (1995).
978 Chinkin, EJIL 1994, 330.
979 Buhr, DuR 1988, 192, 193.
980 Vgl. dazu etwa: Dieregsweiler, S. 66 ff.; Brandt, Streit 1994, 88 ff.; Castel, 4 IJRL 54 ff. (1992).
981 Castel, 4 IJRL 39, 48 (1992).
982 Siehe die Nachweise bei Laubenthal, S. 19.
983 Ebenda.

steht bei der Frau ein Gefühl der „Dehumanisierung".[984] Die Vergewaltigung gilt daher nicht nur dem einzelnen Opfer, sondern bedeutet eine Aggression gegenüber den Frauen insgesamt: *„Die strukturelle Verankerung von Vergewaltigung im Geschlechterverhältnis und die individuell erfahrbare sexuelle Gewalt bedingen sich gegenseitig. Für Frauen hat dies zur Folge, daß sie konstant von dieser Form der Gewalt bedroht sind."*[985]

3.) Vergewaltigung in kriegerischen Auseinandersetzungen

Während der japanischen Invasion in China vergewaltigten japanische Soldaten chinesische Frauen, während des Zweiten Weltkrieges wurden jüdische und sowjetische Frauen von Nazis vergewaltigt, japanische Soldaten hielten koreanische Frauen als sexuelle Sklavinnen, während des Vietnamkriegs vergewaltigten amerikanische Soldaten vietnamesische Frauen, während der irakischen Invasion in Kuwait wurden kuwaitische Frauen von irakischen Soldaten vergewaltigt, während des Militärputsches in Haiti vergewaltigten bewaffnete Streitkräfte weibliche Anhänger des gestürzten Präsidenten Aristide, während des Bürgerkriegs in Ruanda vergewaltigten Hutu-Milizen Tutsi-Frauen und Tutsi-Männer vergewaltigten Hutu-Flüchtlingsfrauen, während des ethnischen Konflikts im ehemaligen Jugoslawien wurden die Frauen angegriffener Ethnien von Soldaten aller Seiten vergewaltigt.[986] Vergewaltigung gehört zu kriegerischen Auseinandersetzungen wie Mord, Folter und Sklaverei. In der internationalen Gemeinschaft und in den Medien wird dies seit den Bürgerkriegen in Jugoslawien und Ruanda verstärkt wahrgenommen.[987]

Vergewaltigung in kriegerischen Auseinandersetzungen hat dabei nichts mit der Befriedigung des Sexualtriebes zu tun, sondern ist ein gezielt eingesetztes Mittel, um den Gegner zu treffen.[988] Sexuelle Gewalt wird nicht nur eingesetzt, um die individuelle Frau in ihrer Würde zu verletzten, sondern auch die Ehre des Ehemannes, der Verwandten, des ganzen Volkes (z.B. Palästinenser, Kurden, Bosnier etc.) soll getroffen werden.

„We have strong values in our culture. Your father can't see you wearing a thin night-dress so that they know that that is not respectable. So this is why they used to torture us. In front of my father they took off my clothes, and they ask your brother to

---

984 Ebenda, S. 20.
985 Ebenda.
986 Vgl. die Nachweise bei: Erb, 29 CHRLR 401 f. (1998).
987 Vgl. SC Res. 820, 17. April 1993; Special Rapporteur on the Commission on Human Rights, Report Pursuant to Commission Resolution 1992/S-1/1 of Aug. 1992, E/CN.4/1993/50 (10 Feb. 1993); Vergewaltigung wurde auch als Straftatbestand in das Statut des Kriegsverbrechertribunals für Jugoslawien und Ruanda und in das römische Status des internationalen Strafgerichtshofs aufgenommen, vgl. dazu: Erb, 29 CHRLR 401 ff. (1998); vgl. zum Ganzen auch: Brand, Streit 1994, 88 ff.; van Blokland, Streit 1994, 91 ff.; Chesterman, 22 YJIL 299 ff. (1997); Chinkin, EJIL 1994, 326 ff.; Davar, 6 TJWL 250 (1997); Gardam, 46 ICLQu 55 ff. (1997); Malone, 14 BUILJ 319; Meron, 87 AJIL 424 ff. (1993); Niarchos, 25 HRQ 649 ff. (1995).
988 Dieregsweiler, S. 37.

do sex with you in the presence of your mother or father. They know that it hurts them more than physical torture. "[989]

4.) Sexuelle Folter

Vorwiegend sexuelle Folter besteht beispielsweise aus Vergewaltigung, anderer sexueller Demütigung, Einführung von (eventuell erhitzten) Gegenständen in Vagina oder Anus, Einführung von Tieren in die Vagina, sexuellen Attacken durch speziell abgerichtete Hunde.[990] Die UNHCR-Gender-Guidelines führt in diesem Zusammenhang Folgendes aus:[991]

„*Persecution of women often takes the form of sexual assault. The methods of torture can consist of rape, the use of electric currents upon the sexual organs; mechanical stimulation of the erogenous zones; manual stimulation of the erogenous zones; the insertion of objects into the body-openings (with objects made of metal or other materials to which an electrical current is later connected); the forced witnessing of* unnatural *sexual relations; forced masturbation or to be masturbated by others; fellatio and oral coitus; and finally, a general atmosphere of sexual aggression and threats of the loss of the ability to reproduce and enjoyment of sexual relations in the future.*"

5.) Rechtliche Bewertung

a) Deutschland

i.) Art. 16a Abs. 1 GG

(1.) Asylerhebliche Intensität

Dass einer Vergewaltigung eine asylerhebliche Intensität zukommt, steht außer Frage und wird auch in der deutschen Rechtsprechung nicht bestritten.[992]

(2.) Zielgerichtetheit der Maßnahme im Hinblick auf ein asylrelevantes Merkmal

Es fragt sich, ob die Vergewaltigung die Einzelne im Hinblick auf ein asylrelevantes Merkmal aus der übergreifenden Friedensordnung ausgrenzt. Betrachtet man die Vergewaltigung als Mittel der Verfolgung, so kann sie prinzipiell an jedes Konventionsmerkmal bzw. asylerhebliches Merkmal anknüpfen. So wurde eine junge Kurdin von mus-

---

989 Ms. A. aus Zaire, zit. in: Crawley, S. 314.
990 Allewedt, S. 20.
991 UNHCR-Gender-Guideline Abs. 59.
992 Z.B. HessVGH, Urt. v. 2. Dezember 1991, Streit 1992, 161; VG Ansbach, Urt. v. 19. Februar 1992, Streit 1993, 104, 106; VG Ansbach, Urt. v. 17.03.2000 – AN 17 K 98.31944, Streit 2001, 168, 170.

limischen Soldaten wegen ihrer vermuteten politischen Gesinnung und wegen ihrer jezidischen Religionszugehörigkeit vergewaltigt.[993]

In der deutschen Rechtsprechung wurde in Fällen so genannter Sippenhaft mehrfach Asyl gewährt.[994] So knüpfte die Vergewaltigung einer Kurdin „zur Bestrafung" wegen ihres der PKK-Guerilla angehörenden Bruders nach Ansicht des VG Stuttgart an deren politische Überzeugung an.[995]

Schließlich werden Frauen vergewaltigt, weil sie Frauen sind. Vergewaltigungen knüpfen somit an das asylerhebliche Merkmal Geschlecht an.[996]

Während sexuelle Gewalt noch vor einigen Jahren von der Rechtsprechung oft sehr unkritisch lediglich als Folge allgemeiner Kriminalität oder „Unglücksfolgen" im Rahmen eines Bürgerkrieges bewertet wurde, die nicht asylrelevant sei,[997] kann dies heute nicht mehr pauschal behauptet werden. Die Massenvergewaltigungen in Bosnien-Herzegowina, die auch in den Medien thematisiert wurden, haben zu einer größeren Sensibilität gegenüber der Vergewaltigung als Verfolgungsmaßnahme geführt.

In einer Reihe von Entscheidungen erkannten die deutschen Verwaltungsgerichte die politische Komponente von Vergewaltigungen an. So führte das VG Stuttgart im oben bereits erwähnten Fall einer Kurdin, dessen Bruder der PKK angehörte, aus:

„*Türkische Sicherheitskräfte wenden bei der PKK-Bekämpfung unmenschliche Methoden an, von der körperlichen Mißhandlung bis hin zu Folterung durch unrechtmäßig handelnde Beamte und im vorliegenden Fall brutale sexuelle Übergriffe, deren Einsatz als Instrument der ‚ethnischen Säuberung' und nicht nur als individuelle Sexualstraftat zu würdigen ist.*"[998]

Das VG Regensburg erkannte die politische Komponente der Vergewaltigung einer Albanerin durch die serbische Polizei:

„*Das Gericht ist ferner davon überzeugt, daß die sexuellen Übergriffe auf die Klägerin auch eine politische Verfolgung darstellen. Auch wenn es bei Hausdurchsuchungen und Festnahmen durch die Polizei immer wieder zu Exzessen kommt, von denen nicht nur albanische Volkszugehörige betroffen sind, kann dies – nach Überzeugung des Gerichts – nicht bei sexuellen Übergriffen gegenüber albanischen Frauen gelten. Die serbischen Polizisten nutzen nämlich hierbei zum einen die Einschüchterungspolitik des Staates gegenüber der albanischen Bevölkerungsgruppe aus, zum anderen die besondere Situation der moslemischen Frauen, die bei Bekanntwerden derartiger Vorfälle auch noch erhebliche Schwierigkeiten von ihren Angehörigen bzw. ihren Ehemännern erhalten.*"[999]

---

993 HessVGH, Urt. v. 2. Dezember 1991, Streit 1992, 161 (Art. 16a Abs. 1 GG (+)); Vgl. auch VG Ansbach, Urt. v. 8. Dezember 1997 – AN 17 K 96.34001.
994 VG Stuttgart, Urt. v. 15. Juni 1999 – A 3 K 10890/98 – Streit 2000, 78; HessVGH, Urt. v. 2. Dezember 1991, Streit 1992, 161; VG Ansbach, Urt. v. 3. Dezember 1992, Streit 1994, 87 f.
995 VG Stuttgart, Urt. v. 15. Juni 1999 – A 3 K 10890/98 – Streit 2000, 78.
996 VG Ansbach, Urt. v. 19. Februar 1992, Streit 1993, 104, 106 f.
997 Vgl. die Nachweise bei: Gebauer, ZAR 1988, 120, 124 ff.; Gottstein, Streit 1987, 75, 78.
998 VG Stuttgart, Urt. v. 15. Juni 1999, Streit 2000, 78 (Herv. im Original).
999 VG Regensburg, Urt. v. 30. Januar 1997, Streit 1997, 132, 133; vgl. auch: VG Ansbach, Urt. v. 25. Oktober 1995 – AN 21 K 94.41104; siehe aber: VG Augsburg, Urt. v. 31. August 1995 – Au 8 K 94.31058.

Auch das Bundesverwaltungsgericht hat den im asylrechtlichen Sinne ausgrenzenden Charakter von einer „ethnischen Säuberung" dienenden Verfolgungsmaßnahmen im Bürgerkrieg nicht in Zweifel gezogen.[1000] Die gezielte Anknüpfung von Vergewaltigungen an asylerhebliche Merkmale wurde also in der deutschen Rechtsprechung bereits mehrfach angenommen.

(3.) Staatlichkeit

Problematischer ist allerdings die Frage, ob eine Vergewaltigung dem Staat zurechenbar ist.

(a) Fehlende Staatlichkeit wegen Exzess eines Einzelnen?

Auch hier kann nicht pauschal gesagt werden, die deutschen Gerichte hielten Vergewaltigungen regelmäßig für ein privates Delikt, weshalb eine staatliche Zurechenbarkeit ausscheide. So werden dem türkischen Staat Vergewaltigungen an Kurdinnen grundsätzlich zugerechnet.[1001] Auch Vergewaltigungen von Kosovo-Albanerinnen durch serbische Polizisten wurden dem serbischen Staat mehrfach zugerechnet:

„*Die Vergewaltigung der Klägerin im Zusammenhang mit ihrer Festnahme stellt [...] nicht nur eine Exzesshandlung von Polizisten dar, vielmehr müssen diese Handlungen dem Staat zugerechnet werden, da in dem hier konkret vorliegenden Einzelfall von der Würdigung aller Gesamtumstände nur von einer eingeschränkten Bereitschaft des serbischen Staates ausgegangen werden kann, die durch die Polizisten begangene Straftat zu verfolgen.*"[1002]

Das VG Ansbach hatte einen Fall zu entscheiden, in dem eine Rumänin vom Bürgermeister ihrer Heimatstadt vergewaltigt wurde. Das VG entschied, dass in diesem Fall nicht zwischen dem Bürgermeister als Funktionsträger und als Privatperson unterschieden werden könne, zumal eine solche Unterscheidung kaum möglich sei.[1003] Auch die Vergewaltigung einer Iranerin durch Mullah wurde dem iranischen Staat zugerechnet, da sich die Islamische Republik Iran als Gottesstaat verstehe und ihre geistlichen Repräsentanten nicht nur geistliche, sondern auch weltliche Macht vertreten und so möglicherweise eine objektive Einschätzung durch iranische Behörden nicht erfolgte.[1004] Die Vergewaltigungen durch Angehörige der Armee wurden dem ugandischen Staat

---

1000 BVerwG, v. 6. August 1996, NVwZ 1997, 194, 195, das Gericht verneinte allerdings eine politische Verfolgung mangels staatlicher Zurechenbarkeit.
1001 VG Ansbach, Urt. 17. März 2001, Streit 2001, 168, 170 f.; VG Stuttgart, Urt. v. 15. Juni 1999, Streit 2000, 78 m.w.N.; vgl. auch HessVGH, Urt. v. 2. Dezember 1991, Streit 1992, 161, 162.; VG Ansbach, Urt. v. 8. Dezember 1997 – AN 17 K 96.34001.
1002 VG Regensburg, Urt. v. 30. Januar 1997 – RN 4 K 95.32442, Streit 1997, 132, 133 m.w.N. (zu § 51 Abs. 1 AuslG); vgl. auch: VG Ansbach, Urt. v. 3. Dezember 1992, Streit 1994, 87, 88 (Vergewaltigung einer Serbin durch die Tschetniks mit dem Ziel der Zwangsrekrutierung ihres Vaters).
1003 VG Ansbach, Urt. v. 19. Februar 1992, Streit 1993, 104, 107.
1004 VG Ansbach, Urt. v. 11. Januar 1996 – AN 3 K 95.37099.

zugerechnet, da davon auszugehen sei, dass der ugandische Staat solche Übergriffe weder verhindern könne noch wolle.[1005]

In anderen Fällen wurde die staatliche Zurechenbarkeit aber auch verneint. Insbesondere wurde die Verantwortlichkeit des Staates Sri Lanka für Vergewaltigungen an Tamilinnen abgelehnt.[1006] Problematisch ist dabei insbesondere die Argumentation des OVG Berlin in einer Entscheidung aus dem Jahre 1986.[1007] Die Schutzverweigerung des sri-lankischen Staats wurde deshalb nicht angenommen, weil tamilische Vergewaltigungsopfer aufgrund ihrer hinduistischen Erziehung häufig von einer Anzeige in solchen Fällen absehen und deshalb staatlichen Schutz gar nicht in Anspruch nehmen.[1008] Schließlich bewertete das VG Ansbach die Vergewaltigung durch MPLA-Angehörige in Angola als bloße Exzesstat, die dem Staat nicht zurechenbar sei.[1009]

Die genannten Entscheidungen zeigen, dass die Staatlichkeit zwar häufig verneint wurde, in einer Reihe von Fällen die Verantwortlichkeit des Staates für Vergewaltigungen durch Polizisten oder Soldaten aber auch angenommen wurde.

(b) Fehlende Staatlichkeit mangels Staatsgewalt

Bei Vergewaltigungen in Bürgerkriegen kommt das Problem hinzu, dass eine effektive Staatsgewalt weggefallen ist und somit kein Staat existiert, dem die Vergewaltigungen zugerechnet werden können. Nach Auffassung des Bundesverfassungsgerichts ist nämlich Voraussetzung für eine vom Staat ausgehende oder ihm zurechenbare Verfolgung die effektive Gebietsgewalt des Staates im Sinne wirksamer hoheitlicher Überlegenheit.[1010] So fehle es an der Möglichkeit politischer Verfolgung, solange der Staat bei offenem Bürgerkrieg im umkämpften Gebiet faktisch die Rolle einer militärisch kämpfenden Bürgerkriegspartei einnimmt, als übergreifende effektive Ordnungsmacht aber nicht mehr besteht.[1011]

Auch das Bundesverwaltungsgericht lehnte in einer Entscheidung aus dem Jahre 1996 die Asylerheblichkeit so genannter „ethnischer Säuberungen" in Bosnien-Herzegowina mangels vorhandener Staatsgewalt in dem betreffenden Gebiet ab.[1012] Die Existenz eines Bürgerkriegs schließt auch nach Ansicht des Bundesverfassungsgerichts die Annahme einer politischen Verfolgung nicht völlig aus.[1013] So kann politische Verfolgung vorliegen, *„wenn die staatlichen Kräfte den Kampf in einer Weise führen, die auf die physische Vernichtung von auf der Gegenseite stehenden oder ihr zugerechneten und*

1005 VG München, Urt. v. 5. Mai 1998 – M 21 K 96.53206.
1006 OVG Berlin, Urt. v. 1. September 1986 – 9 B 16.86; OVG NRW, Urt. v. 14. Juni 1996 – 21 A 5046/94. Zur Verfolgung srilankischer Tamilinnen: Dieregsweiler, S. 87 ff.
1007 OVG Berlin, Urt. v. 1. September 1986 – 9 B 16.86.
1008 Siehe dazu Gebauer, ZAR 1988, 120, 124.
1009 VG Ansbach, Urt. v. 9. Januar 1996 – AN 1 K 92.37551 / AN 1 K 94.45591.
1010 BVerfGE 80, 315, 340.
1011 Ebenda.
1012 BVerwG, Urt. v. 6. August 1996, NVwZ 1997, 194, 195 ff.
1013 BVerfGE 80, 315, 340. Vgl. auch BVerfG, NVwZ 2000, 1165 = EuGRZ 2000, 388, 389 f.; BVerwG, NVwZ 1993, 1210 ff.; z.B. von Münch/Kunig-*Schnapp*, Art. 16a, Rn. 11. Zur Rechtserheblichkeit des Bürgerkrieges bei der Auslegung und Anwendung der Genfer Flüchtlingskonvention: Marx, InfAuslR 1997, 372 ff.

nach asylerheblichen Merkmalen bestimmte Personen gerichtet ist, obwohl diese keinen Widerstand mehr leisten wollen oder können oder an dem militärischen Geschehen nicht oder nicht mehr beteiligt sind, vollends wenn die Handlungen der staatlichen Kräfte in die gezielte physische Vernichtung oder Zerstörung der ethnischen, kulturellen oder religiösen Identität des gesamten aufständischen Bevölkerungsteils umschlagen."[1014]

Eine solche Situation ist bei Massenvergewaltigungen in Bürgerkriegen regelmäßig gegeben.[1015] Entsprechend hat das VG Freiburg entschieden, Vergewaltigungen durch bosnische Serben seien Bosnien-Herzegowina als Staat zwar nicht zurechenbar, da Gebietsgewalt zwar formal aber nicht effektiv bestehe. Die Verfolgungshandlungen seien jedoch den bosnischen Serben als unmittelbare quasi-staatliche Verfolgung zuzurechnen.[1016] Die von den bosnischen Serben begangenen Handlungen seien nicht in erster Linie darauf gerichtet, eine überlegene Gebietsgewalt zu erreichen.[1017] Sie strebten vielmehr danach, aus der Position einer bereits erlangten Überlegenheit heraus die Muslime zu vernichten bzw. diese durch Drohung mit Vernichtung zum Verlassen des Landes zu bewegen.[1018]

b) Frankreich

Die französische CRR hat eine Reihe von Fällen entschieden, in denen die Antragstellerin in ihrem Heimatland vergewaltigt oder sexuell misshandelt wurde. Die Vergewaltigungen standen meistens im Zusammenhang mit der politischen Verfolgung eines Familienangehörigen oder hatten einen ethnischen Hintergrund. So erkannte die CRR mehrmals eine Vergewaltigung wegen politischer Tätigkeit durch Personen, die hoheitliche Macht innehaben, als Fluchtgrund an.[1019] Auch eine „bloß" unterstützende politische Tätigkeit hat die CRR für ausreichend gehalten. So wurde eine Tamilin, die vergewaltigt wurde, weil sie verwundete Oppositionelle gepflegt hatte, als Flüchtling anerkannt.[1020]

1014 BVerfGE 80, 315, 340.
1015 So auch Wolter, S. 407.
1016 VG Freiburg, Urt. v. 21. Januar 1993 – A 9 K 11694/92; vgl. auch: VG Aachen, Beschl. v. 12. März 1993 – 9 L.2349/92.A; OVG NRW, Urt. v. 26. Mai 1995 – 23 A 2783/93.A.
1017 Nach der jüngsten Rechtsprechung des Bundesverfassungsgerichts schließt die „anhaltende (äußere) militärische Bedrohung (...) das Bestehen eines staatsähnlichen Herrschaftsgefüges im Innern nicht zwingend aus. Je nach ihrer Stärke kommt einer solchen Bedrohung zwar erhebliches indizielles Gewicht für eine solche Annahme zu, das aber in dem Maße abnimmt, in dem der Bürgerkrieg ohne entscheidende Veränderung der Machtverhältnisse andauert. Deshalb kann dem Bundesverwaltungsgericht auch nicht in der Annahme gefolgt werden, mit der Herausbildung staatsähnlicher, zu politischer Verfolgung fähiger Strukturen sei nur zu rechnen, ‚wenn die Bürgerkriegsparteien nicht mehr unter Einsatz militärischer Mittel mit der Absicht, den Gegner zu vernichten, und mit Aussicht auf Erfolg um die Macht im ganzen Bürgerkriegsgebiet kämpfen' (BVerwGE 105, 306, 311)." (BVerfG EuGRZ 2000, 388, 389 f.).
1018 VG Freiburg, Urt. v. 21. Januar 1993 – A 9 K 11694/92.
1019 CRR, v. 18. Oktober 1991, 073069, *Victoria Velichore* (Sri Lanka); 11. September 1989, 93405, *Rose* (Seychellen).
1020 CRR, v. 6. Dezember 1991, 199063, *Krishnapillai Robin Nimalraj* (Sri Lanka), es lag hier allerdings zusätzlich eine Verfolgung von Familienangehörigen vor.

Vergewaltigungen im Zusammenhang mit der politischen Verfolgung von Familienangehörigen (z.B. des Ehemannes, Vaters oder Bruders) begründen nach Auffassung der CRR selbst Verfolgung.[1021]

Auch eine allein durch ethnische Gründe motivierte Vergewaltigung – ohne politische Aktivität der betreffenden Frau – hat die CRR als Verfolgung eingestuft. So gewährte sie einer Kongolesin, die aus ethnischen Gründen in ihrem Heimatland sexuell misshandelt wurde und ihren Beruf nicht ausüben konnte, den Flüchtlingsstatus.[1022] Die CRR entschied außerdem, dass eine Mauritanierin negro-afrikanischen Ursprungs, die von Angehörigen des Militärs sexuell misshandelt und gefoltert wurde, weil sie sich aus Furcht, dort weiter misshandelt zu werden, geweigert hatte, in einem Camp des Militärs zu putzen, im Sinne der Flüchtlingskonvention verfolgt werde.[1023]

Die CRR lehnt allerdings eine Verfolgung ab, wenn im Heimatstaat keine Staatsgewalt existiert. Die Befürchtungen einer Antragstellerin, die in ihrem Heimatland Somalia mehrfach von Milizen vergewaltigt worden war, seien auf den allgemeinen Zustand der Anarchie in Somalia zurückzuführen. Diese Befürchtungen seien aber nicht mit einer Furcht vor Verfolgung im Sinne der Flüchtlingskonvention gleichzusetzen. Der Flüchtlingsstatus wurde der somalischen Frau deshalb verwehrt.[1024]

c) USA

Die US-amerikanische Rechtsprechung ist in Bezug auf Vergewaltigung als Asylgrund uneinheitlich.[1025] In *Klawitter v. INS*, einem Fall, der sexuelle Belästigung und Drohung mit Vergewaltigung durch einen Oberst des polnischen Geheimdienstes betraf, entschied der *Court of Appeals*, dass ein Übel, das einer Frau nur aufgrund sexueller Anziehung zugefügt werde, keine Verfolgung sei *("harm or threats of harm based solely on sexual attraction do not consitute ‚persecution'...").*[1026] Seit dem Jahre 1995 weist die INS-Richtlinie aber ausdrücklich darauf hin, dass sexuelle Übergriffe und Vergewaltigung Verfolgung darstellen können:

> „*Serious physical harm consistently has been held to constitute persecution. Rape and other forms of severe violence clearly can fall within this rule. [...] Severe sexual abuse does differ analytically from beatings, torture, or other forms of physical violence that are commonly held to amount to persecution. The appearance of sexual violence in a claim should not lead adjudicators to conclude automatically that the claim is an instance of purely personal harm.*"[1027]

1021 CRR, v. 14. Mai 1992, 219041, *Fernando Arunagirinathan* (Sri Lanka); v. 3. Juni 1991, 170579, *Kurt* (Türkei).
1022 CRR, v. 5. Juni 1992, 166974, *Ndingani*.
1023 CRR, v. 24. Februar 1992, 209482, *Toure* (Mauretanien).
1024 CRR, v. 28. Februar 1995, 264373, *Ahmed Jamal épouse Ahmed*.
1025 Vgl. dazu die Nachweise im Folgenden. Zu sexueller Gewalt als Verfolgungsgrund in den USA auch: Macklin, 13 GILJ 39 f. (1998); Love, 17 HWLJ 133, 142 ff. (1994).
1026 *Klawitter v. INS*, 970 F.2d 149 at 152 (6th Cir. 1992)(Polen, no); ähnlich *In Re U-G-* (BIA, July 27, 1990).
1027 INS-Richtlinie, S. 9.

Im Falle drohender sexueller Gewalt muss die Antragstellerin aber noch darlegen, dass die Verfolgung wohl begründet ist und wegen eines der Definitionsmerkmale droht.

„*As in all cases, the determination that sexual abuse may be serious enough to amount to persecution does not by itself make out a claim to asylum. The applicant must still demonstrate that the fear of persecution is well-founded and that the persecution was threatened or inflicted on account of a protected ground.*"[1028]

Als mögliche Verfolgungsgründe kommen insbesondere politische Überzeugung oder Zugehörigkeit zu einer bestimmten sozialen Gruppe in Betracht.

i.) Politische Überzeugung

In *Campos-Guardado v. INS* hat der *Court of Appeals* angenommen, die Vergewaltigung einer Frau durch Guerillas auf der Farm ihres Onkels sei keine Verfolgung gewesen.[1029] Sofia Campos-Guardado wurde, nachdem sie hatte mit ansehen müssen, wie ihr Onkel und ein Cousin aus politischen Gründen ermordet wurden, von den Guerillas vergewaltigt, während deren weibliche Begleitung politische Slogans brüllten.[1030] Das Gericht war der Ansicht, dass die Vergewaltigung, obwohl eine ernsthafte Rechtsverletzung, nicht politisch motiviert war, da sie nicht an die politische Überzeugung von Sofia Campos-Guardado angeknüpft habe.[1031] Es hat dabei allerdings amerikanische Präzedenzentscheidungen[1032] übersehen, wonach der Antragsteller keine bestimmte politische Anschauung wirklich vertreten muss, um sich auf den Verfolgungsgrund „politische Anschauung" berufen zu können und es vielmehr ausreicht, wenn der Verfolger ihm diese Anschauung zuschreibt.[1033]

Nur kurze Zeit später war der *Court of Appeals* allerdings in *Lazo-Majano v. INS* der Ansicht, der Vergewaltiger von Olimpia Lazo-Majano, ein Feldwebel des salvadorianischen Militärs, habe durch seine Tat die politische Auffassung bekundet, ein Mann habe das Recht, eine Frau zu dominieren. Er habe Olimpia verfolgt, indem er sie gezwungen habe, diese Auffassung ohne Widerstand zu akzeptieren.[1034] Auch in späteren Urteilen wurde eine Verfolgung wegen politischer Überzeugung angenommen. In diesen Fällen trat die politische Überzeugung des Opfer selbst als Auslöser für die Vergewaltigung allerdings deutlicher zu Tage.[1035]

1028 Ebenda.
1029 *Campos-Guardado v. INS*, 809 F.2d 285 (5th Cir. 1987).
1030 *Campos-Guardado v. INS*, 809 F.2d 285 at 287 (5th Cir. 1987).
1031 *Campos-Guardado v. INS*, 809 F.2d 285 at 289 f. (5th Cir. 1987).
1032 Z.B.: *Young v. U.S. Department for Justice, I.N.S.*, 759 F.2d 450, 456; *Bahramnia v. INS*, 782, F.2d 1243, 1248 (5th Cir. 1986) *Coriolan v. INS*, 559, F.2d 993, 1001, 1004 (alle zit. bei: Castel, 4 IJRL 42 (1992)).
1033 Castel, 4 IJRL 42 (1992).
1034 *Lazo-Majano v. INS*, 813 F.2d 1432 at 1435 (5th Cir. 1987); für eine Verfolgung wegen der Zugehörigkeit zu einer bestimmten sozialen Gruppe, z.B. Bower, 7 GILJ 173, 191 f. (1993).
1035 *Lopez-Galarza v. INS*, 99 F.3d 954 at 959 f. (9th Cir. 1996); *Angoucheva v. INS*, 106 F.3d 781 (7th Cir. 1997).

ii.) Zugehörigkeit zu einer bestimmten sozialen Gruppe

In *Gomez v. INS* lehnte der *Court of Appeals* das Asylbegehren einer Frau aus El Salvador ab, die in ihrer Jugend von Guerillas vergewaltigt worden war und sich seitdem mehrere Jahre illegal in den USA aufgehalten hatte.[1036] Junge Frauen, die von den Guerillas vergewaltigt wurden, seien keine bestimmte soziale Gruppe im Sinne der Flüchtlingsdefinition, weil die gemeinsamen Merkmale Jugend und Geschlecht zu weitgehend seien, um eine solche Gruppe auszumachen.[1037] Carmen Gomez habe nicht deutlich machen können, dass sie nach einer Abschiebung in El Salvador leichter Opfer einer Vergewaltigung werden würde als jede andere junge Frau.[1038] Sie werde daher nicht wegen einer der Konventionsmerkmale verfolgt.[1039]

Der *Court of Appeals* gewährte der Äthiopierin Nigist Shoafera, die der Ethnie der Amhara angehört, Asyl, nachdem sie von ihrem hochrangigen Arbeitgeber, einem Tigrean, vergewaltigt worden war.[1040] Die Vergewaltigung habe neben sexueller Anziehung jedenfalls auch wegen Shoaferas Ethnie stattgefunden.[1041] In einer anderen Entscheidung allerdings lehnte der Court of Appeals das Asylbegehren einer indischstämmigen jungen Frau aus Fidschi ab, die vor sexuellen Übergriffen durch Ureinwohner geflohen war.[1042] Das Gericht war der Auffassung, es habe sich um ein normales Verbrechen gehandelt: *„The encounter of which she complains is nothing more than an isolated criminal incident that does not begin to resemble persecution."*[1043]

Drohende Vergewaltigung wegen politischer Überzeugung des Vaters bzw. Ehemannes kann nach der amerikanischen Rechtsprechung Verfolgung wegen der Zugehörigkeit zu der Familie der Antragstellerin als bestimmte soziale Gruppe sein.[1044]

Der Wegfall der Staatsgewalt ist in den USA zwar prinzipiell unerheblich. Der Schutz wird aber dadurch eingeschränkt, dass die amerikanische Rechtsprechung den Nachweis verlangt, dass der Verfolger durch eines der Konventionsmerkmale motiviert wurde.[1045] Gerade Bürgerkriegsflüchtlinge haben aber oft Schwierigkeiten dies nachzuweisen.[1046]

1036 *Gomez v. INS*, 947 F.2d 660 (2nd Cir. 1991).
1037 *Gomez v. INS*, 947 F.2d 660 at 664 (2nd Cir. 1991).
1038 Ebenda.
1039 Kritisch dazu z.B. Bower, 7 GILJ 173, 190 (1993).
1040 *Shoafera v. INS*, -- F.3d -- (2000 U.S. App. LEXIS 31361) (9th Cir. 2000).
1041 *Shoafera v. INS*, -- F.3d -- (2000 U.S. App. LEXIS 31361) at 14 (9th Cir. 2000).
1042 *Lata v. INS*, 204 F.3d 1241 (9th Cir. 2000).
1043 *Lata v. INS*, 204 F.3d 1241 at 1245 (9th Cir. 2000).
1044 *Alarcon-Mancilla v. INS*, 1998 U.S. App. LEXIS 10758 (9th Cir. 1998)(unpublished decision); *In Re I- E-* (BIA, October 8, 1997). Eine Zurechnung der politischen Verfolgung des Ehemannes soll aber nicht möglich sein, wenn die Ehe seit 15 Jahren geschieden ist (*Belayneh v. INS*, 213 F.3d 488 (9th Cir. 2000)).
1045 Vgl. Moore, 31 CHRLR 81, 111 (1999).
1046 Ebenda.

d) Kanada

Dass Vergewaltigung die Basis einer Verfolgung darstellen kann, ist in Kanada schon seit längerem anerkannt.
„*[T]hreats such as these are degrading and consitute quite clearly an attack on the moral integrity of the person and, hence, persecution of the most vile sort.*"[1047]
So wurde eine Vergewaltigung wegen politischer Aktivitäten als Verfolgung anerkannt.[1048] Auch eine drohende Vergewaltigung aus ethnischen Gründen wurde in Kanada für verfolgungsrelevant gehalten. So entschied das IRB, weibliche Angehörige des Hawiye Clans in Somalia seien ohne männlichen Schutz besonderen Gefahren ausgesetzt und hätten deshalb eine wohl begründete Furcht vor Verfolgung.[1049] Diese besonderen Gefahren gingen über das hinaus, was die übrigen Bewohner von Somalia aufgrund der unsicheren Lage im Land allgemein hinzunehmen hätten. Nach der kanadischen Rechtsprechung ist zudem der Wegfall der Staatsgewalt irrelevant.[1050]

e) Wertender Rechtsvergleich

Die Intensität der Vergewaltigung[1051] wird heute nicht mehr bestritten. Vergewaltigung bedeutet eine starke Verletzung der seelischen und körperlichen Integrität einer Frau, die eindeutig den Grad einer Verfolgung annimmt. Im Fall eines sexuellen Missbrauchs, der noch keine Vergewaltigung ist, könnte die Intensität schon eher problematisch sein. In allen untersuchten Rechtskreisen wird eine asylerhebliche Intensität aber bei körperlichen Eingriffen eher bereitwillig bejaht. Sexueller Missbrauch ist von ausreichender Intensität.
Das Konventionsmerkmal lag in den entschiedenen Fällen regelmäßig auf der Hand. Frauen wurden vergewaltigt oder sexuell missbraucht, weil sie sich politisch betätigt hatten,[1052] weil ein Familienmitglied sich politisch betätigte oder weil sie einer bestimmten diskriminierten ethnischen Gruppe angehörten. Die Vergewaltigung geschah dann wegen der politischen Anschauung der Antragstellerin, wegen ihrer vermeintlichen politischen Anschauung bzw. wegen ihrer Zugehörigkeit zu einer aus ihrer Familie bestehenden bestimmten sozialen Gruppe oder wegen ihrer Rasse. Sollte diese Verbindung im Einzelfall nicht so eindeutig sein, ist eine Verfolgung wegen des asylerheblichen Merkmals Geschlecht oder wegen der Zugehörigkeit zu der bestimmten sozialen Gruppe der Frauen in einem Land zu prüfen.

1047 Immigration Appeal Board Dec. 76-1127, 06.01.1977 (*Maria Veronica Rodriguez Salinas Araya*), at 8, zit bei: Hathaway (1991), S. 122, Fn. 109; vgl. auch: *Araya Heridio v. M.E.I.*, IAB Dec. 76-1127, C.L.I.C. No. 1.11., 20 March 1979.
1048 *Kaur v. Canada*, FCC [1997], IMM-305-96, der Federal Court of Canada gewährte der Antragstellerin Asyl, nachdem das BIA die Vergewaltigung zunächst für zufällige Kriminalität („random violence") gehalten und den Flüchtlingsstatus verneint hatte.
1049 IRB Dec., v. 24. Dezember 1991, No. U91-04008.
1050 *Zalzali v. Canada* (M.E.I.), [1991] 3 F.C. 605, 612 (F.C.A.), zit. nach Moore, 31 CHRLR 81, 108 (1999).
1051 Vgl. dazu Castel, 4 IJRL 44 ff. (1992).
1052 Die Vergewaltigung kann dann als Folter eingesetzt worden sein.

Wenn man alle Frauen in einem Heimatland als bestimmte soziale Gruppe ansieht, die potenziell Opfer einer Vergewaltigung werden können, muss man sich mit dem Einwand auseinandersetzen, dass Vergewaltigungen auch in den potenziellen Asylländern vorkommen. Wie Castel richtig bemerkt, besteht allerdings ein wesentlicher Unterschied darin, dass in Staaten, in denen Menschenrechtsverletzungen auf der Tagesordnung stehen, Vergewaltigung häufig ein bewusstes Mittel der Verfolgung ist.[1053] Auch ist die Schutzbereitschaft des Staates von Land zu Land verschieden. Gibt es in einem Land beispielsweise kein für Frauen zugängliches effektives Strafsystem oder würde das Leben der betreffenden Frau sogar in Gefahr sein, wenn sie erklärt, vergewaltigt worden zu sein, dann ist die Furcht vor Verfolgung wohlbegründet. Die vorhandene Schutzfähigkeit oder -willkeit des Staates wird hier also zur entscheidenden Voraussetzung für die Asylgewährung.

In der Rechtsprechung der europäischen Staaten wird, wie mehrmals dargelegt, regelmäßig mehr verlangt als das bloße Fehlen staatlichen Schutzes im Heimatland. Ausgehend von der Zurechnungslehre wird in Frankreich und Deutschland sowie zum Teil auch in den USA geprüft, ob die Vergewaltigung dem Staat zugerechnet werden kann. Zwei Problembereiche ergeben sich in diesen Zusammenhang. Zum einen geht es um die Frage, ob der Wegfall der Staatsgewalt im Bürgerkrieg, in dem Vergewaltigungen als Kriegsmittel eingesetzt werden, Auswirkungen auf die Asylgewährung hat. Außerdem ist in diesem Zusammenhang auf die sogenannten Amtswalterexzesse einzugehen.

Der bürgerkriegsbedingte Wegfall der Staatsgewalt ist einer der Fälle, in denen sich die Zurechnungstheorie maßgeblich von der Schutztheorie unterscheidet. Während nämlich nach der Schutztheorie mangels Staatsgewalt und dem damit verbundenen Fehlen jeglicher staatlicher Schutzmöglichkeit die Flüchtlingseigenschaft zu bejahen ist, fehlt nach der Zurechnungstheorie das Zurechnungssubjekt und die Flüchtlingseigenschaft wird infolgedessen verneint. Wie oben schon gesagt, wird die Schutztheorie dem Flüchtlingsrecht als subsidiärem Menschenrechtsschutz gerechter. Das Flüchtlingsrecht soll nicht Staaten verurteilen, sondern Menschen Schutz gewähren, die ihn benötigen. Frauen, die vor systematischen Vergewaltigungen in Bürgerkriegsgebieten fliehen, ist deshalb der Flüchtlingsstatus zuzuerkennen.

In den Fällen, in denen die Vergewaltigung durch einen Amtsträger begangen wird, ist die Rechtsprechung in allen untersuchten Ländern in den letzten Jahre sensibler geworden. Vergewaltigung wird nicht mehr pauschal als ein auf sexueller Anziehung beruhendes privates Delikt abgestempelt. Vielmehr wird in einer Reihe von Entscheidungen anerkannt, dass es sich um ein systematisch eingesetztes Folterinstrument mit politischem Hintergrund handelt.

1053 Castel, 4 IJRL 48 (1992).

IV. Zwangssterilisation, Zwangsabtreibung

1.) Die Chinesische Ein-Kind-Politik

Die Problematik der Zwangsabtreibung und Zwangssterilisation stellt sich vor allem bei der von China praktizierten Ein-Kind-Politik.[1054] Die Ein-Kind-Politik wurde im Jahre 1979 eingeführt. Ihre Durchführung liegt bei den lokalen und regionalen Behörden.[1055] Sie leidet seitdem unter der unbeständigen und regional unterschiedlichen Anwendung sowie dem starken Widerstand der Landbevölkerung.[1056] Auch wenn die chinesische Zentralregierung Zwangssterilisationen und Zwangsabtreibungen verboten hat, so werden sie aus den Regionen immer wieder berichtet.[1057] Während die Zwangsabtreibung nur Frauen trifft, kann Zwangssterilisation sowohl Frauen als auch Männern widerfahren. Trotzdem sind es auch bei der Zwangssterilisation vornehmlich Frauen, die betroffen sind.[1058] Dies liegt nicht etwa daran, dass die chinesischen Behörden es vorziehen, Frauen zu sterilisieren. Die Ursache ist vielmehr darin zu sehen, dass die Entscheidung, welcher Ehegatte sterilisiert wird, bei dem betreffenden Paar liegt – mit dem Ergebnis, dass es in den allermeisten Fällen die Frau trifft.[1059] Die Grundsatzentscheidungen der höchsten Gerichte in den USA und in Kanada betrafen allerdings Männer, die vor Zwangssterilisation geflohen waren.[1060]

2.) Das Recht auf Fortpflanzung

Das Recht, frei und verantwortungsvoll über die Anzahl der eigenen Kinder zu entscheiden, wurde das erste Mal auf der internationalen Menschenrechtskommission aus dem Jahre 1968 artikuliert.[1061] Nach Art. 16 Abs. 1 AEMR und Art. 23 Abs. 2 IPbürgR haben Männer und Frauen das Recht, eine Familie zu gründen. In Art. 16 Abs. 1 lit. e) der Frauenkonvention haben sich die Vertragsstaaten verpflichtet, Männern und Frauen das gleiche Recht auf freie und verantwortungsbewusste Entscheidung über Anzahl und Altersunterschied ihrer Kinder sowie auf Zugang zu den zur Ausübung dieses Rechtes erforderlichen Informationen, Bildungseinrichtungen und Mitteln zu gewährleisten.

Auf der *International Conference on Population and Developement* haben sich die Staaten darauf geeinigt, dass Bevölkerungspolitik dem internationalen Menschenrechtsstandard entsprechen muss.[1062] Nach Art. 3 AEMR hat jeder Mensch „das Recht auf

---

1054 Vgl. zur Ein-Kind-Politik z.B.: Hom, 23 CHRLR 249, 263 ff. (1991-92).
1055 Hom, 23 CHRLR 249, 264 f. (1991-92).
1056 Hom, 23 CHRLR 249, 265 (1991-92).
1057 Vgl. die Nachweise bei: Bresnick, 21 SJILC 128 (1995).
1058 Macklin, 13 GILJ 56 (1998).
1059 Ebenda.
1060 Ebenda.
1061 United Nations, Final Act of the International Conference on Human Rights, Art. 16, U.N. Doc. A/Conf. 32/41, 12 May.
1062 United Nations, Programme of Action or the International Conference on Population and Developement, Sept. 13, 1994, para. 7.3, U.N. Doc. A/CONF. 171/13, U.S. Sales No. E.95.XIII.18.Cl Annex (1994).

Leben, Freiheit und Sicherheit der Person" und darf keiner „grausamer, unmenschlicher oder erniedrigender Behandlung oder Strafe unterworfen werden" (Art. 5 AEMR, Art. 7 IPbürgR). Nach Art. 17 Abs. 1 IPbürgR darf niemand willkürlichen oder rechtswidrigen Eingriffen in sein Privatleben oder seine Familie ausgesetzt werden.

Auch die Aktionsplattform der vierten Weltfrauenkonferenz in Peking betont das Recht der Frau, frei und verantwortungsbewusst über Anzahl und Zeitpunkt ihrer Kinder zu entscheiden:

„*The human rights of women include their right to have control over and decide freely and responsibly on matters related to their sexuality, including sexual and reproductive health, free of coercion, discrimination and violence.*"[1063]

„*Bearing in mind the above definition reproductive rights embrace certain human rights that are already recognized in national laws, international human rights documents and other consensus documents. These rights rest on the recognition of the basic rights of all couples and individuals to decide freely and responsibly the number, spacing and timing of their children an to have the information and means to do so, and the right to attain the highest standard of sexual and reproductive health.*"[1064]

„*Reinforce laws, reform institutions and promote norms and practices that eliminate discrimination against women and encourage both women and men to take responsibility for their sexual and reproductive behaviour; ensure full respect for the integrity of the person, take action to ensure the conditions necessary for women to exercise their reproductive rights and eliminate coercive laws and practices*"[1065]

3.) Zwangssterilisationen und Zwangsabtreibungen im Asylrecht der zu untersuchenden Länder

a) Deutschland

In Deutschland werden Asylanträge chinesischer Staatsbürger, die fürchten, in ihrer Heimat einer Zwangssterilisation zum Opfer zu fallen, in der Regel abgelehnt.[1066] Begründet wird dies damit, die Zwangssterilisation knüpfe nicht an ein asylerhebliches Merkmal an.

1063 Bejing Declaration and Platform for Action of the Fourth World Conference on Women, A/Conf. 177/20 (1995), Annex II, Para. 96.
1064 Ebenda, Para. 95.
1065 Ebenda, Para. 107 lit. d).
1066 VG Hamburg, Urt. v. 8. Mai 1991 – 3 A 16/91; VGH BaWü U.v. 15. Juli 1998 – A 6 S 669/97; wegen mangelnder Wahrscheinlichkeit: OVG NRW, Urt. v. 22. Mai 2001 – 15 A 1139/97.A; OVG Saarland, Urt. v. 20. Oktober 1999 – 9 R 24/98; siehe außerdem: OVG Rh.-Pf., Urt. v. 13.12.95 – 11 A 13385/95.OVG; siehe aber: VG Ansbach, U. v. 2. März 1989 – AN 4 K 87.37723; VG Magdeburg, U. v. 15. Dezember 1995 – 7 A 2319/94 -, AuAS 1996, 163.

i.) Art. 16a Abs. 1 GG

(1.) Asylerhebliche Intensität

Durch Zwangssterilisationen wird die körperliche Unversehrtheit betroffen, sie erreichen deshalb eine asylerhebliche Intensität.

(2.) Zielgerichtetheit der Maßnahme im Hinblick auf ein asylrelevantes Merkmal

Problematisch ist allerdings die Zielgerichtetheit einer Zwangssterilisation im Hinblick auf ein asylrelevantes Merkmal. So wird von den deutschen Gerichten das Vorliegen einer Verfolgung mit der Begründung abgelehnt, die gesamte Familienplanungspolitik richte sich nicht diskriminierend an einzelne Personenkreise oder ethnische Minderheiten, sondern betreffe jeden chinesischen Staatsbürger.[1067] Außerdem wird von der Rechtsprechung gegen eine Asylgewährung angeführt, die Zwangssterilisationen hätten nach ihrem inhaltlichen Charakter und ihrer erkennbaren Gerichtetheit das Ziel, das Überleben der chinesischen Bevölkerung durch Beschränkung ihres weiteren Wachstums zu sichern.[1068]

(3.) Staatlichkeit

Die Staatlichkeit einer möglichen Verfolgung wegen drohender Zwangssterilisation könnte deshalb problematisch sein, weil diese Praktik vom Zentralstaat offiziell verboten ist. So ist das VG Chemnitz der Ansicht, Mißbrauchsfälle könnten dem Staat aufgrund des offiziellen Verbots nicht zugerechnet werden.[1069] Die Auffassung übersieht aber, dass Zwangssterilisationen von den lokalen Behörden angeordnet werden. Sie gehen also von einer hoheitlichen Stelle aus. Schon deshalb handelt es sich um eine staatliche Maßnahme. Daneben dürfte sie auch der Zentralregierung zurechenbar sein, da diese nicht die notwendigen Schritte unternimmt, die Anordnung von Zwangssterilisationen in der Praxis zu verhindern. Ein allgemeines Verbot reicht offensichtlich nicht aus.

ii.) § 51 Abs. 1 AuslG

Nach Ansicht der deutschen Rechtsprechung ist Zwangssterilisation keine Verfolgung im Sinne von § 51 Abs. 1 AuslG, da sie nicht an die genannten Merkmale (Rasse, Religion, Staatsangehörigkeit, Zugehörigkeit zu einer bestimmten sozialen Gruppe oder politische Überzeugung) anknüpfe, sondern für alle Bürger der Volksrepublik China im Wesentlichen unterschiedslos gelte.[1070]

1067 OVG Niedersachsen, Urt. v. 19. September 2000, Asylmagazin 3/2000, 20; VG Aachen, Urt. v. 17. Dezember 1996 – 5 K 6986/94.A; VG Ansbach, Urt. v. 26. Oktober 1995 – AN 93.42446; VG Chemnitz, Urt. v. 21. Februar 1996 – A 8 K 31276/94.
1068 OVG Niedersachsen, Urt. v. 19. September 2000, Asylmagazin 3/2000, 20.
1069 VG Chemnitz, Urt. v. 21. Februar 1996 – A 8 K 31376/94.
1070 OVG NRW, Urt. v. 24. April 1998 – 1 A 1399/97.

iii.) § 53 Abs. 4 AuslG

Anerkannt wird von der Rechtsprechung aber, dass die Zwangssterilisation eine unmenschliche und erniedrigende Behandlung im Sinne von Art. 3 EMRK ist und deshalb ein Abschiebungshindernis nach § 53 Abs. 4 AuslG begründet.[1071]

b) Frankreich

In Frankreich wird der Flüchtlingsstatus aufgrund der chinesischen Geburtenkontroll-Politik in der Regel verneint.[1072] Die chinesischen Regelungen zur Geburtenkontrolle hätten „caractère générale et non discriminatoire".[1073] Auch eine Anknüpfung an eines der Konventionsmerkmale sei nicht möglich.[1074]

Im Jahre 1992 gewährte die CRR allerdings einer tschechoslowakischen Frau den Flüchtlingsstatus nach Art. 1 A 2 der Genfer Flüchtlingskonvention.[1075] Die dem Volksstamm der Roma angehörende Frau war noch vom kommunistischen Regime zwangssterilisiert worden, um zu verhindern, dass sie mehr als vier Kinder gebären würde. Die Frau war außerdem Opfer von Skinhead-Übergriffen geworden, auf die der Staat Tschechoslowakei nicht reagierte.

c) USA

Die Debatte um die Asylrelevanz der chinesischen Ein-Kind-Politik nimmt in Amerika einen weit größeren Raum ein als in Deutschland und Frankreich.[1076] Im Jahre 1996 wurde der Fall schließlich gesetzlich geregelt.

(1.) Die Situation vor dem IIRIRA von 1996

Schon im Jahr 1988 erließ das amerikanische *Department of Justice* für den INS eine Richtlinie, nach der Widerstand gegen die Ein-Kind-Politik von der chinesischen Regierung als politische Systemkritik angesehen wird und deshalb eine wohl begründete Furcht vor Verfolgung rechtfertigen könne.[1077] Das BIA fühlte sich aber an diese Richtlinie nicht gebunden, da sie formal nur für den INS galten.[1078] Es entschied 1989 in

---

1071 OVG NRW, Urt. v. 24. April 1998 – 1 A 1399/97.A; VG Augsburg, Urt. v. 25. Mai 1999 – Au 8 K 98.30079; VG Kassel, Urt. v 13. April 1999 – 2 E 2161/94.A(1); Treiber, in: GK-AuslR, II-§ 53, Rn. 205.3.
1072 *Yong Hua YU ZHANG* (Ref: 10 Nov 1987, CRR No. 67843)(CAS/FRA/034); *WU* (Ref: 19 April 1994, CRR no. 218361)(CAS/FRA/135).
1073 *Yong Hua YU ZHANG* (Ref: 10 Nov 1987, CRR No. 67843)(CAS/FRA/034).
1074 Ebenda.
1075 *Anna SLEPEIK GABOROVA* (Ref: 3 Sep 1992, CRR no. 227593)(CAS/FRA/097).
1076 Siehe die mittlerweile recht umfangreiche Literatur zu diesem Thema: Abrams, 14 GILJ 881 (2000); Adell, 24 Hofstra Law Review 789 (1996); Bresnik, 21 SJILC 121 (1995); Dauvergne, 10 IJRL 77 (1998); Stanford, 36 HILJ 231 ff. (1995).
1077 Vgl. die Nachweise bei Adell, 24 Hoftstra Law Review, 799 f. (1996).
1078 Vgl. Adell, 24 Hoftstra Law Review, 800 (1996).

Matter of Chang, dass Maßnahmen im Rahmen der chinesischen repressiven Bevölkerungspolitik mit dem Zwang zur Sterilisation und Abtreibung keine Verfolgung begründeten, da sie von unpolitischer und nicht diskriminierender Natur seien.[1079] Etwas anderes gelte nur, wenn die Maßnahmen selektierend gegen die Antragstellerin als Mitglied einer bestimmten religiösen oder sozialen Gruppe durchgeführt werden oder durchgeführt zu werden drohen. Die Verfolgung müsse individuell drohen und nicht „bloß" Ausdruck einer generellen Unterdrückung sein.

Im Jahr 1993 erließ Attorney General William Barr eine Regelung („1993 Final Rule"), die *Chang* ausdrücklich aufheben sollte.[1080] Bevor diese Regelung veröffentlicht werden konnte, wurde aber Bill Clinton Präsident der USA und stoppte pauschal alle Regelungen der Vorgängeradministration. Ob die 1993 Final Rule je für das BIA verbindlich geworden war, war seitdem in der amerikanischen Rechtsprechung umstritten.[1081] Die Antragstellerin oder der Antragsteller mussten deshalb nachweisen, dass die chinesischen Behörden aus anderen Gründen als der „bloßen" Umsetzung ihres Geburtenkontroll-Programms handelte.[1082]

(2.) Die Regelung in IIRIRA Sect. 601

Im Jahre 1996 wurde durch den IIRIRA in Sect. 601 der Fall endgültig geregelt.[1083] Sect. 601 lautet:

„*Section 601. Persecution for Resistance to Coercive Population Control Methods.*

Persons forced to abort a pregnancy or be sterilized or who are persecuted for refusing to undergo such a procedure shall be deemed to have been persecuted on account of political opinion. Persons having a well-founded fear of being forced to undergo such a procedure or being persecuted for refusing shall be deemed to have a ‚well founded fear of persecution on account of political opinion.' No more than 1,000 persons will be admitted under this section annually."

Sect. 601 beinhaltet eine Beweislastumkehr.[1084] Zugunsten von Antragstellern, die bereits zur Abtreibung oder Sterilisation gezwungen wurden, wird vermutet, dass sie wegen ihrer politischen Überzeugung verfolgt werden. Diesen Personen wird also die Beweislast sowohl im Hinblick auf das Verfolgungsmerkmal als auch bezüglich der Verfolgung wegen dieses Merkmals erlassen. Personen, die noch keine Zwangsabtreibung oder Zwangssterilisation erlitten haben, die sich aber einer bevölkerungspolitischen Zwangsmaßnahme widersetzt haben, müssen zwar immer noch darlegen, dass sie wegen dieses Widerstandes eine wohl begründete Furcht vor Verfolgung haben, sie sind jedoch vom Nachweis befreit, dass die befürchtete Verfolgung wegen eines der Konventionsmerkmale erfolgt. Eine mögliche Verfolgung gilt als Verfolgung wegen politi-

---

1079 *Matter of Chang*, Interim Decision No. 3107 (B.I.A. 1989) (China, no).
1080 Vgl. Adell, 24 Hoftstra Law Review, 802 (1996).
1081 Vgl. die Nachweise bei: Adell, 24 Hoftstra Law Review, 802 f. (1996).
1082 *Liu v. INS*, 133 F.3d 915 1997 WL 787151, at * 3 (4th Cir. 1997)(unpublished opinion).
1083 Illegal Immigration Reform and Immigrant Responsibility Act of 1996, Pub. L. No. 104-208, sec. 601, § 101 (a)(42), 110 Stat. 3009-546, 3009-689.
1084 Vgl. dazu: Abrams, 14 GILJ 884 f. (2000).

scher Überzeugung. Damit sind die ablehnenden amerikanischen Gerichtsurteile zur Ein-Kind-Politik im Grundsatz überholt.

Obwohl es hauptsächlich Frauen sind, denen in China die Sterilisation droht, sind die Mehrzahl der Asylsuchenden nach Sect. 601 Männer.[1085] Die meisten von ihnen begründen ihren Asylantrag damit, dass ihre Frau zwangssterilisiert wurde. Die Väter und Ehemänner fliehen vor Verfolgung, während die Frauen – wegen ihrer familiären Verantwortung oder weil sie nicht die nötigen wirtschaftlichen Mittel haben – zu Hause bleiben müssen.

d) Kanada

Die kanadische Richtlinie nennt Zwangsabtreibung und Zwangssterilisation als geschlechtsspezifische Fluchtursache und verweist auf *Cheung v. Canada*.[1086] In Kanada wurde Personen, denen eine Zwangssterilisation droht, der Flüchtlingsstatus gewährt.[1087]

i.) Verfolgung

Die drohende Zwangssterilisation kann nach der kanadischen Rechtsprechung Verfolgung sein. Während die Ein-Kind-Politik zwar in ganz China generell Anwendung finde, sei die Zwangssterilisation kein generelles Gesetz. Die Zwangssterilisation betreffe nur eine begrenzte und gut definierbare Gruppe von Menschen und finde keine generelle Anwendung. Dafür spreche auch, dass diese Praktik nicht in ganz China angewendet werde. Zwangsabtreibungen und Zwangssterilisationen würden von den lokalen Behörden und nicht von der zentralen Regierung angeordnet und würden in Widerspruch zu der offiziellen Politik stehen. Selbst wenn die Regelung für ganz China gelte, so würde es sich trotzdem um Verfolgung handeln:

„*[I]f the punishment or treatment under a law of general application is so Draconian as to be completely disproportionate to the objective of the law, it may be viewed as persecutory. This is so regardless of whether the intent of the punishment or treatment is persecution. Cloaking persecution with a veneer of legality does not render it less persecutory. Brutality in furtherance of a legitimate end is still brutality.*"[1088]

1085 Vgl. dazu und zum Folgenden die Nachweise bei Abrams, 14 GILJ 904 (2000).
1086 Kanadische Richtlinie, Abschnitt B: Assessing the Feared Harm: Considerations, Fn. 17.
1087 *Cheung v. Canada (M.E.I.)*, [1993], Federal Court Appeal No. A-785-91; *Chow v. Canada (M.C.I.)*, [2000] Federal Court, docket: IMM-678-99; siehe auch: *no title*, [1989], IRB (nos. C89-00036, C89-00037); siehe aber *Chan v. Canada* (M.E.I.), [1995] 128 DLR (4th), in der SCC entschieden hat, dass der Antragsteller keine begründete Furcht vor Verfolgung hatte nachweisen können. Ausführlich zur Zwangssterilisation im kanadischen Asylrecht: Dauvergne, 10 IJRL 77ff. (1998).
1088 *Cheung v. Canada (M.E.I.)*, [1993] Federal Court Appeal No. A-785-91 (inoffizielle Übersetzung der Verfasserin).

ii.) Zugehörigkeit zu einer bestimmten sozialen Gruppe

Der kanadische *Federal Court of Appeals* hat die Gruppe der Frauen in China, die mehr als ein Kind haben und denen deshalb eine zwangsweise Sterilisation droht, als eine bestimmte soziale Gruppe im Sinne der Flüchtlingskonvention angesehen. Da der Supreme Court in *Chan v. Canada*[1089] die Gelegenheit nicht genutzt hat, diese Rechtsprechung zu konkretisieren, ist dies die maßgebliche kanadische Entscheidung in diesem Bereich. In *Cheung* führte der *Federal Court* aus:
„*These people comprise a group sharing similar social status and hold a similar interest which is not held by their government. They have certain basic characteristics in common. All of the people coming within this group are united or identified by a purpose which is so fundamental to their human dignity that they should not be required to alter it on the basis that interference with a women's reproductive liberty is a basic right „rank[ing] high in our scale of values" (E.(Mrs.) v. Eve, [1996] 2 S.C.R. 388 [at page 434])*."[1090]
Das Gericht stellte allerdings auch klar, dass nicht alle Frauen in China, die mehr als ein Kind haben, automatisch den Status eines Konventionsflüchtlings beanspruchen könnten.[1091] So wurde einem Ehepaar mit zwei Kinder die Flüchtlingseigenschaft versagt, weil sie keine Verfolgung glaubhaft machen konnten.[1092] Nur die Frauen, die wegen dieser Zugehörigkeit zu dieser Gruppe auch verfolgt würden, hätten einen Anspruch auf Zuerkennung des Flüchtlingsstatus.[1093]

e) Wertender Rechtsvergleich

In Frankreich und Deutschland wird die Anerkennung wegen drohender Zwangssterilisierung noch kaum diskutiert. Entsprechende Anträge chinesischer Staatsbürger und Staatsbürgerinnen wurden in diesen Ländern regelmäßig abgelehnt, da es zum einen an einer Anknüpfung an ein asylerhebliches bzw. Konventionsmerkmal fehle. Zudem wird das Ziel der chinesischen Regierung, das Bevölkerungswachstum zu stoppen, als legitim angesehen.
Die Frage nach dem Konventionsmerkmal wurde in den USA im Jahre 1996 gesetzlich geregelt. Personen, denen im Heimatland Zwangssterilisation droht, gelten als politisch Verfolgte. Eine nähere Begründung, warum gerade dieses Konventionsmerkmal gewählt wurde, enthält die Regelung aber nicht. Die Anerkennung der chinesischen Flüchtlinge war politisch gewollt. Dass ausgerechnet die Asylerheblichkeit drohender

---

1089 *Chan v. Canada (M.E.I.)*, [1995] 128 DLR (4th). Die Entscheidung enthält allerdings eine *dissenting opinion* von La Forest J., der der ein relativ starkes Gewicht zugeschrieben wird (Dauvergne, 10 IJRL 77, 83 (1998)).
1090 *Cheung v. Canada (M.E.I.)*, [1993] Federal Court Appeal No. A-785-91. Die Beschränkung der bestimmten sozialen Gruppe auf Frauen ist in diesem Zusammenhang nicht zwingend, da auch Männer von der chinesischen Ein-Kind-Politik betroffen sind. *Dauvergne* bezeichnet diese Beschränkung als unpassend. Sie verdunkle, wie genau die Gruppe gebildet sei (Dauvergne, 10 IJRL 82 (1998)).
1091 Ebenda.
1092 *Cho v. Canada (M.C.I.)*, [1998] Federal Court, docket: IMM-3851-97.
1093 Ebenda.

Zwangssterilisierung gesetzlich geregelt wurde, liegt wohl auch in (außen)politischen Erwägungen der Vereinigten Staaten. Dogmatisch gesehen ist die Anknüpfung an gerade dieses Merkmal nicht zwingend. Naheliegender scheint vielmehr, die Zugehörigkeit zu der Gruppe der Personen mit mehr als einem Kind als Verfolgungsmerkmal anzunehmen, wie dies von der kanadischen Rechtsprechung getan wird.

Gegen die Annahme einer bestimmten sozialen Gruppe wird allerdings eingewandt, das einzig gemeinsame Merkmal dieser Gruppe sei die Verfolgung wegen der Anzahl der Kinder. Nicht einmal demographische Merkmale würden von den Mitgliedern dieser Gruppe geteilt.[1094] Dieser Einwand ähnelt dem, der gegen die Annahme erhoben wird, Frauen als Opfer häuslicher Gewalt seien eine bestimme soziale Gruppe. Diese Gruppe würde nämlich in der Tat nur durch ihre Verfolgung beschrieben. Anders gesagt: Fiele die Verfolgung weg, so handelte es sich nur noch um viele verschiedene Frauen. Der Risikofaktor besteht hier also einzig darin, eine Frau zu sein. Bei der drohenden Zwangssterilisierung liegen die Risikofaktoren darin, verheiratet zu sein, ein oder mehr Kinder zu haben und in einem bestimmten Gebiet zu leben.[1095] Es liegen keine Anzeichen dafür vor, dass Personen, die diese Voraussetzungen nicht erfüllen, eine Zwangssterilisierung zu befürchten haben. Die Gruppe der betroffenen Personen ist also auch ohne die Verfolgung bestimmbar.

Können die betroffenen Personen also als eine bestimmte soziale Gruppe angesehen werden, so bleibt die Frage, ob die Tatsache, dass die chinesische Regierung ein an sich legitimes Ziel verfolgt, der Annahme einer Verfolgung entgegensteht. Wie im Zusammenhang mit den islamischen Bekleidungs- und Verhaltensvorschriften schon erwähnt, kann eine Verfolgung unter bestimmten Voraussetzungen auch dann vorliegen, wenn der Staat ein an sich asylneutrales Ziel, wie zum Beispiel die Kriminalitätsbekämpfung, anstrebt. So kann eine Bekämpfung kriminellen Unrechts dann zur Verfolgung werden, wenn besondere Umstände, wie etwa eine unverhältnismäßig hohe Strafe, es nahe legen, der Betroffene werde doch politisch verfolgt.[1096]

Fälle der Zwangssterilisation unterscheiden sich aber von der Verfolgung kriminellen Unrechts in zweierlei Hinsicht. Zum einen handelt es sich in diesen Fällen nicht um eine Strafe, sondern eher um ein Zwangsmittel. Die Sterilisation soll nicht bestrafen,[1097] sondern die betroffenen Paare daran hindern, weitere Kinder zu zeugen. Dieser Umstand könnte dafür sprechen, dass es sich nicht um eine unverhältnismäßig hohe Sanktion handelt. Der entscheidende Unterschied zwischen der Kriminalitätsbekämpfung und der chinesischen Geburtenkontroll-Politik ist aber in Folgendem zu sehen: Während Strafen an ein vorangegangenes von dem Betroffenen verübtes Delikt anknüpfen, knüpft die Zwangssterilisation an die Ausübung eines Menschenrechtes, nämlich das Recht auf Reproduktionsfreiheit an. Es mag sich bei der Absicht, das ausufernde Bevölkerungswachstum zu bremsen, um ein legitimes Ziel handeln. Die unmittelbare Auswirkung der Zwangssterilisation besteht aber darin, Personen daran zu hindern, ein Menschenrecht auszuüben. Dieses Bestreben jedoch ist nicht legitim und lässt sich auch nicht mit dem

---

1094 So der *High Court of Australia*, in *Applicant A and Another v. Minister for Immigration and Ethnic Affairs and Another*, 142 ALR 331, zit. bei Dauvergne, 10 IJRL 77, 84 (1998).
1095 Dauvergne, 10 IJRL 77, 86 (1998).
1096 Vgl. BVerfGE 80, 315, 339; Göbel-Zimmermann, Rn. 99.
1097 In besonderen Fällen mag eine Strafabsicht hinzu kommen oder sogar im Vordergrund stehen.

legitimen Ziel rechtfertigen. Denn auch Brutalität, die ein legitimes Ziel verfolgt, ist immer noch Brutalität.[1098]

V. Zwangsverheiratungen

1.) Problematik

"Die Ehe darf nur auf Grund der freien und vollen Willenseinigung der zukünftigen Ehegatten geschlossen werden." (Art. 16 Abs. 2 AEMR).
Dennoch werden Frauen in verschiedenen Staaten der Welt zwangsverheiratet. Meistens werden sie von ihren Eltern zur Ehe gezwungen.[1099] Neben der Menschenrechtsverletzung durch die Zwangsheirat an sich stellt sie auch den Kontext dar, im dem Geschlechtsverkehr ohne Einwilligung der Frau und unter Anwendung körperlicher Gewalt stattfindet.[1100] Neben den von den Eltern arrangierten Zwangsehen wurden vor allem in der Türkei alleinstehende syrisch-orthodoxe Christinnen oder Jezidinnen Opfer von Entführungen und anschließender Zwangsverheiratung. Deshalb haben junge Frauen, die dieser Gruppe angehören, mehrfach Asyl in der Bundesrepublik Deutschland gesucht.[1101] Auch in Afghanistan wurden Familien gezwungen, ihre Töchter mit Taliban-Kämpfern zu verheiraten oder ein Lösegeld zu bezahlen.[1102]

2.) Schutzgewährung

a) Deutschland

i.) Entführung und Zwangsverheiratung junger christlicher Frauen durch Muslime

Der hessische VGH gewährte Anfang der 90er Jahre mehrfach jungen christlichen oder jezidischen Frauen aus der Türkei Asyl, die in ihrer Heimat der Gefahr der Entführung und anschließender Zwangsverheiratung ausgesetzt waren.[1103] Nach Auffassung des Gerichts war der Staat Türkei für die Entführungen verantwortlich, da er notwendige präventive Maßnahmen, wie etwa verbesserte soziale Absicherung alleinstehender junger Frauen, unterlassen habe.

Das Bundesverwaltungsgericht verwarf diese Rechtsprechung des HessVGH.[1104] Es erkannte zunächst an, dass eine Entführung durch muslimische Männer unter dem

---

1098 *Cheung v. Canada (M.E.I.)*, [1993] Federal Court Appeal No. A-785-91 (inoffizielle Übersetzung der Verfasserin).
1099 amnesty international, S. 16 ff.
1100 Ebenda.
1101 Siehe die Nachweise im Folgenden.
1102 Siehe z.B. den Fall von VG Würzburg, Urt. v. 23. März 2001 – W / K 00.30980.
1103 HessVGH, Urt. v. 20.3.1989, InfAuslR 1989, 253 = Streit 1989, 158; Urt. v. 4. November 1991 – 12 UE 3172/86; Urt. v. 25. November 1991 – 12 UE 3213/88; Urt. v. 2. Dezember 1991, Streit 1992, 161, 164; Urt. v. 24. Februar 1992 – 12 UE 2735/86; Urt. v. 21. Dezember 1992, Streit 1994, 87 (nur Leitsatz); Urt. v. 21. Dezember 1992 – 12 UE 1472/90.
1104 BVerwGE, Urt. v. 31. März 1992 – 9 C 135/90; Urt. v. 16. August 1993 – 9 C 7/93; Urt. v. 17. August 1993 – 9 C 8/93; Urt. v. 3. Dezember 1993 – 9 C 450/93. In Bezug auf die Verfolgungs-

Aspekt der Schwere eines solchen Eingriffs Verfolgung darstellt.[1105] Eine asylerhebliche Intensität sei in Bezug auf die Einschränkung der physischen Freiheit ohne Weiteres zu bejahen, wenn die Entführer mit physischer Gewalt vorgehen. Soweit zugleich in die sexuelle und religiöse Selbstbestimmung der Frauen eingegriffen werde, treffe der Eingriff die Christinnen in ähnlich schwerer Weise wie bei Eingriffen in die physische Freiheit.[1106] Das Bundesverwaltungsgericht stellt hier also auch auf die sexuelle Selbstbestimmung ab. In der folgenden näheren Begründung bleibt die Argumentation allerdings auf die religiöse Selbstbestimmung beschränkt.[1107] Durch die Entführung werde ihnen ein selbstbestimmtes, an ihrer Religion ausgerichtetes Leben unmöglich gemacht und damit ein vom Glauben geprägtes „Personsein" nicht einmal mehr im Sinne eines religiösen Existenzminimums gestattet.[1108] Da die Frauen gehindert würden, ihren Glauben, so wie sie ihn verstehen, im privaten oder im nachbarlichen-kommunikativen Bereich zu bekennen sowie tragende Inhalte ihrer Glaubensüberzeugung verleugnen oder gar preisgeben müssten, würde ihnen durch die Entführungen die religiöse Identität genommen, was nach der Rechtsprechung des Bundesverfassungsgericht und des Bundesverwaltungsgerichts eine asylerhebliche Beschränkung der Menschenwürde bedeute.[1109]

Dennoch kam das Bundesverwaltungsgericht zur Ablehnung der Asylanträge. Es war der Auffassung, die Entführungen könnten nur durch präventive Maßnahmen des Staates, wie bessere finanzielle Absicherung junger alleinstehender Frauen, verhindert werden. Das Bundesverwaltungsgericht entschied, präventive Maßnahmen zum Schutz seiner Bürger seien dem Staat nicht zumutbar.[1110]

Die Asylgewährung für von Entführung und Zwangsverheiratung bedrohte junge Christinnen in der Türkei wurde in der Rechtsprechung außerdem abgelehnt, weil diesen Frauen eine inländische Fluchtalternative insbesondere nach Istanbul zur Verfügung stehe.[1111] Die tatsächliche Möglichkeit einer solchen inländischen Fluchtalternative wird allerdings vom Bundesverfassungsgericht bezweifelt.[1112]

Das VG Würzburg gewährte einer Frau aus Afghanistan wegen drohender Zwangsheirat mit Taliban-Kämpfern ein Abschiebungshindernis nach § 53 Abs. 4 AuslG.[1113]

---

prognose von Familienangehörigen hat das Bundesverwaltungsgericht in diesem Zusammenhang darüber hinaus mehrfach entschieden, es dürfe nicht davon ausgegangen werden, dass jedes Familienmitglied, insbesondere Frau und Kinder, alleine und getrennt in das Heimatland zurückkehre und dort lebe, es sei viel mehr zu prüfen, wie sich die Situation darstelle , wenn die ganze Familie dort lebe. Dies gelte auch dann, wenn der Vater in der Bundesrepublik Deutschland ein Bleiberecht habe und ankündige, nicht mit der Familie zurückzukehren (z.B. BVerwG, Urt. v. 8. September 1992, NVwZ 1993, 190 f.; Urt. v. 20. April 1993 – 9 C 5/93).

1105 BVerwGE, InfAuslR 1990, 1179, 1181.
1106 Ebenda.
1107 Vgl. Wolter, S. 407 f.
1108 BVerwGE, InfAuslR 1990, 1179, 1181 mit Verweis auf BVerwGE 74, 31, 38 = NVwZ 1986, 569.
1109 BVerwGE, InfAuslR 1990, 1179, 1181 mit Verweis auf BVerfGE 76, 143, 158 = NVwZ 1988, 237 = NJW 1988, 817 L; BVerwGE 80, 321, 324 = NVwZ 1989, 477.
1110 BVerwGE, Urt. v. 31. März 1992 – 9 C 135/90; Urt. v. 16. August 1993 – 9 C 7/93; Urt. v. 17. August 1993 – 9 C 8/93; Urt. v. 3. Dezember 1993 – 9 C 450/93.
1111 OVG Rheinland-Pfalz, Urt. v. 5. April 1989 – 13 A 147/87.
1112 BVerfGE, Urt. v. 11. Juli 1990 – 2 BvR 497/88 und 2 BvR 798/88.
1113 VG Würzburg, Urt. v. 23. März 2001 – W / K 00.30980.

ii.) Zwangsverheiratung durch Familie

Auch ein Fall, in dem einer Frau die Zwangsverheiratung durch die Familie drohte, wurde in Deutschland behandelt. Das VG Münster entschied, dass ein Abschiebungshindernis nach § 53 Abs. 6 S. 1 AuslG zu gewähren sei, wenn einer syrischen Staatsangehörigen die konkrete Gefahr droht, bei einer Abschiebung in ihr Heimatland von ihren eigenen Familienangehörigen wegen ihrer Weigerung getötet zu werden, einen ihr zugedachten Cousin zu heiraten.[1114] Dabei war das Gericht nach der Einholung entsprechender Gutachten der Auffassung, dass die Antragstellerin in ihrem Heimatland keinen effektiven Schutz erlangen konnte. In den Fällen der Zwangsverheiratung durch die Familie ist im Gegensatz zu den oben erörterten Fällen ein Abstellen auf die religiöse Identität der Frau in der Regel nicht möglich. Vielmehr ist man hier auf das Recht auf sexuelle Selbstbestimmung angewiesen, das vom Bundesverwaltungsgericht als asylbegründend bewertet wurde.[1115]

b) USA

Der *U.S. Court of Appeals* gewährte Hanadi Ahmad Cheaib, der in ihrem Heimatland Libanon die Zwangsverheiratung drohte, Asyl.[1116] Die Frau, die vom Islam zum Christentum konvertiert war, wurde durch ihren Vater gezwungen, einen muslimischen Cousin zu heiraten. Das Gericht sah zudem als erwiesen an, dass Cheaib bei einer Rückkehr in ihre Heimat Gefahr für ihr Leben durch die radikal-islamische Hisbollah drohen würde und keine staatliche Hilfe zu erwarten sei. Das Gericht nahm eine Verfolgung wegen der Religion an.

c) Kanada

Die kanadische Richtlinie nennt drohende Zwangsverheiratung als geschlechtsspezifischen Fluchtgrund. Sie verweist auf eine Entscheidung des Federal Court aus dem Jahre 1995.[1117] In dieser Entscheidung, *Vidhani v. Canada*, entschied der *Federal Court*, dass Frauen, die gegen ihren Willen zu einer Heirat gezwungen werden, eine bestimmte soziale Gruppe ausmachen.[1118] Da diese Frauen in einem Menschenrecht betroffen seien, nämlich dem Recht auf freie Wahl des Ehepartners, komme es auf eventuelle Sanktionen nicht an:

„*In my view, women who are forced into marriages against their will have had a basic human right violated. There are United Nations conventions to which Canada is a party which state that the right to enter freely into marriage is a basic human right. If the applicant falls within the first category* [der Ward-Entscheidung[1119]]*, as*

1114 VG Münster, Beschl. v. 5. März 1999 – 10 L 207/99.A, InfAuslR 1999, 307 ff.
1115 BVerwGE, InfAuslR 1990, 1179, 1181.
1116 *Cheaib v. INS*, No. 98-70233 (9th Cir. 1999)(unpublished decision).
1117 Kanadische Guidelines, Abschnitt B: Assessing the Feared Harm: Considerations, Fn. 15.
1118 *Vidhani v. Canada (M.C.I.)(T.D.)*, [1995], IMM-3528-94.
1119 Die erste Kategorie der Ward-Entscheidung beinhaltet: „groups defined by an innate or unchangeble characteristic".

in my view she does, it is not necessary for the Board to look at whether the sanctions are so severe that they severely interfere with bodily integrity or human dignity."[1120]

d) Wertender Rechtsvergleich

Da die Rechtsprechung zur Zwangsverheiratung in den einzelnen Ländern nicht sehr umfangreich ist, ist eine abschließende Bewertung schwierig. Die in Deutschland entschiedenen Fälle zeigen einmal mehr die restriktive Haltung der deutschen Rechtsprechung im Hinblick auf das Staatlichkeitserfordernis. Im Vordergrund steht in diesen Fällen die Annahme einer religiösen Verfolgung. Diese greift in den Fällen durch, in denen die Frauen von Andersgläubigen entführt werden und durch eine anschließende Zwangsheirat zwangsbekehrt werden sollen. Zwar erkennt das Bundesverwaltungsgericht auch eine Verletzung des Rechts auf sexuelle Selbstbestimmung prinzipiell an, führt dies aber nicht weiter aus. Dies ist bedauerlich, da eine Konkretisierung des Rechts auf sexuelle Selbstbestimmung im asylrechtlichen Zusammenhang dazu beitragen könnte, dass dieses Recht auch von den unteren Verwaltungsgerichtsinstanzen anerkannt würde.

Auch in dem vom *U.S. Court of Appeals* zu entscheidenden Fall stand die drohende Zwangsverheiratung in einem religiösen Zusammenhang, da die betroffene Frau zum Christentum konvertiert war. Auch hier konnte das Gericht auf eine Verfolgung wegen der Religion abstellen.

Der Vorteil des menschenrechtlichen Ansatzes in Kanada macht sich auch hier bemerkbar. Als einziges Gericht stellt der kanadische *Federal Court* auf das Menschenrecht der freien Wahl des Ehepartners ab. Statt der Verfolgung wegen der Religion nimmt er eine Verfolgung wegen der Zugehörigkeit zu der Gruppe der Frauen an, die zu einer Heirat gezwungen werden. Diese Gruppenbildung leidet allerdings, wie auch andere in der kanadischen Rechtsprechung gebildete Gruppen, daran, dass sie maßgeblich durch die drohende Verfolgungsmaßnahme definiert wird, denn in der Zwangsverheiratung liegt ja gerade die drohende Verfolgung. Das Gericht hätte statt dessen eine Verfolgung wegen der Zugehörigkeit zu der Gruppe der unverheirateten Frauen im heiratsfähigen Alter annehmen können.

VI. Gewalt im häuslichen Bereich (domestic violence)

1.) Deutschland

Die Asylerheblichkeit häuslicher Gewalt wurde in der deutschen Rechtsprechung bisher nicht diskutiert. Das VG Düsseldorf stellte zugunsten einer albanischen Frau ein Abschiebungshindernis nach § 53 Abs. 6 S. 1 AuslG fest.[1121] Der Frau drohte bei Rückkehr nach Albanien mit beachtlicher Wahrscheinlichkeit eine erhebliche Gefahr für Leib und Leben, die vom geschiedenen Ehemann ausging. Vor dieser Gefahr konnte die

---

1120 *Vidhani v. Canada (M.C.I.)(T.D.)*, [1995], IMM-3528-94.
1121 VG Düsseldorf, Urt. v. 10. Oktober 2000 – 25 K 6796/98.A; s. auch VG Berlin, Urt. v. 23. August 2001 zur Tötung von Frauen in Jordanien aus Gründen der Familienehre.

Antragstellerin auch keinen ausreichenden staatlichen Schutz finden. Das VG Magdeburg gewährte einer Frau aus Ecuador Abschiebungsschutz nach § 53 Abs. 6 S. 1 AuslG, der in ihrem Heimatland Misshandlungen mit Gefahr für Leib und Leben durch ihren gewalttätigen Ehemann drohten.[1122] Die ecuadorianische Polizei sei gegen weitere der Antragstellerin drohende gewalttätige Übergriffe ihres Ehemannes nicht schutzwillig, da sie in Kenntnis der bereits erfolgten Misshandlungen nicht eingeschritten sei. In beiden Fällen wurde also anerkannt, dass staatlicher Schutz im Herkunftsland nicht zu erlangen war. Die Folgerung, dass sich der Staat die Gewalt durch den Ehemann daher zurechnen lassen muss, wurde allerdings in keinem der beiden Fälle gezogen. Politisches Asyl nach Art. 16a Abs. 1 GG oder das Abschiebeverbot nach § 51 Abs. 1 AuslG wird offenbar gar nicht in Betracht gezogen.

2.) USA

Die Rechtsprechung in den USA in Bezug auf häusliche Gewalt ist uneinheitlich. So wurde Asyl mit der Begründung abgelehnt, es handele sich bei der Misshandlung nur um persönliche Gründe.[1123] In einem Fall, in dem eine Frau von ihrem Ehemann misshandelt wurde, weil sie sich weigerte, einer Guerilla-Gruppe beizutreten, unter anderem deshalb, weil diese Gruppe ihren Vater ermordet hatte, lehnte der *Court of Appeals* eine Verfolgung mit der Argumentation ab, der Ehemann hätte sie auch aus anderen Gründen geschlagen.[1124] In *Matter of Pierre* lehnte das BIA das Asylgesuch einer Frau aus Haiti ab, die von ihrem Ehemann, der der Regierung angehörte, geschlagen wurde. Selbst wenn der Staat unfähig oder unwillig gewesen wäre, die Frau zu beschützen, so sei die Misshandlung selbst jedenfalls nicht aufgrund eines der Konventionsmerkmale erfolgt.[1125] Eine Frau, die von ihrem Ehemann geschlagen wurde, weil sie die adventistische Kirche besuchte, wurde nicht zugelassen, da sie keine Verantwortung des Staates nachweisen konnte.[1126]

In anderen Fällen wurden die wegen in der Heimat erlittener häuslicher Gewalt gestellten Asylanträge aber auch angenommen. In *Aguirre-Cervantes v. INS* hat der *U.S. Court of Appeals* zum Beispiel eine Verfolgung wegen Zugehörigkeit zu der sozialen Gruppe Familie angenommen.[1127] Die Antragstellerin war von ihrem Vater misshandelt worden. Der Vater hatte nur Angehörige seiner Familie misshandelt. Da die Familie eine bestimmte soziale Gruppe ausmachen könne, war die Antragstellerin nach Auffassung des Gerichts wegen ihrer Zugehörigkeit zu dieser Gruppe verfolgt worden. Die mexikanischen Behörden waren nicht eingeschritten.

1122 VG Magdeburg, Urt. v. 15. April 1998 – A 2 K 751/97.
1123 *Alcantara v. INS*, 988 F.2d 117, 1993 WL 43869 (9th Cir. 1993)(unpublished decision); vgl. zum Ganzen auch: Scialabba, IJRL Special Issue 1997, 174, 179 f.
1124 *Alfaro-Rodriguez v. INS*, 203 F.3d 830, 1999 WL 1091990 (9th Cir. 1999)(unpublished); siehe aber das *dissenting judgement* von Judge Ferguson, der unter Hinweis auf *Lazo-Majano v. INS*, 813 F.2d 1432, 1433 (9th Cir. 1987) zutreffend darauf hinweist, dass es ausreicht, wenn die Verfolgung jedenfalls auch aus politischen Gründen geschieht.
1125 *Matter of Pierre*, 15 I & N Dec. 461 (BIA 1975).
1126 *Rusovan v. INS*, 139 F.3d 902 (7th Cir. 1998)(unpublished).
1127 *Aguirre-Cervantes v. INS*, No. 99-70861 (9th Cir. 2001)(Mexico, yes).

Wie dargestellt, wird die Frage nach der Asylrelevanz in den Vereinigten Staaten unterschiedlich beurteilt. Problematisch ist dabei zum einen die Frage nach dem Konventionsmerkmal, zum anderen die Frage nach der staatlichen Zurechenbarkeit. Besondere Beachtung wurde in der jüngeren Vergangenheit einer Entscheidung des BIA, *In Re R- A-*[1128] geschenkt. In diesem Fall ging es um eine Frau aus Guatemala, die in ihrem Heimatland Opfer schwerer häuslicher Gewalt durch ihren Ehemann geworden war und fürchtete, erneut Misshandlungen zu erleben, wenn sie nach Guatemala zurückkehren würde. Das BIA lehnte das Asylbegehren der Frau ab. Es war der Auffassung, der Ehemann habe die Frau weder wegen ihrer politischen Überzeugung noch wegen ihrer Zugehörigkeit zu einer bestimmten sozialen Gruppe misshandelt. Während die Ablehnung einer Verfolgung wegen der politischen Überzeugung der Antragstellerin im Einklang mit der herrschenden amerikanischen Rechtsprechung steht, wonach eine Verfolgung dann nicht wegen der politischen Überzeugung erfolgt, wenn sie eher ungeachtet der politischen Anschauung des Opfers als wegen derselben erfolgt,[1129] war die Ablehnung wegen der möglichen Zugehörigkeit zu einer bestimmten sozialen Gruppe weniger zwingend. Das Gericht war der Auffassung, es fehle an der notwendigen Anknüpfung der Verfolgung an die Gruppenzugehörigkeit, weil nicht davon auszugehen sei, dass der gewalttätige Ehemann auch andere Frauen schlagen würde.

Die Entscheidung führte zu einem Gesetzentwurf des INS, der unter anderem die Begriffe „persecution", „membership in a particular social group" und „on account of" näher definieren soll.[1130] Es wird unter anderem festgelegt, dass der Verfolger nicht notwendigerweise gegen andere Zugehörige der bestimmten sozialen Gruppe vorgehen muss:

„Evidence that the persecutor seeks to act against other individuals who share the applicant's protected characteristic is relevant and may be considered but shall not be required."[1131]

In Re R-A- wurde am 19. Januar 2001 vom *Attorney General* aufgehoben und die endgültige Entscheidung ausgesetzt, bis das vorgeschlagene Gesetz in Kraft tritt.

3.) Kanada

In Kanada wird bei der Frage, ob häusliche Gewalt die Flüchtlingseigenschaft begründet, zum einen der mögliche Verfolgungsgrund diskutiert, zum anderen die Frage, ob die Antragstellerin in ihrem Heimatland Schutz vor staatlichen Stellen hätte erlangen können.

a) Verfolgungsgrund

In Kanada werden Frauen, die vor häuslicher Gewalt fliehen, nach ständiger Rechtsprechung der sozialen Gruppe „Frauen, die von häuslicher Gewalt betroffen sind"

1128 *In Re R-A-*, Int. Dec. 3403 (BIA 1999).
1129 *INS v. Elias-Zacarias*, 502 U.S. 478, 482 (1992); *Matter of Chang*, 20 I.&N. Dec. 38, 44-45 (BIA 1989), superdeded on other grounds; *Matter of X-P-T-*, 21 I.&N. Dec. 634 (BIA 1996).
1130 Proposed rule published at 65 Fed. Reg. 76,588 (proposed Dec. 7, 2000).
1131 8 CFR § 208.15 (b) am Ende.

(„women subject to domestic violence") zugerechnet.[1132] In *Navarro v. Canada* hielt das Gericht die Entscheidung der CRDD, Frauen in Chile, die unter häuslicher Gewalt zu leiden haben, wären keine bestimmte soziale Gruppe im Sinne der Flüchtlingsdefinition, da der chilenische Staat bestimmte Programme und Maßnahmen zum Schutz von Frauen vor häuslicher Gewalt ergriffen habe, für vertretbar.[1133] Das Gericht macht hier allerdings den Fehler, das Vorliegen einer bestimmten sozialen Gruppe von dem Vorhandensein staatlichen Schutzes abhängig zu machen. Im Einklang mit der sonstigen kanadischen Rechtsprechung zu diesem Bereich hätte das Vorliegen einer bestimmten sozialen Gruppe zunächst bejaht werden müssen, da es nicht vom Vorliegen weiterer Voraussetzungen der Flüchtlingsdefinition abhängt. In einem weiteren Schritt hätte das Gericht dann die Verfolgung dieser bestimmten sozialen Gruppe wegen der angeblichen Möglichkeit staatlichen Schutzes ablehnen können.

b) Intensität

Die kanadische Richtlinie verweist bei der Frage nach der Intensität häuslicher Gewalt auf die UN-Folterkonvention.[1134] Bei der Frage, ob sexuelle oder häusliche Gewalt eine Form der Folter oder der unmenschlichen oder erniedrigenden Behandlung sei, sollen die Entscheider die Art. 1 und 16 der Folterkonvention zu Rate ziehen. Die kanadische CRDD formuliert das Verhältnis von herkömmlicher Folter und häuslicher Gewalt in besonders eindringlicher Weise:

„If a wife is subjected to violence repeatedly then in our assessment, she stands in no different situation than a person who has been arrested, detained and beaten on a number of occasions because of his political opinion. As a matter of fact, such a person suffers to a lesser degree over a period of time, because after each detention he is release[d] and enjoys his freedom. The wife on the other hand has no respite from her agony of torture and grief. She must endure these misfortunes continuously. The law should not sit idly by while those who seek relief lose hope, and those who abuse it are emboldened by its failure to provide sanctions. Unless penal measures are effectively implemented to punish those guilty of wife abuse, the situation of the abused wife in Ecuador will continue. Social organizations and women's committees merely provide solace to those who suffer. They do not mete out sanction to wife abusers for their inhumanity toward their spouses."[1135]

c) Staatlichkeit

In der kanadischen Rechtsprechung wurde mehrfach angenommen, dass Antragstellerinnen, die vor häuslicher Gewalt fliehen, in ihrem Heimatland keinerlei Schutz von

---

1132 *Narvaez v. Canada (M.C.I.)(T.D.)*, FCC [1995], IMM-3660-94; *Canada (M.E.I.) v. Mayers*, Court of Appeal [1992], A-544-92; vgl. auch: *Radionova v. M.E.I.* (1993), 66 F.T.R. 66 (F.C.T.D.); Macklin, 13 GILJ 59 (1998).
1133 *Navarro v. Canada (M.C.I.)*, 11.02.98, IMM-4480-96, para. 19.
1134 Kanadische Richtlinie, Abschnitt B: Assessing the Feared Harm, Fn. 18.
1135 CRDD Dec. U92-08714 dated March 11, 1993 [C. *(X.N.) (Re)*, [1993] C.R.D.D. No. 27 (QL)].

staatlichen Stellen erlangen können.[1136] In der Regel hatte die Antragstellerin in diesen Fällen vergeblich die Polizei in ihrem Heimatland um Schutz gebeten, die entweder weil es sich um eine private Angelegenheit handelte, weil sie bestochen wurde oder weil der gewalttätige Ehemann gute Kontakte zu Polizei hatte, nicht einschritt. Es wurden aber auch Anträge mit dem Hinweis abgelehnt, die Antragstellerin hätte in ihrem Heimatland staatlichen Schutz erlangen können.[1137] In diesen Fällen gab es bestimmte staatliche Programme im Heimatland, die die häusliche Gewalt gegen Frauen eindämmen sollten. Der Verfolgungscharakter von häuslicher Gewalt wird damit in Kanada nicht pauschal mit dem Hinweis abgelehnt, es handele sich um private Verbrechen. Es kommt vielmehr auf die Zustände im Heimatland an, ob mangels staatlichen Schutzes Asyl gewährt wird.

4.) Wertender Rechtsvergleich

Häusliche Gewalt wird in Deutschland und Frankreich nicht unter einem asylrechtlichen Gesichtspunkt diskutiert. Die deutschen Gerichte scheinen sich bei Misshandlungen durch Familienangehörige sofort auf das humanitäre Abschiebehindernis des § 53 Abs. 6 S. 1 AuslG festzulegen. In den USA und in Kanada wurde demgegenüber schon eine Reihe von Frauen, die vor häuslicher Gewalt geflohen waren, Asyl gewährt. Zwar ist die Rechtsprechung in den USA eher uneinheitlich, neue Gesetze zugunsten der Anerkennung häuslicher Gewalt als Asylgrund sind aber in Planung.[1138]

a) Intensität

Das Recht auf körperliche Unversehrtheit gehört zu den fundamentalsten Menschenrechten. Sicherlich erreicht nicht jede Gewalt, die von Männern an Frauen im häuslichen Bereich verübt wird, den Grad einer asylerheblichen Verfolgung. Häusliche Gewalt kann aber Formen annehmen, die der Folter gleichstehen.[1139] Wo sich häusliche Gewalt durch Schläge, Tritte und Drohungen manifestiert, kann sie eine verfolgungserhebliche Intensität erreichen; dies gilt insbesondere wenn die Gewalt nach Ausmaß und Häufigkeit zunimmt.[1140]

Das Asylrecht dient dazu, demjenigen Aufnahme und Schutz zu gewähren, der sich in einer für ihn ausweglosen Lage befindet.[1141] Führt die häusliche Gewalt dazu, dass die Frau sich psychisch und körperlich in einer ausweglosen Lage befindet, erreicht sie den notwendigen Grad an Intensität. Das Vorliegen einer ausreichenden Intensität wurde in

---

1136 Z.B.: *Narvaez v. Canada (M.C.I.)*(T.D.), FCC [1995], IMM-3660-94; *Canada (M.E.I.) v. Mayers*, Court of Appeal [1992], A-544-92; CRDD M96-06372, *Michnick, Kouri*, April 16, 1999; *Harper v. Canada*, [1993] F.C.J. No. 212 (QL), zit. Carlier/Vanheule-*Donald/Vanheule*, S. 205.
1137 *Navarro v. Canada (M.C.I.)*, 11.02.98, IMM-4480-96, para. 18 (Chile); *Jahan v. Canada (M.C.I.)*, 22.06.2000, IMM-3434-99 (Bangledesch); *Fouchong v. Canada*, 18.11.94, IMM-7603-93.
1138 Ausführlich zu häuslicher Gewalt als Asylgrund: Anker, 15 GILJ 391 (2001); Anker/Gilbert/Kelly, 11 GILJ 709 (1997); Goldberg, 26 CILJ 575.
1139 1996 Report of the Special Rapporteur on violence against women (UN Doc. E/CN.4/1996/53), Para. 42ff.; Anker/Gilbert/Kelly, 11 GILJ 709, 727 (1997); Copelon, S. 116 ff.; dies., 25 CHRLR 291, 306 ff. (1994); Davar, 6 TJWL 241, 249 ff. (1997); Goldberg, 26 CILJ 565, 573 (1993).
1140 Anker/Gilbert/Kelly, 11 GILJ 709, 726 f. (1997).
1141 BVerfGE 74, 51, 64 = NVwZ 1987, 311; BVerfGE 76, 143.

den von den amerikanischen und kanadischen Gerichten entschiedenen Fällen in der Regel als unproblematisch angesehen.

b) Verfolgungsgrund

i.) Politische Überzeugung

In der Literatur wird vorgeschlagen, eine Verfolgung wegen der politischen Überzeugung anzunehmen.[1142] Dies erscheint dann sinnvoll, wenn die Frau in ihrem Heimatland insbesondere dann von ihrem Ehemann misshandelt wurde, weil sie sich ihm aktiv widersetzt hatte oder nachdem sie versucht hatte, (z.B. staatliche) Hilfe zu erlangen. In diesem Fall wurde die Frau geschlagen, weil sie die Herrschaft des Mannes über die Frau in Frage gestellt hat.

Häusliche Gewalt bewegt sich aber nicht immer in diesem klaren Muster. Ihre Gründe sind zumeist von subtilerem Charakter. Es kann sein, dass der Mann seine Frau scheinbar ohne Anlass schlägt, weil er seine Aggressivität nicht im Griff hat und dass die Frau dieses Verhalten äußerlich nicht in Frage stellt und es schlicht und einfach erduldet. Häufig sind es Frauen, die ihrem Mann alles recht machen wollen und deren Selbstbewusstsein ohnehin nicht sehr ausgeprägt ist, die unter häuslicher Gewalt leiden. Dann ist die Annahme, die Frau werde wegen ihrer politischen Überzeugung verfolgt, schwierig. Sie mag zwar auch überzeugt davon sein, dass Männer Frauen nicht schlagen dürfen, aber dies ist nicht der Grund für die Misshandlung. In diesen Fällen liegt es deshalb näher, eine Verfolgung wegen der Zugehörigkeit zu einer bestimmten sozialen Gruppe anzunehmen.

ii.) Bestimmte soziale Gruppe: alle Frauen des Herkunftslands

In Betracht kommt einmal die Gruppe der Frauen insgesamt. Wie oben schon erörtert, kann die weibliche Bevölkerung eines Landes eine bestimmte soziale Gruppe sein.[1143] In der amerikanischen Rechtsprechung wurde allerdings die notwendige Verknüpfung von Verfolgung und Verfolgungsgrund in Frage gestellt, weil der Ehemann nur seine Ehefrau schlagen würde, nicht etwa die seines Nachbarn. Wie ein Beispiel aus der Begründung zu dem in den USA vorgeschlagenen Gesetzentwurf verdeutlicht, ist es aber nicht notwendig, dass der Verfolger auch andere Mitglieder der bestimmten sozialen Gruppe, der sein Opfer angehört, misshandelt:[1144] In einer Gesellschaft, in der die Angehörigen einer Rasse die Angehörigen einer anderen Rasse in Sklaverei halten, könnte es erlaubt sein, dass ein Sklavenhalter zwar seinen eigenen Sklaven, nicht jedoch den Sklaven seines Nachbarn schlagen darf. Dennoch ist es vernünftig anzunehmen, dass die Schläge in erster Linie durch die Rasse des Opfers motiviert sind. Genauso verhält es sich in Fällen häuslicher Gewalt. Zwar wird ein gewalttätiger Ehemann nicht die Frau eines anderen Mannes schlagen, trotzdem hängt der Umstand, dass er seine eigene

---

[1142] Anker/Gilbert/Kelly, 11 GILJ 709, 741 f. (1997); Goldberg, 26 CILJ 565, 602 f. (1993).
[1143] Siehe oben, S. 130 ff.
[1144] Federal Register/Vol. 65, No. 236, December 7, 2000, 76588, 76593.

Ehefrau schlägt ursächlich mit der Tatsache zusammen, dass sie eine Frau ist, und dass er meint, er dürfe sie schlagen. Frauen werden Opfer häuslicher Gewalt, weil sie Frauen sind. Sie werden deshalb wegen ihrer Zugehörigkeit zu der bestimmten sozialen Gruppe der Frauen in einem Land verfolgt.[1145]

iii.) Bestimmte soziale Gruppe: Frauen, die unter häuslicher Gewalt leiden

Auf den ersten Blick scheint die Bildung der Gruppe der Frauen, die Opfer häuslicher Gewalt sind, problematisch, wenn die häusliche Gewalt, verübt durch den Ehemann, die Verfolgungshandlung ist. Dann würde man nämlich die bestimmte soziale Gruppe der Frauen nur durch die erlittene Verfolgung weiter eingrenzen. Es wäre aber ein Zirkelschluss, den Verfolgungsgrund „bestimmte soziale Gruppe" durch die erlittene Verfolgung zu definieren. Wie Goldberg richtig bemerkt, kann man aber die Gruppe der Frauen, die Opfer von häuslicher Gewalt sind, dann als bestimmte soziale Gruppe bezeichnen, wenn man als Verfolgungsmaßnahme nicht die Schläge des Ehemanns versteht, sondern die unterlassene Schutzgewährung durch den Staat.[1146] Der Schutz vor häuslicher Gewalt wird der Frau nämlich nicht allein deshalb versagt, weil sie eine Frau ist. Wäre sie auf der Straße überfallen worden, hätte sie die Hilfe der Polizei erwarten und eine Anzeige erstatten können, die unter Umständen zu Strafverfolgungsmaßnahmen geführt hätte. Die Polizei schreitet nur deswegen nicht ein, weil der Täter ihr Ehemann ist. Nach dieser Betrachtungsweise wird die Frau also verfolgt, weil sie eine Frau ist und weil sie unter häuslicher Gewalt leidet. Sie wird also wegen ihrer Zugehörigkeit zu der Gruppe der Frauen, die Opfer häuslicher Gewalt sind, verfolgt.

Diese Perspektive macht im Übrigen den politischen Charakter häuslicher Gewalt besonders deutlich. Erhebliche Körperverletzungen, sexuelle Misshandlungen und psychischer Terror sind in vielen Staaten dann unerheblich, wenn sie innerhalb der Familie von Ehemännern an ihren Frauen begangen werden. Dies zeugt nicht nur von einer politischen Grundhaltung, die die ungleichen Herrschaftsverhältnisse zwischen Männern und Frauen verteidigt. Die betroffenen Frauen werden auch gegenüber der übrigen Bevölkerung, die sich bei Misshandlungen an die Polizei wenden kann, diskriminiert.

Im Zusammenhang mit häuslicher Gewalt kann man also sowohl eine Verfolgung wegen der Zugehörigkeit zu der bestimmten sozialen Gruppe der weiblichen Bevölkerung als auch wegen der Zugehörigkeit zu der Gruppe der Frauen, die Opfer häuslicher Gewalt sind, annehmen.

c) Staatlichkeit

Die Frage nach der Staatlichkeit ist ein zentraler Punkt bei der Frage nach der Asylrelevanz häuslicher Gewalt. Voraussetzung für die Zuerkennung des Flüchtlingsstatus ist, dass staatlicher Schutz im Heimatland nicht zu erlangen ist oder dass die Taten des gewalttätigen Ehemannes dem Staat mittelbar zurechenbar sind. Dass der Staat nach dem internationalen Menschenrechtsinstrumentarium eine Pflicht hat, Frauen vor Über-

---

1145 Anker/Gilbert/Kelly, 11 GILJ 709, 742 f. (1997).
1146 Goldberg, 26 CILJ 565, 597 (1993).

griffen ihrer Ehemänner oder sonstiger Verwandter zu schützen, wurde oben schon festgestellt.[1147] Bei häuslicher Gewalt als Verfolgungsgrund sieht man sich aber dem Einwand ausgesetzt, dass häusliche Gewalt auch in den potenziellen Asylländern ein Problem ist, dass die betreffenden Staaten nicht wirklich im Griff haben.

Der entscheidende Unterschied liegt aber darin, dass Frauen dort, wenn sie wirklich wollen, Schutz gewährt wird. Sie können die Polizei um Hilfe bitten. Sie können sich aus freien Stücken scheiden lassen. Sie können Schutz in Frauenhäusern suchen. Sie können unter Umständen sogar erreichen, dass der gewalttätige Ehemann sich von der ehelichen Wohnung fernhalten muss. In Ländern aber, in denen Gewalt in der Ehe oder Familie nicht verboten ist oder in denen die Polizei sie nicht verfolgt, weil Männer nach herrschender Auffassung ihre Frauen schlagen dürfen, gibt es kaum eine Möglichkeit für eine vom Ehemann misshandelte Frau, Schutz zu erlangen. Ist die staatliche Schutzversagung systematisch, so ist staatlicher Schutz nicht vorhanden.

Ein Indiz für den Verfolgungscharakter liegt außerdem dann vor, wenn der Staat vor anderen Gewalttaten einen stärkeren Schutz bietet. Verfolgt der Staat Gewalt im Rahmen häuslicher Gewalt weniger intensiv als sonstige Gewalttaten, so kann man sogar von einer Komplizenschaft des Staates sprechen. Der Staat muss sich die häusliche Gewalt in diesem Fall zurechnen lassen.

VII. Verletzung der Familienehre

Beinahe überall auf der Welt wird Frauen und Mädchen im Namen der Ehre Gewalt angetan.[1148] Sie werden beschuldigt, Schande über die Familie oder ihre Gemeinschaft gebracht zu haben, weil vermutet wird, dass sie ein außereheliches Verhältnis eingegangen sind. Es kann auch ausreichen, dass sie nur mit einem männlichen Nachbarn geplaudert haben. Auch wenn eine Frau gegen ihren Willen sexuell missbraucht worden ist, kann ihr das als Entehrung der Familie angelastet werden. Ist ein solcher Verdacht erst einmal auf eine Frau gefallen, hat sie keine Möglichkeit, sich zu verteidigen „und ihre Familien haben keine gesellschaftlich anerkannte Alternative, als den Makel, der auf ihrer Ehre lastet, dadurch zu tilgen, dass sie die Frau töten oder verstümmeln".[1149]

Bei drohender Strafe wegen Entehrung der Familie gewähren die deutschen Gerichte in der Regel nur einen Abschiebungsschutz nach § 53 Abs. 6 S. 1 AuslG. So entschied das Verwaltungsgericht des Saarlandes im Jahre 1996, dass aufgrund der in Marokko bestehenden gesellschaftlichen Verhältnisse eine erhebliche Gefährdung von Frauen, die die Familienehre verletzt haben, durch Übergriffe von Familienangehörigen nicht ausgeschlossen werden kann und verpflichtete zur vorläufigen Feststellung eines Abschiebungshindernisses gemäß § 53 Abs. 6 S. 1 AuslG.[1150] Auch das VG Ansbach gewährte

---

1147 Siehe oben im Abschnitt zur Staatlichkeit, S. 111 ff.
1148 Vgl. dazu amnesty international, S. 18 f.; 1999 Report of the Special Rapporteur on violence against women, its causes and consequences, E/CN.4/1999/68; siehe auch den Bericht von von Paczensky aus der Zeitschrift Brigitte 6/81, der den Anstoß für die Gründung der Frauenrechtsorganisation TERRE DES FEMMES gab, abgedruckt in: TERRE DES FEMMES: Menschenrechte für die Frau 4/2001, 4 ff.
1149 amnesty international, S. 18.
1150 VG Saarland, Beschl. v. 15. Januar 1996 – 2 F 5/96.A.

einer Marokkanerin Abschiebeschutz nach § 53 Abs. 6 S. 1 AuslG.[1151] Für die Frau bestand wegen vermeintlicher Prostitution in der Bundesrepublik Deutschland aus Gründen der „Familienehre" eine Gefahr für Leib und Leben.

Das amerikanische BIA lehnte den Antrag einer Frau aus Jordanien ab, die wegen vorehelichem Sex Gewalt durch ihre Familie fürchtete.

„*We agree with the Immigration Judge's conclusion that the respondent's fear of her father and other male relatives is essentially based on a personal family dispute, and that she failed to demonstrate a well-founded fear of persecution on account of her membership in a particular social group.*"[1152]

Die jordanische Regierung versuche, einen gewissen Grad an Schutz für Frauen zu gewährleisten und solche Personen zu bestrafen, die Frauen Gewalt antun wollen, weil diese soziale Sittenregeln verletzt hätten. Die Problematik um die Ehrenmorde hängt eng mit der um die Übertretung von Sittenregeln und häuslicher Gewalt zusammen. Anders als bei den Bekleidungs- und Verhaltensvorschriften wird hier die Übertretung nicht von der Gesellschaft oder sogar vom Staat unmittelbar bestraft, sondern die eigene Familie tritt als Verfolger auf. Von den oben diskutierten Formen häuslicher Gewalt unterscheiden sich Ehrenmorde insofern, als bei ihnen zusätzlich Druck durch die Gesellschaft auf die Familie ausgeübt wird, die betreffende Frau zu bestrafen.

Kann die Frau keinen ausreichenden Schutz vor einer Tötung zur „Wiederherstellung der Familienehre" vom Heimatstaat erwarten, so hat sie eine begründete Furcht vor Verfolgung. Hat die bedrohte Frau tatsächlich Sittenregeln verletzt, so liegt hierin eine politische Äußerung. Es handelt sich dann um einen Fall von Verfolgung wegen politischer Anschauung. Hat die Frau selbst aktiv gar nichts getan, etwa weil sie gegen ihren Willen sexuell missbraucht wurde, so liegt eine Verfolgung wegen der Zugehörigkeit zu der bestimmten sozialen Gruppe der Frauen vor, die in Konflikt mit der „Familienehre" geraten sind.

Die oben genannte Rechtsprechung wird daher der asylrelevanten Verfolgung wegen drohender Ehrenmorde nicht gerecht. Die deutschen Gerichte haben dabei einmal mehr ihre Neigung verdeutlicht, in Fällen frauenspezifischer Verfolgung vorschnell auf § 53 Abs. 6 S. 1 AuslG einzuschwenken.

VIII. Mitgiftmord und Witwenverbrennung

Mitgiftmorde und Witwenverbrennungen werden vor allem aus Indien berichtet. Obwohl beide Praktiken in den 80er Jahren ausdrücklich verboten wurden, kommen sie auch heute noch vor.[1153] Nach Informationen von amnesty international kann niemand zuverlässig sagen, „wie viele indische Frauen geschlagen, in Brand gesetzt oder auf anderweitige Weise physisch misshandelt worden sind, weil Mitgiftforderungen nicht erfüllt werden konnten, doch liefert eine Erklärung der indischen Regierung, wonach im

---

1151 VG Ansbach, Urt. v. 30. Dezember 1998 – AN 12 K 98.32890, Streit 1999, 136 f.
1152 *In Re A-*, BIA, Aug. 20, 1999, S. 1; vgl. dazu die *Honor Killing Campaign* des *Centre for Gender & Refugee Studies* (CGRS) an der *University of Hastings* (http://sierra.uchastings. edu/cgrs/law/law.html).
1153 Jaising, S. 54 f.

Jahre 1998 6929 Mitgiftmorde registriert worden sind, zumindest einen kleinen Anhaltspunkt für das Ausmaß des Problems."[1154]

Auch das so genannte *Sati* (Witwenverbrennung) kommt in Indien, wenn auch eher selten, noch vor.[1155] Diese Praxis beinhaltet die Verbrennung oder das lebendige Beerdigen der Witwe zusammen mit ihrem toten Ehemann und war ursprünglich dazu gedacht, die ergebene Ehefrau zu ehren.[1156]

Die Gerichte haben sich soweit ersichtlich bisher nicht mit dem Problem der Witwenverbrennung oder der Mitgiftmorde auseinandergesetzt. Wie die Häufigkeit der Mitgiftmorde zeigt, besteht in Indien kein ausreichender staatlicher Schutz vor dieser Praxis. Da die Morde sowohl an das Geschlecht als auch an die bestimmte soziale Gruppe der Frauen, deren Eltern die versprochene Mitgift nicht zahlen können, anknüpft, liegt bei Frauen, die vor ihnen drohenden Mitgiftmorden fliehen, die Flüchtlingseigenschaft vor.

IX. Versuch, verschwundene Verwandte aufzuspüren

Verfolgung wegen des unternommenen Versuches, verschwundene Verwandte aufzuspüren, kann Männern und Frauen gleichermaßen treffen. Oft sind es aber Mütter, die nach ihren Söhnen suchen oder Ehefrauen, die nach ihren verschwundenen Männern suchen. In Betracht kommt hier eine Verfolgung aufgrund politischer Betätigung. Dem steht nicht entgegen, dass die betroffenen Frauen auch wegen ihres unpolitischen Wunsches, ihre Söhne oder Männer wiederzusehen, handeln.[1157] Auch wenn der Anlass für ihre Betätigung im privaten Bereich liegt, die Betätigung selbst tritt aus dem privaten Bereich heraus. Die Frauen legen sich bei ihrer Suche mit dem Staat an, der sie deshalb verfolgt. Es handelt sich deshalb hier um einen klassischen Fall der Verfolgung wegen der politischen Überzeugung.

1154 Amnesty international, S. 14 (inoffizielle Übersetzung der Verf.). Siehe dazu auch: Mertus, S. 140; Jaising, S. 51.
1155 Jaising, S. 55.
1156 Ebenda.
1157 Vgl. dazu: Spijkerboer, S. 66.

Fünftes Kapitel: Ergebnisse und Ausblick

A. Ergebnisse

Obwohl sie bei Erarbeitung der Genfer Flüchtlingskonvention noch keine Rolle spielten, können frauenspezifische Verfolgungsschicksale in der Regel unter die Flüchtlingsdefinition der Konvention subsumiert werden.

Während die kanadische Rechtsprechung dies in aller Regel anerkennt, werden die Asylanträge von Frauen, denen in ihrem Herkunftsstaat geschlechtsspezifische Verfolgung droht, vor allem in Deutschland und Frankreich oftmals abgelehnt. Von erheblicher Bedeutung ist in diesem Zusammenhang die Frage nach der Staatlichkeit der drohenden Verfolgung. Zwar konnte gezeigt werden, dass – selbst wenn man die staatliche Zurechenbarkeit der Verfolgung voraussetzt – frauenspezifische Verfolgungsschicksale dem Staat zugerechnet werden können. Gerade die deutschen Gerichte lehnen aber Asylanträge weiblicher Antragstellerinnen sehr häufig mit der Begründung ab, es handele sich um bloße private Rechtsverletzungen. Erfreulich ist allerdings, dass eine erlittene Vergewaltigung von der Rechtsprechung heute nicht mehr pauschal mit dem Hinweis abgelehnt wird, es handele sich „lediglich" um ein auf sexueller Anziehung beruhendes privates Delikt. Die Massenvergewaltigungen in Bosnien-Herzegowina und anderen Bürgerkriegsgebieten haben zu einer stärkeren Sensibilisierung der Öffentlichkeit gegenüber Vergewaltigungen als politisches Machtmittel geführt, die auch vor den Gerichten nicht halt gemacht hat. Bei körperlichen Eingriffen, wie Genitalverstümmelung oder Vergewaltigung, wird in allen Ländern eine asylerhebliche Intensität angenommen.

Problematischer ist die Intensität allerdings bei geschlechtsspezifischen Bekleidungs- und Verhaltensvorschriften. Relativ einfach ist die Sache noch, wenn die Antragstellerin in ihrem Herkunftsland bereits bestraft oder sonst verfolgt wurde, weil sie geschlechtsspezifische Vorschriften übertreten hatte. In diesen Fällen kann eine Verfolgung wegen politischer Betätigung angenommen werden; dies sieht in der Regel auch die Rechtsprechung so. Schwieriger liegt der Fall aber, wenn die Antragstellerin noch nicht mit den Regelungen in Konflikt geraten ist, sie aber trotzdem zutiefst ablehnt. Das deutsche Bundesverfassungsgericht stellt bei einer Verfolgung, die nicht wegen der politischen Überzeugung erfolgt, maßgeblich auf die Verletzung der Menschenwürde ab. Auch religiös begründete Bekleidungs- und Verhaltensvorschriften berühren aber in der Regel noch nicht den von der Menschenwürde erfassten Kern der Religionsausübung. Sind die Vorschriften allerdings so krass, dass sie die Identität der Frau angreifen und ihre prinzipielle Gleichheit mit Männern in Frage stellen, so ist die Menschenwürde betroffen und auch im Rahmen der Interpretation des Bundesverfassungsgerichts muss Frauen, die vor diesen Regelungen fliehen, Asyl gewährt werden. Überzeugender ist in diesem Zusammenhang der kanadische Ansatz, der maßgeblich darauf abstellt, ob Menschenrechte verletzt werden. Nach der kanadischen Rechtsprechung liegt bei Verfolgung durch geschlechtsspezifische Bekleidungs- und Verhaltensvorschriften regelmäßig eine religiöse Verfolgung vor. Wer die Menschenrechte ernst nimmt, muss Personen, deren Menschenrechte in ihrem Heimatstaat verletzt werden, Asyl gewähren.

Nach der Genfer Flüchtlingskonvention muss die Verfolgung wegen der Rasse, der Religion, der Nationalität, der Zugehörigkeit zu einer bestimmten sozialen Gruppe oder wegen der politischen Überzeugung der Antragstellerin drohen. Das Merkmal Geschlecht ist nicht enthalten. Der Wortlaut des Art. 16a Abs. 1 GG ist demgegenüber weiter, da er nicht auf diese bestimmten Merkmale abstellt. Die deutsche Rechtsprechung beginnt anzuerkennen, dass das Geschlecht ein asylerhebliches Merkmal im Sinne von Art. 16a Abs. 1 GG sein kann. Art. 16a Abs. 1 GG ist in der Praxis aber häufig durch die Regelungen des Art 16a Abs. 2 GG ausgeschlossen, sodass § 51 Abs. 1 AuslG eine wichtige Bedeutung zukommt und es damit auch in Deutschland auf die Einordnung in ein Konventionsmerkmal ankommt. Auch in Frankreich gibt es ein verfassungsrechtliches Asylrecht, dass sich nicht an die Flüchtlingskonvention anlehnt. Dieses spielt für frauenspezifische Verfolgung jedoch so gut wie keine Rolle. Sowohl die deutsche als auch die französische Rechtsprechung lehnen allerdings selten den Asylantrag einer Frau ab, weil diese nicht wegen eines der Konventionsmerkmale verfolgt wird. Die Ablehnung erfolgt hier vielmehr in der Regel über die vorausgesetzte staatliche Zurechenbarkeit der Verfolgung. Mangels des Verfolgungsmerkmals Geschlecht muss oftmals das Konventionsmerkmal „Zugehörigkeit zu einer bestimmten sozialen Gruppe" bemüht werden, um frauenspezifische Verfolgung unter die Flüchtlingsdefinition zu subsumieren. Es konnte gezeigt werden, dass die Gruppe der Frauen in einem Land nach systematischer Interpretation eine bestimmte soziale Gruppe im Sinne der Flüchtlingskonvention sein kann. Das Geschlecht ist heute ein sehr wichtiges Verfolgungsmerkmal, das in seiner praktischen Relevanz der Verfolgung wegen Rasse, Religion, Nationalität und politischer Anschauung gleichkommt. Auch wenn es in der Regel möglich ist, geschlechtsspezifische Verfolgung unter das Merkmal „bestimmte soziale Gruppe" zu subsumieren, so ist dies für die betroffenen Frauen doch ein Unsicherheitsfaktor. Sie sind abhängig von der Einsichtsfähigkeit der Entscheiderinnen und Entscheider oder der Gerichte.

Geschlechtsspezifische Verfolgung steht in ihrer Grausamkeit und Härte nicht hinter herkömmlichen Verfolgungsschicksalen zurück. Rechtspolitisch gesehen wäre deshalb eine Einfügung des Merkmals Geschlecht zur Klarstellung in den Katalog der Verfolgungsmerkmale der Genfer Flüchtlingskonvention sowie der entsprechenden einzelstaatlichen Regelungen zu begrüßen.

B. Kursorischer Ausblick: Das Zuwanderungsgesetz

Das Zuwanderungsgesetz vom 20. Juni 2002[1158] sieht erfreulicherweise die Aufnahme des Geschlechts in den § 60 Abs. 1 S. 1AufenthG, der im Übrigen dem bisherigen § 51 Abs. 1 AuslG entspricht, vor. Ebenfalls positiv zu bewerten ist, dass § 60 Abs. 1 S. 3 u. 4 die Vorschrift in den Bereich nichtstaatlicher Verfolgung ausdehnt. Die geplante Neuregelung betrifft zwar nur den einfachgesetzlichen Abschiebeschutz, seit der Asylrechtsreform von 1993 kommt diesem aber erhebliche praktische Bedeutung zu.

[1158] BGBl I S. 1946

Auch werden durch das künftige Zuwanderungsgesetz die Rechtsfolgen des Abschiebeschutzes nach § 60 Abs. 1 S. 1 AufenthG denen des Asyls nach Art. 16a Abs. 1 GG weitgehend gleichgestellt. Ist man, wie hier vertreten, der Auffassung, dass das Geschlecht eine bestimmte soziale Gruppe im Sinne der Flüchtlingskonvention konstituieren kann und dass es der Zurechenbarkeit der Verfolgung zum Herkunftsstaat nicht bedarf, so handelt es sich bei der Neuregelung durch das Zuwanderungsgesetz lediglich um eine Klarstellung. Da die Mehrheit der deutschen Gerichte diese Auffassung indes nicht vertritt, ist eine solche Klarstellung positiv zu bewerten.

Die Aufnahme des Merkmals Geschlecht in den Katalog der Verfolgungsmerkmale des § 60 Abs. 1 S. 1 AufenthG ist im Hinblick auf frauenspezifische Verfolgung dabei die plakativere Neuerung. Da die deutschen Gerichte aber einen Abschiebeschutz nach § 51 Abs. 1 AuslG in einer Vielzahl der Fälle mit der Begründung ablehnen, die Verfolgung gehe nicht vom Staat aus, kommt der Klarstellung, dass auch nichtstaatliche Verfolgung ein Abschiebeverbot begründen kann, die weitaus größere Bedeutung zu. Wegen einer fehlenden Anknüpfung an ein Verfolgungsmerkmal wird ein Abschiebeverbot demgegenüber eher selten abgelehnt. Es ist allerdings nicht auszuschließen, dass die deutschen Gerichte, wenn es auf die staatliche Zurechenbarkeit einer Verfolgungshandlung nicht mehr ankommt, verstärkt das Vorliegen eines Verfolgungsmerkmals prüfen werden. Mit der Neuregelung liegt das Verfolgungsmerkmal Geschlecht in Fällen frauenspezifischer Verfolgung in der Regel vor. Nicht weiter hilft das Merkmal allerdings bei den Fällen der Zwangssterilisation, wenn diese sich ebenso an Männer richtet.[1159] Nicht zu unterschätzen ist schließlich die Signalwirkung, die von der Aufnahme des Geschlechts als Verfolgungsmerkmal ausgeht. Durch die neue Regelung wird unmissverständlich klargestellt, dass frauenspezifische Verfolgung einen Abschiebeschutz und nicht nur eine Duldung aus humanitären Gründen begründen kann.

Die derzeit praktisch relevantere Änderung enthält § 60 Abs. 1 S. 3-5 AufenthG, wonach auch nichtstaatliche Verfolgung ein Abschiebeverbot begründen kann. Nach S. 4 der Vorschrift ist dabei zu prüfen, ob die Antragstellerin in ihrem Herkunftsland Schutz vor drohender Verfolgung erlangen kann. Nach S. 5 soll es unerheblich sein, ob die Verfolgung dem Herkunftsstaat zuzurechnen ist. Damit wird die Schutztheorie per Gesetz für das Verbot einer Abschiebung eingeführt. Die Gerichte werden damit gezwungen sein, ihre Rechtsprechung betreffend wichtiger frauenspezifischer Verfolgungstatbestände zu ändern. Ein Abschiebeverbot wegen drohender Genitalverstümmelung, Vergewaltigung, Zwangsheirat oder auch häuslicher Gewalt kann nicht mehr mit dem Hinweis verneint werden, es handele sich um private Gewalttaten oder jedenfalls seien sie dem Herkunftsstaat nicht zurechenbar. Die Gerichte werden sich allerdings mit der Frage auseinander zu setzen haben, ob die Antragstellerin in ihrem Herkunftsland Schutz vor der ihr drohenden Verfolgung finden kann.

Wie im Abschnitt über die Staatlichkeit der Verfolgung dargelegt,[1160] kommt auch der Frage, ob die Antragstellerin in ihrem Herkunftsland Schutz erlangen kann, eine begrenzende Funktion zu. Bei der Beurteilung, ob eine Schutzmöglichkeit besteht, können die Ausführungen zur Frage, in welchen Grenzen eine mittelbar staatliche Ver-

---

1159 Siehe dazu oben, S. 192
1160 Siehe S. 86

folgung durch Privatpersonen dem Staat zurechenbar ist, als Anhaltspunkte herangezogen werden.[1161] Auch insofern gilt, dass ein bloßes Verbot – etwa der Genitalverstümmelung – keinen ausreichenden Schutz begründet. Zu prüfen ist vielmehr, ob es der Frau tatsächlich möglich ist, in ihrem Heimatland Schutz zu erlangen. Nach der neuen Gesetzeslage kann ein Abschiebeverbot wegen drohender Genitalverstümmelung nicht mehr mit der Begründung abgelehnt werden, der Staat könne diese Praktik nicht verhindern, da sie im Verborgenen stattfinde oder Verbote nicht beachtet würden, denn es kommt auf eine staatliche Zurechenbarkeit gerade nicht mehr an. Auch wird zugunsten von Frauen, die vor drohenden Vergewaltigungen in Bürgerkriegsgebieten geflohen sind, ein Abschiebeverbot ausgesprochen werden müssen, auch wenn eine Staatsgewalt nicht vorhanden ist. Ein Abschiebeverbot junger Christinnen in der Türkei, denen Entführungen durch Muslime drohen, werden nicht mehr mit der Argumentation abgelehnt werden können, diese seien dem Staat Türkei nicht zurechenbar. Schließlich wird durch § 60 Abs. 1 S. 3-5 AufenthG die in Deutschland bisher wenig beachtete Flucht vor häuslicher Gewalt ein Abschiebeverbot begründen müssen. Da häusliche Gewalt typischerweise von Männern an Frauen begangen wird, werden Frauen wegen ihres Geschlechts verfolgt. Wenn sie in ihrem Heimatstaat außerdem keinen Schutz vor dieser Verfolgung finden können, muss ihnen künftig ein Abschiebeschutz gewährt werden.

[1161] Siehe S. 107

Literaturverzeichnis

Abrams, Paula: Population Politics: Reproductive Righs and U.S. Asylum Policy, in: GILJ, Bd 14 (2000), S. 881 – 905.

Adell, April: Fear of Persecution for Opposition to Violations of the International Human Right to Found a Family as a Legal Entitlement to Asylum for Chinese Refugees, in: Hofstra Law Review, Bd 24 (1996), S. 789 – 816.

amnesty international: Geschundene Körper – Zerrissene Seelen: Folter und Misshandlung an Frauen, 1. Aufl., Bonn 2001.

Anker, Deborah: Determining Asylum Claims in the United States - Summary Report on an Empirical Study of the Adjudication of Asylum Claims before the Immigration Court, in: IJRL, Bd 2 (1990), S. 232 ff.

Dies.: Refugee Status and Violence Against Women in the „Domestic" Sphere: The Non-State Actor Question, in: GILJ, Bd 15 (2001), S. 391 – 402.

Dies. / Gilbert, Lauren / Kelly, Nancy: Women Whose Governments Are Unable or Unwilling to Provide Reasonable Protection from Domestic Violence May Qualify as Refugees under United States Asylum Law, in: GILJ, Bd 11 (1997), S. 709 – 745.

Armstrong, Patricia A.: Female Genital Mutilation: The Move toward the Recognition of Violence against Women as a Basis for Asylum in the United States, in: MDJILT, Bd 21, (1997), S. 95-122.

Bamberger, Wilhelm: Ausländerrecht und Asylverfahrensrecht, München 1995.

Barwig, Klaus / Brinkmann, Gisbert / Huber, Berthold / Lörcher, Klaus / Schumacher, Christoph: Asyl nach der Änderung des Grundgesetzes, 1.Aufl., Baden-Baden 1994.

Beitz; Wolfgang G. / Wollenschläger, Michael: Handbuch des Asylrechts – Band 1, 1. Aufl., Baden-Baden 1980.

Bernier, Chantal: The IRB Guidelines on Women Refugee Claimants Fearing Gender-Related Persecution, in: IJRL Special Issue 1997, S. 167 – 173.

Bierwirth, Christoph: Die Erteilung von Reiseausweisen nach Art. 28 der Genfer Flüchtlingskonvention an nicht originär Asylberechtigte nach Artikel 16 Abs. 2 Satz 2 des Grundgesetzes der Bundesrepublik Deutschland, AVR, Bd 29 (1991), S. 295 – 352.

Binder, Andrea: Frauenspezifische Verfolgung vor dem Hintergrund einer menschenrechtlichen Auslegung des Flüchtlingsbegriffs der Genfer Flüchtlingskonvention, Basel / Genf / München 2001.

Bissland, Julie / Lawand, Kathleen: Report of the UNHCR Symposium on Gender-Based Persecution, in: IJRL Special Issue 1997, S. 13 – 31.

Bower, Karen: Recognizing Violence against Women as Persecution on the Basis of Membership in a Particular Social Group, in: GILJ, Bd 7 (1993), S. 173 – 206.

Brand, Brigitte: Systematische Vergewaltigung an Frauen und Mädchen in Bosnien-Herzegowina: Konsequenzen im Asylverfahren, in: Streit 1998, S. 139– 90.

Brandl, Ulrike: Soft Law as a Source of International and European Refugee Law, in: Carlier, Jean-Yves / Vanheule, Dirk (Hrsg.): Europe and Refugees: A Challenge? L'Europe et les réfugiés: un défi?, The Hague / London / Boston 1997, S. 203 – 226.

Bresnik, Rebecca O.: Reproductive Ability as a Sixth Ground of Persecution under the Domestic and International Definitions of Refugee, in: SJILT, Bd 21 (1995), S. 121 – 153.
Buhr, Kornelia: Frauenspezifische Verfolgung als Anerkennungsgrund im Asylrecht, in: DuR 1988, S. 192 – 202.
Bull, Hans Peter: Allgemeines Verwaltungsrecht, 6. Aufl., Heidelberg 2000.
Büllesbach, Anna: Berücksichtigung von frauenspezifischen Verfolgungsgründen in westlichen Asylländern, in: Streit 1998, S. 155-159; siehe auch UNHCR AKTUELL, Berlin, 25. Mai 1999.
Bunch, Charlotte: Women's Rights as Human Rights: Toward a Re-Vision of Human Rights, in: HRQ, Bd 12 (1990), S. 486 – 498.
Dies.: Transforming Human Rights from a Feminist Perspective, in: Peters, Julie / Wolper, Andrea (Hrsg.): Women's Rights, Human Rights: International Feminist Perspectives, New York / London 1995, S. 1 – 17, zit. Bunch (1995).
Cammack, Diana: Gender Relief and Politics During the Afghan War, in: Indra, Doreen (Hrsg.): Engendering Forced Migration: Theory and Practice, New York / Oxford 1999, S. 94 – 123.
Carlier, Jean-Yves / Vanheule, Dirk / Hullmann, Klaus / Galiano, Carlos Peña (Hrsg.): Who is a Refugee? – A Comparative Case Law Study, The Hague/London/Boston 1997; zit: Carlier/Vanheule-*Bearbeiter*.
Castel, Jacqueline R.: Rape, Sexual Assault and the Meaning of Persecution, in: IJRL, Bd 4 (1992), S. 39 – 56.
Charlesworth, Hilary / Chinkin, Christine / Wright, Shelley: Feminist Approaches to International Law, in: AJIL, Bd 85 (1991), S. 613 – 645.
Charlsesworth, Hilary: The Public/Private Distinction and the Right to Developement in International Law, in: AYIL, Bd 12 (1992), S. 190 – 204.
Chesterman, Simon: Never Again ... and Again: Law, Order, and the Gender of War crimes in Bosnia and Beyond, in: YJIL, Bd 22 (1997), S. 299 – 343.
Chinkin, Christine: Rape and Sexual Abuse of Women in International Law, in: EJIL 1994, S. 326 – 341.
Christ, Gunter: Ist frauenspezifische Verfolgung ein Asylgrund oder Abschiebungshindernis?, InfAuslR 1997 S. 327-329.
Cissé, Bernadette Passade: International Law Sources Applicable to Female Genital Mutilation: A Guide to Adjudicators of Refugee Claims based on an Fear of Female Genital Mutilation, in: CJTL 1997, S. 429-451.
Dies., in: Symposium: Shifting Grounds for Asylum: Female Genital Surgery and Sexual Orientation, CHRLR, Bd 29, S. 467 – 531, S. 481 – 488.
Classen, Claus Dieter: Asylrecht in Frankreich: Zur Bedeutung der verfassungs- und völkerrechtlichen Vorgaben, in: DöV 1993, S. 227 – 236.
Ders.: Der Verweis auf Drittstaaten – eine offene Flanke der europäischen Asylrechtsabkommen?, in: AVR, Bd. 33 (1995), S. 219 – 244.
Conley, Marshall: The Institutional Framework of Refugee Law and Political Forces, in: Mahoney, Kathleen E. / Mahoney, Paul (Hrsg.): Human Rights in the Twenty-First Century: A Global Challenge, Dordrecht / Boston / London 1993; S. 629 – 643.

Connors, Jane: Legal Aspects of Women as a Particular Social Group, in: in: IJRL Special Issue 1997, S. 114 – 128.
Cook, Rebecca J.: State Accountability Under the Convention on the Elimination of All Forms of Discrimination Against Women, in: dies.: Human Rights of Women – National and International Perspectives, Philadelphia 1994, S.228 – 256.
Copelon, Rhonda: Recognizing the Egregious in the Everyday: Domestic Violence as Torture, in: CHRLR, Bd 25 (1994), S. 291 – 367.
Dies., Intimate Terror: Understandig Domestic Violence as Torture, in: Cook, Rebecca J.(Hrsg.): Human Rights of Women – National and International Perspectives, Philadelphia 1994, S. 116 – 152.
Crawford, James: Revising the Draft Articles on State Responsibility, in: EJIL, Bd 10 (1999), S. 435 – 460.
Crawley, Heaven: Women and Refugee Status: Beyond the Public/Private Dichotomy in UK Asylum Policy, in: Indra, Doreen (Hrsg.): Engendering Forced Migration – Theory and Practice, Oxford / New York 1999, S. 308 – 333.
Cremer, Hans-Joachim: Der Schutz vor den Auslandsfolgen aufenthaltsbeendender Maßnahmen – Zugleich ein Beitrag zur Bestimmung der Reichweite grundrechtlicher Verantwortung für die Folgewirkung deutscher Hoheitsakte, 1. Aufl., Baden-Baden 1994.
Crépeau, François: Droit comparé de l'asile et du refuge l'application diversifiée de la convention de Genève de 1951 en europe et ailleurs – Rapport général - , in: Societé Française pour le droit international (Hrsg.): Colloque de Caen: Droit d'asile des réfugiés, Paris 1997, S. 161 – 290.
Daley, Krista / Kelley, Ninette: Particular Social Group: A Human Rights Based Approach in Canadien Jurisprudence, in: IJRL, Bd 12 (2000), S. 148 – 174.
Dauvergne, Catherine: Chinese Fleeing Sterilisation: Australia's Response against a Canadian Backdrop, in: IJRL, Bd 10 (1998), S. 77 – 96.
Davar, Binaifer A.: Rethinking Gender-Related Persecution, Sexual Violence, and Women's Rights: A New Conceptual Framework for Political Asylum and International Human Rights Law, in: TJWL, Bd 6 (1997), S. 241 – 256.
De Bresson, Jean-Jacques: Le droit des réfugiés: Pratique française, in: Societe Française pour le droit international (Hrsg.): Collique der Caen: Droit d'asile et des réfugiés, Paris 1997, S. 339 – 347.
Deutscher Bundestag / Bundesarchiv (Hrsg.): Der Parlamentarische Rat 1948-49 – Akten und Protokolle, Band 2 – Der Verfassungskonvent auf Herrenchiemsee, Boppard am Rhein, 1981.
Dieregsweiler, Renate: Krieg – Vergewaltigung – Asyl, Die Bedeutung von Vergewaltigung im Krieg und ihre Bewertung in der bundesdeutschen Asylrechtsprechung, 1. Aufl., Sinzheim 1997.
Dohse, Knuth: Vor einer weiteren Aushöhlung des Asylrechts, in: KJ 1977, S. 43 – 48.
Dollinger, Franz-Wilhelm / Speckmair, Sabine: Einführung in das Ausländerrecht, Heidelberg 1997.
Dolzer, Rudolf / Vogel, Klaus (Hrsg.): Bonner Kommentar zum Grundgesetz, Loseblattsammlung, Stand: 61. Ergänzungslieferung, März 2001.

Dormady, Valerie A.: Women's Rights in International Law: A Prediction Concerning the Legal Impact of the United Nation's Fourth World Conference on Women, in: VJTL, Bd 30 (1997), S. 97 – 134.

Ehricke, Ulrich: „Soft law" – Aspekte einer neuen Rechtsquelle, NJW 1989, S. 1906 – 1908.

Eisler, Riane: Human Rights: Toward an Integrated Theory for Action, in: HRQ, Bd 9 (1987), S. 287 – 308.

Ellinger, Susanne: Frauen im Asylverfahren, in: Bundesamt für die Anerkennung ausländischer Flüchtlinge (Hrsg.): Asylpraxis – Schriftenreihe des Bundesamtes für die Anerkennung ausländischer Flüchtlinge, Band 4, 2. Aufl., Nürnberg 1999, S. 15 – 43.

Erb, Nicole Eva: Gender-Based Crimes under the Draft Statute for the Permanent International Criminal Court, in: CHRLR, Bd 29 (1998), S. 401 – 435.

Erichsen, Hans-Uwe (Hrsg.): Allgemeines Verwaltungsrecht, 11. Aufl., Berlin / New York 1998.

European Council on Refugees and Exiles (ECRE): Position on Asylum Seeking and Refugee Women, Dezember 1997.

Fellmeth, Aaron Xavier: Feminism and International Law: Theory, Methodology, and Substantive Reform, in: HRQ, Bd 22 (2000), S. 658 – 733.

Flügge, Sibylla: Gleiche Rechte für Frauen und Männer: greifbar nah – unendlich fern: Traditionslinien vom Mittelalter bis zur Aufklärung, in: Streit 2001, S. 72-79.

Forbes Martin, Susan: Refugee Women, London / New Jersey 1992.

Fougerouse, Jean / Ricci, Roland: Le contentieux der la reconnaissance du statut der réfugié devant la Commission des Recours des Réfugié, in: Revue du Droit Public – N° 1-1998, S. 179 – 224.

Fraser, Arvonne S.: Becoming Human: The Origins and Developement of Women's Human Rights, in: HRQ, Bd 21 (1999), S. 853 – 906.

Freeman Marshall, Patricia: Violence Against Women in Canada by Non-State Actors: The State and Women's Human Rights, in: Mahooney, Kathlin / Mahoney, Paul: Human Rights in the Twenty-First Century: A Global Challenge, Dordrecht / Boston / London 1993, S. 319 – 334.

Frings, Dorothee: Frauen und Ausländerrecht – Die Härteklauseln des Ausländerrechts unter frauenspezifischen Gesichtspunkten, Baden-Baden 1997.

Fritz, Roland / Vormeier, Jürgen (Hrsg.): Gemeinschaftskommentar zum Asylverfahrensgesetz 1992, Band 1, Loseblattsammlung, Stand 61. Lfg., März 2001, zit.: Autor, in GK-AsylVfG.

Dies.: Gemeinschaftskommentar zum Ausländerrecht, Band 2, Loseblattsammlung, Stand: 65. Lfg., Juli 2001, zit: Autor, in GK-AsylVfG.

Fromont, Michel: Le droit d'asile en France, in: ERPL/REDP 1995, S. 739 – 764.

Frowein, Jochen Abr. / Peukert, Wolfgang: Europäische Menschenrechtskovention – EMRK-Kommentar, 2. Aufl., Kehl / Strassburg / Arlington 1996.

Frowein, Jochen Abr. / Zimmermann, Andreas: Der völkerrechtliche Rahmen für die Reform des deutschen Asylrechts, Köln 1993.

Gardam, Judith: Women and the Law of Armed Conflict: Why the Silence?, in: ICLQu, Bd 46 (1997), S. 55 – 80.

Gebauer, Stefanie: Asylrechtliche Anerkennung frauenspezifischer Verfolgung, in: ZAR 1988, S. 120 – 128.
Gilchrist, Heidi: The Optional Protocol to the Women's Convention: An Argument for Ratification, in: CJTL, Bd 39 (2001), S. 763 – 783.
Göbel-Zimmermann, Ralph: Asyl- und Flüchtlingsrecht, München 1999.
Goldberg, Pamela: Anyplace but Home: Asylum in the United States for Women Fleeing Intimate Violence, in: CILJ, Bd 26 (1993), S. 565 – 604.
Goldberg, Suzanne B.: Give Me Liberty or Give me Death: Political Asylum and the Global Persecution of Lesbians and Gay Men, in: CILJ, Bd 26 (1993), S. 605 – 623.
Goodwin-Gill, Guy S.: The Refugee in International Law, 2. Aufl., New York 1996.
Gottstein, Margit: Frauenrechte – Menschenrechte, in: amnesty international (Hrsg.): Menschenrechte im Umbruch, Neuwied/Kriftel 1998, S. 75 - 86.
Dies.: Brauchen Frauen ein frauenspezifisches Asylrecht? Zur rechtlichen Situation von Flüchtlingsfrauen in Deutschland nach der Asylrechtsänderung, in: Terre des Femmes (Hrsg.): Frauen auf der Flucht: Geschlechtsspezifische Fluchtursachen und europäische Flüchtlingspolitik, S. 16 – 23.
Dies.: Frauenspezifische Verfolgung und ihre Anerkennung als politische Verfolgung im Asylverfahren, Streit 1987, S. 75 – 80.
Graf Vitzthum, Wolfgang (Hrsg.): Völkerrecht, Berlin / New York 1997.
Grahl-Madsen, Atle: The Status of Refugees in International Law, Volume I: Refugee Character, A. W. Sijthoff – Leyden 1966.
Graw-Sorge, Bärbel: Frauenspezifische Hürden im Asylverfahren, in: Der Schlepper Nr. 10, 2000, S. 17-19.
Greatbatch, Jacqueline: The Gender Difference: Feminist Critiques of Refugee Discourse, in: IJRL, Bd 1 (1989), S. 518 – 527.
Grenz, Wolfgang: Flüchtlingsschutz wird ausgehöhlt, in: ai-Journal 9/2001, S. 16-17.
Grewe, Constance / Weber, Albrecht: Die Reform des Ausländer- und Asylrechts in Frankreich, in: EuGRZ 1993, S. 496 – 499.
Gunning, Isabelle R.: Arrogant Perception, Worldtravelling and Multicultural Feminism: The Case of Female Genital Surgeries, in: CHRLR, Bd 23 (1992), S. 189 – 248.
Gusy, Christoph: Asylrecht und Asylverfahren in der Bundesrepublik Deutschland, Königstein/Ts. 1980.
Hailbronner, Kay: Möglichkeiten und Grenzen einer europäischen Koordinierung des Einreise und Asylrechts – Ihre Auswirkungen auf das Asylrecht der Bundesrepublik Deutschland, 1. Aufl., Baden-Baden 1989, zit: Möglichkeiten und Grenzen.
Ders.: Ausländerrecht – Ein Handbuch, 2. Aufl., Heidelberg 1989, zit.: Ausländerrecht.
Ders.: Der Flüchtlingsbegriff der Genfer Flüchtlingskonvention und die Rechtsstellung von Der-facto-Flüchtlingen, in: ZAR 1993, S. 3 – 11.
Ders.: Anmerkung zu BVerwG, Urt. v. 18.1.1994 (JZ 1995, 246 ff.), in: JZ 1995, 250 – 252.
Ders.: Das Asylrecht nach der Entscheidung des Bundesverfassungsgerichts, in: NVwZ 1996, 625 – 631.
Ders.: Geschlechtsspezifische Fluchtgründe, die Genfer Flüchtlingskonvention und das deutsche Asylrecht, in: ZAR 1998, S. 152-159.

Ders.: Art. 3 EMRK – ein neues europäisches Konzept der Schutzgewährung?, in: DÖV 1999, S. 617 – 624.

Halberstam, Malvina / Defeis, Elizabeth F.: Women's Legal Rights: International Convenants – an Alternative to ERA?, Dobbs Ferry, NY 1987.

Härtl, Thomas: Das völkerrechtliche Refoulementverbot abseits der Genfer Flüchtlingskonvention, Frankfurt a.M. / Berlin / Bern / Bruxelles / New York / Wien 1999.

Hassauer, Friederike: Weiblichkeit – der blinde Fleck der Menschenrechte?, in: Gerhard, Ute / Jansen, Mechthild / Maihofer, Andrea / Schmid, Pia / Schultz, Irmgard (Hrsg.): Differenz und Gleichheit – Menschenrechte haben (k)ein Geschlecht, Frankfurt a.M. 1990, S. 320 – 337; auch abgedruckt in: Streit 1990, S. 159 – 167.

Hassel, Florian: Die Träume kehren zurück – Nach den verlorenen Jahren unter den Taliban wollen Kabuls Frauen frei sein und politisch mitsprechen, in: Frankfurter Rundschau, v. 24. November 2001, S. 3.

Hathaway, James C.: Selective Concern: An Overview of Refugee Law in Canada, in: MGLJ 1988, S. 676 – 715, zit: Selective Concern.

Ders.: The Law of Refugee Status, Toronto / Vancouver 1991.

Ders.: The Conundrum of Refugee Protection in Canada: From Control to Compliance to Collective Deterrence, in: Loescher, Gil (Hrsg.): Refugees and Asylum Dilemma in the West, University Park, Pennsylvania 1992, S. 71 – 92.

Ders.: Reconceiving Refugee Law as Human Rights Protection, in: Mahoney, Kathleen E. / Mahoney, Paul (Hrsg.): Human Rights in the Twenty-First Century: A Global Challenge, Dordrecht / Boston / London 1993; S. 659 – 678.

Hausen, Karin: Überlegungen zum geschlechtsspezifischen Strukturwandel der Öffentlichkeit, in: Gerhard, Ute / Jansen, Mechthild / Maihofer, Andrea / Schmid, Pia / Schultz, Irmgard (Hrsg.): Differenz und Gleichheit – Menschenrechte haben (k)ein Geschlecht, Frankfurt am Main 1990, S. 268 – 282.

Heberlein, Horst: Das UNHCR-Handbuch und seine Relevanz für die Asylpraxis, in: InfAuslR 2001, S. 43 – 46.

Heine, Ina / Heine, Peter: O ihr Musliminnen ... – Frauen in islamischen Gesellschaften, Freiburg / Basel / Wien, 1993.

Heinhold, Hubert: Im Labyrinth der Paragraphen, in: Der Schlepper Nr. 11/12 (2000), S. 4 – 9.

Heldmann, Hans Heinz: Ausländergesetz – Kommentar, 2. Aufl., Frankfurt 1993.

Hélie-Lucas, Marie-Aimée: Das vorrangige Symbol islamischer Identität: Frauen im muslimischen Recht der Person, in: Streit 1992, S. 3 – 11.

Helton, Arthur C.: Persecution on Account of Membership in a Social Group As a Basis for Refugee Status, in: CHRLR, Bd 15 (1983), S. 39 – 67.

Ders.: Keynote Address, in: Symposium: Shifting Grounds for Asylum: Female Genital Surgery and Sexual Orientation, in: CHRLR, Bd 29, S. 467 – 531, S. 469 – 476.

Helton, Arthur C. / Nicoll, Alison: Female Genital Mutilation as Ground for Asylum in the United States: The Recent Case of *In Re Fauziya Kasinga* and Prospects for more Gender Sensitive Approaches, in: CHRLR Columbia, Bd 28 (1997), S. 375 – 392.

Hepp, Erna: Rechtsprechung zu Clitoris-Beschneidung, Der Schlepper Nr. 10 (2000), S. 20 f.

Hoelzgen, Joachim: Afghanistan: Galgen auf dem Fußballfeld, www.spiegel.de/spiegel/0,1518, 134836,00html.

Hofmann, Rainer M.: Anmerkung zu Bundesverwaltungsgericht, Urt. v. 17.12.1996 (InfAuslR 1997, 445), InfAuslR 1997, S. 446 – 447.

Hom, Sharon K.: Female Infanticide in China: The Human Rights Specter and Thoughts towards (an)other Vision, in: CHRLR, Bd 23, S. 249 – 314.

Howland, Courtney W.: The Challenge of Religious Fundamentalism to the Liberty and Equality Rights of Women: An Analysis under the United Nations Charter, in: CJTL, Bd 35 (1997), S. 271 – 377.

Huber, Bertold: Auswirkungen des Urteils des BVerfG vom 14. Mai 1996 auf die Rechtsweggarantie des Art. 19 IV GG, in: NVwZ 1997, S. 1080 – 1084.

Hulverscheidt, Marion: Asyl für Frauen – Menschenrecht oder Utopie? – Umgang mit geschlechtsspezifischer Verfolgung in der BRD am Beispiel der weiblichen Genitalverstümmelung, FoR 1998, S. 117 – 120.

Isensee, Josef / Kirchhof, Paul: Handbuch des Staatsrechts der Bundesrepublik Deutschland – Band 1: Grundlagen von Staat und Verfassung, Heidelberg 1987; zit.: Verf., in: HStR.

Jaising, Indira: Violence Against Women: The Indian Perspective, in: Peters, Julie / Wolper, Andrea (Hrsg.): Women Rights – Human Rights: International Feminist Perspectives, Routledge / New York / London 1995, S. 51 – 56.

Janz, Norbert / Rademacher, Sonja: Das Kopftuch als religiöses Symbol oder profaner Bekleidungsgegenstand? – BayVGH, NVwZ 2000, 952 und VG Stuttgart, NVwZ 2000, 959, in: JuS 2001, S. 440 – 444.

Jarass, Hans D. / Pieroth, Bodo: Grundgesetz für die Bundesrepublik Deutschland: Kommentar, 5. Aufl., München 2000.

Jochnik, Chris: Confronting the Impunity of Non-State Actors: New Fields for the Promotion of Human Rights, in: HRQ, Bd 21 (1999), S. 56 – 79.

Johnsson, Anders B.: The International Protection of Women Refugees: A Summary of Principal Problems and Issues, in: IJRL, Bd 1 (1989), S. 221 – 232.

Kälin, Walter: Drohende Menschenrechtsverletzungen im Heimatstaat als Schranke der Rückschiebung gemäß Art. 3 EMRK, in: ZAR 1986, S. 172 – 178.

Ders.: Tragweite und Begründung des Abschiebungshindernisses von Art. 3 EMRK bei nichtstaatlicher Gefährdung – Referat, in: Hailbronner, Kay / Klein, Eckart (Hrsg.): Einwanderungskontrolle und Menschenrechte – Immigration Control and Human Rights, Beiträge anlässlich des Symposiums am 29./30. Juni 1998 in Potsdam, S. 51 – 72.

Kapell, Nancy: Zur Asylrelevanz der Inkriminierung homosexueller Handlungen, in: ZAR 1999, S. 260 – 269.

Kelly, Nancy: Guidelines for Women's Aslyum Claims, in: IJRL, Bd 6 (1994), S. 517 – 534.

Kelson, Gregory A.: Gender-Based Persecution and Political Asylum: The International Debate for Equality Begins, in: TJWL, Bd 6 (1997), S. 181 – 213.

Kimminich, Otto / Hobe, Stephan: Einführung in das Völkerrecht, 7. Aufl., Tübingen / Basel 2000.

Kimminich, Otto: Der internationale Rechtsstatus des Flüchtlings, Köln / Berlin / Bonn / München 1962.

Ders.: Die Entwicklung des Asylrechts in der Bundesrepublik Deutschland, JZ 1972, S. 257 – 263; zit: Entwicklung des Asylrechts.

Ders.: Grundprobleme des Asylrechts, Darmstadt 1993; zit: Grundprobleme.

Klein, Christiane: Asylrecht in Frankreich und Deutschland – Ein Vergleich, ZDWF-Schriftenreihe Nr. 66, Siegburg 1997.

Klein, Eckart: Schutz der Menschenrechte der Frauen nach dem Internationalen Pakt über bürgerliche und politische Rechte, in: ders. (Hrsg.): 20 Jahre Übereinkommen zur Beseitigung jeder Form von Diskriminierung der Frau (CEDAW), Potsdam 2000, S. 31 – 52.

Kobayashi, Audrey: Challenging the National Dream: Gender Persecution and Canadian Immigration Law, in: Fitzpatrick, Peter: Nationalism, Racism and the Rule of Law, Aldershot / Brookfield USA / Singapore / Sydney 1995, S. 61 – 73.

Kohnert, Dirk: Zur Gutachtertätigkeit unabhängiger Sachverständiger in Asylverfahren am Beispiel afrikanischer Flüchtlinge, in: NVwZ 1998, S. 136 – 142.

König, Doris: Der Schutz von Frauenrechten im Rahmen der Vereinten Nationen, in: Streit 1996, S. 159 – 167.

Kourula, Pirkko: Broadening the Edges – Refugee Definition and International Protection Revisited, The Hague / Boston / London 1997.

Krauß, Axel: Ausländer- und Asylrecht, Stuttgart / München / Hannover / Berlin / Weimar / Dresden 1997.

Lambert, Hélène: Seeking Asylum – Comparative Law and Practice in Selected European Countries, Dordrecht / Boston / London 1995.

Langley, Winston E.: Women's Rights in International Documents – A Sourcebook with Commentary, North Carolina / London 1991.

Larson, Elizabeth L.: United Nations Fourth World Conference on Women: Action for Equality, Development, and Peace (Beijing, China: September 1995), in: EILR, Bd 10 (1996), S. 695 – 739.

Laubenthal, Barbara: Vergewaltigung von Frauen als Asylgrund: Die gegenwärtige Praxis in Deutschland, Frankfurt a. M. / New York 1999.

Linarelli, John: Violence against Women and the Asylum Process, in: Albany Law Review, Bd 60, S. 977 – 987.

Love, Emily: Equality in Political Asylum Law: For a Legislative Recognition of Gender-Based Persecution, in: HWLJ, Bd 17 (1994), S. 133 – 155.

Lübbe-Wolff, Gertrude: Das Asylgrundrecht nach den Entscheidungen des Bundesverfassungsgerichts vom 14. Mai 1996, in: DVBl. 1996, S. 825 – 841.

Luchaire, François: La loi relative à l'entrée et au séjour des étrangers et au droit d'asile devant le Conseil constitutionnell, in: Revue du Droit Public – N° 4-1998, S. 1015 – 1035.

Lünsmann, Gabriela: Anmerkung zu VG Oldenburg vom 7.5.1998 – 6 A 4610/96 – , Streit 1998, S. 176 – 178.

Maaßen, Hans-Georg: Die Rechtsstellung des Asylbewerbers im Völkerrecht, Frankfurt a. M. / Berlin / Bern / New York / Paris / Wien 1997.
MacKinnon, Catharine A.: Reflections on Sex Equality Under Law, in: YLJ, Bd 100 (1991), S. 1281 – 1328.
Dies.: On Torture: A Feminist Perspective on Human Rights, in: Mahoney, Kathleen E. / Mahoney, Paul (Hrsg.): Human Rights in the Twenty-First Century: A Global Challenge, Dordrecht / Boston / London 1993, S. 21 – 31.
Macklin, Audrey: Refugee Women and the Imperative of Categories, HRQ, Bd 17 (1995), S. 213 – 277.
Dies.: Cross-Border Shopping for Ideas: A Critical Review of United States, Canadian, and Australian Approaches to Gender-Related Asylum Claims, in: GILJ, Bd 13 (1998), S. 25 – 71.
Mahoney, Paul / Sundberg, Fredrik: The European Convention on Human Rights: A Case Study of the International Law Response to Violence, in: Mahoney, Kathleen E. / Mahoney, Paul (Hrsg.): Human Rights in the Twenty-First Century: A Global Challenge, Dordrecht / Boston / London 1993, S. 361 – 376.
Mallol, Francis: Note sur CRR – 22. Juillet 1994, Aff. Mlle Elkebir Nadia.- Req. n° 237939 (AJDA 1995, 52), in: AJDA 1995, S. 52 – 55.
Malone, Linda A.: Beyond Bosnia and *In Re Kasinga*: A Feminist Perspective on Recent Developements in Protecting Women from Sexual Violence, in: BUILJ, Bd 14, S. 319 – 340.
Manfrass, Klaus: Politische Flüchtlinge und Asylbewerber in Frankreich, in: Barwig/Klaus / Lörcher, Klaus / Schumacher, Christoph (Hrsg.): Asylrecht im Binnenmarkt – Die europäische Dimension des Rechts auf Asyl, 1. Aufl., Baden-Baden 1989, S. 149 – 179.
Marx, Reinhard: Plädoyer für ein liberales Asylrecht, in: amnesty international (Hrsg.): Bewährungsprobe für ein Grundrecht, 1. Aufl., Baden-Baden 1978, S. 111 – 188.
Ders: Abschiebung von De-facto-Flüchtlingen und rechtliche Handlungsgrenzen, in: ZAR 1991, S. 125 – 135.
Ders.: Asylrecht – Rechtssprechungssammlung mit Erläuterungen – Band 3, 5. Aufl., Baden-Baden 1991.
Ders.: Refugee Protection at Risk?, in: Sicilianos, Linos-Alexandre (Hrsg.): Nouvelles formes der discrimination – New Forms of Discrimination, Paris 1995, S. 185 – 193.
Ders.: Zur Erheblichkeit des Bürgerkrieges bei der Auslegung und Anwendung der Genfer Flüchtlingskonvention, InfAuslR 1997, S. 372 – 379.
Ders.: Kommentar zum Asylverfahrensgesetz, 4. Aufl., Neuwied / Kriftel 1999.
Ders.: Nichtstaatliche Verfolgung und deutsches Asylrecht, in: ZAR 2001, S. 12 – 18.
Mathieu, Bertrand / Verpaux, Michel: Les règles et principes constitutionels du droit de l'immigration en France, in: ERPL/REDP 1995, S. 765 – 783.
Maunz, Theodor (†) / Dürig, Günter (†) / Herdegen, Matthias / Herzog, Roman / Klein, Hans. H. / Lerche, Peter / Papier, Hans-Jürgen / Ranzelfhofer, Albrecht / Schmidt-Aßmann, E. / Scholz, Rupert: Grundgesetz – Kommentat – Loseblattsammlung, Lieferungen 1 bis 38, März 2001; zit: Maunz/Dürig.
Maurer, Hartmut: Allgemeines Verwaltungsrecht, 13. Aufl., München 2000.

Mayer, Ann Elizabeth: Islam and Human Rights: Tradition and Politics, 3. Aufl., Boulder / Colorado 1999.
Mees, Ursula: Anmerkung zu VGH Baden-Württemberg, Urt. v. 20. September 1990 – A 14 S 298/90 (InfAuslR 1990, 346 ff.), in: InfAuslR 1990, S. 348 – 350.
Mees-Asadollah, Ursula: Frauenspezifische Verfolgung – wird die deutsche Asylpraxis ihr gerecht?, in: Streit 1998, S. 139-155.
Dies.: Frauenspezifische Verfolgung in der deutschen Asylpraxis (aus dem „Handbuch der Asylarbeit", 4. Lief.,3. Aufl., Stand Juli 1998, Hrsg. Von Loeper Literaturverlag, Karlsruhe), www.seeseiten.der/linksrhein/archiv/c/c000120a.htm.
Meron, Theodor: Rape as a Crime under International Humanitarian Law, in: AJIL, Bd 87 (1993), S. 424 – 428.
Mertus, Julie: State Discriminatory Family Law and Customy Abuses, in: Peters, Julie / Wolper, Andrea: Women's Rights – Human Rights: International Feminist Perspectives, New York / London 1995, S. 135 – 148.
Miller, Kristin J.: Human Rights of Women in Iran: the Universalist Approach and the Relativist Response, in: EILJ, Bd 10 (1996), S. 779 – 823.
Mirhosseini, Akram: After the Revolution: Violations of Women's Human Rights in Iran, in: Peters, Julie / Wolper, Andrea (Hrsg.): Women's Rights – Human Rights: International Feminist Perspectives, Routledge / New York / London, 1995, S. 72 – 77.
Mlinar, Angelika: Frauenrechte als Menschenrechte, Frankfurt a.M. / Berlin / Bern / New York / Paris / Wien 1997.
Moghadam, Valentine M.: Reform, Revolution, and Reaction: the Trajectory of the ‚Women Question' in Afghanistan, in: dies.: Gender and National Identity: Women and Politics in Muslim Societies, New Jersey / London / Karachi 1994, S. 81 – 109.
Moore, Jennifer: From Nation State to Failed State: International Protection from Human Rights Abuses by Non-State Agents, in: CHRLR, Bd 31 (1999), S. 81 – 121.
Musalo, Karen / Moore, Jennifer / Boswell, Richard A.: Refugee Law and Policy – Cases and Materials, Durham, North Carolina 1997.
Neal, David L.: Women as a Social Group: Recognizing Sex-Based Persecution as Grounds for Asylum, in: CHRLR, Bd 20 (1988), S. 203 – 257.
Niarchos, Catherine N.: Women, War, and Rape: Challenges Facing the International Tribunal for the Former Yugoslavia, in: HRQ, Bd 17 (1995), S. 649 – 689.
Niemeyer, Gisela: Bedarf es einer Änderung des Art. 1 Abs. 1 GG?, in: FuR 1992, S. 145 – 148.
Nowak, Manfred: UNO-Pakt über bürgerliche und politische Rechte und Fakultativprotokoll – CCPR-Kommentar, Kehl a.R. / Strassburg / Arlington 1989.
O'Hare, Ursula: Realizing Human Rights for Women, in: HRQ, Bd 21 (1999), S. 364 – 402.
Oloka-Onyango, J. / Tamale, Sylvia: „The Personal is Political," or Why Women's Rights are Indeed Human Rights: An African Perspective on International Feminism, in: HRQ, Bd 17 (1995), S. 691 – 731.
Oosterveld, Valerie: Refugee Status for Female Circumcision Fugitives: Building a Canadian Prececent, in: TFLR, Bd 51 (1993), S. 277 – 303.

Dies.: The Canadian Guidelines on Gender-Related Persecution: An Evaluation, in: IJRL, Bd 8 (1996), S. 569 – 596.

Pieroth, Bodo / Schlink, Bernhard: Grundrechte – Staatsrecht II, 16. Aufl., Heidelberg 2000.

Polk, Michael F.: Women Persecuted under Islamic Law: the *Zina* Ordinance in Pakistan as a Basis for Asylum Claims in the United States, in: GILJ, Bd 12 (1998), S. 379 – 393.

Porter, Gregory S.: Persecution Based on Political Opinion: Interpretation of the Refugee Act of 1980, in: CILJ 1992, S. 231 – 276.

PRO ASYL (Hrsg.): Mindestanforderungen an ein neues Asylrecht, Stand: 6. Mai 1998.

Reichel, Ernst: Das staatliche Asylrecht „im Rahmen des Völkerrechts", Bonn 1985.

Renner, Günter: Ausländerrecht in Deutschland: Einreise und Aufenthalt, München 1998.

Ders.: Ausländerrecht – Kommentar – Ausländergesetz und Asylverfahrensgesetz mit Artikel 16a und materiellem Asylrecht sowie arbeits- und sozialrechtlichen Vorschriften, 7. Aufl., München 1999.

Reusch, Wera: Verfolgungsgrund: Sexuelle Identität, in: ai-Journal Heft 7-8/2001, S. 6 - 9.

Rogmann, Achim: Die Bindungswirkung von Verwaltungsvorschriften – Zur Rechtslage insbesondere im Wirtschafts-, Umwelt- und Steuerrecht, Köln / Berlin / Bonn / München 1998.

Romany, Celina: State Responsibility Goes Private: A Feminist Critique of the Public/Private Distinction in International Human Rights Law, in: Cook, Rebecca, J. (Hrsg.): Human Rights of Women: National and International Perspectives, Philadelphia 1994, S. 85 – 115.

Rosner, Judith: Asylsuchende Frauen, Frankfurt a. M. 1996.

Roth, Kenneth: Domestic Violence as an International Human Rights Issue, in: Cook, Rebecca, J. (Hrsg.): Human Rights of Women: National and International Perspectives, Philadelphia 1994, S. 326 – 339.

Rudloff, Patricia Dysart: In re Oluloro: Risk of Female Genital Mutilation as „Extreme Hardship" in Immigration Proceedings, in: St. Mary's Law Journal, Bd. 26 (1995), S. 877 – 903, abgedruckt in: Musalo, Karen / Moore, Jennifer / Boswell, Richard A.: Refugee Law and Policy – Cases and Materials, Durham, North Carolina 1997, S. 640 – 647.

Rüssmann, Ursula: Pro Asyl brandmarkt Entwurf, in: FR v. 30. August 2001, S. 4.

Saas, Claire: Die Neuregelung der Einreise und des Aufenthalts von Ausländern in Frankreich: Viel Lärm um nichts, in: ZAR 1999, S. 10 – 17.

Sachs, Michael (Hrsg.): Grundgesetz Kommentar, 2. Aufl., München 1999.

Schaeffer, Klaus: Asylberechtigung – Politische Verfolgung nach Art. 16 GG, Köln / Berlin / Bonn / München 1980.

Samad, Asha A.: Symposium: Shifting Grounds for Asylum: Female Genital Surgery and Sexual Orientation, in: CHRLR, Bd 29, S. 467 – 531, S. 488 – 495.

Schmidt-Bleibtreu, Bruno / Klein, Franz: Kommentar zum Grundgesetz, 9. Aufl., Neuwied / Kriftel 1999.

Schoenemann, Peter: Das deutsche Asylrecht im Licht der europäischen Asylrechtsharmonisierung und des nationalen Asylrechts in Westeuropa, in: NVwZ 1997, 1049.

Schöpp-Schilling, Hanna Beate: Bedeutung und Auswirkungen des Frauenrechtsübereinkommens, in: Klein, Eckart (Hrsg.): 20 Jahre Übereinkommen zur Beseitigung jeder Form von Diskriminierung der Frau (CEDAW), Potsdam 2000, S. 13 – 30.

Schöttes, Martina / Schuckar, Monika: Fluchtgründe von Frauen in der Einschätzung von asylrechtlichen Entscheidungsinstanzen und RechtsanwältInnen: Ergebnisse einer empirischen Untersuchung, in: Schöttes, Martina (Hrsg.): Frauen auf der Flucht, Band 2 – Weibliche Flüchtlinge im deutschen Exil, Berlin 1995, S. 133 - 173.

Schweikert, Birgit: Wer schlägt, der geht?! Das geplante Gewaltschutzgesetz – Hintergrund, Chancen und offenen Fragen, in: Streit 2001, S. 51 – 64.

Scialabba, Lori L.: The Immigration and Naturalization Service Considerations for Asylum Officers adjudication Asylum Claims from Women, in: IJRL Special Issue 1997, S. 174 – 181.

Selk, Michael: Zum Tamilenbeschluß des BVerfG, in: NVwZ 1990, S. 331 – 333.

Slack, Alison: Female Circumcision: A Critical Appraisal, in: HRQ Bd 10 (1988), S. 437 – 485.

Sommerhoff, Barbara: Frauenbewegung, Reinbek bei Hamburg 1995.

Spijkerboer, Thomas Pieter: Gender and Refugee Status, Nijmegen 1999.

Stanford, Lin: Recent Developements: China's One-Couple One-Child Policy, in: HILJ, Bd 36 (1995), S. 231 – 243.

Steele, Robbie D.: Silencing the Deadly Ritual: Efforts to End Female Genital Mutilation, in: GILJ, Bd 9 (1995), S. 105 – 135.

Stenberg, Gunnel: Non-Expulsion and Non-Refoulement, The Prohibition against Removal of Refugees with Special Reference to Articles 32 and 33 of the 1951 Convention relating to the Status of Refugees, Uppsala 1989.

Stolleis, Michael: Überkreuz – Anmerkungen zum Kruzifix-Beschluß (BVerfGE 93, 1-37) und seiner Rezeption, in: KritV 2000, S. 376 – 387.

Stukenborg, Gabriela: Kirchenasyl in den Vereinigten Staaten von Amerika, Die Sanctuary-Bewegung in tatsächlicher und normativer Hinsicht, Berlin 1998.

Sullivan, Donna: The Public/Private Distinction in International Human Rights Law, in: Peters, Julie / Wolper, Andrea (Hrsg.): Women's Rights, Human Rights: International Feminist Perspectives, New York / London 1995, S. 126 – 134.

Symposium: Shifting Grounds for Asylum: Female Genital Surgery and Sexual Orientation, in: CHRLR, Bd 29 (1998), S. 467 – 531.

Sztucki, Jerzy: The Conclusions on the International Protection of Refugees Adopted by the Executive Committee of the UNHCR Programme, in: IJRL, Bd 1 (1989), S. 285 – 318.

Telöken, Stefan: Möglichkeiten und Grenzen des Flüchtlingsschutzes durch den UNHCR, in: Dicke, Klaus / Edinger, Michael / Lembcke, Oliver (Hrsg.): Menschenrechte und Entwicklung, Berlin 1997, S. 201 – 209.

Tohidi, Nayereh: Modernity, Islamization, and Women in Iran, in: Moghadam, Valentine M. (Hrsg.): Gender and National Identity: Women and Politics in Muslim Societies, London / New Jersey / Karachi 1994, S. 110 – 147.

Toubia, Nahid, in: Symposium: Shifting Grounds for Asylum: Female Genital Surgery and Sexual Orientation, CHRLR, Bd 29, S. 467 – 531, S. 477 – 480.

Tremmel, Hans: Grundrecht Asyl – Die Antwort der christlichen Sozialethik, Freiburg / Basel / Wien 1992.

Tröndle, Herbert / Fischer, Thomas: Strafgesetzbuch und Nebengesetze: Kommentar, 50. Aufl., München 2001.

Ulmer, Mathias: Asylrecht und Menschenwürde, Frankfurt a. M. / Berlin / Bern / New York / Paris / Wien 1996.

Van Blokland, Els: Vergewaltigung in Kriegszeiten: Vorarbeiten für ein internationales Tribunal, in: Streit 1994, S. 91 – 94.

Van der Veen, Job: Does Persecution by Fellow-Citizens in Certain Regions of a State Fall within the Definition of „Persecution" in the Convention Relating to the Status of Refugees of 1951? Some Comments Based on Dutch Judicial Decisions, in: NYIL, Bd 11 (1980), S. 167 – 174.

Van Dijk, P. / van Hoof, G.J.H.: Theory and Practice of the European Convention on Human Rights, 3. Aufl., Den Haag 1998.

Verdross, Alfred / Simma, Bruno: Universelles Völkerrecht – Theorie und Praxis, 3. Aufl., Berlin 1984.

Villiger, Mark E.: Handbuch der Europäischen Menschenrechtskonvention (EMRK), Zürich 1993.

von Bebenburg, Pitt: Schily wirbt um CDU-Länder, in: FR v. 6. November 2001.

von Galen, Margarete: Frauen als politisch Verfolgte, in: Streit 1992, S. 148 – 161.

Dies.: Juristisches Gutachten zur asylrechtlichen Anerkennungsproblematik frauenspezifischer Verfolgung, in: Schöttes, Martina (Hrsg.): Frauen auf der Flucht, Band 2 – Weibliche Flüchtlinge im deutschen Exil, Berlin 1995, S. 83 - 132.

Dies.: Frauenspezifische Aspekte im Asylverfahren, in: Freie und Hansestadt Hamburg, Senatsamt für die Gleichstellung (Hrsg.): Frauen auf der Flucht, Dokumentation der Fachtagung am 26. Oktober 1995, S. 17 – 53.

von Mangoldt, Hermann / Klein, Friedrich / Starck, Christian: Das Bonner Grundgesetz: Kommentar, Band 1: Präambel, Artikel 1 bis 5, 3. Aufl., München 1985.

von Münch, Ingo (Begr.) / Kunig, Philip (Hrsg.): Grundgesetz – Kommentar, Band 1, 5. Aufl., München 2000.

von Paczensky, Susanne: Mefissa entkam aus dem offenen Grab, Brigitte 6/81, abgedruckt in: TERRE DES FEMMES: Menschenrechte für die Frau 4/2001, S. 4-7.

Walker, Alice / Parmar Pratibha: Narben – oder die Beschneidung der weiblichen Sexualität, (Originaltitel: Warrior Marks. Female Genital Mutilation and the Sexual Blinding of Women, New York / San Diego / London 1993), Reinbek bei Hamburg 1996; deutsch von Ursula Locke-Groß.

Wallace, Rebecca M. M.: Making the Refugee Convention Gender Sensitive: The Canadian Guidelines, in: ICLQu, Bd 45 (1996), S. 702 – 711.

Wassermann, Rudolf (Hrsg.): Reihe Alternativkommentare – Kommentar zum Grundgesetz für die Bundesrepublik Deutschland, Band 1, 2. Aufl., Neuwied 1989; zit: AK-*Verfasser*.

Weberndörfer, Frank: Schutz vor Abschiebung nach dem neuen Ausländergesetz, Stuttgart / München / Hannover / Berlin / Weimar 1992.

Weides, Peter / Zimmermann, Peter: Neubestimmung des politischen Charakters einer Verfolgung im Sinne des Art.16 Abs. 2 Satz 2 GG, DVBl. 1990, S. 410 – 417.

Welte, Hans-Peter: Ausländerrecht, 1. Aufl., Baden-Baden 2000.

Werner, Bettina: Frauenspezifische Fluchtgründe, Ihre Berücksichtigung im Asylverfahren und Konsequenzen für die soziale Arbeit, Hannover 1998.

Weyreuther, Felix: Über die Rechtsnatur und die Rechtswirkung von Verwaltungsvorschriften, in: DVBl. 1976, S. 853 – 858.

Wolff, Heinrich: Die Asylrechtsänderung in der verfassungsgerichtlichen Prüfung – Die Asylentscheidungen des Bundesverfassungsgerichts vom 14. Mai 1996 –, in: DÖV 1996, S. 819 – 826.

Wolter, Miriam: Auf dem Weg zu einem gemeinschaftlichen Asylrecht in der Europäischen Union – Rechtsvergleichende Betrachtung des materiellen Asylrechts der EU-Mitgliedstaaten im Hinblick auf eine Vergemeinschaftung der Materie, 1. Aufl., Baden-Baden 1999.

Wright, Shelley: Human Rights and Women's Rights: An Analysis of the United Nations Convention on the Elimination of All Forms of Discrimination Against Women, in: Mahoney, Kathleen E. / Mahoney, Paul (Hrsg.): Human Rights in the Twenty-First Century: A Global Challenge, Dordrecht / Boston / London 1993; S. 75 - 88.

Zearfoss, Sarah C.: Note, the Convention for the Elimination of all Forms of Discrimination against Women: Radical, Reasonable, or Reactionay?, in: MJIL, Bd 12 (1997), S. 903 – 942.

Zucker, Norman L. / Flink Zucker, Naomi: From Immigration to Refugee Redefinition: A History of Refugee and Asylum Policy in the United States, in: Loescher, Gil (Hrsg.): Refugees and the Asylum Dilemma in the West, The Pennsylvania State University 1992, S. 54 – 70.

Herausgegeben von Prof. Dr. Jutta Limbach, Prof. Dr. Heide Pfarr und Marion Eckertz-Höfer

Schriften zur Gleichstellung der Frau

Marion Leuze-Mohr — Band 25
Häusliche Gewalt gegen Frauen – eine straffreie Zone?
Warum Frauen als Opfer männlicher Gewalt in der Partnerschaft auf Strafverfolgung der Täter verzichten – Ursachen, Motivationen, Auswirkungen
2001, XXIX, 509 S., brosch., 76,– €, 129,– sFr, ISBN 3-7890-7636-8

Annette von Kalckreuth — Band 24
Geschlechtsspezifische Vielfalt im Rundfunk
Ansätze zur Regulierung von Geschlechtsrollenklischees
2000, 245 S., brosch., 45,– €, 78,– sFr, ISBN 3-7890-6693-1

Heike Vaupel — Band 22
Die Familienrechtsreform in den fünfziger Jahren im Zeichen widerstreitender Weltanschauungen
1999, 236 S., brosch., 42,– €, 73,– sFr, ISBN 3-7890-6396-7

Franziska Vollmer — Band 21
Das Ehegattensplitting
Eine verfassungsrechtliche Untersuchung der Einkommensbesteuerung von Eheleuten
1998, 270 S., brosch., 45,– €, 78,– sFr, ISBN 3-7890-5682-0

Ute Rosenbusch — Band 20
Der Weg zum Frauenwahlrecht in Deutschland
1998, 535 S., brosch., 73,– €, 124,– sFr, ISBN 3-7890-5473-9

Regine Winter — Band 19
Gleiches Entgelt für gleichwertige Arbeit
Ein Prinzip ohne Praxis
1998, 396 S., brosch., 56,– €, 96,– sFr, ISBN 3-7890-5437-2

Imke Sommer — Band 18
Zivile Rechte für Antigone
Zu den rechtstheoretischen Implikationen der Theorie von Luce Irigaray
1998, 198 S., brosch., 34,– €, 59,– sFr, ISBN 3-7890-5383-X

Karl-Jürgen Bieback — Band 17
Die mittelbare Diskriminierung wegen des Geschlechts
Ihre Grundlagen im Recht der EU und ihre Auswirkungen auf das Sozialrecht der Mitgliedstaaten
1997, 251 S., brosch., 44,– €, 76,– sFr, ISBN 3-7890-4957-3

**NOMOS Verlagsgesellschaft
76520 Baden-Baden**

Herausgegeben von Prof. Dr. Jutta Limbach, Prof. Dr. Heide Pfarr und Marion Eckertz-Höfer

Schriften zur Gleichstellung der Frau

Beatrix Geisel — Band 16
Klasse, Geschlecht und Recht
Vergleichende sozialhistorische Untersuchung der Rechtsberatungspraxis von Frauen- und Arbeiterbewegung (1894-1933)
1997, 415 S., brosch., 56,– €, 96,– sFr,
ISBN 3-7890-4933-6

Dorothee Frings — Band 15
Frauen und Ausländerrecht
Die Härteklauseln des Ausländeraufenthaltsrechts unter frauenspezifischen Gesichtspunkten
1997, 230 S., brosch., 38,– €, 66,– sFr,
ISBN 3-7890-4767-8

Ursula Rust (Hrsg.) — Band 14
Juristinnen an den Hochschulen – Frauenrecht in Lehre und Forschung
1997, 302 S., brosch., 22,– €, 38,70 sFr,
ISBN 3-7890-4717-1

Susanne Baer — Band 13
Würde oder Gleichheit?
Zur angemessenen grundrechtlichen Konzeption von Recht gegen Diskriminierung am Beispiel sexueller Belästigung am Arbeitsplatz in der Bundesrepublik Deutschland und den USA
1995, 352 S., brosch., 51,– €, 88,– sFr,
ISBN 3-7890-4073-8

Hannelore Maelicke — Band 12
Ist Frauenstrafvollzug Männersache?
Eine kritische Bestandsaufnahme des Frauenstrafvollzuges in den Ländern der Bundesrepublik Deutschland
Mit einem Vorwort von Fritz Sack
1995, 122 S., brosch., 22,– €, 38,70 sFr,
ISBN 3-7890-4072-X

Christiane Berneike — Band 11
Die Frauenfrage ist Rechtsfrage
Die Juristinnen der deutschen Frauenbewegung und das Bürgerliche Gesetzbuch
1995, 119 S., brosch., 22,– €, 38,70 sFr,
ISBN 3-7890-3808-3

Christine Fuchsloch — Band 10
Das Verbot der mittelbaren Geschlechtsdiskriminierung
Ableitung, Analyse und exemplarische Anwendung auf staatliche Berufsausbildungsförderung
1995, 318 S., brosch., 45,– €, 78,– sFr,
ISBN 3-7890-3672-2

Heinz-Gerd Suelmann — Band 9
Die Horizontalwirkung des Art. 3 II GG
1994, 147 S., brosch., 26,– €, 45,60 sFr,
ISBN 3-7890-3413-4

NOMOS Verlagsgesellschaft
76520 Baden-Baden